普通高等教育实践教学系列规划教材

高等学校毕业设计（论文）指导教程
——电气工程类专业

主　编　华　莹　董　婷

副主编　冯　丽　尹淑杰　王　伟　丁　茜

中国水利水电出版社
www.waterpub.com.cn

内 容 提 要

本教程系统地介绍了电气工程类专业毕业设计的相关内容，主要包括三部分：电气工程类专业毕业设计指南，电气工程类专业毕业设计流程和电气工程类专业各方向毕业设计实例及选题。

本教程遵循规范性原则，力求展示标准的电气工程类专业毕业设计流程和论文写作过程。本教程本着实用性原则，列举电气工程类专业电气自动化方向、电机方向、电力电子与电力传动方向和供用电技术方向大量实例，阐述了毕业设计的所有相关内容和文档，使读者对毕业设计有了更形象和更直接的认识。本教程本着先进性原则，列举的选题展现了当今流行的和热门的毕业设计研究方向。

本教程针对高等院校电气工程类专业学生毕业设计的实际情况编排内容，具有较强的专业性、指导性和应用性，层次清晰、实例丰富，适合作为高等院校电气工程类专业学生进行毕业设计和毕业论文编写的指导教程，对从事电气工程类专业相关工作的技术人员也具有很高的参考价值。

图书在版编目（CIP）数据

高等学校毕业设计（论文）指导教程. 电气工程类专业 / 华莹，董婷主编. -- 北京 : 中国水利水电出版社，2015.5（2018.9 重印）
普通高等教育实践教学系列规划教材
ISBN 978-7-5170-3083-6

Ⅰ. ①高… Ⅱ. ①华… ②董… Ⅲ. ①电气工程－毕业实践－高等学校－教学参考资料 Ⅳ. ①G642.477

中国版本图书馆CIP数据核字(2015)第074480号

策划编辑：石永峰　责任编辑：张玉玲　加工编辑：鲁林林　封面设计：李　佳

书　　名	普通高等教育实践教学系列规划教材 高等学校毕业设计（论文）指导教程——电气工程类专业
作　　者	主　编　华　莹　董　婷 副主编　冯　丽　尹淑杰　王　伟　丁　茜
出版发行	中国水利水电出版社 （北京市海淀区玉渊潭南路 1 号 D 座　100038） 网址：www.waterpub.com.cn E-mail：mchannel@263.net（万水） sales@waterpub.com.cn 电话：（010）68367658（发行部）、82562819（万水）
经　　售	北京科水图书销售中心（零售） 电话：（010）88383994、63202643、68545874 全国各地新华书店和相关出版物销售网点
排　　版	北京万水电子信息有限公司
印　　刷	三河市铭浩彩色印装有限公司
规　　格	184mm×260mm　16 开本　17.75 印张　440 千字
版　　次	2015 年 5 月第 1 版　2018 年 9 月第 2 次印刷
印　　数	3001—5000 册
定　　价	36.00 元

前　言

本教程全部由电气工程类专业一线教师编写，作者希望把多年指导电气工程类专业学生毕业设计的教学经验和教学实践成果融入到教程中，为电气工程类专业学生的毕业设计提供一本高质量的指导教程。

在内容布局上，本着理论与实践并重的原则，首先从整体上介绍电气工程类专业毕业设计的相关内容和组织管理，然后详细介绍了电气工程类专业毕业设计的整体流程，最后从电气自动化方向、电机方向、电力电子与电力传动方向和供用电技术方向四个方面分析实例并进行选题列举，达到实战示范的效果。

本教程选材注意把握电气工程类相关专业学生的知识背景与接受能力，以内容的新颖性、实例的应用性以及教程布局的系统性激发学生的阅读兴趣，帮助学生更好地完成毕业设计任务。

毕业设计及论文撰写是大学教育阶段的最后教学环节，是每个受高等教育学生在毕业前必须完成的一门重要的实践必修课程。各类教育院校都要求学生在指导教师的监督引导下，顺利完成毕业设计（论文），成绩合格是学生毕业和获得学位的必要条件。

围绕电气工程类专业毕业设计（论文）的特点，本教程的内容安排如下：

第一部分　电气工程类专业毕业设计指南

1．电气工程类专业毕业设计概述

介绍了电气工程类专业毕业设计的指导思想、目的和原则，介绍了电气工程类专业毕业设计和论文撰写所涉及的主要领域和内容。

2．电气工程类专业毕业设计管理

介绍了毕业设计的目标要求、组织管理、工作要求、选题管理、毕业设计答辩管理、毕业设计成绩评定、评分标准、毕业设计归档和诚信原则。

第二部分　电气工程类专业毕业设计流程

1．电气工程类专业毕业设计的选题

介绍了选题的原则、选题的流程、选题的策略以及如何撰写开题报告。

2．电气工程类专业毕业设计的调研和文献检索

介绍了毕业设计的调研工作、毕业设计的文献检索理论、文献检索实例和文献综述实例。

3．电气工程类专业毕业设计的主体内容设计

介绍了电气工程类专业毕业设计的主体内容设计，包括分析国内外研究现状和发展动态，认清关键技术及难点，毕业设计的进度规划，毕业设计的具体实施过程等。

4．电气工程类专业毕业设计的论文撰写

介绍了电气工程类专业毕业论文的撰写方法，包括论文格式要求、内容规范、名词术语约束等内容。

5．电气工程类专业毕业设计的答辩准备

介绍了答辩的演示文稿设计、答辩的自我陈述和答辩的问题准备。

第三部分　电气工程类专业各方向毕业设计实例及选题

1．电气自动化方向毕业设计实例及选题

概述了电气自动化方向，介绍了电气自动化方向毕业设计实例分析和电气自动化方向的各类选题。

2．电机方向毕业设计实例及选题

概述了电机方向，介绍了电机方向毕业设计实例分析和电机方向的各类选题。

3．电力电子与电力传动方向毕业设计实例及选题

概述了电力电子与电力传动方向，介绍了电力电子与电力传动方向毕业设计实例分析和电力电子与电力传动的各类选题。

4．供用电技术方向毕业设计实例及选题

概述了供用电技术方向，介绍了供用电技术方向毕业设计实例分析和供用电技术方向的各类选题。

本教程共分三大部分，下设 11 章。全面系统地阐述了电气工程类专业毕业设计的相关内容和文档、执行流程、论文撰写、应用策略。电气工程类专业各方向都进行了设计实例展示和相关选题列举。

本教程由华莹、董婷任主编，由冯丽、尹淑杰、王伟、丁茜任副主编。另外，杨悦、李仁杰、杜文洁、李小白、王迪、高宇、赵敏等教师也参与了本教程的部分编写和校对工作。

由于水平和时间有限，书中难免存在疏漏之处，请读者批评指教。

编　者

2015 年 3 月

目　录

第三部分　电气工程类专业各方向毕业设计实例及选题

第一部分　电气工程类专业毕业设计指南

本部分概要

- 电气工程类专业毕业设计的指导思想、目的和原则。
- 电气工程类专业毕业设计和论文撰写所涉及的主要领域和内容。
- 电气工程类专业毕业设计的总体规范。
- 电气工程类专业毕业设计的监督考核工作和组织管理工作。

本部分导言

毕业设计及论文撰写是大学教育阶段的最后教学环节，是每个接受高等教育的学生在毕业前必须完成的一门重要的实践必修课程。各类教育院校都要求学生在指导教师的监督引导下，顺利完成毕业设计（论文），成绩合格是学生毕业和获得学位的必要条件。

围绕电气工程类专业毕业设计（论文）的特点，本部分概括了电气工程类专业毕业设计的相关内容，描述了电气工程类专业毕业设计的管理工作。

第 1 章　电气工程类专业毕业设计概述

本章概要

- 电气工程类专业毕业设计的指导思想、目的和原则。
- 电气工程类专业毕业设计和论文撰写所涉及的主要领域和内容。

1.1　电气工程类专业毕业设计的指导思想

电气工程类专业涵盖电气自动化、电机、电力电子及传动、供用电技术等，是培养掌握自动化控制基本理论，掌握自动化控制系统的分析和常用生产控制系统的设计方法，具备电气设备的安装、调试、运行和维修能力的技能型和应用型专门技术人才的专业，是着重应用性的宽口径专业。通过理论教学和实践训练，培养出基础知识强、动手能力强、创新意识强，能够在电气工程领域从事研究、教育、开发和应用的高等技术专门人才。

电气工程类专业毕业生应该具备的技术能力如下：

- 电气自动化方向

掌握应用计算机技术实现电气控制的基本原理和方法，培养具有较强的自动控制系统运行、维护、系统集成及一定的工程设计能力和企业管理能力的高等技术应用型专门人才。

- 电机方向

要求毕业生能掌握电力变压器、交直流电机的设计理论和方法，能熟练运用专业设计软件进行计算机辅助设计；掌握电机传动与控制的一般原理与方法；熟悉微特电机等新型电机的基本结构、原理和控制方法并具备初步的分析和设计能力。

- 电力电子及电力传动方向

掌握电工、电子、检测、计算机、通讯技术、控制理论、微机控制、交流调速等领域的理论基础和专业知识，了解该方向的研究领域及国内外发展现状和发展方向，能够在运动控制、过程控制、工业自动控制、电力电子等领域从事控制、系统分析、设计、研究开发、实验分析等工作。

- 供用电技术方向

掌握本专业工作所必备的基础理论知识和专业技能，培养具有变配电所运行，设备维修，电力设备生产制造、装配、调试和销售能力的高素质技能型人才。

电气工程类专业毕业设计（论文）指导思想如下：

（1）重视电气工程类专业毕业设计（论文）的教学工作。电气工程类专业毕业设计（论文）是电气工程类专业教学的重要实训环节，是培养大学生的创新能力、实践能力和创业精神的重要实践环节，对学生掌握电气工程类专业知识、提高综合实践能力与素质等方面具有不可替代的作用。

（2）严格把关学生完成毕业设计（论文）的质量情况，制定等级评判条例。毕业设计（论文）的质量和等级是衡量教学水平、学生毕业与学位资格认证的重要依据，学院应该在学生进行毕业设计的过程中严格要求，结合电气工程类专业特点，制定详细的成绩评判标准。

（3）依据电气工程类专业毕业设计和论文撰写的特点，强化各个设计环节，包括：选题、调研、文献查阅、需求分析、概要设计、详细设计、具体实现和系统调试，以及论文的撰写和答辩等。对于各个设计环节，学院都要制定明确的规范和标准约束学生的设计流程。所有的设计环节都要以实践为基础分析问题、解决问题。

（4）电气工程类专业强调学业与职业和岗位的"零距离对接"，毕业设计（论文）要更侧重于实践性、工程性和技能性。建立和完善校内外实习基地，改善实习、实验及设计条件，为学生毕业设计创造良好的环境和实践平台。

（5）针对电气工程类专业实践性强、应用性强的特点，提倡建立校内外指导教师相结合、以校内教师为主体的指导教师队伍，提高指导教师队伍的质量，加强在各类实践活动中对学生综合能力的训练。

（6）倡导科学、求实、勇于创新、团结协作的优良学风，纠正电气工程类专业毕业设计（论文）脱离实际的问题，严肃处理弄虚作假、抄袭等不良行为。

（7）电气工程类专业毕业设计一般安排在大学毕业前的最后一个学期，在毕业实习的基础上，进行毕业设计和论文撰写。

1.2　电气工程类专业毕业设计的目的和原则

1. 电气工程类专业毕业设计的目的

毕业作品的设计，论文的撰写和最后的答辩考核是电气工程类专业学生毕业的标志性作业。主要目的如下：

（1）考查学生的综合专业水平和应用能力。

电气工程类专业学生在大学教育阶段要进行公共课、选修课、基础课、专业基础课和专业课的学习和考核，这些课程都是单科考试，着重于各项单门知识的理解和掌握考查。这些独立的课程作为电气工程类及自动化相关领域知识体系的组成部分，相互关联、相互作用。毕业设计（论文）就是要把这些课程联系起来，考查学生对电气工程类专业知识的综合掌握程度。

在毕业设计过程中，除了考查学生的综合专业水平，还考查了学生的应用能力。毕业设计（论文）需要分析问题、应用专业知识来解决问题。这就要求学生有较强的实际应用能力，利用专业知识和其他背景知识设计毕业作品。

优秀的毕业设计（论文）可以为大学阶段的学习画上一个圆满的句号。

（2）提高学生的实践创新能力。

电气工程类专业学生一般要通过毕业实习进行相关毕业设计。在实习过程中，学生遇到新问题新现象，要具有分析能力、开发能力和设计能力。从背景资料的整理、可行性分析、方案的设计到最后的实施过程，都是在锻炼学生的实践能力，提高学生新问题的解决能力和创新能力。

（3）提高学生的项目开发能力。

电气工程类专业学生在学好本专业各门课程的基础上，需要多参加项目实战，为将来的就业打好基础。一般学校会在每学期都安排课程设计或课程实训，时间短（通常是1～2周），内容都是一些针对性强、规模较小的系统设计。毕业设计阶段，学生们有更加充足的时间（通常是一个学期），可以进行大型项目的设计工作。另外，学校和教师的监督指导也利于学生更好地完成项目开发任务，提高他们的项目开发能力。

（4）培养学生的职业技术能力。

在电气工程类专业领域，无论是软件设计还是硬件项目，通常都要通过一个团队来完成，个人的力量不足以支撑整个项目的开发与设计。学生通过团队能够培养职业责任感、沟通能力和协作精神。另外，学生通过项目设计还能培养科学、严谨、务实的职业作风，为将来的职业生涯打下良好的基础。

（5）提高学生的论文写作能力。

毕业作品设计过程中，要形成一系列文字描述材料，实习报告、开题报告、中期报告以及最后的毕业论文。

在写作过程中，学生锻炼了文字表述能力以及专业技术的展现能力。学生通过论文叙述项目的设计过程、专业技术的运用情况和开发过程中的实战经验。学生要按照专业论文的格式规范、文字表述形式进行撰写。这些都有利于学生今后进行学术论文的写作和发表。

（6）协助定位学生的就业方向和未来发展方向。

学生进行作品设计和论文撰写的同时，也对所学专业的某个领域进行了细致、深入的研究，他们为此搜集大量资料，不断探索创新，力求完善自己的设计。学生对本专业领域有了全面的了解，对今后的就业方向和发展方向有很好的引导性作用。

2. 电气工程类专业毕业设计的原则

（1）专业性原则。

电气工程类专业毕业设计（论文）的选题和内容要在本专业范围内，要基于电气科学的基本理论和专业知识，选择对本领域有理论意义和实践意义的题目。

学生根据大学阶段的专业学习情况，可以选择自己擅长和感兴趣的方向进行毕业设计，但是不能偏离电气学科范围，要结合电气工程类专业实际特点发现问题、分析问题和解决问题。

（2）原创性原则。

电气工程类专业领域包括硬件的设计和组装、软件设计、设备调试等，这些都需要学生自己动手完成整个设计过程，最终成果都应该是原创的作品。学校和指导教师应该要求学生把项目的建立过程、调查方法的选择、开发的步骤等都详细地描述出来，既可以检验学生设计作品的完成情况，也可以避免抄袭之风。

（3）创新性原则。

电气工程类专业是一个宽口径专业，涉及领域广、设计方法和途径多种多样。毕业设计（论文）不能照搬前人的某些系统模块和项目方案，要针对新问题、运用新思路、解决新问题。电气工程类专业学生要有创新意识，并在毕业设计中体现出创新性。

（4）发展性原则。

电气工程类专业领域发展除了需要相关技术人员掌握传统的控制技术，还需要掌握电力电子和微机控制技术，以适应企业的用人要求，满足和适应不断增长的新技术的需要。毕业设计（论文）的题材和内容要具有发展性特质，设计过程中尽量选取当前流行并通用的控制设备和方法。

（5）规范性原则。

毕业设计（论文）的规范性包括设计逻辑严谨科学，论文写作符合文体规范和学术规范等。

毕业设计要有严密的逻辑思维，依据专业理论对项目进行科学的推导、论证，并进行开发。通用的逻辑方法是：发现问题、分析问题和解决问题。

论文要符合毕业论文的文体、文风，注意论文的整体布局和结构层次。语言表述要准确、清晰、简明。论文格式要符合学校的毕业设计论文格式要求。

1.3　电气工程类专业毕业设计（论文）的类别和文档内容

1.3.1　电气工程类专业毕业设计（论文）的方向和类型

电气工程类专业涵盖范围广、类别多样，各个学校的电气工程类专业都有自己的特色和侧重点。这里对常见的电气工程类专业毕业设计方向进行归纳，可划分为以下几类：

- 电气自动化方向
- 电机方向
- 电力电子与电力传动方向
- 供用电技术方向

电气工程类专业毕业设计（论文）的类型一般包括理论研究型和开发设计型。

理论研究型主要是指针对电气工程类专业某些理论问题进行深入分析、发表自己观点的论文。智能控制技术、电子与信息处理技术、电力电子技术、供用电技术等领域都有很多亟待解决的问题需要专业人员探讨和研究。当然，理论研究型选题对于学生来说，难度较大、学术性较强。选择此类题目的学生一般是在前人研究的基础上进行新思路探索和技术改进。

开发设计型主要是指学生首先具体动手进行电气设备的硬件设计、软件开发、电机分析、供用电技术研发及应用等，然后用论文表述出开发文档，并对设计作品进行详解和总结。这类设计（论文）能够运用所学专业知识解决实际问题，锻炼了实践动手能力，是许多电气工程类专业学生愿意选择的。

1.3.2　电气工程类专业毕业设计（论文）的文档

电气工程类专业毕业设计（论文）的文档内容包括：毕业设计任务书、文献综述、开题报告、中期报告、论文正文等。每种文档都有自己的内容规范和格式规范，这些规范由学校统一制定。

- 毕业设计任务书样式

毕业设计任务书样式如表 1-1 所示。

- 文献综述样式

文献综述样式如表 1-2 所示。

表 1-1　XXXX 大学毕业设计（论文）任务书

<table>
<tr><td>姓　　名</td><td colspan="2"></td><td>学　　号</td><td colspan="2"></td><td>系　　别</td><td></td></tr>
<tr><td>专　　业</td><td colspan="2"></td><td>年级班级</td><td colspan="2"></td><td>指导教师</td><td></td></tr>
<tr><td>论文题目</td><td colspan="7"></td></tr>
<tr><td>任务和目标</td><td colspan="7"></td></tr>
<tr><td>基本要求</td><td colspan="7"></td></tr>
<tr><td>研究所需条件</td><td colspan="7"></td></tr>
<tr><td rowspan="8">任务进度安排</td><td>序号</td><td colspan="5">主要任务</td><td>起止时间</td></tr>
<tr><td>1</td><td colspan="5"></td><td></td></tr>
<tr><td>2</td><td colspan="5"></td><td></td></tr>
<tr><td>3</td><td colspan="5"></td><td></td></tr>
<tr><td>4</td><td colspan="5"></td><td></td></tr>
<tr><td>5</td><td colspan="5"></td><td></td></tr>
<tr><td>6</td><td colspan="5"></td><td></td></tr>
<tr><td>7</td><td colspan="5"></td><td></td></tr>
<tr><td>指导教师签字</td><td colspan="3"></td><td colspan="2">日期</td><td colspan="2">年　　月　　日</td></tr>
<tr><td>系部领导签章</td><td colspan="3"></td><td colspan="2">日期</td><td colspan="2">年　　月　　日</td></tr>
</table>

- 毕业设计开题报告样式

毕业设计开题报告样式如表 1-3 所示。

表 1-2　XXXX 大学毕业设计（论文）文献综述

姓　　名		学　　号		系　　别	
专　　业		年级班级		指导教师	
论文题目					
查阅的 主要文献					
文献综述					
备　　注					
指导教师意见	指导教师签字： 年　　月　　日				

表 1-3　XXXX 大学毕业设计（论文）开题报告

姓　　名		学　　号		系　　别	
专　　业		年级班级		指导教师	
论文题目					
选题依据 与意义					
研究内容					
研究方案					
写作进度 安排					
指导教师 意见	指导教师签字： 年　　月　　日				
学术委员 会意见	主任签章： 年　　月　　日				

- 毕业设计中期检查报告样式

毕业设计中期检查报告样式如表 1-4 所示。

表 1-4 XXXX 大学毕业论文中期检查报告

姓　名		学　号		指导老师	
论文题目					
论文中期完成情况					
完成情况评价	1．按计划完成，完成情况优（ ） 2．按计划完成，完成情况良（ ） 3．基本按计划完成，完成情况合格（ ） 4．完成情况不合格（ ） 补充说明： 指导教师签名：　　　　年　月　日				

- 毕业论文封皮样式

毕业论文封皮示样图如图 1-1 所示。

XXXX 大学（居中，小 1 号）

毕　业　论　文（设 计）（居中，小 1 号）

题　　目：　　　　（3 号）
系　　部：　　　　（3 号）
专　　业：　　　　（3 号）
班　　级：　　　　（3 号）
学　　号：　　　　（3 号）
学生姓名：　　　　（3 号）
指导教师：　　　　（3 号）
完成日期：XXXX 年 XX 月 XX 日　　（3 号）

图 1-1 毕业论文封皮示样图

- 毕业设计论文的排版格式

毕业设计论文的排版格式要求介绍如下。

1. 文字

行文按文章结构段落自然排列，每段起行空两格，自然折返顶格，用“小四号宋体”。强调部分可加粗或加下划线、着重点，但全文要保持统一风格。

论文中汉字必须使用国家公布的规范字，所有文字字面清晰，不得涂改。

2. 正文主体格式

中文论文撰写通行的题序层次大致有四种格式，如表 1-5 所示。

表 1-5　中文论文题序层次格式

第一种	第二种	第三种	第四种
一、	1	第一章	第一章
（一）	1.1	一、	第一节
1.	1.1.1	（一）	一、
（1）		1.	（一）

格式是保证文章结构清晰、纲目分明的编辑手段，撰写毕业论文可任选表 1-5 中的一种格式，但采用的格式必须符合上表规定，并前后统一，不得混杂使用。格式除题序层次外，还应包括分段、行距、字体和字号等。

3. 主要表示方法

（1）计量单位，一律采用国家标准 GB 3100－GB 3102－93。非物理量的单位可采用汉字与其他符号构成组合形式的单位。

（2）标点符号，应采用国家新闻出版署公布的中华人民共和国国家标准《标点符号用法》（1995 年 12 月 13 日发布，1996 年 6 月 1 日实施）。

（3）科学技术名词，应采用全国自然科学技术名词审定委员会公布的规范词或国家标准、部标准中规定的名称，尚未统一规定或有争议的名称可采用习惯用法。

（4）数字，除部分结构层次序数、词组、惯用语、缩略语、具有修辞色彩语句中作为词素的数字必须使用汉字外，应使用阿拉伯数字。论文数字表示方法应前后一致。

4. 表格

正文中所有表格需列明标题，并通篇统一编制序号，如全文篇幅较长，可按章编制。正文中与相关表格对应文字处需在括弧中注明“见表 n”字样，表序及表名置于表的上方。表内必须按规定的符号注明单位。

表格内数字需上下对齐，相邻栏内的数字相同时，不能用“同上”“同左”和其他类似用词，应一一重新标注。

表序和表题置于表格上方中间位置，无表题的表序置于表格的左上方或右上方（同一篇论文位置应一致）。

表格示例如表 1-6 所示。

5. 图

所有曲线、图表、线路图、流程图、程序框图、示意图等不准徒手画，必须采用计算机制做。插图要精选。中文中所有图示须列明标题，并通篇统一编制序号，如全文篇幅较长，亦可按章编制。正文中与相关图示对应文字处须在括弧中注明“见图 n”字样，图序及图名置于图的下方中间位置。示例如图 1-2 所示。

表 1-6　相数不为 3 的倍数的多相电机

相带角 β°	90	90	45	45	36	25.71	18	18
每极相带数 q	2	2	4	4	5	7	10	10
出线端子数	3	4	4	8	5	7	5	10
电机名称	半-4	4	半-8	8	5	7	半-10	10
绕组 Y 接电压相量图			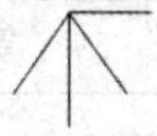	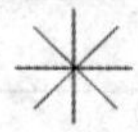	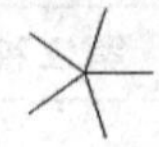	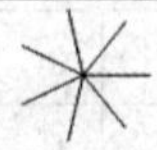		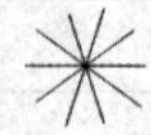

表格来源：本书第三部分第九章。

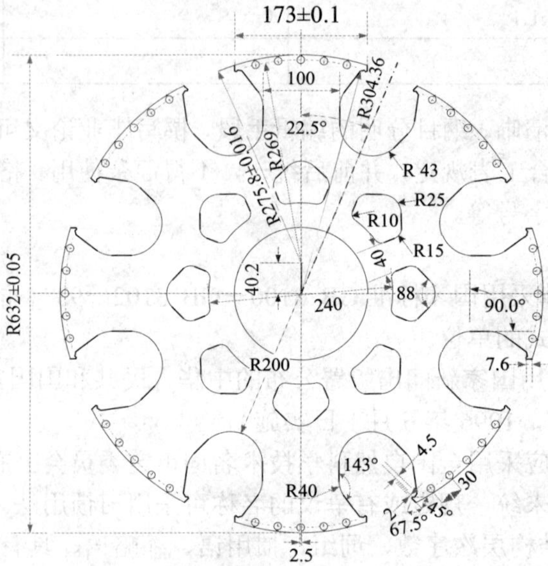

图 1-2　转子铁心冲片

本图来源：本书第三部分第九章。

6. 公式

公式应另起一行居中，统一用公式编辑器编辑。公式与编号之间不加虚线。公式较长时应在“=”前转行或在“＋、－、×、÷”运算符号处转行，等号或运算符号应在转行后的行首，公式的编号用圆括号括起来放在公式右边行末。

公式序号按章编排，例如：第 3 章第 2 个公式序号为“（3.2）”。文中引用公式时，采用“见公式（3.2）”表述。

示例如下：

根据瓦尔拉斯定律

$$\sum_{i=1}^{n} P_i Q_i^d = \sum_{i=1}^{n} P_i Q_i^s \qquad (3.2)$$

7. 程序

程序流程图和原程序清单要按软件文档格式附在论文里或者论文后面，特殊情况可在答辩时展示。

8. 注释和引证

（1）正文注释采用脚注。注释序号用阿拉伯数字加圆圈标注，行文标注为上标，注释序号保持正常位置，字体的大小由 Word 软件自然生成。注释序号本页连续，全文连续。

（2）中文独立文献注释格式。

首次引用，注明著者姓名、文献名、卷册序号、出版地、出版单位、出版时间、页码；再次引用同一文献来源的资料时，只需注出作者姓名、著作名和资料所在页码，如在同一页且紧接同一资料来源的上一注释，可以用“同上”代替作者姓名、著作名，仅标明页码。

转引，按上述要求标注原始资料出处，用句号结束。用“转引自”表明转引，标明载有转引文献的资料出处。

注释行文中，作者与文献名间用冒号，多个作者间用逗号分开。

（3）期刊杂志注释格式。

应注明作者姓名、期刊名、刊号、页码，如刊号不表示时间应注明发表时间。

（4）中文析出文献注释格式。

引证标注内容及顺序为：作者，析出文献名，文集编者，文集题名，卷册，出版者与出版时间，版本，页码。

（5）外文文献注释格式。

首次引用需注明资料所在文献的作者姓名、文献名、出版地、出版时间及资料所在页码；再次引用同一文献来源的英文资料时，如注释相邻，可以用 Ibid 代替作者姓名、著作名，如果注释有间隔，可以只注出作者姓、著作简短题目和资料所在页码。

（6）网络文献注释格式。

原则上应注出作者、题目、网址和文献所在网页、发布日期或阅读日期；电子数据库应注明资料所在网址和查询时间。

（7）其他来源文献注释可根据具体情况参照有关学术刊物标注，或根据指导教师的意见确定注释方式。

（8）篇幅较长且相对独立的有助于读者完整深入地理解正文内容或了解正文中不得不省略的解释、论证过程，供读者参阅的相关文献，如样本、问卷、图表、范例等可以作为附录置于论文之后。

9. 参考文献

参考文献一律放在文后，参考文献的格式按国家标准 GB 7714－87 规定编写。参考文献按文中出现的先后统一用阿拉伯数字进行自然编号，一般序码宜用方括号［ ］标明，顺序为：作者名，文章题目，期刊名称，年、卷、期、页码。具体各类参考文献的编排格式如下：

（1）文献是期刊时，书写格式为：

[序号] 作者. 文章题目[J]. 期刊名，出版年份，卷号（期数）：起止页码.

（2）文献是图书时，书写格式为：

[序号] 作者. 书名[M]. 版次. 出版地：出版单位，出版年份：起止页码.

（3）文献是会议论文集时，书写格式为：

[序号] 作者. 文章题目[A]. 主编. 论文集名[C]，出版地：出版单位，出版年份：起止页码.

（4）文献是学位论文时，书写格式为：

[序号] 作者. 论文题目[D]. 保存地：保存单位，年份.

（5）文献是来自报告时，书写格式为：

[序号] 报告者. 报告题目[R]. 报告地：报告会主办单位，报告年份.

（6）文献是来自专利时，书写格式为：

[序号] 专利所有者. 专利名称：专利国别，专利号[P]. 发布日期.

（7）文献是来自国际、国家标准时，书写格式为：

[序号] 标准代号. 标准名称[S]. 出版地：出版单位，出版年份.

（8）文献来自报纸文章时，书写格式为：

[序号] 作者. 文章题目[N]. 报纸名，出版日期（版次）.

（9）文献来自电子文献时，书写格式为：

[序号] 作者. 文献题目[电子文献及载体类型标识]. 电子文献的可获取地址，发表或更新日期/引用日期（可以只选择一项）.

示样图如图 1-3 所示。

[1] 张毅. 铸造工艺 CAD 及其应用[M]. 北京：机械工业出版社，1994，14-15.

[2] Huang S C, Huang Y M, Shieh S M. Vibration and stability of a rotating shaft containing a transerse crack[J], J Sound and Vibration, 1993, 162(3): 387-401.

[3] 周丽. 机械式挖掘机工作装置的优化与仿真[D]. 沈阳：东北大学，2000.

图 1-3 文献格式示样图

电子参考文献建议标识：

［DB/OL］——联机网上数据库（database online）

［DB/MT］——磁带数据库（database on magnetic tape）

［M/CD］——光盘图书（monograph on CD-ROM）

［CP/DK］——磁盘软件（computer program on disk）

［J/OL］——网上期刊（serial online）

［EB/OL］——网上电子公告（electronic bulletin board online）

10. 文献综述

文献综述包括题目、前言、正文、总结等几个部分。

题目：一般应直接采用《文献综述》作为标题，经指导教师批准也可以所研究题目或主要论题加“文献综述”的方式作为标题。

前言：点明毕业设计（论文）的论题、学术意义以及其与所阅读文献的关系，简要说明文献收集的目的、重点、时空范围、文献种类、核心刊物等方面的内容。

正文：无固定格式，文献综述在逻辑上要合理，可以按文献与毕业设计（论文）主题的关系由远而近进行综述，也可以按年代顺序综述，也可按不同的问题进行综述，还可按不同的观点进行比较综述。总之要根据毕业设计（论文）的具体情况撰写，对毕业设计（论文）所采用的全部参考文献分类、归纳、分析、比较、评述，应特别注意对主流、权威文献学术成果的引用和评述，注意发现已有成果的不足。

结论：对全文的评述作出简明扼要的总结，重点说明对毕业设计（论文）具有启示、借鉴或作为毕业设计（论文）重要论述依据的相关文献已有成果的学术意义、应用价值和不足，提出自己的研究目标。

第 2 章　电气工程类专业毕业设计的管理

本章概要

毕业设计是综合素质教育和创新能力培养的重要途径，是检验学校教学水平和学生学习质量的重要手段，在培养学生综合运用本学科基础理论、基本知识、专业技能以及提高分析解决问题能力方面具有重要的作用。毕业设计的质量是检验教学质量、衡量教学水平和认证学生毕业资格的重要依据。

加强毕业设计的管理工作，可以监督教学管理人员和指导教师的工作，规范学生在毕业设计中的相关操作。毕业设计的有效管理对提高毕业设计的质量和水平具有十分重要的意义。

2.1　毕业设计的目标要求

毕业设计要培养学生严肃认真的科学态度和求实的工作作风，形成正确的世界观，掌握科学的方法论。毕业设计要培养学生综合运用所学基础理论、专门知识、基本技能，以发现、分析、解决与本专业相关的实际问题，以及从事科学研究工作或担负专门技术工作的初步能力。毕业设计要训练与提高学生查阅文献资料，运用各种工具书搜集、整理、分析与综合各类材料的能力；阅读、翻译本专业外文资料的能力；培养学生良好的协作精神，提高学生勇于探索的创新能力。

在毕业设计教学环节中，教学管理人员和指导教师应注重以下几方面的能力培养工作，同时根据本专业培养目标与要求以及课题的实际情况有所侧重：

（1）调查研究、中外文献检索与阅读等快速学习的能力。

（2）综合运用专业理论与知识去发现问题、分析问题、解决问题的能力，专业技术应用能力和应用创新能力。

（3）定性与定量相结合的独立研究与论证能力。

（4）设计、计算与绘图能力（包含运用计算机等工具的能力）。

（5）逻辑思维与形象思维相结合的能力。

（6）借助计算机等智能工具对系统进行控制或二次开发的能力。

（7）撰写毕业设计说明书或毕业论文的文字及书面表达能力。

2.2　组织管理

全校的毕业设计工作应由校领导统一领导，由教务处、学院、系、指导教师分级落实完成。

1. 教务处职责

教务处作为学校教学主管部门负责全校毕业设计的宏观组织管理工作。其主要职责包括：

（1）制定全校毕业设计工作的有关政策、制度和规定。

（2）负责年度毕业设计经费的分配与管理。

（3）负责组织全校性毕业设计工作的抽查、检查、评估和总结，汇总全校毕业设计题目类型、成绩等有关信息，对学院毕业设计工作进行考核、评价。

（4）加强与各学院间的联系，协调、解决学院在毕业设计工作过程中出现的问题。

（5）组织校级优秀毕业设计和优秀指导教师的评选工作，编印《XXXX 大学优秀毕业设计摘要选编》。

（6）组织毕业设计管理工作的教学研究和改革。

2. 学院职责

学院负责本院学生毕业设计工作的全过程管理。各学院成立由教学院长、系主任、教学秘书和部分指导教师组成的毕业设计工作领导小组。其主要职责是：

（1）贯彻落实学校有关毕业设计工作的管理规定和安排，根据本院各专业特点，明确和细化毕业设计的教学基本要求，拟定本院毕业设计工作实施细则、计划和措施。

（2）向各系布置毕业设计工作任务，对学生进行毕业设计动员。

（3）组织审定毕业设计选题，为学生选配合适的指导教师，下达任务书，填报题目落实情况统计表，报教务处备案。

（4）定期检查各系毕业设计工作的进度和质量。抓好题目审查、实习检查、开题、中期检查、答辩检查等各个环节。

（5）负责对本院毕业设计工作及教学过程的各个环节进行质量检查和评价。

（6）成立学院答辩委员会和各专业答辩小组，组织全院答辩工作，审查答辩小组对毕业设计的成绩评定。

（7）进行本院毕业设计工作总结，填写有关统计数据和表格。

（8）负责评选、推荐校级优秀毕业设计和优秀指导教师。

（9）做好毕业设计文件的归档工作。

3. 各系职责

各系负责本单位学生毕业设计工作的具体组织和实施，成立由系主任为组长的毕业设计工作指导小组。其主要职责是：

（1）贯彻执行校、院两级对毕业设计管理的规定。

（2）根据教师的条件，确认指导教师名单并报学院审核。

（3）根据选题原则组织毕业设计选题并报学院审核。

（4）填报《XXXX 大学毕业设计计划题目统计表》和《XXXX 大学毕业设计题目落实情况统计表》，并报学院。

（5）召开指导教师会议，就指导要求、日程安排、评阅标准等，统一认识和要求。

（6）组织指导教师填写及向学生下达毕业设计任务书。

（7）检查毕业设计的进度和质量，考核指导教师的工作，组织对学生的日常管理。

（8）组成毕业设计答辩小组，组织毕业设计评阅、答辩和成绩评定。

（9）进行本系毕业设计工作总结。

（10）将毕业设计材料汇总并交学院存档。

4. 指导教师职责

毕业设计实行指导教师负责制。毕业设计的指导教师，必须由具有讲师（或相当于讲师）

以上职称或具有硕士、博士学位，并经学院领导批准的教师、科研人员、工程技术人员担任。每个指导教师应对整个毕业设计阶段的教学活动全面负责。其主要职责是：

（1）提出毕业设计课题。

（2）根据课题的性质和要求，填写《XXXX 大学生毕业设计任务书》，经系和学院签署意见后下发给学生，并定期检查学生的工作进度。

（3）向学生介绍进行毕业设计的工作方法和研究方法，为学生介绍、提供有关参考书目或文献资料，审查学生拟定的设计方案或写作提纲。

（4）负责指导学生进行调查研究、文献查阅、方案制定、开题报告、实验研究、上机运算、图纸绘制、论文撰写、毕业答辩等各项工作。

（5）在毕业设计内容上对学生提出具体要求，如学生应完成的计算工作、各项实验数据、查阅中外文资料、硬件制作、绘制图纸数量、开题报告、文献综述、毕业设计说明书、毕业论文等。

（5）按时完成对学生的毕业设计初稿的审阅，提出具体的修改意见并督促学生进行修改。

（6）必须在学生答辩前审查完毕业设计正式稿，实事求是地向答辩委员会写出对学生工作态度、能力、毕业设计水平、应用价值等的评语、意见和建议，并认真填写毕业设计成绩评分表。

具体评阅内容如下：

- 课题与任务评价：岗位贴近度、专业贴近度、训练实效性。
- 质量与水平评价：科学性与创新性、规范性、实用性。
- 工作量评价：工作量大小、独立完成性。
- 态度评价：钻研与勤奋、团队合作精神、学导合作。
- 写作质量评价：文字表述及图表质量等。

（7）指导学生做好毕业设计答辩工作。

（8）在整个毕业设计过程中，应保证对学生指导答疑的周学时数，定期对学生进行答疑。

5. 学生职责

（1）学生在毕业设计开始前两周向指导教师索取《毕业设计任务书》和《XXXX 毕业设计（论文）指导记录》。

（2）根据毕业设计任务书的要求，学生应向指导教师提呈调研提纲，拟定毕业设计工作计划，并在毕业设计工作开始两周内写出开题报告，主要内容包括调研资料准备情况，设计的目的、要求、思路与预期成果，工作任务分解，各阶段完成的内容与时间分配以及需要解决的问题等。在交指导教师审查批准后，正式开始毕业设计工作。

（3）学生必须在规定时间内完成毕业设计各项任务。毕业设计说明书或论文书写格式要符合毕业设计撰写规范。

（4）毕业设计答辩开始前一周，学生需向指导教师提交毕业设计全部成果，文档部分按规定装订成册。答辩前需写出设计说明书或论文提要、答辩提纲、必要的图表等。

（5）学生答辩后，应交回所有资料（包括设计说明书、图纸、论文、阶段资料、实验原始记录、译文、软件文档等）。对于设计内容中涉及的有关技术资料，未经许可不得擅自对外发表或转让。

（6）毕业设计成绩不及格者不能毕业。学生可提出重修申请，经二级学院院长批准，报教务处办理重修手续后，安排在下一届毕业设计期间进行。

2.3 工作要求

1. 指导教师

（1）指导教师应由具有中级及以上技术职称且具有科研工作背景和实践经验、责任心强的教师担任。提倡建立校内外指导教师相结合以校内教师为主体的指导教师队伍。

（2）首次独立担任毕业设计指导工作的青年教师要认真学习毕业设计的有关规定，并拟定详细的指导方案，由学院批准。系（教研室、研究所）应指派经验丰富的教师对他们进行指导，帮助他们提高指导水平。

（3）为保证学生毕业设计质量，原则上中级职称指导教师指导学生不超过 4 人，高级职称指导教师指导学生不超过 8 人；对师资充足的专业，根据情况指导人数可适度降低。

（4）指导教师一经确定，不得随意更换。确因工作需要变更时，必须经学院毕业设计领导小组组长批准。

（5）指导教师要注意培养学生独立分析问题和解决问题的能力，鼓励学生的创新精神。

在选题、文献查阅、实验设计、观察记载、数据处理、结果分析、论文或设计说明书撰写等方面要切实加强指导，对学生提出的总体方案、计算方法、实验方案，所做的理论推导、实验分析的结论、译文、外文摘要等做必要的审查。在指导过程中努力培养学生严肃、严密、严谨和勇于创新的科学作风。

（6）指导教师对学生必须严格要求，工作中注意防止学生的抄袭、拼凑行为，杜绝学术腐败现象。

指导教师应对学生的论文质量（除学生自身的能力和水平外）承担相应的责任。因教师不负责任构成教学事故的，按照有关规定进行处理。

（7）指导教师要以身作则、教书育人，定期检查学生的工作进度和工作质量，解答和处理学生提出的有关问题，并随时做好记录，认真填写指导记录。

毕业设计（论文）指导记录示例如表 2-1 所示。

表 2-1 XXXX 大学毕业设计（论文）指导记录表

<table>
<tr><td>姓　名</td><td></td><td>学　号</td><td></td><td>系　别</td><td></td></tr>
<tr><td>专　业</td><td></td><td>年级班级</td><td></td><td>指导教师</td><td></td></tr>
<tr><td>论文题目</td><td colspan="5"></td></tr>
<tr><td>指导时间</td><td colspan="4">指　导　内　容</td><td>教师签字</td></tr>
<tr><td></td><td colspan="4"></td><td></td></tr>
<tr><td></td><td colspan="4"></td><td></td></tr>
</table>

（8）毕业设计完成后，指导教师和评阅教师要认真审阅，并根据学生的工作态度、工作能力、设计质量等方面对毕业设计作出较全面、准确的评价，写出书面评语，给出成绩。

2. 学生

（1）毕业设计的学生应充分认识毕业设计对培养自己能力和素质的重要性，要以严肃认真的态度进行工作，要有高度的责任感和自觉性，力争高质量地完成毕业设计。

毕业设计的学生既要虚心接受导师的指导，又要充分发挥主观能动性。要结合课题，独立思考，努力钻研，勇于实践，敢于创新。

（2）毕业设计期间要遵守学校及所在单位的劳动纪律和规章制度。严格按照本科毕业设计要求和撰写规范要求撰写毕业设计，不得弄虚作假，不得抄袭、剽窃他人的论著或成果。

（3）毕业设计期间要严格遵守实验室规章制度和仪器设备操作规程，爱护设备，节约材料。

（4）在做毕业设计期间，要严格遵守学院有关管理规定，接受指导老师的指导与检查。不按要求执行者，不得参加答辩。

（5）答辩结束后，学生必须将所有资料交回学院，其资料包括毕业设计、设计说明书、图纸、阶段资料、实验原始记录、软件文档等。

（6）未在规定时间内完成毕业设计或不按时参加答辩者，无毕业设计成绩。

2.4　选题管理

毕业设计选题要采取“公布题目、自拟题目、按需选题、导师负责”的做法，突出学生的主体地位，以充分调动学生的主动性和积极性。

（1）选题原则。

- 必须符合本专业的培养目标及基本教学要求，体现本专业的基本理论应用和基本技能训练需要，充分发挥学生的主动性和创造性，使学生得到全面的训练。可采取以指导教师公布参考题目为主，学生自拟题目为辅的方式。
- 选题要有明确的任务或研究对象，且工作量和难易程度适当，使学生能在规定的时间内，在教师的指导下独立完成。
- 选题要体现先进性，要有利于学生深化所学知识并拓宽知识面。选题时，要尽可能选择与科研和生产实际相结合的题目，引导与学科建设紧密相关的题目，有条件的选择与当地政策有重大指导意义的调查综述类题目，鼓励指导教师带领学生开展具有一定深度和前沿的专题研究。
- 选题要坚持因材施教的原则，充分发挥每个学生的积极性与创造性，提高学生独立思考、自主创新的能力。

（2）参考题目要由指导教师根据本人的学术研究方向在学生选题前拟出后，经教研室审定并按专业划分指导教师及研究方向，报系部审查批准备案后实施。学生自拟题目要与指导教师充分沟通后确定。

（3）指导教师及参考题目批准备案后，由系部组织毕业生选题，调整汇总后，再反馈至指导老师及毕业生，并通知学生到指导教师处报到，接受设计（论文）任务。

（4）指导教师与学生按照选定的论文题目充分地沟通，反复地论证，合理地确定毕业设计（论文）框架结构、主要内容、进度安排等事项。

（5）选题、审题工作要在规定时间内完成，以便学生及早考虑和准备。任务书要在毕业设计（论文）开始前发给学生。

（6）任务书一经审定，原则上不得随意更改。如确需变更，需在规定时间内提出书面报告说明变更原因，经教研室主任同意，并报系部批准后方可执行。

2.5 毕业设计答辩管理

（1）毕业设计完成以后，必须经指导教师、评阅教师评审后，审查合格后方能参加答辩。毕业设计（论文）指导教师评分规则示例如表 2-2 所示，毕业设计（论文）评阅教师评分规则示例如表 2-3 所示。

表 2-2 XXXX 大学毕业设计（论文）指导教师评分表

<table>
<tr><td>姓　　名</td><td></td><td>学　　号</td><td></td><td>系　　别</td><td colspan="2"></td></tr>
<tr><td>专　　业</td><td></td><td>年级班级</td><td></td><td>指导教师</td><td colspan="2"></td></tr>
<tr><td>论文题目</td><td colspan="6"></td></tr>
<tr><td colspan="6">由指导教师根据学生的毕业论文写作完成情况确定（总计 40 分）</td><td>评分</td></tr>
<tr><td colspan="6">1．文献检索及阅读能力（计 5 分）
A 文献检索、翻译、阅读能力很强，参考文献十分充足（5 分）
B 文献检索、翻译、阅读能力较强，参考文献较为充足（4 分）
C 文献检索、翻译、阅读能力一般，参考文献基本充足（3 分）
D 文献检索、翻译、阅读能力较差，参考文献不足（3 分以下）</td><td></td></tr>
<tr><td colspan="6">2．论文研究方案设计能力（计 5 分）
A 能独立地提出可行性研究方案（5 分）
B 能独立地提出部分可行性研究方案（4 分）
C 只有在指导教师的指导下，才确定可行性研究方案（3 分）
D 在指导教师的多次指导下，才确定研究方案（3 分以下）</td><td></td></tr>
<tr><td colspan="6">3．基本概念、基本理论掌握情况及独立研究能力（8 分）
A 基本概念清楚、基本理论扎实、广泛，有很强的独立研究能力（8 分）
B 基本概念较清楚、基本理论较扎实，有较强的独立研究能力（7 分）
C 基本概念、基本理论掌握程度一般，独立研究能力一般（6 分）
D 基本概念、基本理论掌握程度较差，独立研究能力较差（6 分以下）</td><td></td></tr>
<tr><td colspan="6">4．分析问题、解决问题及计算机运用能力（计 7 分）
A 能正确分析解决写作中遇到的问题，计算机运用技能很强（7 分）
B 能分析写作中遇到的问题，并解决部分相关问题，计算机运用技能强（6 分）
C 能分析部分写作中遇到的问题，并解决部分相关问题，计算机运用技能一般（5 分）
D 分析、解决问题能力较差，计算机运用技能较差（5 分以下）</td><td></td></tr>
<tr><td colspan="6">5．科学素养及论文写作态度情况（计 7 分）
A 科学素养好，撰写论文态度认真、严谨（7 分）
B 科学素养较好，撰写论文态度较认真、严谨（6 分）
C 科学素养一般，撰写论文态度一般（5 分）
D 科学素养较差，撰写论文态度不够端正（5 分以下）</td><td></td></tr>
<tr><td colspan="6">6．工作量及毕业设计（论文）进度（计 8 分）
A 学生对自己的工作量要求很饱满，能很好地完成规定的进度（8 分）
B 学生对自己的工作量要求较饱满，基本上能完成规定的进度（7 分）
C 学生对自己的工作量要求一般，勉强完成进度（6 分）
D 学生对自己的工作量要求不饱满，也没有完成进度（6 分以下）</td><td></td></tr>
<tr><td colspan="6">合计：</td><td></td></tr>
</table>

续表

指导教师评语：	
评定意见：是否同意参加答辩	□ 同意　□ 不同意
指导教师签字：	年　月　日

表 2-3　XXXX 大学毕业设计（论文）评阅教师评分表

姓　名		学　号		系　别	
专　业		年级班级		指导教师	
论文题目					

由评阅教师根据论文质量给出（总计 20 分）	评分
1．论文书写规范得分（计 5 分） A 格式规范，符合毕业论文撰写格式要求（5 分） （封面、中英文摘要（含关键词）、目录、正文、注释、参考文献、封底） B A 中所列项目中有 1 项或 2 项不合格（4 分） C A 中所列项目中有 3 项或 4 项不合格（3 分） D A 中所列项目中超过四项不合格（3 分以下）	
2．论文行文基本要求得分（计 5 分） A 论文语句通顺、流畅；标点符号、语法正确；叙述简明扼要；思路、层次清晰；概括全面准确；重点突出（5 分） B 论文行文水平较好（4 分） C 论文行文水平一般（3 分） D 论文语句不通，有标点符号和语法错误，思路不清（3 分以下）	
3．论文正文质量得分（计 5 分） A 能熟练运用本专业所必须的基本理论和基本专业知识，分析问题、解决问题；概念清楚、方案可行；逻辑合理、论证严密（5 分） B 论文正文质量较好（4 分） C 论文正文质量一般（3 分） D 论文正文质量很差（3 分以下）	
4．论文创造性得分（计 5 分） A 具有合理、切实可行的新观点，采取新视角或新的研究方法，能够填补学术空白或完善相关学术理论（5 分） B 具有较合理的新观点，能够完善相关理论（4 分） C 仅对已有理论进行综述、分析缺乏自己的见解（3 分） D 仅对已有理论进行综述、没有自己的见解（3 分以下）	
合计：	

评阅教师评语：	
评定意见：是否同意参加答辩	□ 同意　□ 修改后同意　□ 不同意
评阅教师签字：	年　月　日

（2）各系部要成立毕业设计答辩委员会，并设立答辩组，其成员由系部领导、教研室主任、专业教师等人员组成，答辩组人数要在 3 人以上，指导教师要回避本人指导学生的答辩。

（3）毕业设计答辩开始前，答辩组教师要认真阅读论文，并根据论文所涉及的内容，准备好不同难度的问题，拟在答辩中提问选用。

（4）答辩时间：学生陈述约 5 分钟，教师提问及学生答辩 10～15 分钟。

（5）答辩组要认真填写毕业设计答辩记录表（如表 2-4 所示）和毕业设计（论文）答辩组评分表（如表 2-5 所示），客观地给出答辩评语。

表 2-4　XXXX 大学毕业设计（论文）答辩记录表

姓　名		学　号		系　别	
专　业		年级班级		指导教师	
论文题目					
答辩时间		地　点		记录人	
答辩组人数			出席人数		
答辩记录	记录人签字：　　年　月　日 答辩组组长签字：　　年　月　日				

表 2-5　XXXX 大学毕业设计（论文）答辩组评分表

姓　名		学　号		系　别	
专　业		年级班级		指导教师	
论文题目					
由答辩组根据学生论文答辩情况给出（总计 40 分）					评分
1．答辩准备情况得分（计 10 分） A 答辩准备情况很好（9～10 分） B 答辩准备情况较好（7～8 分） C 答辩准备情况一般（5～6 分） D 答辩准备情况较差（5 分以下）					
2．毕业论文介绍表现情况得分（计 10 分） A 毕业论文介绍简洁、流利、重点突出，表现出对所研究问题掌握得很透彻（9～10 分） B 毕业论文介绍表现较好（7～8 分） C 毕业论文介绍表现一般（5～6 分） D 毕业论文介绍表现较差（5 分以下）					
3．回答表现得分（计 20 分） A 回答问题全部正确，概念清楚、理论知识掌握扎实、简明扼要（18～20 分） B 回答问题表现较好（16～18 分） C 回答问题表现一般（12～15 分） D 回答问题表现较差（12 分以下）					

续表

合计：		
答辩组评语：		
评定意见：是否通过答辩	□ 通过　　□ 未通过	
答辩组成员签字：	年　　月　　日	

2.6　毕业设计成绩评定

毕业设计成绩评定标准如下：

（1）毕业设计成绩评定要以学生完成工作任务的情况、业务水平、工作态度、设计质量以及答辩情况为依据。

（2）毕业设计成绩采用优秀、良好、中等、及格和不及格五级记分制。由指导教师（占 40%）、评阅教师（占 20%）、答辩组（占 40%）分别评定后，由答辩委员会综合审定。

（3）成绩的评定必须坚持标准，从严要求。严格控制“优秀”的比例，严格区分“优秀”“良好”“中等”与“及格”的界限，对违纪违章被取消毕业设计资格的学生一律按不及格处理。

（4）毕业设计（论文）不能免修、缓修，不及格的必须重做。

2.7　评分标准

毕业设计评分标准如下：

（1）优秀：能圆满地完成课题任务，并在某些方面有独特的见解或创新，有一定的理论意义或使用价值；设计（论文）内容完整、论证详尽、层次分明；设计（论文）书写规范，符合要求且质量高；完成的软、硬件达到甚至优于规定的性能指标要求；独立工作能力强，工作态度认真，作风严谨；答辩时概念清楚，回答问题正确。

（2）良好：能较好地完成课题任务；设计（论文）完整，论证基本正确；设计（论文）书写较规范，符合要求且质量较高；完成的软、硬件基本达到规定性能指标要求；有较强的独立工作能力，工作态度端正，作风严谨；答辩时概念较清楚，回答问题基本正确。

（3）中等：完成课题任务；设计（论文）内容基本完整，论证无原则性错误；设计（论文）书写规范，质量一般；完成的软、硬件尚能达到规定的性能指标要求；有一定的独立工作能力，工作表现较好；答辩时能回答所提出的主要问题，且基本正确。

（4）及格：基本完成课题任务；设计（论文）质量一般，无重大原则性错误；设计（论文）书写不够规范，不够完整；完成的软、硬件性能较差；答辩时讲述不够清楚，对任务涉及的问题能够简要回答，无重大原则性错误。

（5）不及格：没有完成课题任务；设计（论文）中有重大原则性错误；设计（论文）质量较差；完成的软、硬件性能差；答辩时概念不清，对所提问题基本上不能正确回答。

毕业设计成绩评出汇总后，要认真进行毕业设计质量分析并上报教务处。毕业设计（论文）总成绩评定表示例如表 2-6 所示。

表 2-6 XXXX 大学毕业设计（论文）总成绩评定表

<table>
<tr><td>姓　名</td><td></td><td>学　号</td><td></td><td>系　别</td><td></td></tr>
<tr><td>专　业</td><td></td><td>年级班级</td><td></td><td>指导教师</td><td></td></tr>
<tr><td>论文题目</td><td colspan="5"></td></tr>
<tr><td>总评成绩</td><td>分　数</td><td></td><td>等　级</td><td colspan="2"></td></tr>
<tr><td colspan="6">答辩委员会意见：
经审核，论文评语客观公正，评分真实有效，根据指导老师、评阅教师、答辩小组意见，该同学论文成绩评定为
主任签章：
年　月　日</td></tr>
</table>

2.8 毕业设计归档

（1）毕业设计工作结束后，各系部要按要求做好归档工作。毕业设计的归档资料包括：

● 纸质版：

封面——毕业设计任务书——毕业设计文献综述——毕业设计开题报告——毕业设计指导记录——毕业设计指导教师评分表——毕业设计评阅教师评分表——毕业设计答辩组评分表——毕业设计答辩记录——毕业设计总成绩评定表

● 电子版：

封面——原创声明——目录——标题、摘要与关键词——前言——主体部分——论文注释——参考文献——致谢——封底（空白纸）

（2）总结报送。

毕业设计工作结束后，各学院进行自评和总结。并将自评结果和总结报告以书面形式于规定时间内交教务处存档。

2.9 诚信原则

指导教师在指导论文过程中应该本着对学生高度负责的精神，认真指导学生的毕业论文，坚决反对学生的弄虚作假行为，倡导学生遵守诚实守信的毕业设计原则。

（1）学生在撰写毕业设计前应签署《毕业设计（论文）诚信声明》，示样图如图 2-1 所示。

（2）学生在撰写毕业论文过程中，应认真研究所关注的问题，坚守学术诚信原则，尊重他人的劳动成果，尊重指导教师的工作，对指导教师给予的辅导和他人成果的启示应在“致谢”中予以体现。

（3）学生在论文中出现抄袭、剽窃他人成果的现象，一律按考试作弊处理，视其错误的严重程度和对错误的认识态度，分别给予延期答辩、不予答辩、开除学籍等处分。

XXXX 大学毕业设计（论文）

诚　信　声　明

本人郑重声明：所呈交的毕业设计（论文）是本人在指导老师的指导下进行研究工作所取得的成果，成果不存在知识产权争议。除文中已经注明引用的内容外，本论文不含任何其他个人或集体已经发表或撰写过的作品成果。对本文的研究做出重要贡献的个人和集体在文中均作了明确的说明并表示了谢意。本人完全意识到本声明的法律结果由本人承担。

毕业设计（论文）作者签名：

年　　月　　日

图 2-1　《毕业设计（论文）诚信声明》示样图

第二部分　电气工程类专业毕业设计流程

本部分概要

本部分介绍了电气工程类专业毕业设计流程，具体环节包括：

- 选题。
- 调研工作。
- 信息和文献检索。
- 主体内容设计。
- 论文撰写。
- 答辩。

本部分导言

毕业设计流程是由多个环节组成，每个环节的目标和任务不同，按照一定时间顺序排列。学生按照顺序有条不紊地执行设计流程，就会高效率地完成设计工作。

第 3 章　电气工程类专业毕业设计的选题

本章概要

- 选题的原则。
- 选题的流程。
- 选题的策略。
- 撰写开题报告。

3.1　选题的原则

选题是毕业设计的第一步，也是非常重要的一步。选题的成功与否直接关系学生能否顺利完成最终的毕业设计任务。选题不仅确定了毕业设计的方向和研究目标，还确定了学生需要运用的专业知识范围以及最后毕业论文的类型。

如果能够选择一个有实际应用性的、有研究价值的、适合个人专业能力的题目，毕业设计就成功了一半。

选题具体原则如下：

（1）符合电气工程类专业培养目标。

本专业学生主要学习电工技术、电子技术、信息控制、计算机技术等方面较宽广的工程技术基础和一定的专业知识。本专业主要特点是强弱电结合、电工技术与电子技术相结合、软件与硬件结合、元件与系统结合，学生受到电工电子、信息控制及计算机技术方面的基本训练，具有解决电气工程类技术分析与控制技术问题的基本能力。旨在培养掌握自动化控制基本理论，掌握自动化控制系统的分析和常用生产控制系统的设计方法，具备电气设备的安装、调试、运行和维修能力的技能型和应用型高级职业技术人才。

在毕业设计选题上，学生应该选择和电气工程类专业培养目标相吻合的课题。

（2）选题符合所学课程范畴。

选题要符合电气工程类专业所学课程范畴，课题要涵盖在本专业主干课程或者本专业主要研究方向中。要运用所学的专业知识进行设计。

（3）具有一定理论价值和应用价值。

选题要注意理论上的价值和社会应用价值。

理论研究型毕业设计（论文）注意贴近本专业最近流行的、热门的科研方向。开发设计型毕业设计（论文）注意解决常见的一些实用技术问题。

（4）可行性原则。

- 难度适当。

选题要本着大小适中、难度适当的原则。

不可好高骛远，选择一些复杂的、大型的企业级项目进行设计。因为这些项目是要靠庞大的专业团队来完成，几个学生构成的课题小组不足以在技术水平上、财力物力上支持项目的实现。不可选择一些自身不擅长的专业领域进行毕业设计。如果在专业课学习阶段，某些专业方向没有接触过，不能抱着边学新知识边做毕业设计的心态，这样会导致设计不能保质保量完成，影响毕业设计的成绩，甚至影响毕业学位的获得。

学生应该选择在规模上超过课程设计、课程实训，在时间上保证 3～4 个月能够顺利完成的、自身擅长的课题。

- 可以选取指导教师罗列的选题。
- 可以选取自己感兴趣的有实际意义的选题。
- 可以选取毕业实习工作中的项目。
- 可以选取和未来工作岗位有关的项目。

（5）实际性原则。

根据电气工程类专业实际性强的特点，尽量做到“真问题真解决”，选择实用性强、有推广价值的课题，检验学生实际问题的解决能力。

（6）创新性原则。

选题的创新性体现在以下几个方面：

- 选题可以是前人没有研究过的问题。
- 选题可以是前人研究过，但是存在难点和疑点的问题。
- 选题可以是前人研究过，但是可以进一步升级和扩展的问题。
- 选题可以是前人研究过，但是可以采用新技术、新思路设计的问题。

以上几个方面的选题都符合创新性原则。当然，创新性的前提是理论和实践是科学合理的，要有电气工程类专业知识做支撑。

3.2 选题的流程

电气工程类专业毕业设计的题材来源多种多样，可以是学校指导老师罗列的选题范围中的题目，可以是和实习单位所做工作相关的课题内容，也可以是学生感兴趣的、擅长的、有应用价值的自选题目。

不论哪种类型的毕业设计题材，选题都要有一个的过程，不能一步而成。多数同学要经过一个不断探索、斟酌的过程，才能选好自己的理想题目。在这个过程中，指导教师要不断监督和指导，学生要舍弃不合实际的题目，选择有意义的、易于展开研究的题目。

通常，选题的流程如下：

（1）学院和指导教师列出选题范围。

在组织学生开始毕业设计之前，各个指导教师上报《电气工程类专业毕业设计选题指导范围（讨论稿）》，学院组织专业骨干教师进行审核和修改，最终确定《电气工程类专业毕业设计选题指导范围》并发放给学生参阅。

（2）学生申报选题。

学校一般采取多向选择原则，学生可以选择《电气工程类专业毕业设计选题指导范围》中感兴趣的题目，也可以选择在实习单位做的课题，或者自拟选题。

学生拟好选题后，上报给学校，接受审核。

（3）学校审核学生选题。

学校对汇总的学生选题进行逐一审核，一般情况下个人独立完成，题目之间不可以重复。如果选题任务较繁重，允许多名同学共同承担，但是必须明确毕业设计组内每名同学的具体任务和责任。

学校要组织毕业设计指导教师和学生详细沟通，保证选题的可行性，保证毕业设计能够顺利开展。对于不合适的选题，要坚决要求学生另作更换。

（4）学生确定选题，填写《毕业设计任务书》和《毕业设计开题报告》。

经过审核和沟通，学生最终确定选题，一般不允许设计中途再作更改。学生要填写《毕业设计任务书》和《毕业设计开题报告》，制定详细的设计开展计划，上交给学院。

3.3　撰写任务书和开题报告

本教程第 1 章展示了电气工程类毕业设计任务书和毕业设计开题报告的样式。在本节中，将列举两种文档实例，并对具体条目进行解析，供读者参考。

1．毕业设计任务书实例和解析

（1）毕业设计任务书实例。

毕业设计任务书实例如表 3-1 所示。

表 3-1　XXXX 大学毕业设计（论文）任务书

<table>
<tr><td>姓　名</td><td>XXX</td><td>学　号</td><td>XXX</td><td>系　别</td><td>XXX</td></tr>
<tr><td>专　业</td><td>XXX</td><td>年级班级</td><td>XXX</td><td>指导教师</td><td>XXX</td></tr>
<tr><td>论文题目</td><td colspan="5">基于 PIC16F877 的智能化集成低压电器控制器的设计</td></tr>
<tr><td>任务和目标</td><td colspan="5">毕业设计（论文）的任务和目标：
本毕业设计主要完成一个“基于 PIC16F877 的智能化集成低压电器控制器的设计”的开发，并撰写题目为《基于 PIC16F877 的智能化集成低压电器控制器的设计》的论文。本次设计是利用电力电子技术和单片机测控技术组成智能控制单元，既实现了低压断路器的通断能力要求，也实现了接触器的频繁动作及远距离控制要求。采用 IGBT 切换励磁电源，将接触器和断路器的功能集成于一体，实现了常见损坏电机原因的综合智能控制。
主要设计内容：
1．电动机保护新方法
（1）一种新型电动机保护电器的建立
（2）建立电动机保护的数学保护模型
2．智能电器控制单元的设计
（1）电流测量电路设计
① 电流测量单元电路图
② 整流电路的设计
③ 放大电路的设计
④ 滤波电路的设计
（2）控制电路设计
（3）显示电路设计</td></tr>
</table>

续表

任务和目标	（4）键盘输入电路设计 （5）电源电路设计 3．智能电器的程序设计 （1）初始化模块设计 （2）数据测量模块设计 （3）参数整定及其显示模块设计 （4）显示模块设计 （5）数据处理模块设计		
基本要求	论文撰写应在指导教师的指导下独立完成，并以马克思主义理论为指导，符合党和国家的有关方针、政策；论文应做到中心突出，层次清楚，结构合理；必须观点正确，论据充分，条理清楚，文字通顺；并能进行深入分析，见解独到。同时论文字数不得少于8000字，还要有300字左右的论文摘要，关键词3～5个（按词条外延层次，由高至低顺序排列）。最后附上参考文献目录和致谢辞。		
研究所需条件	1．具备足够的专业基础知识 （1）掌握电动机保护的方法和低压电器的基本知识 （2）掌握数学模型建立的方法和步骤 （3）掌握单片机控制的基本方法和步骤 （4）掌握相关开发工具（包括Protel、Keil、Matlab等）的使用 2．具备搜集资料的网络、图书馆等资源和条件 3．必备的调试工具		
任务进度安排	序号	主要任务	起止时间
	1	任务书下达、毕业设计正式开始	2013.11.1－2013.11.12
	2	完成文献综述、开题报告	－2013.12.10
	3	完成需求分析	－2013.12.24
	4	完成论文二稿或中期检查	－2014.4.1
	5	上交论文成稿	－2014.4.13
	6	设计类论文上交程序代码	－2014.4.15
	7	论文答辩	－2014.4.20
指导教师签字		日期	年　月　日
系部领导签章		日期	年　月　日

（2）毕业设计任务书解析。

● 毕业设计题目。

毕业设计题目要求如下：

➢ 要反映毕业设计的核心内容和核心技术。
➢ 要表明设计的主题思想。
➢ 要含有若干简明、恰当的关键字。
➢ 一般中文题目不超过20个字。

● 毕业设计内容。

“毕业设计内容”部分要言简意赅，清楚表述三方面内容：毕业设计想做什么，如何做，做成什么。

想做什么，即选题内容和方向，毕业设计涉及的具体领域。

如何做，即具体采用什么方法和策略进行课题的研究和开发。例如，采用何种数学模型，利用哪些控制方法进行设计等。

做成什么，即毕业设计最终要实现的目标和任务。

- 毕业设计的进度和起止时间。

“毕业设计的工作进度和起止时间”部分是描述毕业设计的实施步骤。学生对毕业设计要有具体的进度安排和时间限制。制定合理的时间分配和详细的实施计划有益于学生顺利完成毕业设计。时间安排要张弛有道，既要紧凑、保证按时完成设计任务，又要留有余地、提供设计进行过程中的机动时间。

- 毕业设计任务书一般是 1000～3000 字左右。

2. 毕业设计开题报告实例和解析

（1）毕业设计开题报告实例。

毕业设计开题报告实例如表 3-2 所示。

表 3-2　XXXX 大学毕业设计（论文）开题报告

姓　名	XXX	学　号	XXX	系　别	XXX
专　业	XXX	年级班级	XXX	指导教师	XXX
论文题目	基于 PIC16F877 的智能化集成低压电器控制器的设计				
选题依据与意义	**一、学术价值、应用价值** 随着科学技术的不断发展，社会生产、生活等各方面对电能的消耗越来越多。电能的生产与传输均采用高电压，而对电力的使用，绝大多数是低压电器。 近年来，电器的设计、研制和开发进入了一个崭新的时代。电器技术理论和电器产品结构正处于不断更新和全面提高的阶段。传统的有触点电器在结构原理、最佳结构设计和应用新材料、新工艺方面不断地创新和完善；真空电器、半导体电器以及其他新型电器，如微电子技术和电器技术结合的机电一体化电器或智能化电器，亦在开拓发展之中；电器产品向着组合化、成套化发展。将智能化技术引入低压电器，使低压电器技术在研究、检测、生产的各个环节上发生了根本的变化。智能断路器、智能电动机保护器、智能接触器等智能电器元件和智能型配电网络系统应运而生。 把微处理机和计算机技术引入低压电器，一方面使低压电器具有智能化的功能，另一方面使低压开关电器，包括智能化断路器和智能化电动机控制器实现与中央控制计算机双向通信。 本设计所研制的智能化集成控制器是以单片机为核心，配以外围电路，实现对电动机的短路和过载保护。此次所要解决的是对该控制器的智能控制部分的研制。本课题的研制——将接触器和断路器集成于一体在国内外尚属首例。 **二、现状分析** 把微处理机和计算机技术引入低压电器，一方面使低压电器具有智能化的功能，另一方面使低压开关电器，包括智能化断路器和智能化电动机控制器实现与中央控制计算机双向通信。 进入 20 世纪 90 年代，随着计算机信息网络的发展，低压配电系统和电动机控制中心已统一形成了智能化监控、保护与信息网络系统。智能化低压断路器与电动机控制器是低压开关柜和电动机控制中心实现智能化的主要电器元件。 由新型低压电器元件和中央控制计算机组成的网络系统，与传统的低压配电系统和电动机控制中心相比有以下优点：				

续表

选题依据与意义	（1）实现了中央计算机集中控制，提高了低压配电系统的自动化程度。 （2）使低压配电、控制系统的调度和维护达到新的水平。 （3）由于采用数字化的新型监控元件，开关柜屏面上提供的信息量大幅度增加。 （4）监控元件和传统的指示和指令电器相比较，接线简单、便于安装，提高了工作的可靠性。 （5）可以实现数据共享，减少信息重复和信息通道。
研究内容	1 引言 1.1 前言 1.2 我国低压电器发展情况 1.3 低压电器发展的趋势——智能化 1.4 研究的意义以及发展背景 1.5 本次设计所要解决的问题 1.6 本次研究所要达到的目的 2 电动机保护的新方法 2.1 电动机保护的必要性 2.2 电动机保护的原因 2.3 电动机保护的传统方法及其优缺点 2.3.1 热继电器 2.3.2 电子式保护继电器 2.3.3 熔断器 2.3.4 温度保护继电器 2.4 电动机保护的新方法 2.5 电动机保护模型的建立 2.6 小结 3 硬件设计及其实现 3.1 总体设计思想 3.2 各部分工作原理 3.2.1 电流测量电路设计 3.2.2 控制电路设计 3.2.3 显示电路设计 3.2.4 键盘输入电路设计 3.2.5 电源电路设计 3.3 小结 4 软件设计及其实现 4.1 PIC16F77 的特点 4.2 软件设计的特点 4.3 各模块设计思想及其实现 4.3.1 初始化模块设计 4.3.2 数据测量模块设计 4.3.3 参数整定及其显示模块设计 4.3.4 显示模块设计 4.3.5 数据处理模块设计 4.4 小结 5 结论

续表

研究方案	**一、本课题研究的目标** 本设计所研制的智能化集成控制器，就是将接触器的可频繁接通和关断的特点与断路器良好的接通和分断能力结合在一起，通过电力电子技术和单片机技术组合成一种低压电器。这项研制如同电子元件从分立走向集成那样，无疑是将电器技术推向另一重大变革。 **二、本课题研究的内容** 对于交流电动机实现单片微机的保护，建立最佳的数学保护模型，通过所设计的软件程序和硬件电路，实现电动机过载、短路故障的保护。 **三、本课题研究要解决的问题** 本设计所研制的智能化集成控制器是以单片机为核心，配以外围电路，实现对电动机的短路和过载保护。此次所要解决的是对该控制器的智能控制部分的研制。本课题的研制——将接触器和断路器集成于一体在国内外尚属首例。 由于工作条件及控制和保护功能不同，接触器和断路器不能简单地结合在一起。普通接触器的电磁铁和低压断路器的触头及灭弧室稍加改进并有机结合之后，利用电力电子技术和单片机测控技术组成智能控制单元，巧妙地解决了其频繁操作和保护动作的问题，从而将接触器和断路器集成于一体。 软件部分采用模块化结构，包括初始化模块、数据测量模块、参数整定及其显示模块、显示模块、故障诊断和处理模块。 **四、研究步骤** （1）2013 年 11 月 08 日－2013 年 12 月 03 日　需求调研，收集资料。 （2）2013 年 12 月 04 日－2013 年 12 月 24 日　进行系统需求分析、确定系统框架。 （3）2013 年 12 月 25 日－2014 年 02 月 28 日　系统分析、设计与实现。 （4）2014 年 03 月 01 日－2014 年 03 月 25 日　初步完成系统调试。 **五、可行性分析** 1．技术可行性分析 在传统电动机保护装置的基础上，为了克服它们的缺点，本设计提出了一种智能型电动机保护装置，对于交流电动机单片微机的保护，建立数学模型，通过硬件电路和软件程序，实现电动机过载、短路故障的保护。 本文提出的这种新型的以单片机式数字化测量、控制和处理单元为核心的集成低压电器，其外形类似一普通的电磁接触器，但它既能在正常的工作条件下，频繁地接通或关断主电路，也能在过载、短路等异常情况下，自动地分断主电路，除了具有功能多、保护性能好、可靠性高和故障自诊断能力及通讯能力等智能化低压电器所共有的优点外，它还将接触器和低压断路器的全部功能融为一体，实现了低压电器的集成化。 系统时刻检测外部信号的变化，通过硬件系统把外部信号送到微处理器，由微处理器进行分析和判断，一旦线路上发生某种故障时，微处理器立即发出控制信号（或延时）转到执行机构，以实现相应的故障切除。 2．经济可行性分析 电动机是机电行业中应用最为广泛的设备之一，是其他机电设备的动力源泉，电动机正常地输出动力是其驱动的机电设备正常工作的前提。 三相交流电动机以其结构简单、成本低廉、运行维护方便等特点，广泛应用于各行各业。因此，在工农业生产中，确保电动机的正常运转是非常重要的。如果采用合理的保护方式，可使电动机免受损害，延长使用寿命，降低维修成本，提高经济效益，便成了人们普遍关注的问题。 **六、预期成果** 完成论文，建立交流电动机单片微机保护最佳数学保护模型，通过所设计的软件程序和硬件电路，实现电动机过载、短路故障的保护。

续表

设计进度安排	（1）2013 年 11 月 22 日－2013 年 12 月 10 日　完成文献综述及开题报告。 （2）2013 年 12 月 11 日－2014 年 03 月 25 日　进行系统需求分析，完成论文初稿（或框架）。 （3）2014 年 03 月 28 日－2014 年 04 月 01 日　完成论文二稿或中期检查。 （4）2014 年 04 月 02 日－2014 年 04 月 06 日　上交论文成稿。 （5）2014 年 04 月 07 日－2014 年 04 月 13 日　设计类论文上完成测试、验收。
指导教师意见	指导教师签字： 年　月　日
系学术委员会意见	主任签章： 年　月　日

（2）毕业设计开题报告解析。

- 毕业设计的选题依据与意义。

在这部分中，学生要阐述毕业设计要研究什么，为什么要研究此课题，研究的价值是什么。

- 毕业设计的研究方案。

这部分包括：研究目标、研究对象、设计方法和途径、技术路线和预期成果等。本部分涉及了毕业设计的整体思路和方法以及具体操作途径。

开题阶段是毕业设计的开始阶段、计划阶段，学生还没有真正实施，只是表述期望取得怎样的研究成果。因此，这部分表述切不可好高骛远，要切合实际，追求力所能及的研究成果，规划合理的完成时间。电气工程类专业毕业设计研究成果的形式多种多样，依据选题门类不同，可以是电气控制设备的设计，也可以是理论方面的研究报告、实验报告等。

- 毕业设计开题报告一般是 3000～8000 字左右。

第 4 章　电气工程类专业毕业设计的调研和文献检索

本章概要

- 毕业设计的调研工作。
- 毕业设计的文献检索理论。
- 文献检索实例。
- 文献综述实例。

4.1　毕业设计的调研工作

1. 调研的必要性

调研是毕业设计一个很重要的步骤，学生开题后，要根据具体题目进行细致的调查研究。

学生不可以忽略调研阶段，也不可以为了节省时间缩短调研时间。调研工作既是一个花费时间长，收益不明显的活动，也是一个打好设计基础的过程。调研越充分、越深入，毕业设计过程越顺畅、最终成果越显著。

毕业设计作品（论文）的实际应用意义很多都是从调研中得来的。调研来自生活，毕业设计服务于生活，好的调研会使毕业设计具有更好的社会实用价值。

2. 调研的方式

调研的途径多种多样，具体形式如下：

（1）通过毕业实习进行调研。

毕业实习阶段，学生要深入工厂、企业、机关和一些专门的软硬件开发公司进行短期学习、调查和实践。利用这个阶段，按照自己选题的方向，多做调查，观察产品的开发流程、设计工艺、销售方式和市场需求状况，体验实践工作中解决技术问题的方法等。把这些发现问题、解决问题的经验用于毕业设计中。

（2）参与相关课题研究。

积极参与学院、导师的一些国家级、省市级等课题，了解毕业设计研究领域的国内外、省内外现状，明确毕业设计的研究背景、目的和意义。

（3）参加学术报告、专题讲座、学术会议等进行调研。

学校经常会请计算机行业的专家做学术报告、专题讲座等。这些活动要积极参与，从中了解本专业技术发展的最新趋势，利用新技术设计毕业作品。

（4）访谈本领域的专家、导师和一线开发人员进行调研。

前面三种调研方式都会令学生在做毕业设计时受益匪浅，但是针对性不强。学生可以依据自己毕业设计选题的技术难点和重点，直接、快速地咨询相关专家、导师和一线开发人员，获得最准确和有用的技术信息和经验。

（5）深入实验基地进行调研。

电气工程类专业毕业设计很多课题偏重于实践，比如硬件设计、软件设计等。这些课题可以在实验室和生产现场进行实地调研。实验基地能够获得一手的数据、资料，这些都是毕业设计最有力的实践依据。

4.2 文献检索和整理

文献检索和整理是电气工程类专业毕业设计和论文写作中的必经环节，是学生顺利完成毕设任务的“资本”。

对于电气工程类专业做毕业设计的学生来说，不一定要花费很大比例的时间用于查找信息资料，但是也要留出大约1～3周的时间来查阅资料、收集文献和整理信息。

1. 文献检索的含义

文献（Document）在现代的解释为“记录有信息和知识的一切有形载体”。文献是将信息和知识用文字、图像、符号、声频、视频等技术手段记录在一定的物质载体上。现在通常理解为图书、期刊等各种出版物的总和。

文献检索（Document Retrieval）有狭义和广义之分。

（1）广义的文献检索包括文献的存储和检索两个过程（Storage and Retrieval），是将大量原始文献按照一定的逻辑方式组织和存储起来，使其系统化和有序化，构成一个数据库或者检索系统，能够根据人们的特定需要随时检索出相关信息。广义的文献检索又称为“文献的存储与检索”。

（2）狭义的文献检索主要是指文献的检索部分，即按照一定的方法，从已经组织好的文献集合中搜索和获取人们所需的特定信息的过程。

2. 文献的种类

按照文献的载体不同可以分为：印刷型、缩微型、声像型和机读型。印刷型是文献的最基本方式，包括铅印、油印等。缩微型包括胶卷、胶片等。声像型包括幻灯片、唱片、录音带、录像带、电影等。机读型即计算机阅读型，是以计算机处理技术为核心记录信息和知识的一种文献形式。这是当今非常流行和常用的文献载体，具有搜索速度极快、内容涵盖量超大、方便灵活的优势，例如电子图书。机读型文献又分为光盘文献和网络文献。

根据文献的印刷出版形式不同可以分为：图书、期刊和特种文献。特种文献包括专刊文献、标准文献、学位论文、科技报告、会议文献、政府出版物、档案资料、产品资料、年鉴和地方志等。

依据文献的加工深度不同可以分为：一次文献（原始文献）、二次文献和三次文献。一次文献是指科研人员直接撰写的文献，包括学术论文、会议论文、科技期刊、科技报告、专利文献和政府出版物等。一次文献是人们进行文献检索的主要对象。二次文献是指把一次文献进行加工、归纳和分类后的有序文献，包括文摘、目录、索引等。二次文献是一次文献检索的辅助工具。三次文献是指把大量相关联的一次文献进行综合整理、浓缩提炼成系统性文献，全方位展现某一研究领域的信息情况。三次文献包括工具书、年鉴、教科书、专著、论丛、手册和报告等。

3. 文献检索的方法

（1）直接法。

直接法是利用检索系统直接检索文献的方法，是文献检索最常用的方法，包括顺查法、倒查法和抽查法。

顺查法是指由远到近的查找方式。针对某个课题，按照年代顺序，从前到后依次查找相关资料，这种方式可以概览该课题的发展全过程，适合于大型选题的文献检索。

倒查法是指由近到远的查找方式。针对某个课题，按照年代顺序，从新到旧依次查找相关资料，这种方式以最快速度获取新近流行的技术资料，适合于着重创新点的课题。电气工程类专业领域发展快、变化大，科研人员经常会用到倒查法来掌握最新最快的科技动态。

抽查法是指针对某一个课题发展兴旺的时间段进行文献检索。学科和课题的发展通常是波浪式前行，有高潮发展时期，也有缓慢延伸时期。针对更新频率较快时期的文献重点检索，有益于获取更多有建设性的参考资料。

（2）追溯法。

追溯法是指利用论文、专著中提及的文献来源或者结尾处的参考目录追溯有用文献的方式。这种方法有利于了解课题的相关论点、论据，获取大量的相关背景资料，有利于学生做毕业设计时思路的扩展。

（3）循环法。

循环法又称综合法，即结合直接法和追溯法进行交替运用。这种方法兼有直接法和追溯法的优点，能够获得全面而准确的课题资源，是科研人员常用的文献检索方法。

以上三种方法，学生在做毕业设计和撰写论文时要因情况灵活运用。

4. 常用的文献检索系统

（1）世界三大文献检索工具。

《科学引文索引》（SCI）、《工程索引》（EI）、《科技会议录索引》（ISTP）是世界著名的三大科技文献检索系统，是世界公认的进行科学研究、统计和评价的主要检索工具。

- 《科学引文索引》（Science Citation Index，SCI）是由美国科学信息研究所（ISI）出版的引文数据库，开始于 1961 年。《科学引文索引》涵盖各个学科领域，化学、物理学、医学和生命科学所占比例较大，是文献计量学和科学计量学的重要工具，也是当今世界上最重要的检索性刊物。
- 《工程索引》（The Engineering Index，EI）是美国工程信息公司（Engineering Information Incorporation）出版的工程技术类综合性检索工具，创刊于 1884 年。《工程索引》收录的文献涉及工程技术各个领域，包括电力工程、机械工程、自动控制、土木工程、交通运输工程等。
- 《科技会议录索引》（Index to Scientific & Technical Proceedings，ISTP）由美国科学信息研究所（ISI）编辑出版，创刊于 1978 年。《科技会议录索引》收录了每年世界各个地区科技会议的会议文献，包括一般性会议、座谈会、研究会、讨论会、发表会等。《科技会议录索引》涉及科学技术的各个领域，其中工程技术与应用科学类文献约占 35%。

（2）国内常用检索系统。

- 中国知网（CNKI）（包括中国学位论文、重要会议论文、重要报纸等全文数据库）

网址：http://www.cnki.net/

- 万方数据平台

网址：http://www.wanfangdata.com.cn/

- 超星数字图书馆

网址：http://book.chaoxing.com/

- 维普资讯（主导产品：中文科技期刊数据库）

网址：http://www.cqvip.com/

- 中国人大复印报刊全文数据库

网址：http://ipub.zlzx.org/

- 读秀学术搜索

网址：http://www.duxiu.com/

（3）国外常用检索系统。

- CSA（剑桥科学文摘）

剑桥科学文摘（Cambridge Scientific Abstracts，简称 CSA）数据库是由美国的 CSA 私营信息公司出版，有 30 余年历史。CAS 主要编辑出版科学技术研究文献的文摘及索引，共有 60 多种数据库。

- INSPEC

INSPEC（Ination Service in Physics，Electronics Technology and Computer and Control）是全球著名的科技文摘数据库，是理工学科最重要、使用最频繁的数据库之一，包含物理学、电子学、电子工程、计算机科学及信息技术领域的权威性文摘索引数据库。

- SpringerLink

SpringerLink 是国际著名科技出版集团 Springer 的网络版全文文献服务系统。

- EBSCO

EBSCO 是一个具有 60 多年历史的大型文献服务系统，涵盖近 100 多个在线文献数据库，涉及自然科学、社会科学、人文和艺术等多种学术领域。

- Proquest

Proquest学位论文全文数据库是目前国内唯一提供国外高质量学位论文全文的数据库，主要收录了来自欧美国家 2000 余所知名大学的优秀博硕士论文，涉及文、理、工、农、医等多个领域，是学术研究中十分重要的信息资源数据库。

- Emerald

Emerald 数据库主要包含管理学、图书馆学、工程学等专业领域的文献。世界许多著名的商学院和大型企业都订阅 Emerald 数据库期刊。

- RSC

RSC数据库是化学领域具有权威性的数据库。

- Elsevier

Elsevier 数据库提供 1100 种电子期刊，是全球研究人员、教师、学生等常用的文献检索工具。

- Wiley

Wiley是全球最大、最全面的经同行评审的科学、技术、医学和学术研究的在线多学科资源平台之一，收录了来自 1500 余种期刊、10000 多本在线图书以及数百种多卷册的参考工具书、丛书系列、手册和辞典、实验室指南和数据库的 400 多万篇文章，并提供在线阅读。

- Google 学术搜索

Google 学术搜索是一个可以免费搜索学术文章的 Google 网络应用。

- Scirus 学术搜索

Scirus 学术搜索是一个混合型的搜索引擎。它不仅包含科学、技术类期刊文章概要，还包含精选的科学类网页。Scirus 学术搜索是专门用于科技信息检索的世界上最全面的科技搜索引擎之一。

（4）常用搜索引擎。

- Google：全球最大的机器搜索引擎之一。

网址：http://www.google.com.hk/，主页如图 4-1 所示。

图 4-1　Google 主页界面

- Yahoo!：全球最大的门户网站之一。

网址：http://www.yahoo.com/，主页如图 4-2 所示。

图 4-2　Yahoo!主页界面

- MSN：隶属于微软公司。

网址：http://www.msn.com/，主页如图 4-3 所示。

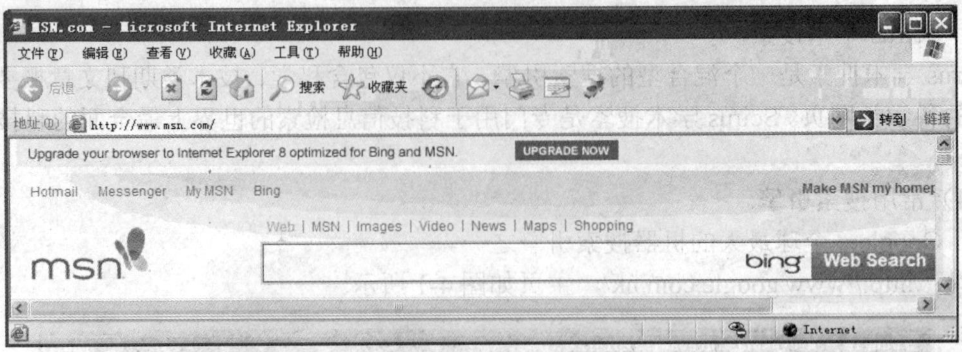

图 4-3　MSN 主页界面

● AOL（美国在线）：是世界上最早的门户网站之一。

网址：http://www.aol.com/，主页如图 4-4 所示。

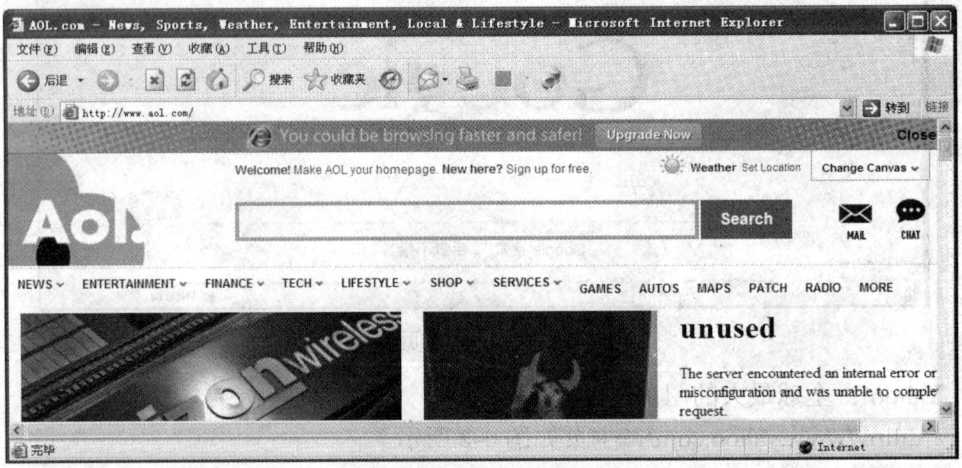

图 4-4　AOL 主页界面

● Lycos：是全世界最早的搜索引擎之一。

网址：http://www.Lycos.com/，主页如图 4-5 所示。

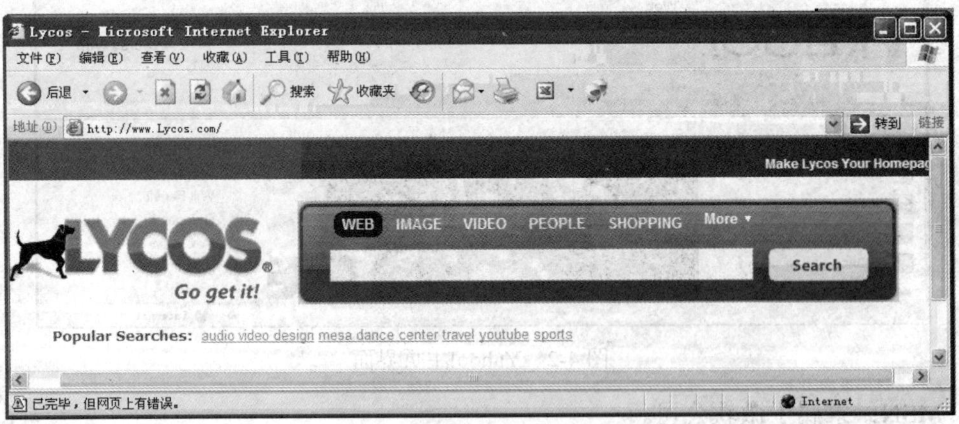

图 4-5　Lycos 主页界面

- AltaVista：全世界最古老的搜索引擎之一，也是功能最完善、搜索精度较高的全文搜索引擎之一。

网址：http://www.AltaVista.com/，主页如图 4-6 所示。

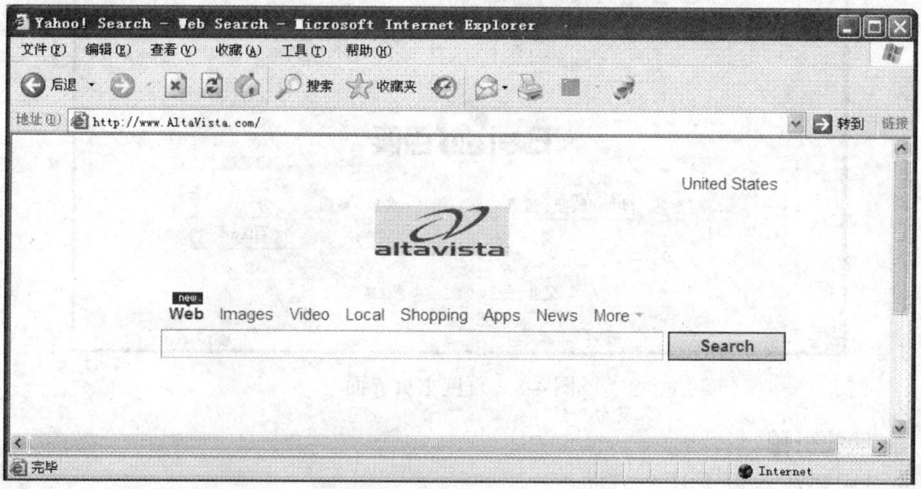

图 4-6　AltaVista 主页界面

- HotBot：是比较活跃的搜索引擎，数据更新速度较快。

网址：http://www.HotBot.com/，主页如图 4-7 所示。

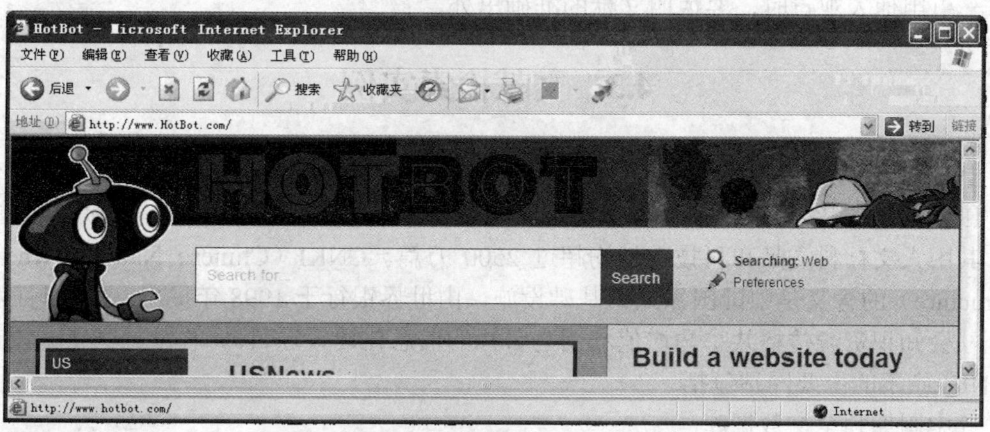

图 4-7　HotBot 主页界面

- 百度：国内最大的商业化全文搜索引擎。

网址：http://www.baidu.com/，主页如图 4-8 所示。

5. 文献的加工整理

（1）文献的筛选。

文献筛选是把检索到的文献进一步加工整合，真正做到“为设计所用”。在文献检索中，学生获取了大量的选题信息和知识，而这些资源需要再次甄别真伪、提取精华。指导教师应该督导学生把大量的检索文献进行筛选并且按照一定逻辑顺序编排归类，这样处理过的文献更有利于学生在进行毕业设计时参考使用。同时，筛选的过程也是学生对本选题领域文献充分理解、消化和吸收的过程，使得选题的研究思路更加清晰，选题的开展更加顺畅。

图 4-8　百度主页界面

（2）文献的引用。

文献的引用要注意以下几个方面：

- 在阐述选题来源、背景知识和发展现状时，可以引用相关文献，说明其他研究者所做的相关工作，表述本课题的着重点、创新点和现实意义。
- 毕业设计和论文中用到一些理论知识时，可以引用一些权威文献作为支撑和佐证。
- 引用他人观点时，要说明文献的准确出处。

4.3　文献检索实例

1．中国知网文献检索实例

中国知网（CNKI）是目前世界上全文信息量范围最大的动态数据库，文献总量逾 5000 万篇，其中人文社科文献和科技文献均超过 2500 万篇。CNKI（Chinese National Knowledge Infrastructure）的含义是中国国家知识基础设施，由世界银行于 1998 年提出。CNKI 工程是以实现全社会知识资源传播共享与增值利用为目标的信息化建设项目。

CNKI 旗下的主要网站包括：

- 中国期刊全文数据库
- 中国工具书网络出版总库
- 中国研究生网
- 中国社会团体网
- CNKI 知网数字图书馆
- 中国医院数字图书馆
- 中国企业创新知识网
- 中国城建数字图书馆
- 中国农业数字图书馆
- 中小学多媒体数字图书馆

- 文献规范与计量评价网
- CNKI 系列软件
- CNKI 汉语词典在线
- CNKI 翻译助手-辅助英语在线翻译系统
- CNKI 英汉-汉英词典在线
- CNKI 专科辞典在线
- CNKI 百科全书在线
- CNKI 医学图谱在线
- CNKI 图鉴图录在线
- CNKI 知识超市
- 知网空间
- 飞度 BOOK

其中，科技人员常用的是中国期刊全文数据库。具体文献检索步骤如下：

（1）登录网站。

登录网站地址：http://www.cnki.net，进入 CNKI 首页，如图 4-9 所示。因为 CNKI 网站上的数据库是收费检索数据库，所以用户要先购买使用权，通过网站注册得到用户名和密码，然后才能登录已经购买使用权的全文数据库，进行文献检索。对于高校学生，可以通过校园网进入本校图书馆的中国期刊全文数据库镜像站点，直接搜索内容，如图 4-10 所示。

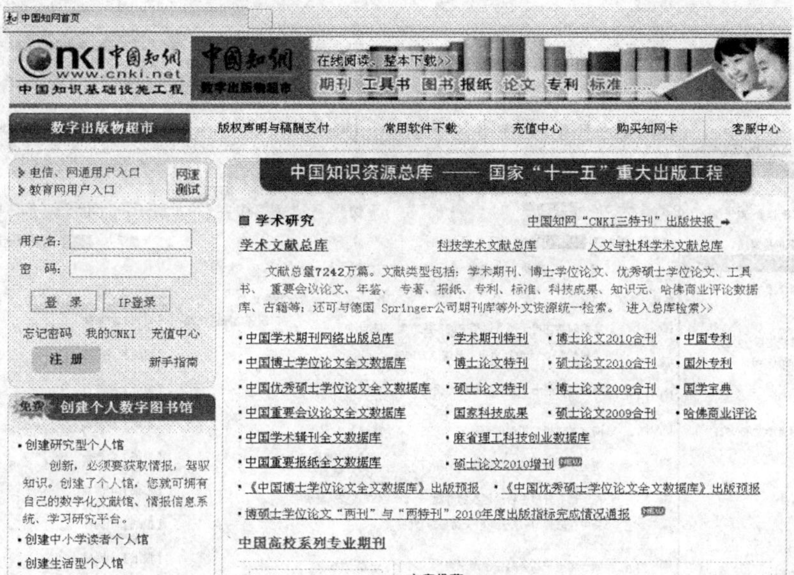

图 4-9　CNKI 首页

（2）文献检索方法。

中国期刊全文数据库提供四种检索方式：简单检索、标准检索、高级检索和专业检索，它们的检索功能依次扩展，专业检索的功能最为强大。

- 简单检索

简单文献检索只包含“检索词”。用户只要在“检索词”一栏输入关键词，就会列出在检索字段中含有此关键词的所有文献，并且按照一定规则排序。排序规则可以选择“相关度”、“发表时间”“被引频次”和“下载频次”。

图 4-10 CNKI 镜像站点界面

例如，检索词为“电子商务”，得到的文献列表如图 4-11 所示。

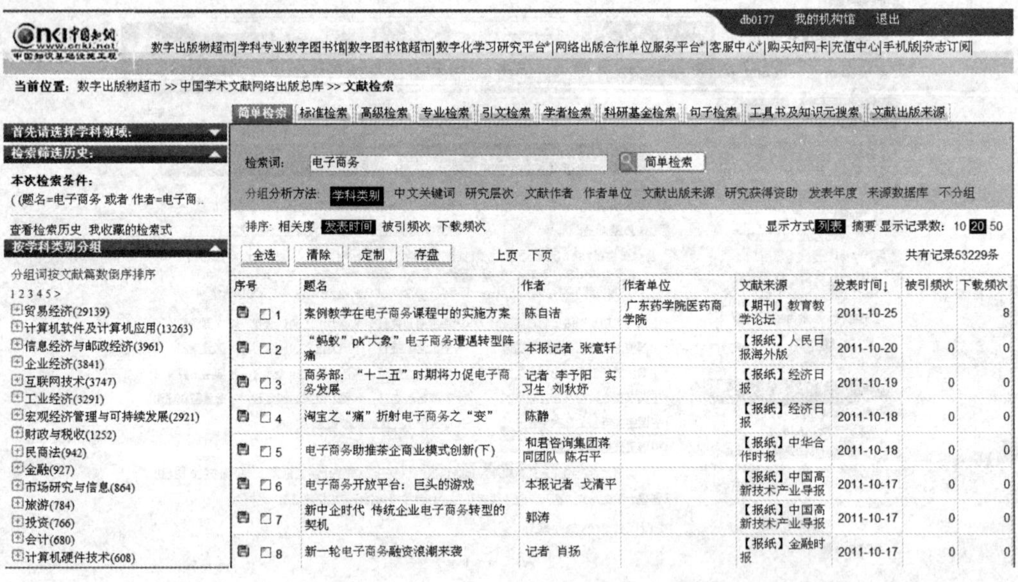

图 4-11 简单检索结果

- 标准检索

标准检索比简单检索的检索条件更加具体。标准检索的项目包括：发表时间、文献出版来源、作者、主题等。

例如，检索发表于 2010-01-01 至 2011-10-01 时间段、出版在期刊《电子商务》、主题是电子商务和 B2C 的文献，得到如图 4-12 所示的结果。

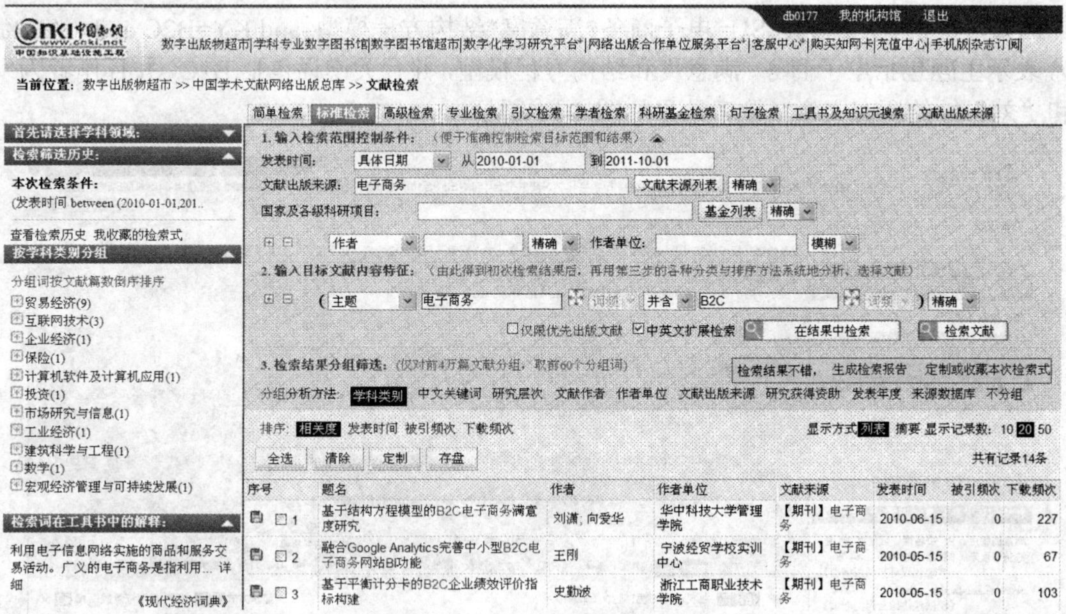

图 4-12　标准检索结果

●　高级检索

高级检索比标准检索功能更强大。高级检索的功能包括：发表时间、选取检索范围、设定检索字段、输入检索词、确定各个检索词之间的逻辑关系等。

例如，搜索全文包含“满意度”，题名包含“结构方程模型”，主题包含“电子商务”以及关键词包含“B2C”的文献，会得到如图 4-13 所示的结果。

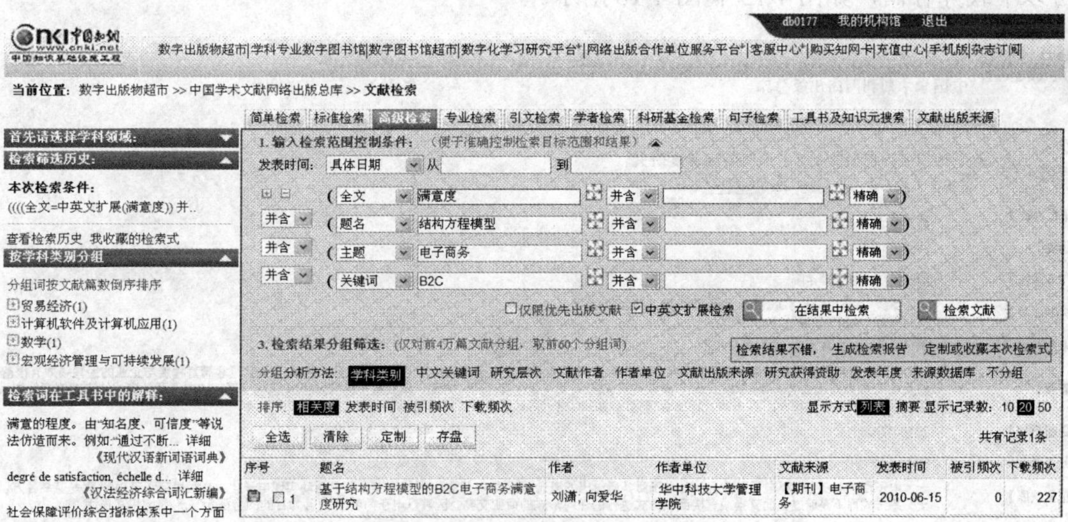

图 4-13　高级检索结果

●　专业检索

专业检索比高级检索功能更加强大。专业检索可以用 17 个检索项构造检索表达式，如图 4-14 所示。检索表达式中的各个检索项之间可以用逻辑运算符 and、or 和 not 进行组合。

例如，检索表达式为：SU=电子商务*满意度*结构方程模型 and KY=B2C and（AU%向+刘）。表示主题包括电子商务、满意度和结构方程模型，并且关键词包括 B2C，并且作者为“向”姓和“刘”姓的所有文章。检索结果如图 4-14 所示。

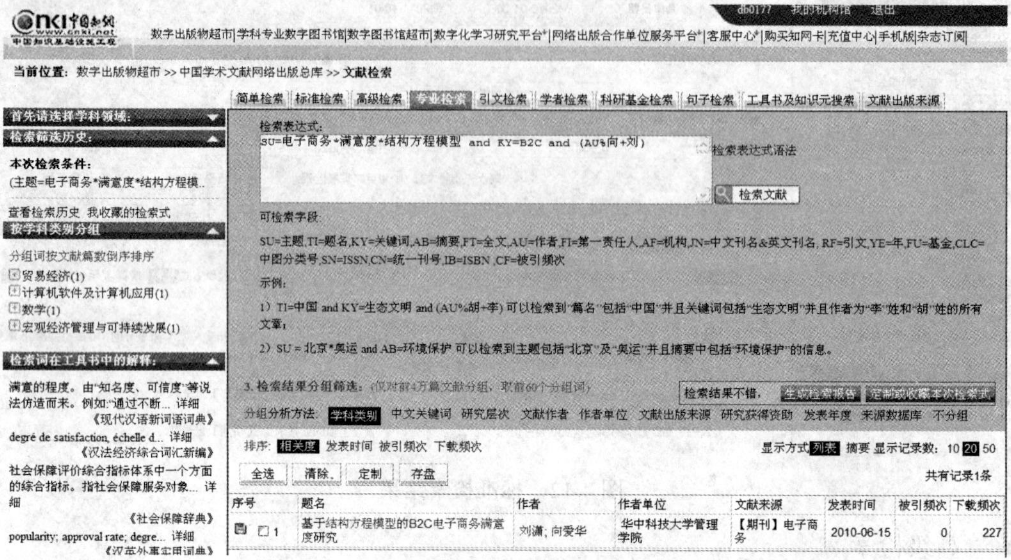

图 4-14 专业检索结果

（3）文献下载和存储。

检索到所要的文献后，单击题名进入文献所在页面，单击“CAJ 下载”或者“PDF 下载”，就可以下载并存储，如图 4-15 和图 4-16 所示。

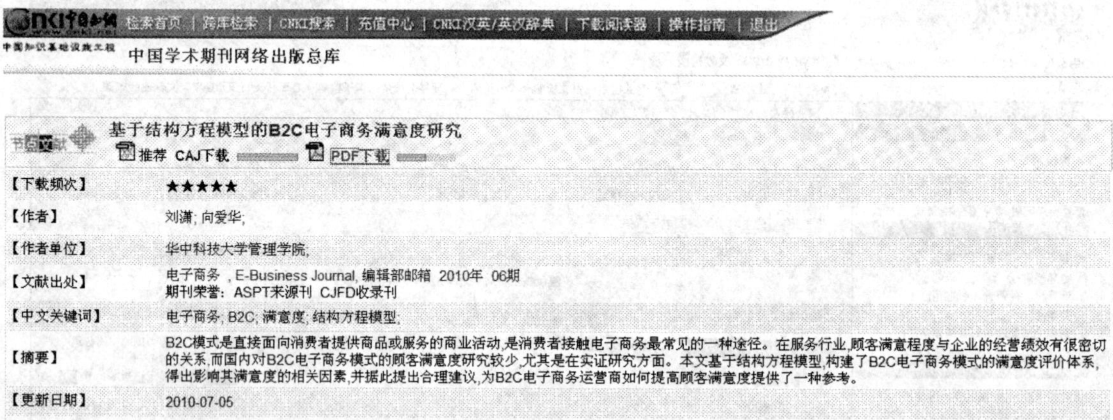

图 4-15 文献下载

（4）文献的读取。

存储好的文献可以通过 CAJViewer 阅读器或者 Adobe Reader 阅读器读取，如图 4-17 和图 4-18 所示。

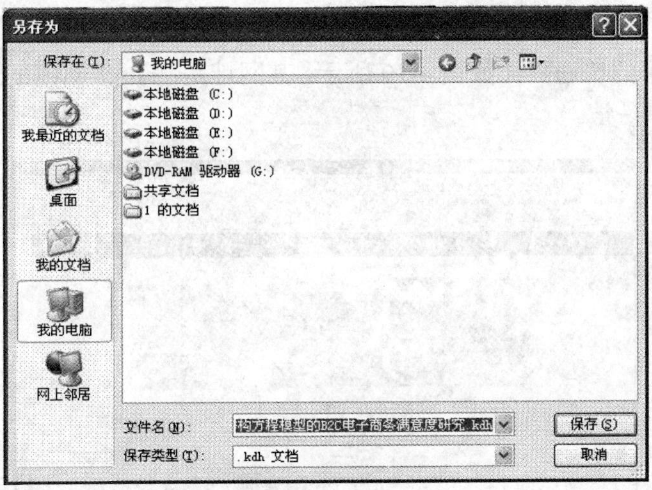

图 4-16　文献保存

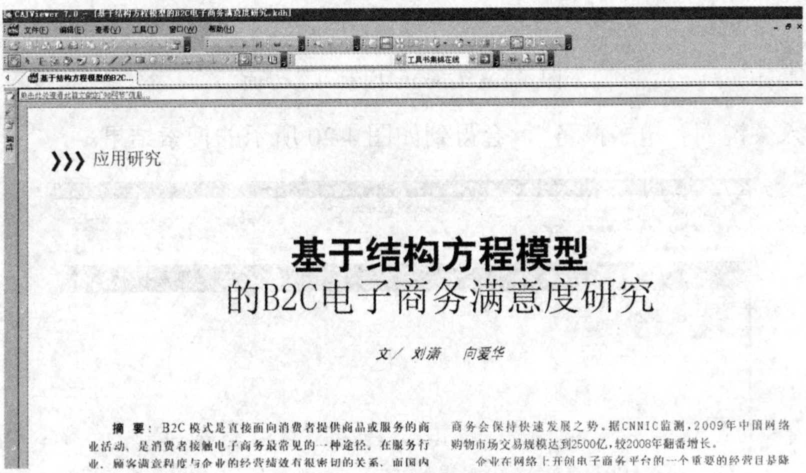

图 4-17　CAJView 阅读器读取文献

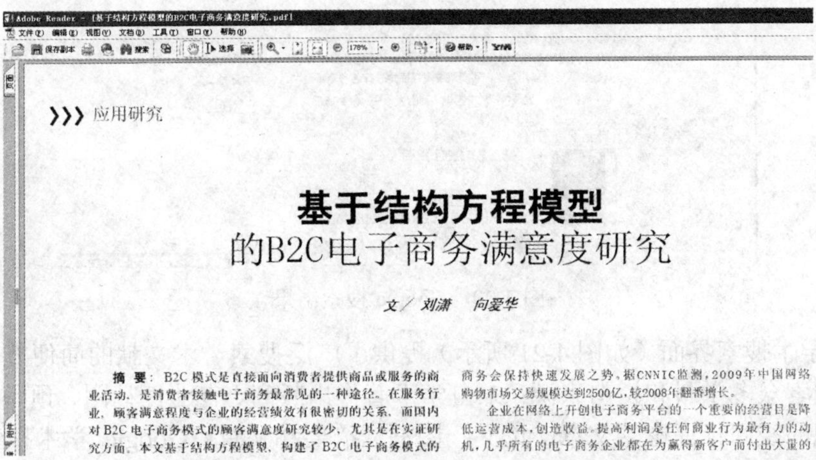

图 4-18　Adobe Reader 阅读器读取文献

2. Google 搜索引擎文献检索实例

Google 搜索引擎的普通界面如图 4-19 所示，其网址是：http://www.google.com.hk。Google 界面的操作非常简单易学。

图 4-19 Google 搜索引擎界面

例如，输入关键词“电子商务”，会得到如图 4-20 所示的搜索结果。

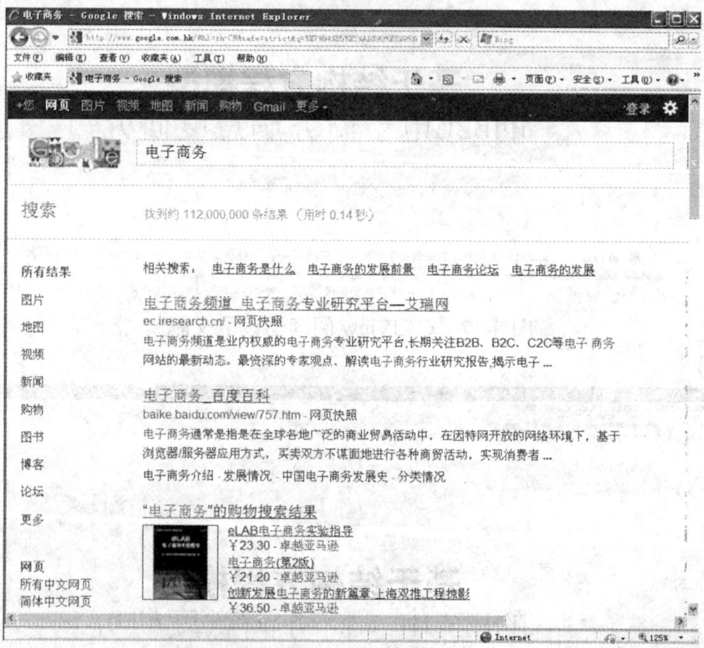

图 4-20 Google 搜索结果

Google 学术搜索界面（如图 4-21 所示）提供了广泛搜索学术文献的简便方法。用户可以从一个位置搜索众多学科和资料来源：来自学术著作出版商、专业性社团、预印本、各大学及其他学术组织的经同行评论的文章、论文、图书、摘要和文章。Google 学术搜索可帮助用户在整个学术领域中确定相关性最强的科研文献。

图 4-21　Google 学术搜索界面

例如，输入关键词“电子商务”和“B2C”，可以得到如图 4-22 所示的搜索结果。

图 4-22　Google 学术搜索结果

Google 高级搜索界面提供了大量搜索选项，用户能够更加精确地获取所需文献，单击 Google 首页上“选项”下拉栏中的“高级搜索”链接就可以进入高级搜索界面，如图 4-23 所示。

例如，搜索包含关键词“电子商务”和“B2C”，但是不包括关键词“B2B”的网页，设置搜索结果每页显示 10 项，得到如图 4-24 所示的结果。

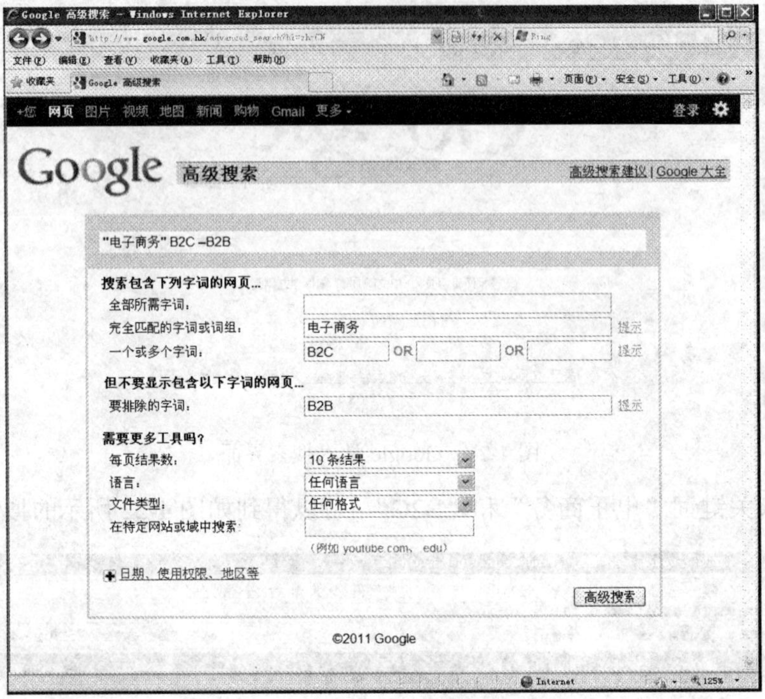

图 4-23　Google 高级搜索界面

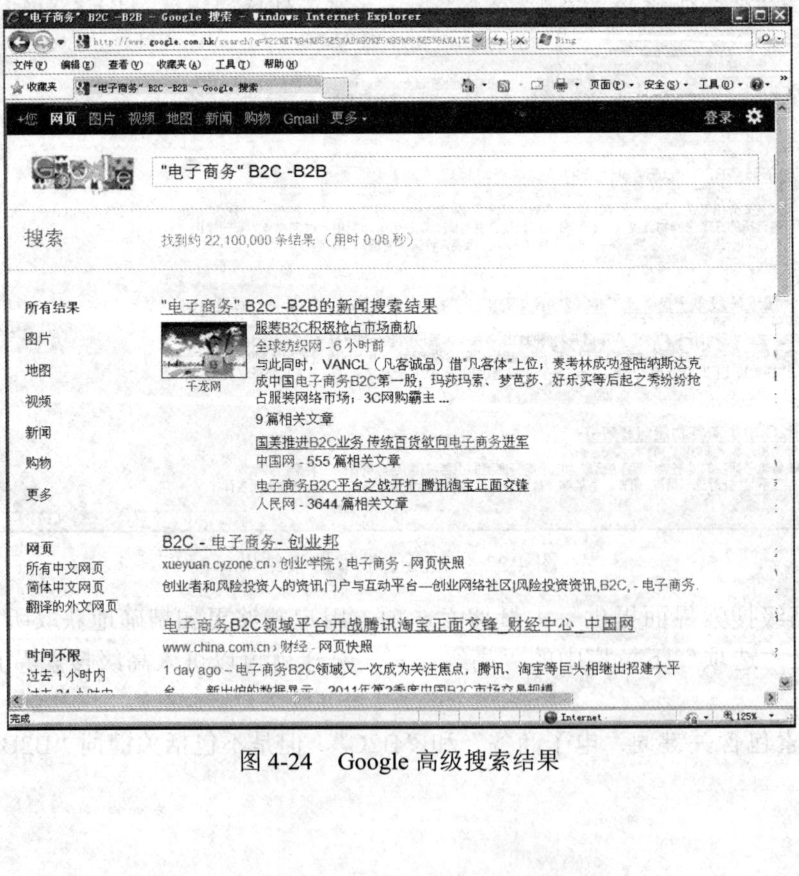

图 4-24　Google 高级搜索结果

4.4　文献综述实例

文献综述是学生在开题前阅读过某一主题的文献后，经过理解、整理、融会贯通，综合分析和评价而形成的一种不同于毕业论文的文体。综述的目的是反映某一课题的新水平、新动态、新技术和新发现。介绍和评论其历史、现状、存在问题以及发展趋势等，并在此基础上提出自己的见解，预测未来的发展趋势，提出论文的中心论点，为选题和开题奠定良好的基础。

文献综述实例如表 4-1 所示。

表 4-1　XXXX 大学毕业论文（设计）文献综述

姓　名	XXX	学　号	XXX	系　别	XXX
专　业	XXX	年级班级	XXX	指导教师	XXX
论文题目	基于 PIC16F877 的智能化集成低压电器控制器的设计				
查阅的主要文献	[1] 低压电气，1998．绪论． [2] 许志红，张培铭，雷德森．我国低压电器技术的发展与展望．智能电器，2002，5：1-4． [3] 陈德贵．面向 21 世纪的低压电器新技术．低压电器，2001，1：3-8． [4] 宋士通．电动机保护技术．电气开关，1998，1：23-25． [5] 吴肇基，等．实用低压电器．北京：水利电力出版社，1985．68． [6] 任慧．用单片机实现电动机综合保护的研究．1999，3：21-23． [7] 张冠生，丁明道，等．常用低压电器及其应用．北京：机械工业出版社，1982．133． [8] 低压电器概论与原理．西安交通大学，1974．58． [9] 夏立杰，徐广志．智能型电动机保护装置．煤炭技术，2001，20（6）：21-24． [10] 林国庆，林辛，张冠生．带微机低压断路器三段保护特性的研究．电气开关，1998，NO.1：1-3． [11] 翟佑华，程金英，王建平．电机智能保护探讨．石油工程，1999，2：37-38． [12] 康华光，等．电子技术基础——模拟部分．北京：高等教育出版社，1998，6：469． [13] 李广军，等．实用接口技术．北京：电子科技出版社，2000．165． [14] 薛永毅，等．新型电源电路应用实例．北京：电子工业出版社，2000，1：109． [15] 童诗白，等．模拟电子技术基础．北京：高等教育出版社，1988，574-575． [16] 李学海．PIC 单片机实用教程．北京：北京航空航天大学出版社，2002，1：13-16． [17] 孙蕾，薄雷．低压电动机保护装置的分析．电气开关，2002，1：10-12． [18] 王爱霞，朱传琴．一种新型微机电动机保护装置．山东电力技术，1998，6：51-53． [19] 单片机的 C 语言应用程序设计．北京：北京航空航天大学出版社，1999，3：225． [20] Electric control for machines.In:Kenneth B.Rexfurd. 1983.48-52. [21] Illustrated guidebook to electric device.In:Fredrick W.Hughes.1983.320-322. [22] Harry J.David.Circuit interruption and Switching over-voltages.Electrical Power Systems, 1979:42-53. [23] PeterA.Crossley,Ronala N.Allan and John Downes.The Impact of Functional Integration on the Reliability of Substation Protection and Control Systems.IEEE Transactions on Power Delievery,vol,16,No.1,Jan,2001. [24] Kuang Sheng,Stephen J.Finney and Barry W.Wlliams.Thermal Stability of IGBT High-Frequency Operation.IEEE Transactions on Industral Electronics,Vol,47,No.1,Feb,2000.					

续表

文献综述	**基于 PIC16F877 的智能化集成低压电器控制器的设计** **一、前言** 随着科学技术的不断发展，社会生产、生活等各方面对电能的消耗越来越多。电能的生产与传输均采用高电压，而对电力的使用，绝大多数是低压电器。 本世纪以来，发明了三相交流输电线路，电力使用的范围不断扩大，电网的容量也相应增加，对供电电网运行与保护的要求也越来越高。为此发展了低压断路器。随着由单台电动机的电力拖动逐渐变为多台电动机的运行使用，由手动操作进入自动的、远距离的和频繁的操作，于是出现了接触器。 近年来，电器的设计、研制和开发进入了一个崭新的时代。电器技术理论和电器产品结构正处于不断更新和全面提高的阶段。传统的有触点电器在结构原理、最佳结构设计和应用新材料、新工艺方面不断地创新和完善；真空电器、半导体电器以及其他新型电器，如微电子技术和电器技术结合的机电一体化电器或智能化电器，亦在开拓发展之中；电器产品向着组合化、成套化发展。将智能化技术引入低压电器，使低压电器技术在研究、检测、生产的各个环节上发生了根本的变化。智能断路器、智能电动机保护器、智能接触器等智能电器元件和智能型配电网络系统应运而生。 把微处理机和计算机技术引入低压电器，一方面使低压电器具有智能化的功能，另一方面使低压开关电器，包括智能化断路器和智能化电动机控制器实现与中央控制计算机双向通信。 本设计所研制的智能化集成控制器是以单片机为核心，配以外围电路，实现对电动机的短路和过载保护。此次所要解决的是对该控制器的智能控制部分的研制。本课题的研制——将接触器和断路器集成于一体在国内外尚属首例。 **二、背景** 众所周知，电动机是工农业生产中使用量最多、使用面最广的动力驱动机械。对电动机进行短路和过载保护不仅在经济方面有重大的意义，而且在保证安全并连续生产方面也具有重大意义。而在低压电器中，最为广泛使用的电动机保护电器是低压断路器，最为广泛使用的电动机控制器是接触器。 低压断路器用于低压配电电路、电动机或其他用电设备中，能接通、承载及分断正常电路条件下的电流，也能在规定的非正常电路条件（例如短路）下接通、承载一定时间和分断电流的开关。它虽然具有较强的接通和分断能力，但其操作和脱扣机构不可以频繁动作和远距离操作。 接触器是用来频繁地远距离接通或断开交直流主电路及大容量控制电路的控制电器。它具有远距离操作功能，同时又具备失压保护功能，失压保护是一种很重要的安全措施；它虽然具有一定的过载能力，但却不能切断短路电流，也不具备过载保护的功能。所以，在系统中，接触器和断路器往往需要配合在一起使用。 但是很久以来，无论是国内还是国外，接触器和断路器仍然是由分立式的电器元件组合在一起，以组合电器的方式配合使用，并没有一种电器将它们的优点结合在一起使用，这也是人们希望能实现的。可是随着电子技术的发展，尤其是单片机技术的迅猛发展，低压电器也无例外地受其巨大的影响，这使电器研究进入了一个新阶段。 本设计所研制的智能化集成控制器，就是将接触器的可频繁接通和分断的特点与断路器良好的接通和分断能力结合在一起，通过电力电子技术和单片机技术组合成一种低压电器。这项研制如同电子元件从分立走向集成那样，无疑是将电器技术推向另一重大变革。 **三、系统设计思路** 本设计所研制的智能化集成控制器是以单片机为核心，配以外围电路，实现对电动机的短路和过载保护。此次所要解决的是对该控制器的智能控制部分的研制。该智能化集成电器的主要功能有：既能在正常的工作条件下，频繁地接通或分断主电路，也能在过载、短路的异常情况下，自动地分断主电路，除了具有功能多、保护性能好、可靠性高和故障自诊断能力及通讯能力等智能化低压电器所共有的优点外，它还将接触器和低压断路器的全部功能融为一体，实现了低压电器的集成化。

续表

文献综述	对于交流电动机单片微机的保护，建立最佳的数学保护模型，通过软件程序和硬件电路，实现电动机过载、短路故障的保护。 **四、结束语** 本设计所研制的智能化集成控制器基本实现了智能控制的功能。通过本次毕业设计，我对智能电气的设计工作有了初步的了解，同时，我所学的专业知识也得到了更好的巩固与加深。在毕业设计过程中，我运用了电力电子技术、电子技术、单片机控制技术和低压电器的相关知识，将书中的知识运用到实际，在导师的指导下，完成了该集成控制器智能控制部分的硬件设计和软件设计，培养了我综合分析问题和解决问题的能力。经过几个月的努力，完成了该项目的开发。
备注	
指导教师意见	指导教师签字： 年　　月　　日

第 5 章　电气工程类专业毕业设计的主体内容设计

本章概要

本章介绍了电气工程类专业毕业设计的主体内容设计，包括分析国内外研究现状和发展动态，认清关键技术及难点，毕业设计的进度规划，毕业设计的具体实施过程等。这是学习本书后续内容的必要准备。

毕业设计不同于毕业论文，它的组成部分不只是一篇学术论文，以电气工程类专业毕业设计为例，论文内容应包括：方案设计文档（包括电路图、软件设计流程图、仿真图等）、开题报告、任务书、实习报告、说明书正文。这说明做一份优秀的毕业设计是要付出大量的努力的，下面我们将介绍如何完成一份毕业设计的主题内容设计。

5.1　国内外研究现状和发展动态

我们在接到毕业设计任务书后，首先要进行调研和资料检索。通过这一过程我们将会了解与课题有关的技术、设备、工艺、装置、检测手段、生产特点及组织管理等实际知识，除此之外我们还要了解这一课题在当今国内外的研究现状和发展动态。了解课题国内外的研究现状和发展动态，并对课题的要求、所要达到的预期目标有更加明确的认识，明确课题的经济效益和社会效益以及科学价值，这将增强完成毕业设计的迫切性和责任感。

在调查国内外研究现状和发展动态时我们需要搜集有关的理论和实践性的论文或报告，通过各种渠道搜集和检索信息资料，并对其分析、归纳、整理、研究，以便在毕业论文中列出，这是一项艰苦而又细致的工作。

了解国内外研究现状和发展动态是设计者和研究者十分重要的工作，设计所需的资料不仅要有计算数据，而且要有生产经验和研究成果以及总结、规范和口头访问的资料，这些均应分析择要采用。

当今世界技术的进步突飞猛进、日新月异，很多问题的实现和解决已不再主要受方法和手段的限制，而更多依赖于人们的想象力，很多问题只要想得到，就可以做到。目前，以集成电路技术、计算机控制技术、网络技术为代表的信息技术都得到了空前的发展。信息技术的发展和广泛应用极大地促进了社会生产力的发展，正改变着人们的生活面貌，成为人类文明进步的重要标志。

1. 集成电路技术的发展动态

目前集成电路芯片集成度、存储器容量平均每 18 个月就要翻一番。其发展速度遵循摩尔定律，每 2 年 CPU 制造技术便更新换代；每枚晶圆可生产的芯片数可以增加 1 倍；而每枚晶体管的制造成本减半；并且处理器的工作频率能提高 1 倍。在 INTEL 公司宣布研制出尺寸只有 3 个原子大（0.03μm）、可将运算速度提高 6 倍的微型处理器后，IBM 公司也立即在旧金山的国际电子器件会议上表示，它也掌握了类似的提速技术，而且即将用于实际生产中。光学芯片技术也有迅速发展，摩托罗拉公司研制出了兼有硅芯片低成本、镓芯片高速率的光学芯片。

它融合了硅元素与镓元素诸多优点，不仅耐用、节省成本，而且速度很快。IBM 公司已开发出了“世界最快”的半导体晶体管，它主要采用砷化镓加工技术，目前已确认这种晶体管的工作频率可以达到 210 GHz。而它的工作电流仅为 1mA，与现在的晶体管相比，其性能提高了 80%，而耗电量可降低 50%。

存储技术也得到了空前发展，过去 5 年中，硬盘容量每年都增加 1 倍。另一方面，网络存储、数据中心等存储领域将随网络技术的高速发展而成为 IT 行业最具潜力的热点。

2005 年 11 月，IBM 发布了全世界最强大的超级计算机“蓝色基因/L”（BlueGene/L），其处理能力达到每秒 280.6 万亿次，比著名的“深蓝”计算机快 20000 倍。而每秒 100 万亿次的运算速度就可以模拟核爆炸，即可以代替实际的爆炸实验。因此，个别发达国家已经取消了实际的核爆炸试验，在倡导全面禁止核试验的同时，取而代之以计算机模拟，而这对其他国家仍是一个莫大的威胁。

集成电路也是电气行业发展中的重要产品和环节，现如今集成电路的兴起已经给生产力带来了巨大的推广，从各个行业中都能够有集成电路的使用，这种低消耗、高产出的技术已经被广泛使用，集成电路凭借着体积小但是技术含量高的特点成为了当今技术的核心发展动力。

如今，我国的纳米技术已经在不断的探索和发展中产生，在未来的两年内，电气行业也将开始纳米技术的引进，这样也将为集成电路的更好的开发奠定基础。如今电气行业的产品已经实现了多样化和多元化，从工艺以及功能上都追求着最为先进的技术，使用的范围也在不断扩大。

2. 计算机控制技术发展动态

计算机控制技术是一门以电子技术、电气控制技术、计算机应用技术为基础，以计算机控制技术为核心，综合可编程控制技术、单片机技术、计算机网络技术，从而实现生产技术的精密化、生产设备的信息化、生产过程的自动化以及机电控制系统的最佳化的控制技术。

工业中的控制经过了机械控制，简单的模拟控制，微控直至如今的计算机控制。计算机控制的优势在于它的高频率处理、即时性，同时相比模拟控制和微控，它具有极为强大的易修改性。由于计算机的高频模拟采样时间间隔短，大部分的感应信号都能被计算机有效地进行采样和模拟，在高频率的支持下，误差几乎等于 0。芯片的集成度越来越高；半导体存储器的容量越来越大；控制和计算机性能，几乎每两年就提高一个数量级。同时由于处理器运算的强大和大量软件的支持，无需再进行复杂的电路设计而可以通过计算机所支持的语言直接在计算机上设计控制器并进行修改调整，节省了大量的人力物力和宝贵的时间。另外，大量新型接口和专用芯片不断涌现、软件的日益完善和丰富，大大扩大了微型计算机的功能，这为促进微型计算机系统的发展创造了条件。

如果说预测计算机控制在未来的发展，我只能说，在随着计算机频率以几何方式不断提高的基础上，计算机控制最终将取代所有过去的工业自动化控制方式，同时相关的设计语言也会被标准和统一化，例如现在的 IEEE（国际工程协会）已将主要的控制符号标准化了。在强大的语言支持下，工业控制技术将得到更有效以及更快速的发展。工业成本将会普遍降低，进一步推动人类社会文明的发展。

5.2　关键技术及难点

毕业设计应该反映出作者的扎实的专业基础知识以及一定的独立研究科学能力，对所研究的课题有自己独到的见解。而毕业设计中课题的关键技术及难点部分则是这一问题的集中体现，是整个毕业设计的核心部分，整个毕业设计的结论由此得出，一切讨论由此引发，所有推理由此导出。这部分内容需要列出实验数据和具体的研究结论，并对所得结论加以分析和讨论。要注意科学、准确地表达关键技术、难点所在以及解决方法，摒弃不必要的部分。实验数据或结果，通常用表格、图或照片等予以表达，而且尽量用图，不用表格或少用表格。在陈述关键技术及难点的研究结论时应先把研究的成果列举出来，再对自己工作的进展、水平做一个实事求是的评论，在用“首次提出”“重大突破”“重要价值”等词语时要慎重。

5.3 毕业设计的进度规划

毕业设计是带有研究性质的专题研究分析、设计报告，是完成教学任务、培养合格人才的一个重要的实践性教学环节。通过毕业设计，可以在使我们对所学过的基础理论和专业知识进行一次全面、系统的回顾和总结，通过对具体题目的分析，使理论与实践相结合，巩固和发展所学理论知识，掌握正确的思维方法和基本技能，提高我们独立思考的能力，培养团结协作的工作作风，提高我们利用计算机解决实际问题的能力及计算机实际操作水平，促进学生建立严谨的科学态度和工作作风。毕业设计是一个构思与创造的活动过程，应届毕业生毕业前选择或接受课题任务后需要运用计算机技术和所学的专业知识和技能进行设计并形成设计成果，毕业设计不同于普通的实验，如果没有完整的进度规划的话，逻辑思维就会出现偏差，为了保证能少走弯路，顺利地完成毕业设计，我们必须要做好毕业设计的进度规划。

以电气自动化专业为例，给出一个毕业设计的进度计划安排。

毕业设计主体应用程序开发实施进度计划（大致用时安排）：

（1）背景分析阶段（约二周时间完成）。

（2）系统分析阶段（约一周时间完成），同时完成毕业论文系统分析部分资料整理工作。

（3）系统设计阶段（约一周时间完成）。

（4）硬件设计阶段（约三周时间完成），同时完成毕业论文系统实践部分资料整理工作。

（5）软件设计阶段（约二周时间完成），同时完成毕业论文系统调试部分资料整理工作。

（6）系统调试阶段（约一周时间完成），同时完成毕业论文中相关资料整理工作。

（7）毕业论文说明书的整理定稿阶段（约二周时间完成）。

5.4 毕业设计的具体实施

1. 毕业设计实施过程举例

以单片机控制方向的毕业设计为例，学生必须掌握正确的设计与开发方法，了解基于单片机控制的产品或设备开发的主要过程，对选题有清晰的认识，在此前提下才能进行作品设计并且达到良好的效果。

典型的软件生命周期包括以下 6 个阶段：

（1）问题定义。

（2）可行性研究。

（3）需求分析。

（4）总体设计。

（5）详细设计。

（6）系统测试。

对毕业设计的学生来说，上述 6 个阶段中的（3）～（6）是毕业设计报告（论文）中重点要写的内容。在后面的 MIS 实际系统中，将详细介绍这 4 个阶段。

上述 6 个阶段的主要内容分别如下：

（1）问题定义。

问题定义阶段必须回答的问题是：你要解决的问题是什么？具体包括：项目的名称、背景、开发该系统的现状、项目的目标等。

（2）可行性研究。

可行性研究的目的是用最小的代价确定在问题定义阶段所确定的系统目标和规模是否能实现，所确定的问题是否可以解决，系统方案在经济上、技术上和操作上是否可以接受。

（3）需求分析。

需求分析是指开发人员要准确理解用户的要求，进行细致的调查分析，将用户非形式的需求陈述转化为完整的需求定义，再由需求定义转换到相应的形式功能规约（需求规格说明）的过程。

（4）总体设计。

在单片机控制系统的设计中，首先要确定哪些功能由硬件完成，哪些由软件完成。一般来说，在系统可能的情况下，为节省经费，尽量采用软件完成。若系统要求实时性比较强，则可采用硬件。根据系统的控制要求和工艺要求，形成整体控制方案。

总体设计的基本任务包括：硬件控制系统的设计和软件（控制程序）的设计。

（5）详细设计。

详细设计阶段主要确定每个模块的具体执行过程。基本任务包括：硬件控制系统的设计和软件（控制程序）的设计。

1）硬件控制系统的设计。为了实现目标系统，首先进行硬件控制系统的设计，具体步骤为：

- 将一个复杂的系统按功能划分成模块，并确定每个模块的功能。
- 选择所需元器件，设计相应的功能电路。
- 确定模块之间的接口，将各模块连接成一个完整的硬件电路。

2）软件（控制程序）的设计。

- 划分功能模块及安排程序结构。
- 画出各程序模块详细流程图。
- 选择合适的语言编写程序。
- 将各个模块连接成一个完整的程序。

3）系统测试。

系统测试是将已编制并调试完成的程序下载至硬件系统中，发现并改正尚未发现的错误，测试实际的运行状态与预期的状态是否一致，最终形成一个完整的控制系统。

测试方法一般分为两大类：动态测试方法与静态测试方法。静态测试是指被测试程序不在机器上运行，而是采用人工检测和计算机辅助静态分析的手段对程序进行检测；动态测试是指通过在机器上运行程序发现错误。

2. 毕业设计的实施过程中需要注意的问题

（1）毕业设计一定要有自己的见解，中心明确，避免综合论述，拼凑成章。

完成毕业设计时，要掌握前人和今人的研究成果，要了解该选题研究的现状以及发展的趋势。若是他人已解决了的问题，可以不必花力气重复进行研究。另外，不要人云亦云，凑热闹，找“热门”，要经过深入研究，冷静的考虑，确有新见。

此外，还要考虑个人的时间、资料和研究能力。盲目选择论题，一般说来是不会成功的。选择自己获取信息、寻找图书资料方便的题目，考虑自己能利用哪些社会关系，到哪些单位调查研究，获取哪方面的文书档案、统计报表、数据资料比较方便，这样有助于资料运用起来得心应手，有助于写作的成功。

完成毕业设计过程中要关注并了解相关学科领域的学科带头人，著名的理论著作及最新研究成果，对于论文的写作必不可少；其次，对各种材料必须消化吸收、融会贯通，针对实际工作中的矛盾和经验，重点研究，形成自己的观点，提出独到的见解。看材料、写文章，犹如春蚕吐丝，先吃进桑叶，经过咀嚼、消化，排除废物，然后吐出蚕丝，做成美丽的蚕茧，进而织成五光十色的锦缎，切忌搞“大拼盘”，进行简单的组合装配。

（2）写论文前要先草拟论文提纲。

提纲是文章的骨架，体现作者的总体思路，以及全文的逻辑性和结构框架。通过草拟提纲，可以规划基本内容，搭好基本框架，使自己的思想明确、条理清晰，还可以发现构思的缺陷、材料的不足、论据的不充分、思路的不清晰，使论文写作少走弯路。

论文提纲一般应包括文章的基本论点和主要论据，反映文章的体系结构。简单地说，提纲要列出一级题目、二级题目，如有需要，再作一些说明。有的人不习惯于写提纲，提起笔来就写初稿，结果由于构思不成熟，往往费时更多。

提纲写好后，要不断修改、推敲。一是推敲题目是否恰当，是否适合；二是推敲提纲的结构，是否能阐明中心论点或说明主要议题；三是检查划分的部分、层次、段落是否合乎逻辑；四是验证材料是否充分说明问题。这些工作完成后，再开始动笔写初稿也不迟。

论文提纲的结构层次安排方法如下：

1）并列法。即表现为几个观点或几个问题、几类事情或若干事件并列在一起，形式上彼此独立，内容上共同为说明主题服务。这些内容（任务、原因、措施、成绩、经验、体会）没有谁先谁后、谁主谁次的区分，但需注意的是，各层次之间必须有内在的联系，不能互相矛盾、重复、包容，分类的标准、角度要一致。

2）递进法。说明主题（问题）各个层次的内容，或者是按照事情发展过程的先后次序，或者是按照事理逐层深入的关系来安排层次。用递进法安排层次，有明显的逻辑上的严密性，人们容易理解和接受。要注意的是，事情和整理的先后顺序必须是确实存在的，而且是实质性的，否则，也不能很好地说明问题。

3）因果法。任何问题的发生总有其原因，任何做法、事态的发展总有其结果。层次的安排可结果在前原因在后，也可原因在前结果在后。

论文提纲按照详略程度大体有以下几种形式：

1）标题式提纲。用简要的词语概括内容，以标题的形式列出。在正文中一般可以作为主线、大的框架来处理。这种写法简明扼要，一目了然。

2）句子式提纲。用一个能够表达完整意思的句子概括内容，该句子可以带有标点。

3）段落提纲。是句子提纲的扩充，常用来编写详细提纲，故又称详细提纲。有时，当论文逻辑构成单位的内容不能用一个句子概括时，就写成一段话来进行表述。

上述三种形式可以综合运用。论文写作者可根据内容和篇幅的需要加以选择，只要用起来得心应手即可。

编写提纲的方法与步骤如下：

1）先拟标题。拟定标题时，力求简单、具体、醒目，或揭示论点，或揭示论题。需注意的是，编写提纲的标题一般是最后确定的标题。

2）用主题句子列出全文的基本论点，以明确论文中心，统领全纲。

3）合理安排论文各大部分的逻辑顺序，用标题或主题句的形式列出，设计出论文的结构和框架。

4）对于论文中的各大部分，逐层展开，扩展深化，设制细项目，结合搜集使用的材料，进一步构思层次，形成近似论文概要的详细提纲。

5）对于每个层次分成各个段落，写出每个段落的论点句子，并依次整理出需要参考的资料，如卡片、笔记等，标上序号，排列备用。

检查整个论文提纲，作出必要的修改，即增加、删除、调整等。

（3）编写初稿与定稿。

俗话说："七分材料三分写。"毕业论文执笔前重要的准备工作，为论文执笔成文打下了良好的基础。如何把相关领域中好的研究成果，形成创造性的见解和观点，落实在书面篇章中，这是毕业论文写作的关键环节。

1）起草初稿。

根据编写的论文提纲，撰写论文初稿。初稿撰写有两种方法：一是从头到尾、不间断、不停顿，一气呵成写完初稿，然后再从头仔细推敲加工修改；二是根据文章的层次结构，一部分一部分地撰写、推敲、加工修订，全文分部分写完后，再合并起来通读、统稿完成。

学生撰写毕业论文时，在搜集材料充分的前提下，撰写论文初稿应适度掌握论文写作速度，不宜求快，应始终保持充沛的精力和敏捷的思维，做到纲举目张，顺理成章，井然有序，详略得当。

2）文稿修订。

一般说来，好文章是修改出来的。论文初稿完成后，往往存在不成熟、疏漏、重复、有误、用词不当等问题，需要反复推敲修改。修改前，应重新阅读有关参考文献和资料，虚心听取论文指导教师的意见。修改论文，也是培养严谨的治学态度和良好学风的难得机会，因此要认真、严肃、不厌其烦地反复修改。修改要注意精炼、简明。

3）誊清定稿。

论文修订后作最后检查，满意后定稿。

（4）不要为了"能毕业"才做毕业设计。

毕业论文（设计）的基本目标是培养学生综合运用所学的基本理论、基本知识和基本技能，提高自己分析问题、解决问题的能力和初步进行科学研究的能力；培养学生优良的思想品质和探求真理的科学精神，提高综合素质。为此，我们应注重以下几方面能力的培养：

1）综合运用知识的能力。

学生将所学的知识和技能运用于毕业论文（设计）中，对相关的实际问题有较强的分析能力和概括能力。

2）获取和应用文献资料的能力。

学生能独立检索和多渠道获取文献资料，学习、了解、掌握本学科专业特定领域新的知识和发展动态，并恰当地将其运用到毕业论文（设计）中。

3）文法经管类学生的理论分析能力和理工类学生的设计、计算能力。

学生能理论联系实际，运用科学的分析研究方法，对本学科的理论有较深入的分析或对简单的工程项目进行分析、计算和设计。

4）创新能力。

结合理论知识和工作实践，鼓励学生在毕业论文（设计）工作中提出自己的见解，对前人的工作有所改进或突破。

第 6 章　电气工程类专业毕业设计的论文撰写

本章概要

- 电气工程类专业毕业论文的撰写方法。
- 论文格式要求、内容规范、名词术语约束等内容。

6.1　论文的格式要求

根据国家标准局 1987 年发布的 GB7713—87《科学技术报告、学位论文和学术论文的编写格式》，要求论文“就事论事，言简意赅”，“术语”要规范，切勿杜撰，注重论据，条理清晰。毕业论文字数不少于 10000 字。

1．具体格式要求

（1）毕业论文需用学校规定的纸张打印，背面不得打印正文和图表。正文中的任何部分不得打印到稿纸边框线以外。稿纸不准左右加贴补写正文和图表的纸条，或随意接长截短。

（2）字迹要清楚、端正，切勿潦草。

（3）简体字必须采用已正式公布过的，勿自造或误用非正式的简体字。例如：“部分”不要写成“卩分”，“计算”不可写成“计标”，“圆周”不要写成“园周”，“零件”不要写成“另件”。

（4）要按照 1986 年国务院重新发表的汉字《简化字总表》正确使用简化字。

（5）外文字母一律仿印刷体书写。有些外文字母形状相似，书写时注意分清字形。英文的 C，K，O，P，W，X，Y，Z 等字母，其本身的大写和小写相似，书写时在形状大小上要注意有所区别。用作符号的字母的大小写要特别注意分清，例如，光学玻璃的折射率 *nd* 与 *nD* 分别表示 *d* 谱线与 *D* 谱线的折射率，不能混淆。

（6）符号的上下角标号及数码要求大小分清，位置高低明显，尤其是角标的角标，要格外注意写清楚。

2．标点符号

毕业论文中的标点符合应符合国家标准 GB/T15834－1995《标点符号用法》的规定，一些需要注意的地方列举如下：

（1）行文中的标点符号，除（）、“”、‘’、《》、<>外，其余应点在每格的左下方、格的四分之一处。

（2）每行的第一格内可以点的标点符号是‘、“、《、<、（、——、……（其中——和……点两格）。其他均不能点在一行的第一格。《、〈、（等标点符号，不能单独点在一行的最后一格，应点在另一行的第一格内。如一行的末端需要点——或……这两种标点符号，又只剩下一个格，则可将标点符号提出格外一部分，不可分为两截置于两行，前一半后一半。

（3）句号要求用“。”表示。

（4）引号用“”（双引号）和‘’（单引号）。单层引号只使用双引号。引号套引号时，双引号在外，单引号在内，如“什么是‘趋肤作用’”。

（5）书名号“《》”用来表示文件名称和书、刊、报名或它们当中的文章名。

（6）破折号“——”常用来标明行文中的注释性部分或同义词，占两格书写，如：“可惜爱因斯坦——相对论的作者——并没有正确地解释他所得到的公式。”

（7）连接号中的半字线，即“-”，占半个字宽，书写时不占格，写在两格之间。用于结合各种并列和从属关系，例如：并列词组（应力-应变曲线，温度-时间曲线），合金系统（Fe-Cr-Al），产品型号（SZB-4 真空泵），化合物（3-羟基丙酸，丁酮-2，α-丁烯酸，甲烷-d），币制（卢布-戈比），图、表、公式的序号（图 3-1，表 2-5，式 7-6）。

（8）连接号中的一字线“—”占一个字宽，书写时应比汉字“一”略宽，在稿纸上写作一格位置。它用在化学键（如 C—H—C）、标准代号（如 137—64）、图注（如 1—低碳钢）、机械图中的剖面（如 A—A）等标注符号中。

（9）省略号在正文中占两格（……），在公式中占一格（…）。

（10）乘号用“×”，不用“•”。

中文的并列字、词一般用顿号分开，如：“依该种的特征、习性、产地或用途等确定名称。”在文中夹用外文、符号及数码时，遇并列字、词仍用顿号分开。阿拉伯数字及外文的并列字、词则用逗号分开，如：当 x=2，3，4 时，函数 $f(x)$的值分别等于 14，16，20 或 A，B，C 等等。如参考文献等全句都是外文的，遇有并列字、词，用逗号分开。

在并列的词组和短句之中又包含并列词的较复杂情况下，为避免并列的范围混淆不清，外层的并列词组或短句可用逗号或分号分开，其中的并列词用顿号分开。例如：“需解决邻位效应，饱和链中的中性质交递，有机物中氢分子、卤分子的活动性，瓦耳登转化等问题。”

3. *名词、名称*

（1）毕业论文中的科学技术名词术语尽量采用全国自然科学名词审定委员会审定公布的科技名词或国家标准等标准中编写的名词，尚未编定和叫法有争议的，可采用惯用的名称。

（2）相同名词术语和物理量的符号应前后统一。不同物理量的符号应避免混淆。

（3）使用外文缩写代替某一名词术语时，首次出现应在括号内注明其含义，如 PLC（Programmable Logic Controller，可编程逻辑控制器）。

（4）除一般很熟知的外国人名（如牛顿、爱因斯坦、门捷列夫、达尔文、马克思等）只需按通常标准译法写译名外，其余采用英文原名，不译成中文。其他语种的人名可译可不译。英文人名按名在前姓在后的原则书写，如 P.Cray。不可把外国人姓名中名的部分漏写，如不能只写 Cray。

（5）国内工厂、机关、单位的名称应使用全称，不得简化，如不得把北京大学写成“北大”。

4. 量和单位

（1）毕业论文中量的单位必须符合我国法定计量单位。它以国际单位制（SI）为基础。请参看有关文件，如 GB3100～3102－93 等。

（2）有些单位的名称既可用全称，也可用简称表示（如“安培”和“安”，“伏特”和“伏”，“摩尔”和“摩”等等），可以任意采用一种表示法，但在全文中用法要一致，不要两者并用。

（3）非物理量的单位，如件、台、人、周、月、元等，可用汉字与单位符号构成组合形式的单位，如：件/台• h，元/km。

（4）表和图中的数值采用量与单位的比值形式表示，如：λ/nm=58.9。改变过去把单位放在括号内或用逗号与量隔开的表示方法，如：λ(nm)=58.9。

（5）在文中不要用物理量符号、计量单位符号和数学符号代替相应的名称。在表示一个物理量的量值时，应在阿拉伯数字之后用计量单位符号。例如："试样高度 h 为 25mm" 不要写出 "试样 h 为 25mm"，"钢轨每米质量" 不要写成 "钢轨每 m 质量"，"绕组电阻小于 1Ω" 不要写成 "绕组电阻<1Ω"，"铁的百分含量" 不要写成 "铁的%含量"，"加 15mol 的硫酸" 不要写成 "加 15mol 的 H_2SO_4"，"正负相消" 不要写成 "+-相消"，"随着压力 F 的下降而减少" 不要写成 "随着 F 的↓而减小"。

5．数字

（1）毕业论文中的测量、统计的数据一律用阿拉伯数字，如 "5.25MeV" 等。

（2）公历的年、月、日一律用阿拉伯数字，如 "1949 年 10 月 1 日"；夏历的年、月、日一律用汉字。历史上的朝代和年号需加注公元纪年。

（3）普通叙述中不是很大的数目，一般不宜用阿拉伯数字。例如："他发现两颗小行星" "三力作用于一点"，不宜写成 "他发现 2 颗小行星" "3 力作用于 1 点"。

（4）不确定的数目可用中文数字，也可用阿拉伯数字。例如："约一百五十人" "八百公里" "约二十五万人"，也可写成 "约 150 人" "约 800 公里" "约 25 万人"。

（5）分数可用阿拉伯数字表示，亦可用中文数字表示，但两者写法不同，前者要写成 "5/8"（不要写成 "8 分之 5"），后者要写成 "八分之五"。

6．标题层次

（1）毕业论文的全部标题层次应有条不紊，整齐清晰，相同的层次应采用统一的表示体例。正文中各级标题下的内容应同各自的标题对应，不应有同标题无关的内容。注意在正文的每个自然段前不得滥加序号。

（2）章节编号方法应采用分级编号方法，一般不超过四级。

7．注释

（1）毕业论文中有个别名词或情况需要解释时，可加注说明。

（2）注释用页末注（即把注文放在加注处那一页稿纸的下端），而不用行中注（夹在正文中的注）或篇末注（把全部的注文集中在论文末）。

（3）在同一页中有两个以上的注释时，按各注释出现的先后顺序编注释号，如 1，2，3 等。注释号的顺序取稿纸前一页为准计算，隔页时必须从头开始不得续接。注释只限于写在注释号出现的同页，不得隔页。较长的注文应在抄写正文时妥善安排，当页写完。

8．公式

（1）公式应另起一行写在稿纸中央。一行写不完的长公式，最好在等号处或数学符号（如 "+"、"—" 号）处转行，而在下一行开头不应重复这一记号。

（2）公式的编号用圆括号括起放在公式右边行末，在公式和编号之间不加虚线。公式可按全文统编序号，也可按章单独立序号，如：（49）（7.11），采用哪一种序号应和稿中的图序、表序编法一致。不得有的章里的公式编序号，有的不编序号。子公式可不编序号，需要引用时可加编 a，b，c…等，重复引用的公式不得另编新序号。公式序号必须连续，不得重复或跳缺。

（3）文中引用某一公式时，写成 "由式（16.20）可见"，而不写成 "16.20 可见" 或 "由第 16.20 式可见" 等等。

（4）将分数的分子和分母平列在一行而用斜线分开时，注意避免含义不清，例如，$a/b\cdot\cos x$ 就会既可能被认为是 $a/(b\cos x)$，也可能被认为是 $(a/b)\cos x$。

（5）公式中分数的横分数线要写清楚，特别是连分数（即分子、分母也出现分数时）更要注意分数线的长短，并把主要分数线和等号对齐。

6.2 论文的结构设定

中华人民共和国国标 GB7713－87《科学技术报告、学位论文和学术论文的编写格式》中规定，凡是学术论文，通常应包括题名、作者姓名及其所在单位、目录和摘要、关键词、引言（绪论）、正文（本论）、结论、致谢、参考文献等。具体到一篇毕业设计论文，在内容和写作上有着一些特殊的要求，在结构上通常有以下一些项目（详见本节的“毕业论文写作框架”部分）。

1. 前置部分

（1）封面。

封面是学术论文的门面，不仅对论文起保护作用，而且可以提供应有的信息。一般应包括以下内容：

1）论文类别（如毕业论文、××学位论文）。

2）标题。标题又称题目、文题，是以最恰当、最简明的词语反映论文中最重要的特定内容的逻辑组合。一般分为单标题和双标题两种。要求简要、明确，一般不超过 20 字。

3）署名。其中包括论文作者的姓名、论文指导老师的姓名和职称。学位论文和毕业论文一般不允许两人或多人在同一篇论文上署名。

4）专业名称。即论文作者主修专业的名称。

使用统一封面，样式根据学校具体要求，封面上的所有有关信息填写准确、完整、清晰。

（2）目录。

目录即论文（主要指学位论文和毕业论文，其他论文一般不要求有目录）的纲目。标引论文目录的目的是让读者看完目录之后，对论文的选题、中心内容、结构安排等，有一个初步的了解和评价。目录的内容一般由两级标题表明，即“一”和“（一）”两层。

（3）摘要。

摘要又称概要或内容提要，是对论文基本内容的浓缩，是论文内容不加注释和评论的简短陈述。要求简要概括论文的观点和主要内容。中文摘要一般以 200～300 字为宜，英语专业的外文摘要在 250 个实词左右。

（4）关键词。

关键词是为文献标引或检索而从论文中选取出来，能表达论文主题内容和属性类别的词、词组或术语。每篇论文选取 3～5 个词作为关键词，另起一行，标在摘要的左下方。标引的秩序应根据含义由大到小、由内容到形式，每一关键词之间留一个空格，不加标点。

2. 主体部分

（1）绪论。绪论也称引言、导论、导言、序言，是学术论文正文的开头部分。

（2）本论。本论是详细阐述论文作者的个人研究成果，特别是作者提出的新的、创造性的见解。按章节层次排布。文中的图和表按章编号置于相应位置。

（3）结论。结论是立论在得到证明之后的自然归宿，应与本论部分的立论相一致。它是对本论部分的主要观点做科学的概括，而不应当是不厌其烦的重复。

（4）致谢（必要时）。它是指对在毕业论文的研究和写作过程中，给予过帮助、支持的个人和组织表示感谢。

（5）参考文献。文后列出参考文献的目的和作用有三：一是表明作者对他人研究成果的尊重，也表明作者对课题研究的依据以及科学而严谨的治学态度；二是从另一个侧面反映了本课题研究的深度和广度，有利于自己今后进一步研究该课题时作必要的参考；三是有利于研究相同或相似课题的同行了解此项研究前人所做的工作。要求列出 3 篇以上的参考文献或论文所在网址。格式要求如下：

- 著作：作者、书名、出版社、出版时间、页码。
- 论文：作者、论文篇名、刊号、年、卷（期）、页码。

（6）注释。注释是指对论文中的引文出处和某些词语的说明和解释。分尾注、脚注和夹注。其格式与参考文献的格式一致。

毕业论文（设计）正文小 4 号字，采用 A4 纸打印装订成册，某些专业的毕业论文（设计）还需提供相应的程序设计清单及光盘。

毕业论文写作框架如下（以单片机控制系统设计为例）：

摘要及关键词
Abstract and Keywords
目录
正文
第一章　　引言
●本课题的研究背景及意义
●本论文的目的和内容
第二章　　研究现状及设计目标
●相近研究课题的特点及优缺点分析
●现行研究存在的问题及解决办法
●本课题要达到的设计目标
第三章　　系统硬件设计
●设计实现的策略和方法
●相应功能电路设计
第四章　　系统软件设计
●分模块详述系统各部分的实现方法
●程序流程
第五章　　系统测试与分析
●测试方法的选择
●实例测试（表格与曲线）
●性能分析
第六章　　结束语
参考文献
致谢

6.3 论文的内容规范

6.3.1 内容规范总体要求

毕业论文撰写内容应符合如下要求：

1. 标题

标题应该简短、明确，要有概括性。让人看后能大致了解文章的确切内容、专业的特点和学科的范畴。标题字数要适当，一般不宜超过20个字。

2. 摘要

摘要也称内容提要，应当以浓缩的形式概括研究课题的主要内容、方法和观点，以及取得的主要成果和结论，应反映整个论文的精华。中文摘要在1000字以内为宜，同时，要求写出外文摘要。

摘要应写得扼要、精练、准确，往往在毕业论文全文完成后再写摘要。一篇几百字的摘要，总要反复修改几遍才能定稿。在写作中要注意以下几点：

（1）用精炼、概括的语言表达，每项内容均不宜展开论证说明。

（2）要客观陈述，不宜加主观评价。

（3）成果和结论性意见是摘要的重点内容，在文字上用量较多，以加深读者的印象。

（4）要独立成文，选词用语要避免与全文尤其是前言和结论部分雷同。

（5）既要写得简短扼要，又要行文活泼，在词语润色、表达方法和章法结构上要尽可能写得有文采，以唤起读者全文阅读的兴趣。

3. 目录页

4. 引言

引言是全篇论文的开场白。它主要包括：

（1）选题的缘由。

（2）对本课题已有研究情况的评述。

（3）说明本文所要解决的问题和采用的手段、方法。

5. 概述成果及意义

作为摘要和前言，虽然所定的内容大体相同，但仍有很大区别。区别主要在于：摘要一般要写得高度概括、简略，前言则可以稍微具体些；摘要内的某些内容，如结论意见，可以笼统地表述，而前言中所有的内容则必须明确表述；摘要不写选题的缘由，前言则应明确反映；在文字量上一般情况是前言多而摘要少些。

6. 正文

论文的正文是作者对自己的研究工作详细的表述。它占全文的较多篇幅，主体内容包括研究工作的基本前提、假设和条件；模型的建立，实验方案的拟定；基本概念和理论基础；设计计算的主要方法和内容；实验方法、内容及其结果和意义的阐明；理论论证，理论在实际中的应用等等。根据课题的性质，一篇论文可能仅包含上述的一部分内容。

正文的写作要求：

（1）理论分析部分应写明所作的假定及其合理性，所用的分析方法、计算方法、实验方法等哪些是别人用过的，哪些是自己改进的，哪些是自己创造的，以便指导教师审查和纠正。这一部分所占篇幅不宜过多，应以简练、明了的文字概略表述。

（2）课题研究的方法与手段，分别以下面几种方法说明。

用实验方法研究课题，应具体说明实验用的装置、仪器、原材料的性能等是否标准，并应对所有装置、仪器、原材料作出检验和标定。对实验的过程或操作方法，力求叙述得简明扼要，对人所共知的或细节性的内容不必过分详述。

用理论推导的手段和方法达到研究目的的，这方面内容一定要精心组织，做到概念准确，判断推理符合客观事物的发展规律，符合人们对客观事物的认识习惯与程序。换言之，要做到言之有序，言之有理，以论点为中枢，组织成完整而严谨的内容整体。

用调查研究的方法达到研究目的的，调查目标、对象、范围、时间、地点，调查的过程和方法等，这些内容与研究的最终结果有关系，但不是结果本身，所以，一定要简述。但对调查所提的样本、数据、新的发现等则应详细说明。这是结论产生的依据，若写得抽象、简单，结论就立之不牢，分析就难以置信。在写作时应特别予以重视。

（3）结果与讨论是全文的心脏，一般要占较多篇幅。

在写作时，应对研究成果精心筛选，把那些必要而充分的数据、现象、样品、认识等挑选出来，写进去，作为分析的依据，应尽量避免事无巨细，把所得结果和盘托出。在对结果作定性和定量分析时，应说明数据的处理方法以及误差分析，说明现象出现的条件及其可证性，交代理论推导中认识的由来和发展，以便别人以此为根据进行核实验证。对结果进行分析后所得到的结论和推论，也应说明其适用的条件与范围。恰当运用表和图作结果与分析，是科技论文通用的一种表达方式。

7. 结论

结论包括对整个研究工作进行归纳和综合而得出的总结：所得结果与已有结果的比较；以及在本课题的研究中尚存在的问题，对进一步开展研究的见解与建议。它集中反映作者的研究成果，表达作者对所研究的课题的见解和主张，是全文的思想精髓，是文章价值的体现。一般写得概括、篇幅较短。撰写时应注意下列事项：

（1）结论要简单、明确。在措辞上应严密，但又容易被人领会。

（2）结论应反映个人的研究工作，属于前人和他人已有过的结论可少提。

（3）要实事求是地介绍自己研究的成果，切忌言过其实，在无充分把握时，应留有余地。因为在科学问题的探索上是永无止境的。

8. 感谢辞

谢辞是在论文的结尾处，以简短的文字对课题研究与写作过程中曾给予直接帮助的人员，例如指导教师、答疑教师及其他人员，表示自己的谢意。这不仅是一种礼貌，也是对他人劳动的尊重，是治学者应有的思想作风。

9. 参考文献与附录

参考文献是毕业论文不可缺少的组成部分。它反映毕业论文的取材来源、材料的广博程度及材料的可靠程度。一份完整的参考文献也是向读者提供的一份有价值的信息资料。

此外，有些不宜于放在正文中，但有参考价值的内容，可编入论文的附录中，如公式的推演、编写的算法语言程序等。

论文编写完成后，为了醒目和便于读者翻阅，可为论文编写一个目录，目录可分章节，每一章节之后应编写页码。

如果论文中引用的符号较多，为了节省论文的篇幅，并且便于读者查对，可以编写一个符号说明。注明符号所代表的意义，如果是有指数的量，则应注明其指数。

毕业论文的写作步骤大体上分为拟写提纲、写成初稿、修改定稿和誊写等步骤。

1. 拟写提纲

毕业论文的篇幅较长，内容比较复杂，因此动笔写作前先拟一个文字提纲很有必要。陶铸生前对拟定提纲的重要性和必要性，讲得很深刻。他说："目的确定以后，最好先拟定简单提纲，写稿提纲和发言提纲的作用一样，是为了文章有组织（短文当然可以不用）。按提纲写稿子，有这样许多好处：一、可以帮助你组织材料；二、可以使想问题周到；三、免得一面写一面想，写时吃力不讨好；又可以避免遗漏。"

拟定提纲要项目齐全，能初步构成文章的轮廓；要从全局着眼，权衡好各个部分；要征求指导教师的意见，注意多加修改，写作时要遵循提纲"框"住自己的头脑；要边写边积极思索，不断开拓自己的思路，这样才能取得满意的结果。

2. 写成初稿

毕业论文初稿的写作是最艰苦的工作阶段。在执笔时应注意下面几点要求：

（1）要尽可能把自己事先所想到的内容写进去。初稿的内容尽量充分丰富，以方便修改定稿。当然，也要防止一味地堆砌，写成"材料仓库"。

（2）要合乎文体范围。文句力求精练简明，深入浅出，通顺易读。避免采用不合语法的口头语言，也要避免采用科技新闻报道式文体。

（3）要顺利表达，不要在枝节上停留。

（4）要写得干净些、清楚些。初稿最好使用页面字数不太多的稿纸，四周有足够的空余之处，便于进行增、删、改。

3. 修改定稿

初次撰写毕业论文的大学生，应注意对论文的精心修改。修改的范围内容上包括修改观点，修改材料，形式上包括修改结构，修改语言等。

修改观点：一是观点的订正，看一看全文的基本观点以及说明它的若干从属论点是否偏颇、片面或表述得不准确。二是观点的深化，看一看自己的观点是否与别人雷同，有无深意或新意。

修改材料：就是通过材料的增、删、改、换，使文章支持和说明观点的材料充分、精练、准确而鲜明生动。

修改结构：多数是对文章内容的组织安排，作部分的调整，小修小改。一般地，出现下面几种情况，都应动手修改：

（1）中心论点或分论点有较大的变化。

（2）层次不够清楚，前后内容重复或内容未表达完整。

（3）段落不够规范，划分得过于零碎或过于粗糙，不能显示层次。

（4）结构环节不齐全，内容组织得松散。

修改语言：包括用词、组句、语法、逻辑等。作为学术性的文章，语言应具有准确性、学术性和可读性。根据这一基本要求，语言的修改从以下几方面着手：

（1）把不准确的改为准确的。

（2）把罗嗦、重复的改为精练、简洁的。

（3）把生涩的改为通俗的。

（4）把平庸的改为生动的。

（5）把粗俗俚语改为学术用语。

6.3.2　论文的名词术语约束

科学技术名词（及定义）包括了丰富的科技和文化内涵。人类在创造世界、推动科技向前发展的历史长河中，同时也创造和发展了无数的科技名词，这些科技名词作为知识传播与科技交流的载体与工具，进而又促进着科技和文化的发展。没有术语就没有知识，然而我们在论文中一定要严格使用规范术语名词，并注意这些科技名词术语的统一。

第 7 章　电气工程类专业毕业设计的答辩准备

本章概要

- 答辩的演示文稿设计。
- 答辩的自我陈述。
- 答辩的问题准备。

7.1　答辩的演示文稿设计

演示文稿要根据你的课题思路，按重点来介绍，因为你没有很多时间。

论文中有很多东西是收集和整理别人的，或者介绍基础条件的，在逻辑上论文要那样写，但并不意味着所有的一切都要在答辩中都讲到，更不意味着那个论文结构，就是你介绍自己研究成果的次序和全部内容。有些后台的计算分析过程，就是在论文中一笔代过甚至都未出现过的，它也有可能成为你的汇报重点。

总之，要根据实际情况来进行答辩汇报。

大家需要对自己的论文选题、方法、结论、相关文献非常熟悉。答辩每个人大约 5 分钟，最好限制在 8 分钟之内，讲清楚后面幻灯片上的内容。回答老师的问题应有理有据，因为是自己完成的，你理所当然是最权威的，但不能狡辩。演示文稿应尽量做得简洁、漂亮、得体。答辩时应自信、表达流利、有理有据。

要对论文的内容进行概括性的整合，将论文分为引言和实验设计的目的和意义、材料和方法、结果、讨论、结论、致谢等部分。

其中应该尽量包含以下内容：

- 论文题目概述（一张幻灯片）。
- 论文简明扼要（一两句话）的说明。
- 论文题目背景。
- 论文题目意义。
- 论文题目目标。
- 论文题目问题。
- 论文题目框架（一张幻灯片）。
- 论文题目的展开思路。
- 和论文结构。
- 相关概念（一张幻灯片）。

若有特别专业或者要特别说明的概念，可以解释。一般无需。

（1）论文题目综述（一张幻灯片）。

简要说明国内外相关研究成果，谁、什么时间、什么成果等。最后简要述评，引出自己的研究。

（2）研究方法与过程（一到两张幻灯片）。

采用了什么方法？在哪里展开？如何实施？

（3）主要结论（三到五张幻灯片）。

自己研究的成果，条理清晰，简明扼要。注意多用图表、数据来说明和论证你的结果。

（4）系统演示。

若是系统开发者，则需要提前做好安装好演示准备，在答辩时对主要模块作 1～2 分钟的演示。

（5）问题讨论（一张幻灯片）。

有待进一步讨论和研究的课题。

（6）致谢（一张幻灯片）。

请各位老师批评指正。

在每部分内容的简介中，原则是图的效果好于表的效果，表的效果好于文字叙述的效果。不要满屏幕都是长篇大论，让评委心烦。能引用图表的地方尽量引用图表，确实需要文字的地方，要将文字内容高度概括，简洁明了化，用编号标明。

幻灯片的内容和基调。背景适合用深色调，例如深蓝色，字体用白色或黄色的黑体字，显得很庄重。值得强调的是，无论用哪种颜色，一定要使字体和背景有明显反差。如图 7-1 所示，幻灯片要注意用一个流畅的逻辑打动评委。幻灯片字要大，在昏暗的房间里小字会看不清，最终结果是没人听你的介绍。不要用 PPT 自带模板，自带模板评委们都已见过，且与论文内容无关，需要自己重做，简单没关系，纯色没关系，但是要自己做。时间不要太长，5～8 分钟的汇报，10～20 页内容足够，主要是口头讲述，PPT 是辅助性的。

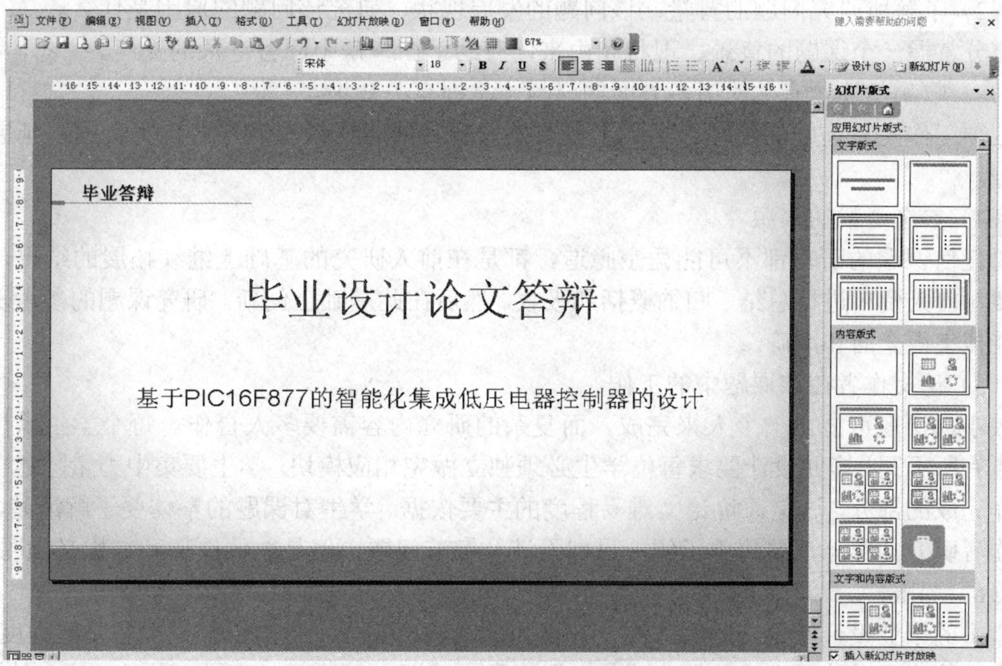

图 7-1　纯白色背景课件

7.2 答辩的自我陈述

毕业论文答辩的自我陈述首先需要做些准备，如提纲、技巧、常见问题等，作好了这些准备问题答辩的自我陈述就会得心应手。

毕业设计（论文）完成后要进行答辩的自我陈述，以检查学生是否达到毕业设计的基本要求和目的，衡量毕业设计（论文）的质量高低。学生口述总结毕业设计（论文）的主要工作和研究成果并对答辩委员会成员所提的问题做出回答。答辩是对学生的专业素质和工作能力、口头表达能力及应变能力进行考核；是对学生知识的理解程度做出判断；对该课题的发展前景和学生的努力方向，进行最后一次的直面教育。

7.2.1 答辩的自我陈述提纲

拟定答辩提纲有助于理清答辩的思路，帮助学生组织语言，按照正确的顺序将毕业设计（论文）的背景、目的、研究方法、结果等一一阐述。

1. 答辩提纲的内容

答辩提纲主要应该有以下四个内容：所研究课题的背景和研究该课题的主要意义；研究此课题的关键是什么；独立解决问题的创新方法；研究依据和研究结果。

（1）熟读自己撰写的论文，从中提取主要内容。

列出自己对这一问题的基本观点、看法、提供的主要论据、结论、理论价值和实际应用的意义。这些是单从论文本身出发，整理此篇论文所涉及到的核心内容。这些内容是答辩提纲的重要组成部分。

（2）了解所研究问题的背景，该问题的发展现状，研究该问题的原因是什么。

充分掌握一个课题的背景、现状和由来，有助于在答辩中回答老师的提问。

（3）收集与选题有关的诸多方面的材料，掌握有关知识。

这项工作是对选题的延伸，学生不仅要熟知题目的研究情况，还要扩大范围，延展到相关领域。

（4）参考资料的来源。

对任何课题的研究都不可能凭空臆造，都是在前人研究的基础上继续拓展的结果，因此必定要对前人资料进行总结、归纳概括和吸收，然后在此基础上创新。研究课题的参考资料要尽可能搜集得全面和准确。

（5）论文作者在该课题中的工作。

较小的课题可能由一个人来完成，而复杂的研究内容需要多人合作。每个学生承担的工作重点有所不同，毕业设计要求每位学生必须独立做完相应模块。学生要集中力量陈述自己独立工作完成的部分，这是评价论文难易程度的主要依据。学生对课题的整体要了解清楚，对其他合作者研究的部分也要简单了解，虽然不涉及细节问题，但是总体框架和结构必须明确。

（6）局限性。

学生的毕业设计及论文的写作都是在很短的时间内完成，且由于知识面和掌握程度有限，绝大多数的毕业设计虽有一些研究成果，但毕竟不够深入，且存在疏漏、谬误之处，因此针对论文的不足之处要谦虚地提出来。

（7）新成果的评价与展望。

应正确认识毕业设计取得了哪些新成果。既不能过分自信，不够谦虚，也不能太过自卑，实事求是才是对待科学的认真态度。一个新成果有两个方面的价值，即理论价值和实践价值。如何将新成果推广到实际生活中，取得较好的经济效益，这是我们要思考和研究的问题之一，最后还要展望新成果的发展之路。

2. 答辩提纲的写作

答辩提纲分为引言、正文和结尾三个部分。下面详细介绍每个组成部分的基本内容。写作时要注意提纲挈领，不一定每一项内容都要写在提纲里，答辩提纲的主要目的是在答辩时起到“提示”的作用。

（1）引言。

引言是进入正文的一个常用手段，是进入答辩高潮环节的有益铺垫，所以书写引言时要投入一定精力，使引言能够引起答辩教师的注意，创造轻松的答辩氛围。

引言要做到引人入胜，如果能够采取听众感兴趣的话题作为切入点，可谓事半功倍、一举多得。其一，可以让答辩教师将精力集中在你的论文之上；其二，可以缓解紧张而又严肃的气氛；其三，答辩教师听过很多学生的答辩之后可能已经十分疲倦，用这种轻松的手法开场，他们的精神状态也会自然的恢复；其四，这还是一种先声夺人的方法，容易让人印象深刻。

特别要注意这种方式要适度，话题的范围要严格围绕论文的内容展开，切不可偏离中心，离题万里。时间的长短也要注意，它的作用仅是引入正题，一般控制在 1～2 分钟以内，然后迅速展开论文核心内容。

在这短短的时间里，要涉及哪些内容呢？首先是礼貌的自我介绍，这是个人素养的基本体现，印象分很重要；其次是紧扣论文的趣味性材料；最后指明毕业设计课题及自述论文的安排和步骤。

（2）正文。

正文内容分为两部分，一部分是依据论文的主要内容编写，另一部分是专为答辩而准备的某些资料。下面详细介绍这两部分内容：

首先整理论文的主要内容，对下列论文内容浓缩，提取关键信息。

标题、摘要、关键词这三个部分在论文中已经十分精练，特别是摘要字数虽然少，但是能够说明论文的核心内容。

- 目录

论文各章节的目录处处体现着论文的层次和结构。它能够帮助我们理清思路，抓住论文的梗概，便于查找。目录各层次的标题之间也暗示了其内容之间的相互联系。

- 前言

论文的前言一般包括写作此论文的目的和主要原因、本课题现阶段的发展情况、课题的有关背景和发展历史、研究范围和工作方法、理论原理、预期结果、工作计划。

- 论文正文

论文正文是论文的核心和主体部分，但是它篇幅最长，不适合在答辩提纲中使用。可以摘录正文中的重要观点和内容列入答辩提纲，以便在答辩时对选题进行重点讲解。

- 结尾

首先，得出结论。通过科学的理论推导和分析，反复的实验论证，实验数据的总结、概括、归纳，得出最终结论。结论应该完整准确、简明扼要、不偏激、不片面。

其次，致谢。在毕业设计和撰写论文的过程中，必定得到过很多人的帮助和支持，在论文的最后都会对帮助自己的师长、工作伙伴以及协作单位致谢。

最后，要准备专门为答辩而收集的资料，也要将核心内容和索引写在提纲中，其他具体资料可以在答辩中携带。主要包括与该课题联系的背景资料和文献，适当扩大到本领域范围之内；该课题的现有研究程度、发展方向、发展前景的有关资料。

3. 答辩的自我陈述提纲的试讲

答辩提纲撰写完成之后，经过反复阅读、修改并最终定稿。试讲由此开始，试讲的时间长度应与实际答辩的自述时间长度相同，应以各学校的规定为准，一般为 20 分钟。

试讲分为两个阶段。第一阶段，由自己独立完成，即讲给自己听。大概掌握发言时间的长短，对答辩提纲不尽如人意的地方再次进行修改、补充、删减，这一过程的记忆工作量很大。提纲不是全部内容，只是属于提示性的文字，主要体现彼此之间的层次与逻辑关系，由此联想到全部内容。试讲的过程应尽量脱稿演讲，对有些记忆起来确实有困难的内容可适当看稿。第二阶段，多人模拟答辩会场的形式，这一阶段与正式答辩的程序和内容完全相同，应当作是一场正式考试。

7.2.2 答辩的自我陈述技巧

学生在答辩前除做好必要的物质和心理上的准备外，还应针对论文选题设计准备答辩小组可能提出的问题。答辩中的技巧可以帮助学生消除紧张心理，举止大方而有礼貌，突出重点，避开没有足够把握的论题，获得优异的成绩。

1. 答辩程序

（1）自我介绍。

自我介绍作为答辩的开场白，包括姓名、学号、专业。介绍时要举止大方、态度从容、面带微笑，礼貌得体，争取给答辩小组一个良好的印象。好的开端就意味着成功了一半。

（2）答辩人陈述。

自我介绍只是答辩的开始，接下来的自我陈述才进入正轨。自述的主要内容归纳如下：

- 论文标题。向答辩小组报告论文的题目，标志着答辩的正式开始。
- 简要介绍课题背景、选择此课题的原因及课题现阶段的发展情况。
- 详细描述有关课题的具体内容，其中包括答辩人所持的观点看法、研究过程、实验数据、结果。
- 重点讲述答辩人在此课题中的研究模块、承担的具体工作、解决方案、研究结果。
- 侧重创新的部分。这部分要作为重中之重，这是答辩教师比较感兴趣的地方。
- 结论、价值和展望。对研究结果进行分析，得出结论；新成果的理论价值、实用价值和经济价值；展望本课题的发展前景。
- 自我评价。答辩人对自己的研究工作进行评价，要求客观，实事求是，态度谦虚。经过参加毕业设计与论文的撰写，专业水平上有哪些提高、取得了哪些进步，研究的局限性、不足之处、心得体会。

（3）提问与答辩。

答辩教师的提问安排在答辩人自述之后，是答辩中相对灵活的环节，有问有答，是一个相互交流的过程。一般为 3 个问题，采用由浅入深的顺序提问，采取答辩人当场作答的方式。

答辩教师提问的范围在论文所涉及的领域内，一般不会出现离题的情况。提问的重点放在论文的核心部分，通常会让答辩人对关键问题作详细的、展开性的论述，深入阐明。答辩教师也会让答辩人解释清楚自述中未讲明白的地方。论文中没有提到的漏洞，也是答辩小组经常会问到的部分。再有就是论文中明显的错误，这可能是由于答辩人比较紧张而导致口误，也可能是答辩人从未意识到，如果遇到这种状况，不要紧张，保持镇静，认真考虑后再回答。还有一种判断类的题目，即答辩教师故意以错误的观点提问，这就需要答辩人头脑始终保持清醒，精神高度集中，正确作答。

仔细聆听答辩教师的问题，然后经过缜密的思考，组织好语言。回答问题时要求条理清晰、符合逻辑、完整全面、重点突出。如果没有听清楚问题，请答辩教师再重复一遍，态度诚恳，有礼貌。

当有问题确实不会回答时，也不要着急，可以请答辩教师给予提示。答辩教师会对答辩人改变提问策略，采用启发式、引导式的问题，降低问题难度。

出现可能有争议的观点，答辩人可以与答辩教师展开讨论，但要特别注意礼貌。答辩本身是非常严肃的事情，切不可与答辩教师争吵，辩论应以文明的方式进行。

（4）总结。

上述程序一一完毕，代表答辩也即将结束。答辩人最后纵观答辩全过程，做总结陈述，包括两方面的总结：毕业设计和论文写作的体会；参加答辩的收获。答辩教师也会对答辩人的表现做出点评：成绩、不足、建议。

（5）致谢。

感谢在毕业设计论文写作方面给予帮助的人们，并且要礼貌地感谢答辩教师。

2. 答辩的自我陈述注意事项

（1）克服紧张、不安、焦躁的情绪，自信自己一定可以顺利通过答辩。

（2）注意自身修养，有礼有节。无论是听答辩教师提出问题，还是回答问题，都要做到礼貌应对。

（3）听明白题意，抓住问题的主旨，弄清答辩教师出题的目的和意图，充分理解问题的根本所在，再作答，以免出现答非所问的现象。

（4）若对某一个问题确实没有搞清楚，要谦虚向教师请教。尽量争取教师的提示，巧妙应对。用积极的态度面对遇到的困难，努力思考做答，不应自暴自弃。

（5）答辩时语速要快慢适中，不能过快或过慢。过快会让答辩小组成员难以听清楚，过慢会让答辩教师感觉答辩人对这个问题不熟悉。

（6）对没有把握的观点和看法，不要在答辩中提及。

（7）不论是自述，还是回答问题，都要注意掌握分寸。强调重点，略述枝节；研究深入的地方多讲，研究不够深入的地方最好避开不讲或少讲。

（8）通常提问会依据先浅后深、先易后难的顺序。

（9）答辩人的答题时间一般会限制在一定的时间内，除非答辩教师特别强调要求展开论述，都不必要展开过细。直接回答主要内容和中心思想，去掉旁枝末节，简单干脆，切中要害。

7.3 答辩的问题准备

答辩的问题准备应当尽量充分。学生应在答辩前从思想上和物质上进行充分准备，树立信心，克服紧张情绪，准备答辩过程中必须的演讲以及辅助道具，提高答辩的质量。

7.3.1 精神准备

1. 明确答辩的目的和意义

（1）鉴别毕业设计（论文）的真伪。答辩是学生毕业前的最后一次考核，其首要目的是要考察学生毕业设计（论文）的真伪性。

（2）评价毕业设计（论文）的质量。 在辨别论文真伪的基础上，进一步考察学生研究课题的深度与广度，评价论文的优劣程度。毕业答辩有一套完整、公正、客观的评分标准。包括对基本理论、基本技能、专业知识的综合运用；创造性的研究方法和研究成果；学术水平和实际意义；表达分析的条理性和准确性；毕业设计（论文）中存在的不足与问题；工作能力和态度、工作量等，是否达到基本要求，有无突出表现，答辩小组成员将根据学生的具体情况评分。

（3）考察学生的临场发挥能力、语言表达能力、思维活跃能力。学生自述与回答问题时，应该沉着镇静、口齿清楚、论述充分有利、思维清晰、符合逻辑。对答辩教师的提问，仔细倾听、抓住中心、快速思考、正确作答。

2. 了解答辩的有关规定和要求

毕业论文答辩，是取得学位的一项重要工作。院（系）毕业设计领导机构成立答辩委员会，指导教师可以加入答辩委员会，但不能担任答辩委员会主席的职务，且在自己学生答辩时应回避，不参与意见。答辩委员会在举行答辩前半个月将学生论文分发到答辩委员会成员手中，每位答辩教师应认真负责地对待每篇论文，仔细阅读，准备提问的问题。

答辩教师提出的问题有一定的方向性，主要分为鉴别论文真实性的问题、识别知识掌握程度的问题、判断论文研究深度的问题。出题也有一定的原则，把握目的难易程度和范围，难易深浅相结合，题目（大方向）的数量一般在 3 个左右。

7.3.2 心理准备

答辩是学生获准毕业、取得学位的必由之路，是走出学校、走向社会的最后一次在校学习的机会。只要认真对待，通过并非难事。

自负与自卑都不可取。以轻视的态度面对答辩，放松精神、漫不经心、精力分散，势必在答辩中难于集中精神，自述丢三落四，回答问题张冠李戴，精神状态懒散，这种自负会让我们搬起石头砸自己的脚，最终导致功亏一篑。自卑的心理会使答辩大失水准，甚至由于胆怯而不能正常表达自己的想法，说话颠三倒四，思维停滞，态度唯唯诺诺，无法体现真实的能力和水平。

树立自信心，适当放松心情，不要给自己过大的压力，积极热情，泰然处之，以平常心对待。在答辩之前，可组织一个小型的试讲会，模拟提问，努力适应答辩环境，克服恐惧、紧张的心理。

7.3.3 物质准备

物质准备包括论文底稿、参考资料、答辩提纲。

答辩不同于一般的口试，准备工作必须是全方位的。进入答辩会场要携带论文底稿、答辩提纲和参考资料，这三种资料的准备工作尤为重要。

论文底稿要保留，答辩之前要熟读其内容。无论是答辩中的自我陈述，还是答辩教师的提问都是以论文内容作为依据，论文中的重点内容必须牢记。

收集与论文相关的参考资料，分类整理，做好索引以便查找。参考资料尽量齐全，仔细阅读并学习研究，开拓视野，储备丰富的知识。

答辩提纲作为答辩中必不可少的物质资料，直接影响答辩的质量。答辩提纲的撰写有其特殊的要求、要领。它是论文底稿和参考资料的融合与提炼。从表面看，一份提纲的篇幅相对于论文来讲，是相当少的，但它的内容和信息量是论文与参考资料的总合。

7.3.4　辅助准备

在大约 5 分钟的自我陈述过程中，单用“说”这种枯燥的方式，不容易达到好的效果。在答辩过程中应注意吸引答辩教师的注意力，充分调动答辩小组的积极性，使用生动活泼的语言可以收到好的成效；视觉图像往往让人有更加深刻的认知，如果利用视觉反应传达毕业设计论文的内容，再配以语言解释，这二者的巧妙结合将使答辩变得有声有色。因此可以选择图、表、照片、幻灯、投影等作为辅助答辩的物质材料。

另外，毕业论文答辩还应注意以下几个问题。

1. 精心的准备

主要指制作一个精美的幻灯片。相信大家答辩时都会用到 PowerPoint，制作一个精美的幻灯会为你的论文增色不少，尤其对那些实质内容比较苍白的论文来说，一个丰富多彩的 PPT，可以在很大程度上弥补论文本身的不足。

2. 演讲时间上的准确把握

毕设答辩各组时间不同，但基本上每人讲 10 分钟左右，提问 5 分钟。演讲时时间概念很重要，一定要在规定的时间内讲完，否则会被老师强行制止。正式演讲前最好先预讲一下，做到心里有数。讲的时候，尽量讲一些重要的、结论性的东西，中间的一些不重要的内容最好忽略。

3. 灵活的应变

个人讲演完闭后接着就是提问。回答问题时一定要沉着冷静，相信自己是自己课题方面的“大牛”（实际上也是这样，一般你做的课题别的老师并不十分清楚，你在做什么只有你自己知道），对待老师的提问一般多是有惊无险，只要沉着应战一般均可轻松拿下。

总之，答辩就是凭印象给分，你的表现越好，所得分数也就越高，所以尽量给老师留个好印象是十分重要的。因此要做好心理准备。要克服怯场心理，消除紧张情绪，保持良好的心理状态，要有自信意识，这也是学生应具备的一种最基本的心理素质。凡是有充分自信意识的学生，在答辩过程中就会精神焕发、心绪镇静、神态自若、思维敏捷、记忆完整。答辨就可以淋漓尽致地发挥。要做到自信，需要对自己的论文内容、范围、材料有充分的理解和多方面的准备，做到烂熟于心。从整体到局部都有了然于胸的感受，这样就能对提出的种种质疑应付自如，即使不能对答如流，至少也能迎刃而解，问有所答。真正做到“艺高胆大”，有了真才实学，就不怕别人提出质询。

另外还要做好资料的准备。不要忘记将与论文有关的一些图表类资料整理好。如经济类论文答辩时，可能会涉及许多统计表、统计图、测算表、明细表、演示图等。准备好相关的图表，悬挂在答辩现场，供作讲解的辅助工具。

最后要做好发言提纲的准备。“工欲善其事，必先利其器”，不打无准备之仗，答辩者在答辩前可从以下角度去考虑准备答辩：

（1）自己为什么选择这个课题？

（2）研究这个课题的意义和目的是什么？

（3）全文的基本框架、基本结构是如何安排的？

（4）全文的各部分之间逻辑关系如何？

（5）在研究本课题的过程中，发现了哪些不同见解？对这些不同的意见，自己是怎样逐步认识的？又是如何处理的？

（6）论文虽未论及，但与其较密切相关的问题还有哪些？

（7）还有哪些问题自己还没有搞清楚，在论文中论述得不够透彻？

（8）写作论文时立论的主要依据是什么？

对以上问题应仔细想一想，必要时要用笔记整理出来，写成发言提纲，在答辩时用。这样才能做到有备无患，临阵不慌。

在答辩时，一般是几位相关专业的老师根据学生的设计实体和论文提出一些问题，同时听取学生个人阐述，以了解学生毕业设计的真实性和对设计的熟悉性；考察学生的应变能力和知识面的宽窄；听取学生对课题发展前景的认识。

答辩中专业老师常会提出的问题分类如下：

（1）辨别论文真伪，检查是否为答辩人独立撰写的问题。

（2）测试答辩人掌握知识深度和广度的问题。

（3）论文中没有叙述清楚，但对于本课题来讲尤为重要的问题。

（4）关于论文中出现的错误观点的问题。

（5）课题有关背景和发展现状的问题。

（6）课题的前景和发展问题。

（7）有关论文中独特的创造性观点的问题。

（8）与课题相关的基本理论和基础知识的问题。

（9）与课题相关的扩展性问题。

学生应该针对这些常见问题做好提前准备，为答辩做好充足准备。

第三部分　电气工程类专业各方向毕业设计实例及选题

本部分概要

- 电气自动化方向毕业设计实例及选题。
- 电机方向毕业设计实例及选题。
- 电力电子与电力传动方向毕业设计实例及选题。
- 供用电技术方向毕业设计实例及选题。

本部分导言

通过电气自动化方向、电机方向、电力电子与电力传动方向和供用电技术方向的毕业设计实例展示，启发学生掌握电气工程类专业毕业设计中各个环节的操作过程，使学生学会从开始选题到最终完成设计作品的全过程。

第 8 章　电气自动化方向毕业设计实例及选题

本章概要

- 电气自动化方向概述。
- 电气自动化方向毕业设计实例分析。
- 电气自动化方向的各类选题。

8.1　电气自动化方向概述

1. 电气自动化专业概述

电气自动化技术专业是培养具有一定的电子技术、微机控制技术和计算机网络技术的基础知识，熟悉常用电气设备的工作原理，掌握应用计算机技术实现电气控制的基本原理和方法，具有较强的自动控制系统运行、维护、系统集成及一定的工程设计能力和企业管理能力的高等技术应用性专门人才。

2. 毕业生能力培养目标

电气自动化专业是面向装备制造行业，培养具有与本专业未来工作岗位相适应的具备较强的职业素质、较强的职业发展能力、较强的电气设备安装调试和自动控制技术应用能力，能够胜任电气设备装配检测、机电产品的电气系统安装调试、自动化生产线的运行维护、自动化工程设备升级改造等岗位的高素质、高技能人才。

3. 毕业设计相关主干课程

电气自动化方向的毕业设计涉及学生在校期间必修和选修的一些专业课，这些课程内容支撑着毕业作品的整个开发过程。相关专业课一般包括：电机及拖动技术、自动控制原理、电气控制技术、单片机控制技术、供用电技术、调速技术、电力电子变流技术、数控技术及应用、现代检测技术、现代控制技术应用等。

- 电机及拖动技术

"电机与拖动技术"是电气自动化专业的专业基础课，在电力系统自动化专业的课程体系中具有承上启下和举足轻重的地位。先修课程包括高等数学、电工电子等。该课程是学生学习"电力系统继电保护原理""发电厂电气部分""电力系统自动化"等专业主干课程和"电力系统课程设计""电力系统综合实验"等实践性教学环节的必备理论基础。

- 自动控制原理

"自动控制原理"是电气自动化专业的一门专业基础课，也是该专业的主干必修课之一。本课程研究控制系统分析与设计的基础知识，包括线性控制系统的建模，时域分析法、根轨迹法、频域分析法三大分析方法，以及系统的校正与计算机辅助分析。

- 电气控制技术

"电气控制技术"是电气自动化专业的一门核心专业技术课，也是后续的可编程控制技术，工厂供电，电气综合实训，电工中、高级职业资格证书，毕业设计、顶岗实习等的基础课和基本技能养成课程，即是职业素质养成与职业能力培养最基本最重要的理论实践一体化课程。主要讲授机床基本电气控制线路，开关类控制电器、继电器与接触器、熔断器、控制电器的保护，电动机直接起动、降压起动线路，异步电动机正反转线路及制动线路。使学生掌握典型机床一般电气控制的原理及特点，了解各电器元件的功能、特性，能进行典型机床电气控制线路的分析与装配。

- 单片机控制技术

“单片机控制技术”是电气自动化专业的一门实用技术骨干课程。本课程在专业培养目标中的定位为：让学生掌握以单片机为核心的工业控制系统的设计方法和制作技能，提高学生的电子技术应用及工业自动化系统设计和实施的能力；要求学生掌握单片机的控制系统、电机拖动、传感器应用以及外围设备控制等技能，提高学生设计和开发的综合应用能力。本课程主要讲授微型计算机基础，典型单片机的内部结构、指令系统、最小应用系统、应用程序设计基础、定时器、计数器、中断系统、接口技术和微机在检测和控制方面的应用等内容。

- 供用电技术

“供用电技术”是电气自动化专业必修的核心课程。本课程主要包括工厂供配电系统分析，负荷计算和变压器选择，短路电流分析，电气设备选择与维护，输电线路敷设、选择与维护，供电安全技术。学生通过对各学习情境的学习，能熟练掌握工厂供电系统运行维护及供电安全所必需的基本知识和技能，为今后从事工厂供电系统的运行与维护奠定基础。本课程实践性较强，学习时应注意理论联系实际，培养实际应用能力。

- 调速技术应用

“调速技术”是电气自动化专业必修课，是针对电气维修工艺员、电气设备安装维护工从事的机电设备的维护检修和试验、故障排除及维护管理工作等岗位需要的实际工作能力而设置的一门核心课程。通过本课程的学习要求学生能够熟练掌握交流变频系统的工作原理、实现方法、机械特性、运行特点及适用场合，使学生在掌握本课程的基础上，经过实验环节有能力分析和设计交流变频系统。

- 电力电子变流技术

“电力电子变流技术”是一门跨学科的利用电力电子器件对电能进行变换和控制的技术，是自动化专业必修的技术基础课。电力电子技术由三部分内容组成，即电力电子器件、电力电子电路、电力电子系统及其控制。本课程着重学习电能变换电路的基本工作原理。

- 数控技术及应用

“数控技术及应用”课程是电气自动化专业必修的职业技术课程，是一门为培养数控技术应用型人才而设立的课程。本课程主要讲授数控机床的概念；数控机床常见类型、结构、工艺特点、机床坐标系和主要性能参数；数控机床典型部件的控制方式和特点；数控车床、铣床的组成、结构、传动、调整和编程特点等内容。通过本课程理论知识的学习和实践活动的开展，使学生了解机床数控技术的相关知识及数控机床的组成、分类和应用特点。初步具备了常用数控机床的操作和维护保养的能力。

- 现代检测技术

“现代检测技术”是电气自动化专业的重要专业课程。本课程设置的目的是通过对传感器的一般特性与分析方法，传感器的工作原理、特性及应用，检测系统基本概念的学习，通过本课程的学习，使学生掌握检测系统的设计和分析方法，能够根据工程需要选用合适的传感器，并能够对检测系统的性能进行分析、对测得的数据进行处理。

- 现代控制技术应用

“现代控制技术应用”是电气自动化专业选修的技术基础课。现代控制理论是在经典控制理论基础上，伴随着计算机技术的发展和普及逐步发展起来的，它以时域法特别是状态空间方法为主，研究系统状态的运动规律，并按所要求的各种指标最优为目标来改变系统的运动规律。本课程的主要任务：①通过本课程的学习使学生了解现代控制理论的体系结构，熟练掌握线性控制系统的状态空间描述、时域分析与离散化；②掌握利用状态空间模型分析系统特性和校正系统的方法；③了解最优控制的基本概念和最优控制问题的基本方法。

8.2 电气自动化方向毕业设计实例

基于 PIC16F877 的智能化集成低压电器控制器的设计

1. 毕业设计任务书

毕业设计任务书如表 8-1 所示。

表 8-1 XXXX 大学毕业论文（设计）任务书

姓　　名	XXX	学　　号	XXXXXXXX	系　　别	电气工程类系
专　　业	电气自动化专业	年级班级	XX 级 X 班	指导教师	XXX
论文题目	基于 PIC16F877 的智能化集成低压电器控制器的设计				
任务和目标	毕业设计（论文）的任务和目标： 本毕业设计主要完成一个“基于 PIC16F877 的智能化集成低压电器控制器的设计”的开发，并撰写题目为《基于 PIC16F877 的智能化集成低压电器控制器的设计》的论文。本次设计是利用电力电子技术和单片机测控技术组成智能控制单元，既实现了低压断路器的通断能力，也实现了接触器的频繁动作及远距离控制要求。采用 IGBT 切换励磁电源，将接触器和断路器的功能集成于一体，实现了常见损坏电机原因的综合智能控制。 主要设计内容： 1．电动机保护新方法 （1）一种新型电动机保护电器的建立 （2）建立电动机保护的数学保护模型 2．智能电器控制单元的设计 （1）电流测量电路设计 ① 电流测量单元电路图 ② 整流电路的设计 ③ 放大电路的设计 ④ 滤波电路的设计 （2）控制电路设计 （3）显示电路设计 （4）键盘输入电路设计 （5）电源电路设计				

续表

	3．智能电器的程序设计 （1）初始化模块设计 （2）数据测量模块设计 （3）参数整定及其显示模块 （4）显示模块设计 （5）数据处理模块设计
基本要求	论文撰写应在指导教师指导下独立完成，并以马克思主义理论为指导，符合党和国家的有关方针、政策；论文应做到中心突出，层次清楚，结构合理；必须观点正确，论据充分，条理清楚，文字通顺；并能进行深入分析，见解独到。同时论文字数不得少于 8000 字，还要有 300 字左右的论文摘要，关键词 3～5 个（按词条外延层次，由高至低顺序排列）。最后附上参考文献目录和致谢辞。
研究所需条件	1．具备足够的专业基础知识 （1）掌握电动机保护的方法和低压电器的基本知识 （2）掌握数学模型建立的方法和步骤 （3）掌握单片机控制的基本方法和步骤 （4）掌握相关开发工具（包括 Protel、Keil、Matlab 等）的使用 2．具备搜集资料的网络、图书馆等资源和条件 3．必备的调试工具

	序号	主要任务	起止时间
任务进度安排	1	任务书下达、毕业设计正式开始	2013.11.1－2013.11.12
	2	完成文献综述、开题报告	－2013.12.10
	3	完成需求分析	－2013.12.24
	4	完成论文二稿或中期检查	－2014.4.1
	5	上交论文成稿	－2014.4.13
	6	设计类论文上交程序代码	－2014.4.15
	7	论文答辩	－2014.4.20

指导教师签字		日期	年　月　日
系部领导签章		日期	年　月　日

2. 文献综述

文献综述如表 8-2 所示。

表 8-2　XXXX 大学毕业论文（设计）文献综述

姓　名	XXX	学号	XXXXXXXX	系　别	电气工程类系
专　业	电气自动化专业	年级班级	XX 级 X 班	指导教师	XXX
论文题目	基于 PIC16F877 的智能化集成低压电器控制器的设计				
查阅的主要文献	[1]　低压电气，1998．绪论． [2]　许志红，张培铭，雷德森．我国低压电器技术的发展与展望．智能电器，2002，5：1-4． [3]　陈德贵．面向 21 世纪的低压电器新技术．低压电器，2001，1：3-8． [4]　宋士通．电动机保护技术．电气开关，1998，1：23-25．				

续表

<table>
<tr><td>查阅的
主要文献</td><td>[5] 吴肇基．实用低压电器．北京：水利电力出版社，1985，68．
[6] 任慧．用单片机实现电动机综合保护的研究．1999，3：21-23．
[7] 张冠生，丁明道，等．常用低压电器及其应用．中国：机械工业出版社，1982，133．
[8] 低压电器概论与原理．西安交通大学，1974，58．
[9] 夏立杰，徐广志．智能型电动机保护装置．煤炭技术，2001，20（6）：21-24．
[10] 林国庆，林辛，张冠生．带微机低压断路器三段保护特性的研究．电气开关，1998，NO.1：1-3．
[11] 翟佑华，程金英，王建平．电机智能保护探讨．石油工程，1999，2：37-38．
[12] 康华光，等．电子技术基础——模拟部分．北京：高等教育出版社，1998，6：469．
[13] 李广军，等．实用接口技术．北京：电子科技出版社，2000．165．
[14] 薛永毅，等．新型电源电路应用实例．北京：电子工业出版社，2000，1：109．
[15] 童诗白，等．模拟电子技术基础．北京：高等教育出版社，1988，574-575．
[16] 李学海．PIC 单片机实用教程．北京：北京航空航天大学出版社，2002，1：13-16．
[17] 孙蕾，薄雷．低压电动机保护装置的分析．电气开关，2002，1：10-12．
[18] 王爱霞，朱传琴．一种新型微机电动机保护装置．山东电力技术，1998，6：51-53．
[19] 单片机的 C 语言应用程序设计．北京：北京航空航天大学出版社，1999，3：225．
[20] Electric control for machines. In: Kenneth B. Rexfurd. 1983. 48-52.
[21] Illustrated guidebook to electric device. In: Fredrick W. Hughes. 1983.320-322.
[22] Harry J. David. Circuit interruption and Switching ver-voltages. Electrical Power Systems, 1979: 42-53.
[23] PeterA. Crossley, Ronala N. Allan and John Downes. The Impact of Functional Integration on the reliability of Substation Protection and Control Systems. IEEE Transactions on Power Delievery, vol, 16, No.1, Jan, 2001.
[24] Kuang Sheng,Stephen J. Finney and Barry W. Wlliams. Thermal Stability of IGBT High-Frequency Operation. IEEE Transactions on Industrial Electronics, Vol, 47, No.1, Feb, 2000.</td></tr>
<tr><td>文献综述</td><td>基于 PIC16F877 的智能化集成低压电器控制器的设计
一、前言
随着科学技术地不断发展，社会生产、生活等各方面对电能地消耗越来越多。电能的生产与传输均采用高电压，而对电力的使用，绝大多数是低压电器。
本世纪以来，发明了三相交流输电线路，电力使用的范围不断扩大，电网的容量也相应增加，对供电电网运行与保护的要求也越来越高。为此发展了低压断路器。随着由单台电动机的电力拖动逐渐为多台电动机的运行使用，由手动操作进入自动的远距离的和频繁的操作，于是发展了接触器。
近年来，电器的设计、研制和开发进入了一个崭新的时代。电器技术理论和电器产品结构正处于不断更新和全面提高的阶段。传统的有触点电器在结构原理、最佳结构设计和应用新材料、新工艺方面不断的创新和完善；真空电器、半导体电器以及其他新型电器，如微电子技术和电器技术结合的机电一体化电器或智能化电器，亦在开拓发展之中；电器产品向着组合化、成套化发展。将智能化技术引入低压电器，使低压电器技术在研究、检测、生产的各个环节上发生了根本的变化。智能断路器、智能电动机保护器、智能接触器等智能电器元件和智能型配电网络系统应运而生。把微处理机和计算机技术引入低压电器，一方面使低压电器具有智能化的功能，另一方面使低压开关电器，包括智能化断路器和智能化电动机控制器实现与中央控制计算机双向通信。
本设计所研制的智能化集成控制器是以单片机为核心，配以外围电路，实现对电动机的短路和过载保护。此次所要解决的是对该控制器的智能控制部分的研制。本课题的研制——将接触器和断路器集成于一体在国内外尚属首例。</td></tr>
</table>

续表

文献综述 文献综述	**二、背景** 众所周知，电动机是工农业生产中使用量最多、使用面最广的动力驱动机械。对电动机进行短路和过载保护不仅是在经济方面有重大的意义，而且在保证安全并连续生产方面也具有重大意义。而在低压电器中，最为广泛使用的电动机保护电器是低压断路器，最为广泛使用的电动机控制器是接触器。 低压断路器用于低压配电电路、电动机或其他用电设备中，能接通、承载及分断正常电路条件下的电流，也能在规定的非正常电路条件（例如短路）下接通、承载一定时间和分断电流的开关。它虽然具有较强的接通和分断能力，但其操作和脱扣机构不可以频繁动作和远距离操作的要求。 接触器是用来频繁的远距离接通或断开交直流主电路及大容量控制电路的控制电器。它具有远距离操作功能，同时又具备失压保护功能，失压保护是很重要的一种安全措施；它虽然具有一定的过载能力，但却不能切断短路电流，也不具备过载保护的功能。 所以，在系统中，接触器和断路器往往需要配合在一起使用。但是很久以来，无论是国内还是国外，接触器和断路器仍然是由分立式的电器元件组合在一起，以组合电器的方式配合使用，并没有一种电器将它们的优点结合在一起使用，这也是人们希望能实现的。可是随着电子技术的发展，尤其是单片机技术的迅猛发展，低压电器也无例外地受其巨大的影响，这使电器研究进入了一个新阶段。 本设计所研制的智能化集成控制器，就是将接触器的可频繁接通和开断的特点与断路器良好的接通和分断能力结合在一起，通过电力电子技术和单片机技术组合成一种低压电器。这项研制如同电子元件从分立走向集成那样，无疑是将电器技术推向另一重大变革。 **三、系统设计思路** 本设计所研制的智能化集成控制器是以单片机为核心，配以外围电路，实现对电动机的短路和过载保护。此次所要解决的是对该控制器的智能控制部分的研制。 该智能化集成电器的主要功能有：既能在正常的工作条件下，频繁地接通或分断主电路，也能在过载、短路的异常情况下，自动地分断主电路，除了具有功能多、保护性能好、可靠性高和故障自诊断能力及通讯能力等智能化低压电器所共有的优点外，它还将接触器和低压断路器的全部功能融为一体，实现了低压电器的集成化。 对于交流电动机单片微机的保护，建立最佳的数学保护模型，通过软件程序和硬件电路，实现电动机过载、短路故障的保护。 **四、结束语** 本设计所研制的智能化集成控制器基本实现了智能控制的功能。通过本次毕业设计，我对智能电气的设计工作有了初步的了解，同时，对我所学的专业知识，得到了更好的巩固与加深。在毕业设计过程中，我运用了电力电子技术、电子技术、单片机控制技术和低压电器的相关知识，将书中的知识运用到实际，在导师的指导下，完成了改集成控制器智能控制部分的硬件设计和软件设计，培养了我综合分析问题和解决问题的能力。经过几个月的努力，完成了该项目的开发。 其中包括调研立项，项目的需求分析，以及相关知识的储备直到最后开始进入设计阶段，终于完成了这次毕业设计。从开始对.NET 知识掌握不是十分扎实，在经过这段时间的学习和设计，现在具备了一定在.NET 下编程的水平。 在做毕业设计期间，我充分的意识到了要想实现一个优秀的系统还需要更多研究与斟酌，重要的是要学会怎样去自学，老师只是起到一个辅佐的作用，通过自己的力量去学习新的知识才是更重要的。
备注	

续表

指导教师意见	指导教师签字： 年　月　日

3. 论文开题报告

论文开题报告如表 8-3 所示。

表 8-3　XXXX 大学毕业论文（设计）开题报告

<table>
<tr><td>姓　　名</td><td>XXX</td><td>学　　号</td><td>XXXXXXXX</td><td>系　　别</td><td>电气工程类系</td></tr>
<tr><td>专　　业</td><td>电气自动化专业</td><td>年级班级</td><td>XX 级 X 班</td><td>指导教师</td><td>XXX</td></tr>
<tr><td>论文题目</td><td colspan="5">基于 PIC16F877 的智能化集成低压电器控制器的设计</td></tr>
<tr><td>选题依据与意义</td><td colspan="5">一、学术价值、应用价值
随着科学技术地不断发展，社会生产、生活等各方面对电能地消耗越来越多。电能的生产与传输均采用高电压，而对电力的使用，绝大多数是低压电器。
近年来，电器的设计、研制和开发进入了一个崭新的时代。电器技术理论和电器产品结构正处于不断更新和全面提高的阶段。传统的有触点电器在结构原理、最佳结构设计和应用新材料、新工艺方面不断的创新和完善；真空电器、半导体电器以及其他新型电器，如微电子技术和电器技术结合的机电一体化电器或智能化电器，亦在开拓发展之中；电器产品向着组合化、成套化发展。将智能化技术引入低压电器，使低压电器技术在研究、检测、生产的各个环节上发生了根本的变化。智能断路器、智能电动机保护器、智能接触器等智能电器元件和智能型配电网络系统应运而生。
把微处理机和计算机技术引入低压电器，一方面使低压电器具有智能化的功能，另一方面使低压开关电器，包括智能化断路器和智能化电动机控制器实现与中央控制计算机双向通信。
本设计所研制的智能化集成控制器是以单片机为核心，配以外围电路，实现对电动机的短路和过载保护。此次所要解决的是对该控制器的智能控制部分的研制。本课题的研制——将接触器和断路器集成于一体在国内外尚属首例。
二、现状分析
把微处理机和计算机技术引入低压电器，一方面使低压电器具有智能化的功能，另一方面使低压开关电器，包括智能化断路器和智能化电动机控制器实现与中央控制计算机双向通信。
进入 20 世纪 90 年代，随着计算机信息网络的发展，低压配电系统和电动机控制中心已统一形成了智能化监控、保护与信息网络系统。智能化低压断路器与电动机控制器是低压开关柜和电动机控制中心实现智能化的主要电器元件。
由新型低压电器元件和中央控制计算机组成的网络系统，与传统的低压配电系统和电动机控制中心相比有以下优点：
（1）实现了中央计算机集中控制,提高了低压配电系统的自动化程度。
（2）使低压配电、控制系统的调度和维护达到新的水平。
（3）由于采用数字化的新型监控元件，开关柜屏面上提供信息量大幅度增加。
（4）监控元件和传统的指示和指令电器相比较，接线简单、便于安装，提高了工作的可靠性。
（5）可以实现数据共享，减少信息重复和信息通道。</td></tr>
</table>

续表

<table>
<tr><td>研究内容</td><td>1 引言
1.1 前言
1.2 我国低压电器发展情况
1.3 低压电器发展的趋势——智能化
1.4 研究的意义以及发展背景
1.5 本次设计所要解决的问题
1.6 本次研究所要达到的目的
2 电动机保护的新方法
2.1 电动机保护的必要性
2.2 电动机保护的原因
2.3 电动机保护的传统方法及其优缺点
2.3.1 热继电器
2.3.2 电子式保护继电器
2.3.3 熔断器
2.3.4 温度保护继电器
2.4 电动机保护的新方法
2.5 电动机保护模型的建立
2.6 小结
3 硬件设计及其实现
3.1 总体设计思想
3.2 各部分工作原理
3.2.1 电流测量电路设计
3.2.2 控制电路设计
3.2.3 显示电路设计
3.2.4 键盘输入电路设计
3.2.5 电源电路设计
3.3 小结
4 软件设计及其实现
4.1 PIC16F77 的特点
4.2 软件设计的特点
4.3 各模块设计思想及其实现
4.3.1 初始化模块设计
4.3.2 数据测量模块设计
4.3.3 参数整定及其显示模块设计
4.3.4 显示模块设计
4.3.5 数据处理模块设计
4.4 小结
5 结论</td></tr>
</table>

续表

<table>
<tr><td>研究方案</td><td>
一、本课题研究的目标
本设计所研制的智能化集成控制器，就是将接触器的可频繁接通和开断的特点与断路器良好的接通和分断能力结合在一起，通过电力电子技术和单片机技术组合成一种低压电器。这项研制如同电子元件从分立走向集成那样，无疑是将电器技术推向另一重大变革。
二、本课题研究的内容
对于交流电动机实现单片微机的保护，建立最佳的数学保护模型，通过所设计的软件程序和硬件电路，实现电动机过载、短路故障的保护。
三、本课题研究要解决的问题
本设计所研制的智能化集成控制器是以单片机为核心，配以外围电路，实现对电动机的短路和过载保护。此次所要解决的是对该控制器的智能控制部分的研制。本课题的研制——将接触器和断路器集成于一体在国内外尚属首例。
由于工作条件及控制和保护功能不同，接触器和断路器不能简单的结合在一起。普通的接触器的电磁铁和低压断路器的触头及灭弧室稍加改进并有机结合之后，利用电力电子技术和单片机测控技术组成智能控制单元，巧妙的解决了其频繁操作和保护动作的问题，从而将接触器和断路器集成于一体。
软件部分采用模块化结构，包括初始化模块、数据测量模块、参数整定及其显示模块、显示模块、故障诊断和处理模块。
四、研究步骤
（1）2013 年 11 月 08 日－2013 年 12 月 03 日　需求调研，收集资料
（2）2013 年 12 月 04 日－2013 年 12 月 24 日　进行系统需求分析、确定系统框架
（3）2013 年 12 月 25 日－2014 年 02 月 28 日　系统分析、设计与实现
（4）2014 年 03 月 01 日－2014 年 03 月 25 日　初步完成系统调试
五、可行性分析
1．技术可行性分析
在传统电动机保护装置的基础上，为了克服它们的缺点，本设计提出了一种智能型电动机保护装置，对于交流电动机单片微机的保护，建立数学模型，通过硬件电路和软件程序，实现电动机过载、短路故障的保护。
本文提出的这种新型的以单片机式数字化测量、控制和处理单元为核心的集成低压电器，其外形类似一普通的电磁接触器，但它既能在正常的工作条件下，频繁地接通或分断主电路，也能在过载、短路异常情况下，自动地分断主电路，除了具有功能多、保护性能好、可靠性高和故障自诊断能力及通讯能力等智能化低压电器所共有的优点外，它还将接触器和低压断路器的全部功能融为一体，实现了低压电器的集成化。
系统时刻检测外部信号的变化，通过硬件系统把外部信号送到微处理器，由微处理器进行分析和判断，一旦线路上发生某种故障时，微处理器立即发出控制信号（或延时）转到执行机构，以实现相应的故障切除。
2．经济可行性分析
电动机是机电行业中应用最为广泛的设备之一，是其他机电设备的动力源泉，电动机正常地输出动力是其驱动的机电设备正常工作的前提。
三相交流电动机以其结构简单、成本低廉、运行维护方便等特点，广泛应用于各行各业。因此，在工农业生产中，确保电动机的正常运转是非常重要的。如果采用合理的保护方式，可使电动机免受损害，延长使用寿命，降低修理成本，提高经济效益。
六、预期成果
完成论文，建立交流电动机单片微机保护最佳数学保护模型，通过所设计的软件程序和硬件电路，实现电动机过载、短路故障的保护。
</td></tr>
</table>

续表

写作进度安排	(1) 2013 年 11 月 22 日——2013 年 12 月 10 日　完成文献综述及开题报告。 (2) 2013 年 12 月 11 日——2014 年 03 月 25 日　进行系统需求分析，完成论文初稿（或框架）。 (3) 2014 年 03 月 28 日——2014 年 04 月 01 日　完成论文二稿或中期检查。 (4) 2014 年 04 月 02 日——2014 年 04 月 06 日　上交论文成稿。 (5) 2014 年 04 月 07 日——2014 年 04 月 13 日　设计类论文上完成测试、验收。
指导教师意见	指导教师签字： 年　　月　　日
系学术委员会意见	主任签章： 年　　月　　日

4. 论文中期报告

论文中期报告如表 8-4 所示。

表 8-4　XXXX 毕业论文中期检查报告

姓　　名	XXX	学　　号	XXXXXXXX	指导老师	XXX
论文题目	基于 PIC16F877 的智能化集成低压电器控制器的设计				
论文中期完成情况	**一、前期工作简述** 论文的前期工作主要完成了任务书、文献综述和开题报告的撰写，并对系统各模块进行总体设计。 **二、解决的问题及解决办法** (1) 电动机保护模型的建立：电动机的热过载保护是最基本和最有效的事前保护，也是评价电动机保护器性能的一个重要指标。为此，国内外在发展单片机式热保护器的同时，也一直都在探索合理的热过载保护模型，以提高热过载保护的精度。但直至目前，热过载保护模型尚未统一。后来经过指导老师的点播再加上查阅了相关的资料，确定选用单时间常数的指数发热和冷却方程作为热保护模型。 (2) 智能控制单元的硬件电路设计：控制电路是智能控制单元最为关键的部分。为保证开关能快速地接通和关断，且能够频繁地操作，线圈需要在全电压下吸合，并在直流低压下加以保持。本设计采用 IGBT 切换励磁电源，并在去磁过程中，用功率晶体管 LM2903 向线圈施加一反向电压，使之快速去磁。将低压断路器的通断能力和低压接触器的频繁动作及远距离控制功能结合起来，实现了低压电器的集成化。 **三、尚存在的问题及解决方案** 程序的设计和编写：在以往的学习过程中，我并没有编写过较大程序段，设计和编写经验明显不足。按照老师的指导，我将程序按功能合理的模块化，绘制流程图，编写个各功能模块的子程序，最后将它们整合并调试，已达到预期的设计目标。 **四、后期工作安排** 2011 年 01 月 13 日—2011 年 03 月 15 日　进行程序的编写和调试，撰写论文。 2011 年 03 月 16 日—2011 年 04 月 11 日　上交论文初稿以及论文修改。 2011 年 04 月 12 日—2011 年 04 月 13 日　上交论文成稿。				

续表

完成情况评价	1．按计划完成，完成情况优（　） 2．按计划完成，完成情况良（　） 3．基本按计划完成，完成情况合格（　） 4．完成情况不合格（　） 补充说明： 指导教师签名： 年　月　日

5．论文封皮

论文封皮示样图如图 8-1 所示。

XXXX 大学

毕　业　论　文（设　计）

题　　目：基于 PIC16F877 的智能化集成低压电器控制器的设计

系　　部：电气工程类系

专　　业：电气自动化专业

班　　级：XX 级 X 班

学　　号：XXXXXXXX

姓　　名：XXX

指导教师：XXX

完成日期：XXXX 年 XX 月 XX 日

图 8-1　论文封皮示样图

6．论文诚信声明和版权说明

论文诚信声明和版权说明如图 8-2 所示。

毕业论文（设计）诚信声明书

本人声明：我将提交的毕业论文（设计）《基于 PIC16F877 的智能化集成低压电器控制器的设计》是我在指导教师指导下独立研究、写作的成果，论文中所引用他人的无论以何种方式发布的文字、研究成果，均在论文中加以说明；有关教师、同学和其他人员对本文的写作、修订提出过并为我在论文中加以采纳的意见、建议，均已在我的致谢辞中加以说明并深致谢意。

论文作者：XXX　　　　（签字）时间：　　年　月　日

指导教师已阅　　　　（签字）时间：　　年　月　日

毕业论文（设计）版权使用授权书

本毕业论文（设计）《基于 PIC16F877 的智能化集成低压电器控制器的设计》是本人在校期间所完成学业的组成部分，是在 XXXX 大学教师的指导下完成的，因此，本人特授权对 XXXX 大学可将本毕业论文（设计）的全部或部分内容编入有关书籍、数据库保存，可采用复制、印刷、网页制作等方式将论文文本和经过编辑、批注等处理的论文文本提供给读者查阅、参考，可向有关学术部门和国家有关教育主管部门呈送复印件和电子文档。本毕业论文（设计）无论做何种处理，必须尊重本人的著作权，署明本人姓名。

论文作者：XXX　　　　（签字）时间：　　年　月　日

指导教师已阅　　　　（签字）时间：　　年　月　日

图 8-2　论文诚信声明和版权说明

7. 论文正文

基于 PIC16F877 的智能化集成低压电器控制器的设计

中文摘要：在现代生产机械中，由于自动化的需要，对电动机的运行要求变得越来越高。因此，对电动机实行有效保护，是保护生产系统正常工作的一项非常重要的工作。针对目前电动机保护中存在的问题，本文介绍了一种以带 A/D 转换模块的 PIC 单片机为核心，配以外围电路设计的一种智能化集成控制器，用以对三相电动机在短路故障和过载故障发生的情况下，作出故障诊断，以适时给予动作保护。此次所要解决的是对该控制器的智能控制部分的研制。

由于工作条件及控制和保护功能不同，普通的接触器和低压断路器不能简单地结合起来，本次设计是利用电力电子技术和单片机测控技术组成智能控制单元，巧妙地解决了其频繁操作和保护动作的问题，为保证开关能快速接通和分断，且能频繁操作，线圈将在全电压下吸合，并在直流低压下保持。本设计采用 IGBT 切换励磁电源，从而将接触器和断路器的功能集成于一体，实现了常见损坏电机原因的综合智能控制，比较理想地解决了目前电机保护器功能单一的问题。

本次设计的智能化集成控制器既实现了低压断路器的通断能力，也实现了接触器的频繁动作及远距离控制要求。本论文主要介绍了集成电器智能控制单元的原理、硬件系统、软件系统的设计及所使用的保护模型。

关键词：单片机　智能化　集成化　接触器　控制器

Abstract: In the modern production machine,because of the requirement of automation,the demand for the machine run become more and more high. Therefore, taking efficient protection to the machine is a very important work for protecting the regular run of the product system.In connection with the question of the machine protection, this thesis introduce a new-type of intelligent integrate low-voltage electric, which in the core of the microcontroller with A/D converting and in add of the around curcit. When three-phase motors at short circuit break down or over load break down happens, examining the kind of breakdown in order to give out in time protect actions. The aim of this thesis is to solve the intelligent part of this controller.

Due to the work condition and the function of controlling and protect are different,the contactor and the breaker cannot easily get together. This design which makes use of the electric power electronics technique and microcontroller technique skillfully solve the problem of frequent operation and protection action.In order to make the switch to connect and break quickly, the corn will be connected under the full voltage and consisted under the direct low power source.This design adopt IGBT to change the power supply. So the function of the breaker and the contactor are get together. The controller realizes the intelligently controlling of common problem which fail the motor.The single-function problem of the motor protector for the time being is well solve.

This integrate low-voltage controller not only realize the connection and breaking function of the low-voltage breaker, but also realize the frequent operation and long distance operation requirement of the contactor.The basic principle of this electric,the design of hardware and software and the used model of the characteristics were described in this thesis.

Key words: microcontroller　intelligent　integrate　breaker　contacter

1 引言

1.1 前言

随着科学技术的不断发展，社会生产、生活等各方面对电能的消耗越来越多。电能的产生与传输均采用高电压，而对电力的使用，绝大多数是低压电器。

本世纪以来，发明了三相交流输电线路，电力使用的范围不断扩大，电网的容量也相应增加，对供电电网运行与保护的要求也越来越高。为此发展了低压断路器。随着由单台电动机的电力拖动逐渐为多台电动机的运行使用，由手动操作进入自动的远距离的和频繁的操作，于是发展了接触器。

电器基础理论逐步建立，低压电器在结构原理、材料、容量、性能与品种方面又有了发展。50 年代后，由于生产和科学的进步，电网容量日益扩大，对电源质量与可靠性供电的要求又有了提高，同时对一系列的低压电器也提出了新的要求。此外对低压电器的性能要求也逐步提高。由于计算机的发展，对各个领域都带来了巨大的影响，低压电器也无例外地利用计算机及计算机技术，使电器研究进入了一个新阶段[1]。

1.2 我国低压电器发展情况

近年来，我国低压电器行业出现了巨大的变化，低压电器产品发展到了一个崭新的阶段。

我国低压电器产品的发展大致可分为以下三个阶段：①20 世纪 60 至 70 年代初，在模仿基础上设计开发的第一代统一设计产品。以 CJ10、DW10、DZ10、JR16B 等产品为代表，产品结构尺寸大、材料消耗多、性能指标不理想、品种规格不齐全。②20 世纪 70 至 80 年代，是更新换代和引进国外先进技术制造的第二代产品。以 CJ20、DW15、DZ20、ME、AE、3WE、AH、B、3TB 等产品为代表，技术指标明显提高，保护特性较完善，体积缩小，结构上适应成套装置要求，是我国低压电器的支柱产品。③20 世纪 90 年代，跟踪国外新技术新产品自行开发试制新产品。以 DW40、DW45、DZ40、S、CJ40、M、F、3TF 等产品为代表，产品性能优良、工作可靠、体积小、电子化、智能化、组合化、模块化、多功能化，总体技术性能达到或接近国外 20 世纪 80 年代末至 90 年代初水平。虽然已有技术含量较高的第三代电器产品出现，但其市场占有率仅在 10%以内。为了尽快提高我国的电力系统、自动控制系统、自动监测系统的自动化水平，必须大力发展第三代电器产品，淘汰和改善老产品，使电器产品在研制、开发、生产、检测各阶段实现全面飞跃。

近年来，电器的设计、研制和开发进入了一个崭新的时代。电器技术理论和电器产品结构正处于不断更新和全面提高的阶段。传统的有触点电器在结构原理、最佳结构设计和应用新材料、新工艺方面不断地创新和完善；真空电器、半导体电器以及其他新型电器，如微电子技术和电器技术结合的机电一体化电器或智能化电器，亦在开拓发展之中；电器产品向着组合化、成套化发展。将智能化技术引入低压电器，使低压电器技术在研究、检测、生产的各个环节上发生了根本的变化。智能断路器、智能电动机保护器、智能接触器等智能电器元件和智能型配电网络系统应运而生[2]。

1.3　低压电器发展的趋势——智能化

把微处理机和计算机技术引入低压电器，一方面使低压电器具有智能化的功能，另一方面使低压开关电器，包括智能化断路器和智能化电动机控制器实现与中央控制计算机双向通信。

进入 20 世纪 90 年代，随着计算机信息网络的发展，低压配电系统和电动机控制中心已统一形成了智能化监控、保护与信息网络系统。智能化低压断路器与电动机控制器是低压开关柜和电动机控制中心实现智能化的主要电器元件。微处理器引入低压断路器，首先使断路器的保护功能大大增强。诸如：它的三段保护特性中的短延时可设置成 I^2t 特性，以便与后一级保护更好地匹配；接地保护可实现选择性，对断续的电弧接地故障可带记忆功能。目前，工业用电的供电网络中使用大量的软起动器、电力电子调速装置和不间断电源等，这些装置都会使配电系统产生高次谐波，而模拟式电子脱扣器一般反映故障电流的峰值，因而电源的高次谐波会造成断路器的误动作。带微处理器的智能化断路器反映负载电流真实的有效值（RMS），它的采样和保持电路能消除输入信号中的高次谐波，因而能避免高次谐波造成的误动作，它的中央处理单元能保证断路器的正确动作。

由新型低压电器元件和中央控制计算机组成的网络系统，与传统的低压配电系统和电动机控制中心相比有以下优点：

（1）实现了中央计算机集中控制，提高了低压配电系统的自动化程度。低压开关设备与中央控制计算机的数据信息双向传输是：一方面智能化断路器或其他开关设备向中央控制计算机传送线路和保护对象的运行参数，保护整定值和故障信息；另一方面中央控制计算机向智能化断路器或其他开关设备发出操作指令，改变和调节保护整定值。

（2）使低压配电、控制系统的调度和维护达到新的水平。通过信息传输，中央控制计算机能存储线路和被保护设备过去的运行参数及前 10 次甚至前 50 次的故障情况。这些信息加上计算机强大的综合计算能力，有助于操作者事先预测故障的产生并做出相应的决策，使线路和设备的停机维修时间大大减少；信息传输也提高了对配电系统的电能调度能力，能保证在用电高峰阶段，对重要用户安全可靠地供电；信息传输可实现区域间连锁保护，使前后级智能化断路器的选择性保护获得合理的匹配。

（3）由于采用数字化的新型监控元件，开关柜屏面上提供信息量大幅度增加。通过显示板可测量并显示相和线的电流、电压等各种参数，也能显示被保护对象和线路过去的运行参数和故障情况。

（4）监控元件和传统的指示和指令电器相比较，接线简单、便于安装，提高了工作的可靠性。

（5）可以实现数据共享，减少信息重复和信息通道。传统的继电接触控制系统的触点转换信息变成二进制数字信息，并通过串行接口和寻址进行通信，这使传统的低压控制元件也有了革命性的变革。

低压电器的一个重要功能是通断能力。近年来智能电器发展的另一途径是通过微处理器的智能控制来提高电器的通断性能。例如，金钟一默勒公司开发的新一代 DILM 系列接触器，在 185A 以上电流等级中采用了智能控制技术。DILM 系列智能控制接触器的电磁铁线圈由一脉冲整流电压供电，可按照存储在微处理器中的一个与反力特性配合最佳的吸力特性曲线来调节线圈电流。

当前低压电器在结构设计上广泛应用模块化、组合化、模数化和零部件通用化。模块化使电器制造过程大为简便，通过不同模块积木式的组合，使电器获得不同的附加功能。组合化使不同功能的电器组合在一起，有利于电器结构紧凑，减少线路中所需的元件品种，并使保护特性得到良好的配合。模数化使电器外形尺寸规范化，便于安装和组合。不同额定值或不同类型电器实现零部件通用化，对制造厂商来说，将大大减小产品的开发和生产费用；对用户来说，也便于维修和减少零部件的库存量[3]。

1.4 研究的意义以及发展背景

众所周知，电动机是工农业生产中使用量最多、使用面最广的动力驱动机械。对电动机进行短路和过载保护不仅在经济方面有重大的意义，而且在保证安全并连续生产方面也具有重大意义。而在低压电器中，最为广泛使用的电动机保护电器是低压断路器，最为广泛使用的电动机控制器是接触器。

低压断路器用于低压配电电路、电动机或其他用电设备中，能接通、承载及分断正常电路条件下的电流，也能在规定的非正常电路条件（例如短路）下接通、承载一定时间和分断电流的开关。它虽然具有较强的接通和分断能力，但其操作和脱扣机构不可以频繁动作和远距离操作的要求。

接触器是用来频繁地远距离接通或断开交直流主电路及大容量控制电路的控制电器。它具有远距离操作功能，同时又具备失压保护功能，失压保护是一种很重要的安全措施；它虽然具有一定的过载能力，但却不能切断短路电流，也不具备过载保护功能。所以，在系统中，接触器和断路器往往需要配合在一起使用。

但是很久以来，无论是国内还是国外，接触器和断路器仍然是由分立式的电器元件组合在一起，以组合电器的方式配合使用，并没有一种电器将它们的优点结合在一起使用，这也是人们希望能实现的。可是随着电子技术的发展，尤其是单片机技术的迅猛发展，低压电器也无例外地受其巨大的影响，这使电器研究进入了一个新阶段。本设计所研制的智能化集成控制器，就是将接触器的可频繁接通和分断的特点与断路器良好的接通和分断能力结合在一起，通过电力电子技术和单片机技术组合成一种低压电器。这项研制如同电子元件从分立走向集成那样，无疑是将电器技术推向另一重大变革[4]。

1.5 本次设计所要解决的问题

本设计所研制的智能化集成控制器是以单片机为核心，配以外围电路，实现对电动机的短路和过载保护。此次所要解决的是对该控制器的智能控制部分的研制。本课题的研制——将接触器和断路器集成于一体在国内外尚属首例。

由于工作条件及控制和保护功能不同，接触器和断路器不能简单地结合在一起。普通接触器的电磁铁和低压断路器的触头及灭弧室稍加改进并有机结合之后，利用电力电子技术和单片机测控技术组成智能控制单元，巧妙地解决了其频繁操作和保护动作的问题，从而将接触器和断路器集成于一体。

软件部分采用模块化结构，包括初始化模块、数据测量模块、参数整定及其显示模块、显示模块、故障诊断和处理模块。

1.6　本次研究所要达到的目的

该智能化集成电器的主要功能有：既能在正常的工作条件下，频繁地接通或分断主电路，也能在过载、短路的异常情况下，自动地分断主电路，除了具有功能多、保护性能好、可靠性高和故障自诊断能力及通讯能力等智能化低压电器所共有的优点外，它还将接触器和低压断路器的全部功能融为一体，实现了低压电器的集成化。

它克服了传统短路和过载保护电器的缺点，如：热继电器的准确性低、灵敏性差和可靠性差的影响；熔断器的离散性大，无法调整，精度低，特性不好，受环境因素影响大；温度保护继电器的热敏电阻的安装工艺复杂，涉及范围广等等。对于交流电动机单片微机的保护，建立最佳的数学保护模型，通过软件程序和硬件电路，实现电动机过载、短路故障的保护。

其工作过程是：上电后，单片机给出接通命令，线圈吸合，开始工作。正常工作时，外围电流测量电路将测量到的信号输入单片机内，通过数据处理，在 LED 上显示出工作电流值。发生短路故障或过载故障时，将采集到的故障信号输入单片机内，判断出故障类型，给出相应的保护命令，传给外围保护电路，实行分断动作。为保证开关能快速地接通和分断，且能频繁操作，线圈将在全电压下吸合，并在直流低压下保持。本设计采用 IGBT 切换励磁电源。为方便用户查询和修改整定值，本控制器还设置了键盘输入单元。用户可以通过它查询和修改整定值，实现了人机之间的交流。

2　电动机保护的新方法

2.1　电动机保护的必要性

电动机是机电行业中应用最为广泛的设备之一，是其他机电设备的动力源泉，电动机正常地输出动力是其驱动的机电设备正常工作的前提。

三相交流电动机以其结构简单、成本低廉、运行维护方便等特点，广泛应用于各行各业。因此，在工农业生产中，确保电动机的正常运转是非常重要的。然而，由于供电状态和生产负荷的多变性，使得电动机往往不能一直在额定工作环境中工作，常出现电动机过载、短路、断相、过压、欠压等故障，如不及时加以发现和处理，不仅易造成烧坏电动机等直接经济损失，还会使整台、整套生产设备陷入瘫痪，给企业带来巨大的经济损失[5]。

如何采用合理的保护方式，可使电动机免受损害，延长使用寿命，降低修理成本，提高经济效益，便成了人们普遍关注的问题。

随着科技水平的逐步提高，现代电动机采用了高性能电磁材料和绝缘材料，在增效节能、降低成本的同时，体积重量不断减少，电动机热容量减少，因而使电动机绕组的电流密度明显增加，电动机过载时的温升速度比老式电动机快 2～2.5 倍。同时，由于控制系统的复杂化和多样化，要求电动机经常运行在频繁起动、制动、正反转、间歇负载以及变负荷等情况下，电动机的发热情况及其所受到的电动力和热力的冲击相当悬殊，而电动机的寿命与它所受到的起动频率和持续时间密切相关，安装相应可靠的电动机保护装置就显得非常必要。因此，超前、准确、及时地判断电动机的故障，并对电动机进行相应的保护，就能有效地防止灾难性的事故发生。

2.2 电动机保护的原因

电动机的保护主要是避免因电动机绕组过热，超过额定值而烧毁。

造成绕组过热的主要原因之一是流过绕组的电流过大，超过电动机的额定电流。电机过载、断相、欠压都会造成绕组电流超过额定值，例如：电动机在额定负载下断相，其运行电流的理论值可超过额定电流的 6 倍；电源电压欠压时，运行电流上升的百分数将等于电压下降的百分数；电机过载时，常造成堵转，此时的运行电流会大大超过额定电流。针对以上情况，电动机保护器可通过对三相运行电流进行检测，根据运行电流不同的性质，来确定不同的保护方式，对电机予以智能化的断电保护[6]。

造成绕组过热的主要原因之二：虽然流过绕组的电流不超过额定值，但由于电机通风不良或环境温度过高，绕组的发热不能及时散出，也能造成其温度超过额定值而烧毁电机。

交流电动机应装设短路保护，并根据不同情况分别装设防止电动机过载、两相运行、低电压运行等保护装置。由于本设计只涉及到短路保护和过载保护，所以，这里只介绍这两种保护的相关内容。

1. 短路保护

交流电动机的短路保护应满足下列条件：

（1）当电动机端子处发生相间短路时，或者对于中性点直接接地系统中发生单相接地短路时，保护装置应尽快切断故障电路。

（2）当电动机正常起动、制动及自起动时，保护装置不应误动作。

2. 过载保护

过载保护装置可按下列要求装设：

（1）容易过载或堵转、或需要限制起动时间或防止起动失败的电动机，必须装设过载保护装置。

（2）反复短时和短时工作制的电动机及功率在 1kW 以下长期工作的电动机可不装设。

（3）同步电动机应装设过载保护，并作为失步保护。

2.3 电动机保护的传统方法及其优缺点

2.3.1 热继电器

采用热继电器对电动机进行保护是我国最早采用的保护方式之一。最具代表性的是 JR 系列产品，其可以实现过载和短路保护。有的产品还具有断相保护功能，这种保护装置是直接连接到电动机的回路中，利用热双金属片的热弯曲性能而推动机械传动机构实现保护[7]。

热继电器式保护的主要优点在于其结构比较简单、使用方便、成本低，所以应用范围广，应用量较大。其缺点是整定值不准确、变化大、与电动机允许发热特性很难保持一致，而导致不能达到可靠的保护要求，我国对早年生产的一些热继电器进行了淘汰就是一个证明。

2.3.2 电子式保护继电器

电子式保护继电器以其特有的优点被大量地应用到生产领域内，这无疑标志着我国在电动机保护方面的重大改革和科技进步。

电子式保护继电器仍然遵循着反时限保护的特性。其主要由两大部分组成：一是检测部分；二是执行部分。检测部分通常采用电流互感器，利用其磁滞回线的直线部分来获取信号。

执行部分较为复杂，全部采用电子元件来工作，其可以分为分立元件式、集成元件式和分立—集成混合式三种。一般由信号比较、过电流保护、延时电路、触发电路、执行元件及电源等部分组成，可以实现对电动机的全部保护要求。

可以这样说，电子式保护继电器是热继电器的更新换代产品，两者相比，电子式保护继电器的保护功能与灵敏度都占有绝对的优势，其具有的技术先进、可靠准确、整定值可实现连续调整等特点，使得被保护的电动机既可避免因过电流、断相、短路、三相不平衡等原因而烧坏，还可以按照要求任意设定整定值[8]。

但是，电子保护式继电器的缺点主要有技术要求较高，操作安装维护较复杂，而且易受互感器精度影响，输入信号不理想，制造工艺复杂，对元件质量要求较高等。

2.3.3 熔断器

熔断器在配电装置中起到保护电路的作用，熔断器自动断开电路是利用熔体串联在保护电器中。当电路发生过载、短路时，熔体的温度升高，直至达到熔点时，熔体便开始融化，从而切断电路。熔断器作为一种保护方式，也基本上遵循反时限特性[9]。

作为一种传统的保护方式，其以分断能力高，可靠性好，安装面积小，使用维护简单、方便和价格低廉等优点，一直被广泛应用。但其存在的缺点是离散性大，无法调整，精度低，特性不好，受环境因素影响大，所以通常用来作短路保护之用。

在三相电路中使用的熔断器在运行中往往会发生某相熔断器熔断，剩余两相仍正常工作的情况而造成缺相运行。我们知道，电动机在缺相运行的条件下会很快烧毁，如果是在缺相运行状态下起动电动机，也会在很短时间内烧毁电动机。这是熔断器保护的一个极大的缺点和隐患。

2.3.4 温度保护继电器

温度保护继电器，实际上就是直接保护的一种，其结构是在电动机绕阻中预先埋设测温元件（一般为 PTC 热敏电阻）配合控制设备，对电动机进行有效的温度保护，PTC 热敏电阻也称正温度系数热敏电阻。

它的电阻值随温度的升高而增大，属于非线性变化，当温度达到某一温度时，电阻急剧增大而发生突变，温度保护就是利用了热敏电阻的这一特性，当电动机的绕阻温度达到规定值时，热敏电阻的阻值发生突变，呈很高的阻性，其保护装置获得此信号，进行处理后，通过控制设备使电动机停止工作，实现保护。

由此可见，直接监视温度来实现对电动机的保护是一种极可靠、准确的方式。其缺点是热敏电阻的安装工艺复杂，涉及范围广，具有热惯性等。

2.4 电动机保护的新方法

在传统电动机保护装置的基础上，为了克服它们的缺点，本设计提出了一种智能型电动机保护装置，对于交流电动机单片微机的保护，建立数学模型，通过硬件电路和软件程序，实现电动机过载、短路故障的保护。

本文提出的这种新型的以单片机式数字化测量、控制和处理单元为核心的集成低压电器，其外形类似一普通的电磁接触器，但它既能在正常的工作条件下，频繁地接通或分断主电路，也能在过载、短路异常情况下，自动地分断主电路，除了具有功能多、保护性能好、可靠性高和故障自诊断能力及通讯能力等智能化低压电器所共有的优点外，它还将接触器和低压断路器的全部功能融为一体，实现了低压电器的集成化。

系统时刻检测外部信号的变化，通过硬件系统把外部信号送到微处理器，由微处理器进行分析和判断，一旦线路上发生某种故障时，微处理器立即发出控制信号（或延时）转到执行机构，以实现相应的故障切除。

2.5 电动机保护模型的建立

传统的低压断路器通常采用热脱扣作过载保护，采用电磁脱扣作短路保护，虽然原则上在实际使用中被证明是可靠的，但是参数的可调性、准确性还是有限度的。本文研究了利用微机实现三段保护特性。

该智能化集成控制器若作为电动机保护元件时，智能控制单元保护特性必须与被保护对象的热特性配合。

电动机的热过载保护是最基本和最有效的事前保护，也是评价电动机保护器性能的一个重要指标。为此，国内外在发展单片机式热保护器的同时，也一直都在探索合理的热过载保护模型，以提高热过载保护的精度。但直至目前，热过载保护模型尚未统一。

很多单片机式电动机保护器都用单时间常数的指数发热和冷却方程作为热保护模型。该模型把电动机作为一个均质的等温体，即不考虑电动机定子绕组的温度分布情况。在此前提下，根据热平衡原理（蓄热＋散热＝发热），可得出电动机定子绕组发热过程中的热平衡方程为

$$cm\mathrm{d}\tau + K_T A\tau \mathrm{d}t = P\mathrm{d}t \tag{2.1}$$

式中：c——比热容；m——质量；K_T——综合散热系数；A——散热面积；τ——温升；P——功率损耗；t——时间。

因为：$\tau_w=P/K_TA$——电动机的稳态温升；$T=cm/K_TA$——电动机的热时间常数；$P=I^2R$，所以根据式（2.1）可得出 Δt 时间内的温升值：

$$\begin{aligned}\Delta\tau &= \left(\frac{I^2R}{cm}-\frac{K_TA\tau}{cm}\right)\Delta t\\ &= \left(\frac{K_T^2\tau_w}{T}-\frac{\tau_n}{T}\right)\Delta t\end{aligned} \tag{2.2}$$

式中：τ_n——第 n 点的温度值。

所以第 n+1 点的温度值：

$$\tau_{n+1}=\Delta\tau+\tau_n \tag{2.3}$$

所得各点温度值与允许温度值相比较，做出故障诊断和处理。由于该模型计算的是电动机在实际运行过程中定子绕组的动态温升，因此无论在什么情况下，电动机运行过程中热量的正、负能量积分都在连续进行，因此该模型具有全记忆性。

2.6 小结

本章首先阐述了电动机保护的必要性和原因，然后，通过与传统电动机保护器和控制器的对比，提出了一种新型电动机保护电器的建立，并且建立了其数学保护模型。

3　硬件设计及其实现

3.1　总体设计思想

在低压电器中，断路器与接触器的使用最为广泛。

接触器是一种用于远距离频繁地接通和断开交直流主电路及大容量控制电路的电器，其主要控制对象是电动机。它的灭弧能力差，不具备接通和分断短路电流的能力，即使采用与低压断路器完全相同的触头系统灭弧室，由于其电磁系统复位时间和分闸速度有限，接触器也无法分断短路电流。

低压断路器用于低压配电电路、电动机或其他用电设备中，能接通、承载以及分断正常电路条件下的电流，也能在规定的非正常电路条件（例如短路）下接通、承载一定时间和分断电流的开关。它虽然具有较强的接通和分断能力，但其操作和脱扣机构不满足频繁动作和远距离操作的要求。所以，在系统中，接触器和断路器往往需要配合在一起使用。

在低压电器从电磁式，再向智能式发展的同时，各种成套电器和组合电器也应运而生，接触器和低压断路器等电器元件被组装在一起使用，共同完成对电力系统、电力传动系统和自动控制设备的控制和保护功能。

尽管成套电器和组合电器便于用户使用，但它们仍然是由分立式的电器元件组合在一起的，国内外尚未有将接触器和断路器集成于一体的电器产品，倘若电器也能像电子元件那样从分立走向集成，无疑将使电器技术发生重大变革。

随着智能化集成电器的不断发展，一种低压电器可以实现两种或两种以上低压电器功能已成为低压电器新的发展趋势。本课题所研究的智能化集成控制器，就是通过电力电子技术和单片机技术，将低压断路器的通断能力和低压接触器的频繁动作及远距离控制功能结合起来。[11]

本设计所研制的控制器是一种新型的以单片机式数字化测量、控制和处理单元为核心的集成低压电器，它既能在正常工作条件下，频繁地接通或分断主电路，也能在过载、短路等异常情况下，自动地分断主电路，除了具有功能多、保护性能好、可靠性高和故障自诊断能力以及通讯能力等智能化低压电器所共有的特点外，它还将接触器和低压断路器的全部功能融为一体，实现了低压电器的集成化。

由于工作条件及控制和保护功能不同，普通接触器的电磁铁和低压断路器的触头及灭弧室稍加改进并有机结合之后，利用电力电子技术和单片机测控技术组成智能控制单元，巧妙地解决了其频繁操作和保护动作的问题，从而将接触器和断路器集成于一体。本设计主要解决的是该控制器的智能控制单元。如图 3-1 所示为智能控制单元的原理框图。

该控制器的智能控制单元分为以下几个具体的单元：电流测量单元、控制单元、键盘输入单元、显示单元。

电流测量电路的主要功能是采集主电路的工作电流和短路电流，以进行故障诊断和动作保护。

控制电路是智能控制单元最为关键的部分。为保证开关能快速地接通和关断，且能够频繁地操作，线圈需要在全电压下吸合，并在直流低压下加以保持。本设计采用 IGBT 切换励磁电源，并在去磁过程中，用功率晶体管 LM2903 向线圈施加一反向电压，使之快速去磁。

数字处理电路以美国 Microchip Technology 公司的 PIC16F877 单片机为核心，其特点是速度快、功耗低、体积小、价格廉、片内除含有程序存储器、数据存储器和I/O口外，还含有5路10位的A/D转换器及定时器看门狗，只需很少的外围器件就能组成系统。它的哈佛结构、单指令周期等特点更是能够满足实时控制的要求。

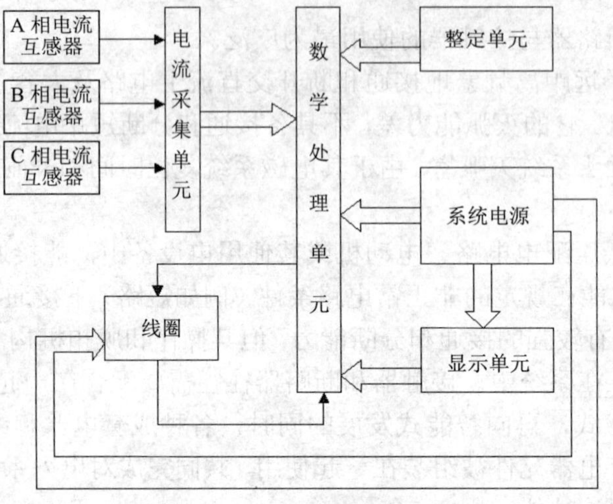

图3-1　智能控制单元的原理框图

整定和显示电路包括4个输入键和6个LED显示器。用户可以通过4个输入键来改变各种保护定值，使得电机保护校验方便、透明，实现人机之间的交流。正常工作时，LED 显示器上将循环显示出三相电动机的各相工作电流值。

硬件电路的工作过程是：电流经过电流测量电路后，将模拟信号输入单片机中，转变为数字信号，经数据处理后，与预先存入的整定值相比较。如果电动机处于正常工作状态，在LED 数码管上将会循环显示出各相的工作电流值，控制器线圈将保持吸合状态，电机正常工作。如果电动机发生短路或过载故障，单片机将会发出一个控制信号，命令控制器线圈断开，LM2903再向之施加一个反向电压，达到快速去磁的效果，电动机停止工作。如果需要改变整定参数，可以通过键盘输入单元选出所要改变的整定参数，即可改变。

3.2 各部分工作原理

3.2.1 电流测量电路设计

（1）电流测量电路的原理。

如图3-2所示为电流测量电路的电路图。

图3-2是电动机一相电流测量的原理图，其他两相的电流测量原理与它相同。

电流测量电路的主要功能是测量电动机的三相工作电流和故障电流，以进行故障诊断和动作保护。

为了能够对电动机的运行情况及时检测，采用电流互感器检测三相主电流，互感器二次侧输出的电流是与一次侧成正比的电流信号，然后经过电流电压变换电路，将得到与电流变化成正比的电压信号，该信号作为变换器判断电动机运行情况的输入信号。

三相电流I_a、I_b、I_c（I_a为A相电流，I_b为B相电流，I_c为C相电流）分别由对应的电流互感器的二次侧获得，该保护器的电流互感器采用规格为5/0.1A的电流互感器，对于小型电机，为降低其成本也可以直接选用 10/0.1A，20/0.1A 等规格的电流互感器。采用空心互感器和分量程放大电路进行电流采集可以提高电路的采样范围。保证大范围的采样精度，并且采样的精度高。

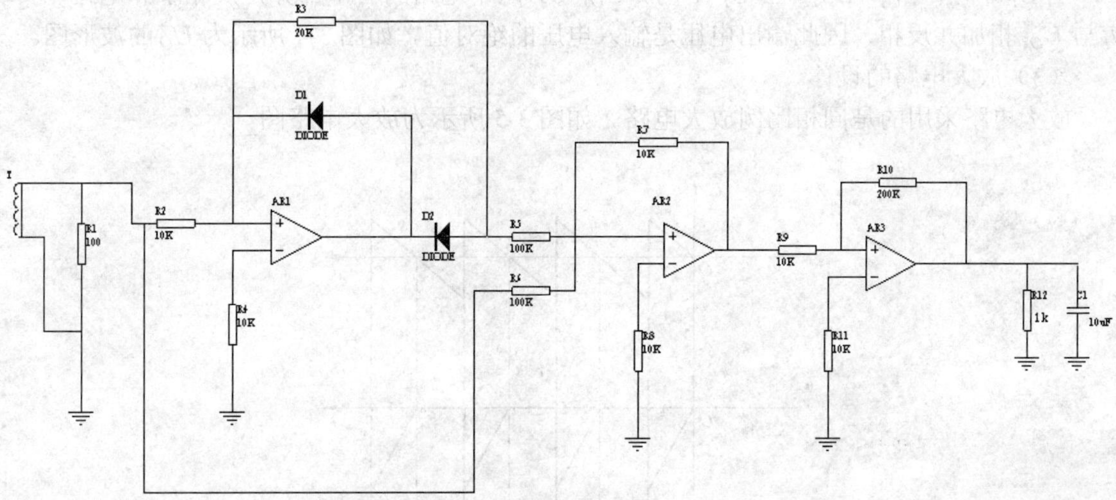

图 3-2　电流测量单元电路图

为了使采样电流小于 1mA，取样电阻可以选择功率为 1W，阻值为 100Ω 的金属膜电阻。由电流互感器二次侧采集到的电流，通过一电阻，首先流入精密整流电路，将电流信号转变为电压信号，然后经过放大处理以及滤波后，将信号输入单片机。

（2）整流电路的设计。

整流电路采用的是全波精密整流电路。如图 3-3 所示为整流电路图。

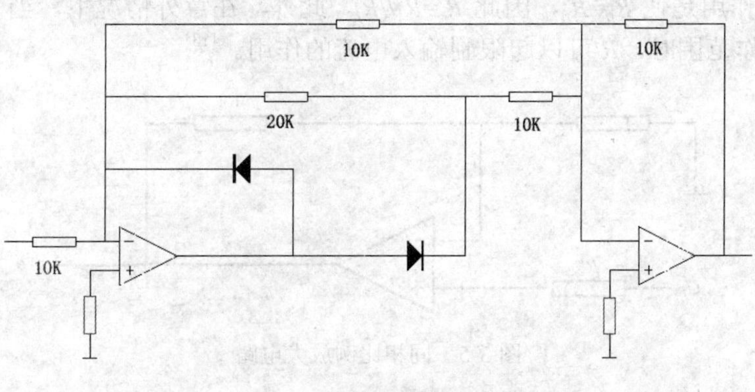

图 3-3　全波精密整流电路

具有单向导电性的二极管是最常用的整流元件。但二极管的非线性将产生相当大的误差，特别是当信号幅度小于二极管的死区电压时，问题尤为严重。因此由二极管构成的整流电路精度低。

为了提高精度，可利用集成运放的放大作用和深度负反馈克服二极管非线性造成的误差。利用这种精密整流电路，可使某些单极性运算电路成为双极性的运算电路。

实现精密整流的具体措施之一，是在比例放大电路中加二极管，利用二极管的单向导电性实现整流，利用集成运放的放大作用和深度负反馈基本消除二极管的非线性和正相导通压降造成的误差。[12]

当 $U_I>0$ 时，$U_{O1}=-2U_I$；当 $U_I<0$ 时，$U_{O1}=0$。这个电路的右半部分是反相求和电路，实现 U_I 与 U_{O1} 相加并反相，因此输出电压是输入电压的绝对值。如图 3-4 所示为 U_O 的波形图。

（3）放大电路的设计。

放大电路采用的是同相比例放大电路。如图 3-5 所示为放大电路图。

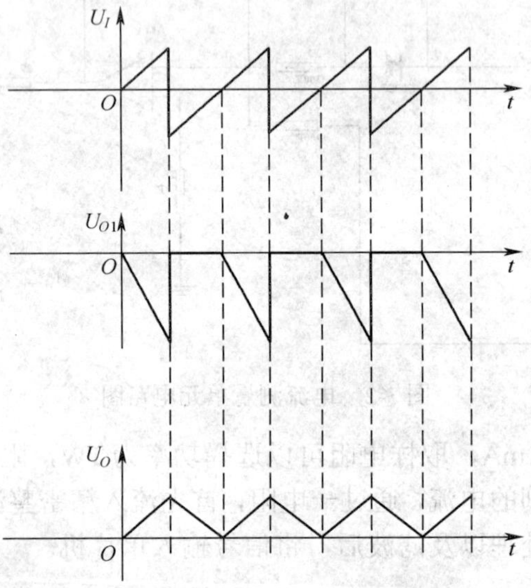

图 3-4　U_O 的波形图

图中的 R'的作用是使 $R_p=R_n$，因此 $R'=R_1//R_f$。此外，在意外情况下，当 U_I 太大，使运放不再处于线性工作范围时，R'可以起限制输入电流的作用。[13]

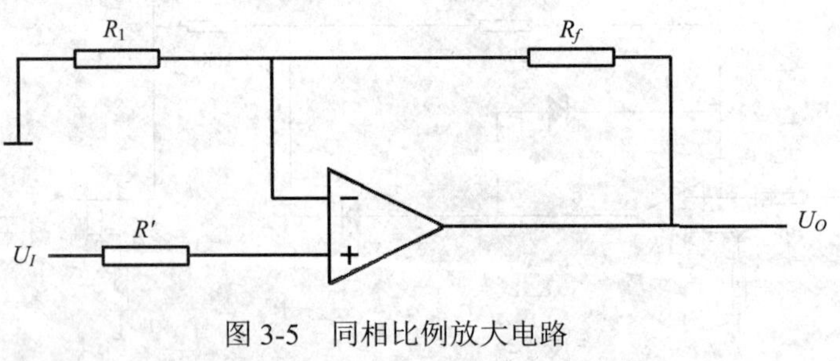

图 3-5　同相比例放大电路

放大倍数为：$A_O=U_O/U_I=(1+R_f/R_1)$。

（4）滤波电路的设计。

因为经过整流的输出电压波形离所要求的平滑直流状态还差得很远，所以还要有滤波的措施。因为滤波电路主要是抑制所有的交流成分，只保留直流成分，因此本设计的滤波电路采用的是电容滤波电路。

在电路的构成方面，主要是利用电容器两端的电压不能突变和流过电感器的电流不能突变的特点，将电容器和负载电阻并联，以达到使输出波形基本平滑的目的。

3.2.2　控制电路设计

如图 3-6 所示为控制电路的电路图。

控制部分是该智能化集成控制器智能单元的核心内容。

为保证开关能快速接通和分断，且能频繁操作，线圈将在全电压下吸合，并在直流低压下保持。吸合动作和分断动作都由单片机给出命令。在线圈关断时，由 LM2903 施加一反向电压，使之快速去磁。

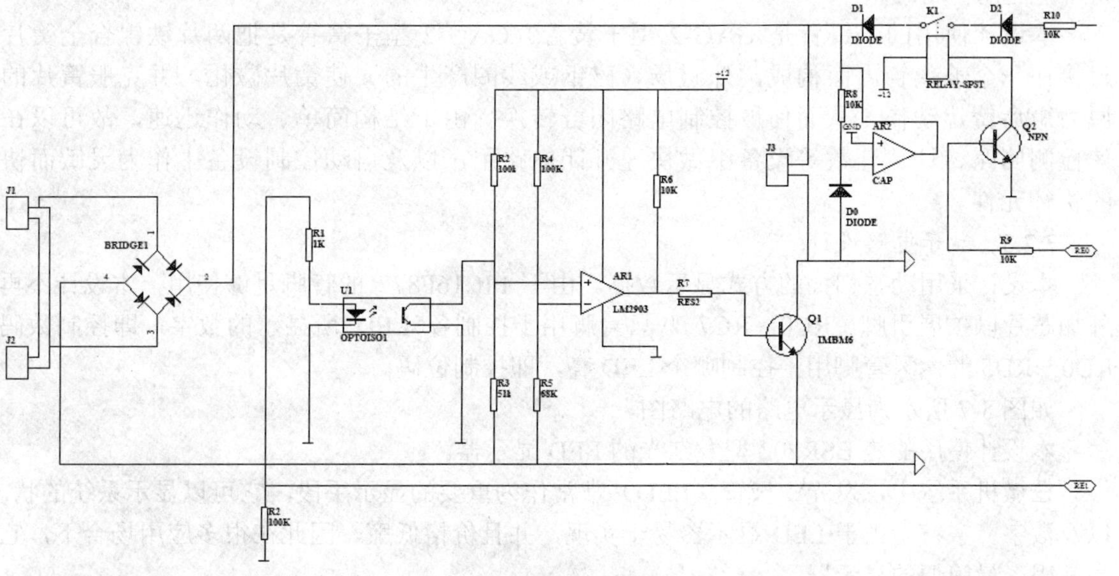

图 3-6　控制部分电路图

线圈不工作时，RE_0 端口被置 0，RE_1 端口被置 1。RE_1 端口被置 1 时，光电耦合管导通，其中，R_1 起限流作用，以保护光电耦合管中二极管。送入 LM2903 IN1(+)端口一低电平，$U_{IN1(+)}<U_{IN1(-)}$，使 $OUTPUT_1$ 输出一低电平，将低电平送至 IGBT 的基极，使 IGBT 无法导通，构成不了电流回路，线圈也就无法吸合。

全电压吸合时，RE_1 口将被置 0。RE_1 口被置 0 后，由 RE_1 口输出一低电平，此时光电耦合管截止。LM2903 中的 IN1(+)口被输入一高电平，使得 $U_{IN1(+)}>U_{IN1(-)}$，所以 $OUTPUT_1$ 输出一高电平，将其送至 IGBT 的基极，使 IGBT 导通。电流通过整流后，流过 J_3 和 IGBT，构成一电流回路，实现线圈在全电压下的吸合。

直流低压保持时，RE_1 口被置 1。RE_1 口被置 1 后，使 IGBT 保持截止状态，以实现切换励磁电源。此时光电耦合管截止，LM2903 的 $OUTPUT_1$ 端口输出一低电平，使 IGBT 也截止，构成不了全电压回路。同时，RE_0 端口将被置 1，送入 DP_2 基极一高电平，使 DP_2 导通，干簧管吸合。这样，在直流电源、干簧管、J_3 和 IGBT 之间构成一电流回路，达到了直流低压保持的目的。

当电路检测到有短路或过载故障时，RE_0 被置 0，RE_1 被置 1，IGBT 保持截止状态。光电耦合管导通，LM2903 的 $OUTPUT_1$ 端口输出一低电平，使 IGBT 也截止，构成不了电流回路。RE_0 端口被置 0 时，送入 DP_2 基极一低电平，DP_2 截止，所以干簧管断开，这样也就没有电流流过 J_3。其中，D_2 是续流二极管，R_8 是限流电阻，D_2 和 R_8 构成一续流回路，使 J_3 线圈中的剩余电流续流。在续流回路上加一晶体管 LM2903，使得 $U_{IN2(+)}<U_{IN2(-)}$，通过电压比较，$OUTPUT_2$ 端输出一低电平，即向线圈施加了一个反向电压，使线圈快速去磁。二极管选用的是额定电流为 1A 的二极管 4001。

本设计采用 IGBT 切换励磁电源。IGBT 是电压控制型元件，开关速度要比传统的 GTR 高得多，例如 200A/1200V 等级的 IGBT，开关时间只有 2μs 以下。即使目前正相压降还很大，但总的来说，开关损耗和导通损耗之和也不高于同等容量的 GTR。所以，近年来在国内外获得了广泛的使用。

本设计使用的干簧管是 GAG-2 型干簧管。GAG-2 型干簧管是把两片铁镍合金簧片等封接在一个玻璃管内而构成，外磁场（磁钢或线圈产生的）使簧片磁化，并克服簧片的复原力矩后簧片动作，从而使被控制电路闭合转换。由于结构简单、动作迅速，故可以在通信检测回路、计算计数等设备中做快速开闭电路用，以及自动控制设备中作为灵敏而快速的执行元件。

3.2.3 显示电路设计

本设计采用动态扫描的方式显示数据。由于 PIC16F877 的管脚足够使用，本设计不再另外加芯片以扩展引脚。RC0～RC7 八只管脚用于控制各 LED 所显示的数字，即控制数码。RD0～RD5 的六只管脚用于控制哪个 LED 亮，即控制位码。

如图 3-7 所示为显示电路的电路图。

本设计使用的是 BSR202 型发红光的 LED 显示器。

在微机系统中，发光二极管（LED）常常作为重要的显示手段，它可以显示系统的状态，以及数字、字符。由于 LED 显示器易于实现，并且价格低廉，因此在很多应用场合下，它是最常用、最简便的显示器。

单个 LED 显示器工作在动态显示方式时，数码端口 I/O1 用来输出显示字符的数选码，I/O2 输出位选码。I/O1 不断送出待显示字符的数码，I/O2 不断送出不同的位扫描码，并使每位显示字符停留显示一段时间，一般为 1～5ms，利用人眼睛的视觉惯性，从显示器上便可以见到相当稳定的数字显示。

在多位数字动态显示的系统中，各个 LED 数字显示器共同使用一个公共的锁存、译码。在锁存器内，待显示数字的 BCD 码去控制各个数字显示器并联着的每个显示段，这样，究竟哪个数字显示器能被控制点亮，显示出相应的码，便取决于哪个数字显示器的公共极已被选通。因此，利用分时缓存各个待显数字的码，并同步地分时选通各个数字显示器公共电极驱动电路的方法，便可以实现动态扫描。

一般发红光的 LED 显示器，每段流过 5mA 的平均电流，就可以有满意的亮度，如果是 7mA 会更亮些，10mA 以上也不会再亮多少，但是长期工作在 10mA 以上，会缩短其使用寿命，最大电流平均值不得超过 40mA。LED 显示器的允许反向电压最大值为 5V，此时的反向电流一般小于 10μA。小尺寸的 LED 显示器每段只有一个发光二极管，其正向压降约为 1.5V，一般不大于 2V[14]。

电动机处于正常工作时，由电流测量电路采集到的电压信号，经 A/D 转换及数字处理，变换为各相的工作电流值，存入相应的寄存器里，再送至数码控制端口，通过位码控制端口，以动态扫描的方式显示各相的工作电流。本设计使用的是实时监控和分时显示的方法，各相电流值显示的时间间隔值为 1s。

若数码控制端口被置 0，由直流电源提供的电流通过电阻直接流向控制端口，因此由该控制端口控制的数码管无电流通过，该数码管也就不亮。若数码控制端口被置 1，电流则通过电阻流过数码管，所以该数码管发光。这样就可以显示出所需显示的参数名称及其数值。其中的八只电阻起限流作用。

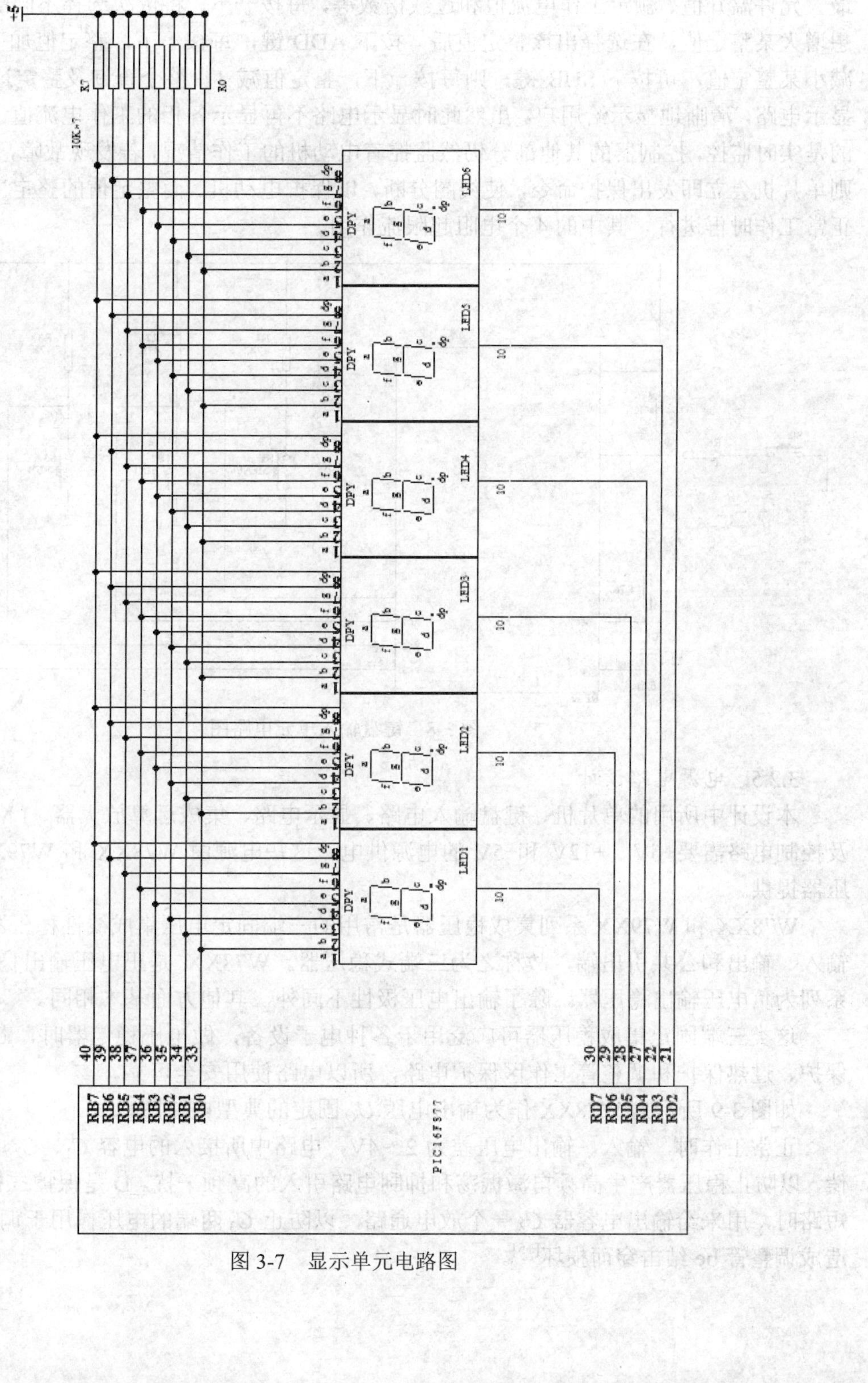

图 3-7　显示单元电路图

3.2.4 键盘输入电路设计

为了使用户能方便地查询和修改整定值，整定值应能由用户任意整定。因此设置了键盘输入电路。如图 3-8 所示为键盘输入电路图。

当用户想要查询或改变整定值时，可按下 MENU 键，选择所需要改变或查询的参数，如最大允许温升值、额定工作电流值和过载倍数等，每按一下，将依次选择不同的整定值。如果想增大某整定值，在选择出该整定值后，按下 ADD 键，每按一下，整定值加 1；同样，若想减小某整定值，可按下 SUB 键，则每按一下，整定值减 1。整个查询及整定过程，将会通过显示电路，清晰地显示给用户。虽然此时显示电路不再显示各相的工作电流值，但是由于实行的是实时监控，控制器的其他部分仍然监控着电动机的工作情况，若发现故障，即短路或过载，则单片机会立即发出保护命令，使线圈分断，以保护电动机。而整定值的整定工作，将在下次正常工作时再进行。其中的 4 个电阻起限流作用。

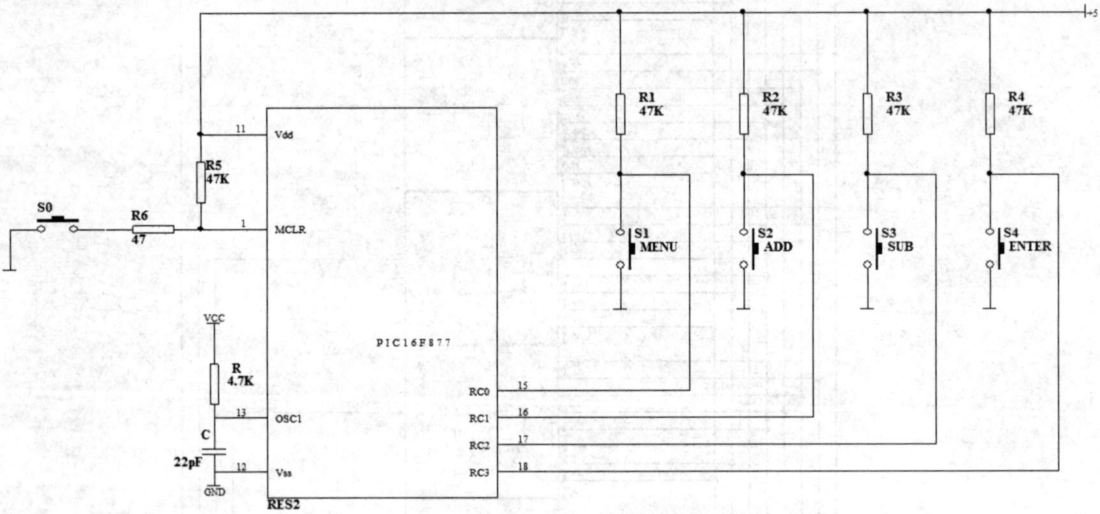

图 3-8 键盘输入单元电路图

3.2.5 电源电路设计

本设计中所用的单片机、键盘输入电路、显示电路、集成运算放大器、LM2904 芯片、以及控制电路需要+5V、+12V 和−5V 的电源供电。这些电源由 W78XX 和 W79XX 系列集成稳压器提供。

W78XX 和 W79XX 系列集成稳压器是常用的三端固定电压集成线性稳压器，由于它只有输入、输出和公共引出端，故称之为三端式稳压器。W78XX 是正电压输出稳压器，W79XX 系列为负电压输出稳压器。除了输出电压极性不同外，其他方面基本相同。

这类三端固定集成稳压器可广泛用于各种电子设备，做电压稳定器时，芯片内设有过流保护、过热保护和调整管工作区保护电路，所以电路使用安全可靠。

如图 3-9 所示为 W78XX 作为输出电压 U_O 固定的典型电路图。

正常工作时，输入、输出电压差为 2～4V，电路中所接入的电容 C_1、C_2 用来实现功率补偿，以防止稳压器产生高频自激振荡和抑制电路引入的高频干扰。D 是保护二极管，当输入端短路时，用来给输出电容器 C_3 一个放电通路，以防止 C_3 两端的电压作用于调整管的 be 结，造成调整管 be 结击穿而损坏[15]。

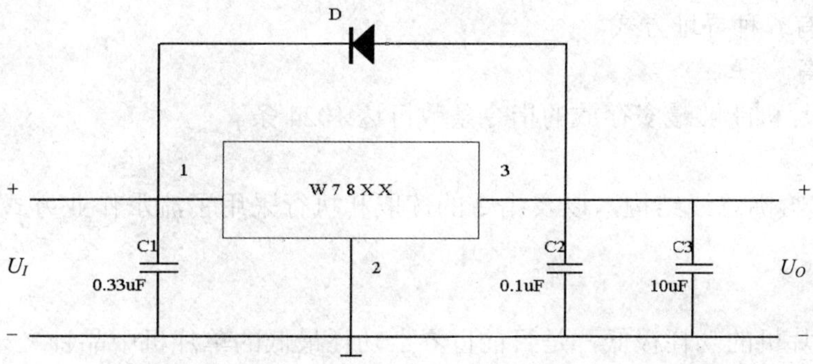

图 3-9　W78XX 的典型电路图

3.3　小结

本章着重详细介绍了该智能化集成控制器的智能控制单元硬件电路的设计思想、各单元硬件原理图、工作原理及其功能实现。

4　软件设计及其实现

4.1　PIC16F877 的特点

本设计所研制的智能化集成控制器是以单片机式数字化测量、控制和处理单元为核心的集成低压电器。

随着电子式产品的迅速发展，单片机的种类也越来越多。本设计采用的是美国 Microchip Technology 公司生产的 PIC16F877 单片机，它在以下几个方面比其他单片机具有优势：

1. 总线结构

PIC 系列单片机在构架上采用了与众不同的设计方法，它不仅采用了哈佛体系结构（也就是两种存储器位于不同的逻辑空间里这种构架的微控制器、微处理器、数字信号处理器或者微型计算机系统），而且采用了哈佛总线结构，就是在芯片内部将数据总线和指令总线分离，并且采用不同的宽度。这样做的好处是，便于实现指令提取的“流水作业”，也就是在执行一条指令的同时对下一条指令进行取指操作；便于实现全部指令的单字节化、周期化，从而有利于提高 CPU 执行指令的速度。在一般的单片机中，指令总线和数据总线是共用的（即分时复用）。

2. 指令单字节化

因为数据总线和指令总线是分离的，并且采用了不同的宽度，所以程序存储器和数据存储器的寻址空间（即地址编码空间）是互相独立的，而且两种存储器宽度也不同，这样设计不仅可以确保数据的安全性，还能提高运行速度和实现全部指令的单字节化。

3. 精简指令集（RISC）技术

PIC 系列单片机只有 35 条指令，不仅全部指令为单字节指令，而且绝大多数指令为单周期指令，有利于提高执行速度。

4. 方式简单

PIC 系列单片机只有 4 种寻址方式，容易掌握，而 MCS-51 单片机则有 7 种寻址方式，

68HC05 单片机有 6 种寻址方式。

5. 压缩率高

PIC 系列单片机能够最多存放的指令条数可达 1024 条。

6. 速度高

由于采用了哈佛总线结构，以及指令的读取和执行采用了流水作业方式，使得运行速度大大提高。

7. 功耗低

PIC 系列单片机的功耗极低，是目前世界上功耗最低的单片机中品种之一。

8. 驱动能力强

I/O 端口驱动负载的能力较强，每个 I/O 引脚输入和输出电流的最大值可分别达到 25mA 和 20mA，能够直接驱动发光二极管、光电耦合器或者微型继电器等。

9. I^2C 和 SPI 串行总线端口

I^2C 和 SPI 串行总线端口，是在芯片之间实现同步串行数据传输的技术。利用单片机串行总线端口可以方便灵活地扩展一些必要的外围器件。串行接口和串行总线的设计不仅大大地简化了单片机应用系统的结构，而且还极易形成产品电路的模块化结构。

10. 寻址空间设计简洁

11. 外接电路简洁

PIC 系列单片机内集成的上电复位电路、I/O 引脚上拉电路、看门狗定时器等，可以最大程度地减少或免用外接器件，以便实现“纯单片”的应用。这样不仅方便开发，而且还可节省用户的电路板空间和制造成本。

12. 开发方便

13. C 语言编程

14. 品种丰富

15. 程序存储器版本齐全

（1）带窗口的 EPROM 型芯片，适合程序反复修改的开发阶段。

（2）一次编程的 EPROM 芯片，适合于小批量试生产和快速上市的要求。

（3）ROM 掩模型芯片，适合大企业大批量定型产品的规模化生产。

（4）个别型号具有 EEPROM 或 FLASH 程序存储器，适合在线反复擦写。

16. 程序保密性强

目前，尚无办法对其直接进行解密拷贝，可以最大限度保护用户的程序版权。[16]

出于以上各优点，本设计使用了 PIC16F87×系列中的一种——PIC16F877。因为其端口数量和存储器数量是 PIC16F87×中最多的一个，其他各款都是在其基础上，裁减掉部分。

4.2 软件设计的特点

为了克服传统电动机保护方法的不足，本设计采用了以单片机为核心的控制系统，用以保护电动机。它具有以下特点：

（1）软件部分采用模块化结构，包括初始化模块、数据采集模块、参数整定及其显示模块、显示模块、故障诊断和处理模块。

（2）能完成电动机的短路、过载保护。各种保护整定值可以通过该装置的 4 个按键直接输入，使得电动机保护校验方便、透明。

（3）能记忆保护动作时的三相电流，便于分析故障原因。

（4）能随时显示三相电流及各种状况。

4.3　各模块设计思想及其实现

为方便读取程序，软件设计也采用模块化的思想，包括初始化模块、数据采集模块、参数整定及其显示模块、显示模块、故障诊断和处理模块。

如图 4-1 所示为该软件总流程图。

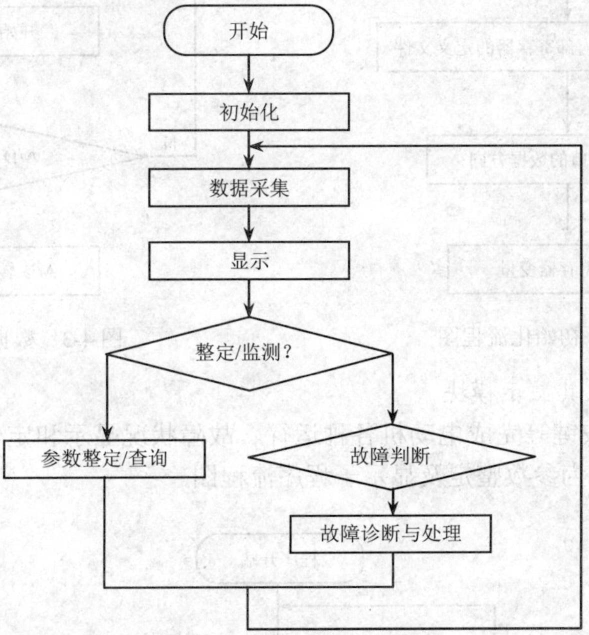

图 4-1　程序整体流程图

4.3.1　初始化模块设计

开关上电后，首先执行初始化程序。初始化程序包括：设置 I/O 口的数据方向、寄存器的设定、中断以及缓冲区域的初始化。

如图 4-2 所示为初始化程序流程图。

本次设计所需要的存储器很多，而且在数据采集到单片机后，不仅要把数据存入存储器中，还要将采集到的数据进行数据处理，此时 PIC16F877 单片机的优点就突显出来了。

传统概念上的 RAM 存储器，一般只能实现数据的读入和写入操作。而 PIC16F8XX 中用于存储数据的 RAM 比普通 RAM 的功能要强大得多，它除了具备普通 RAM 的功能之外，还能实现移位、置位、清位、位测试等一系列寄存器才能完成的复杂操作。[17]

整定值数据需要存在掉电后也不会丢失的存储器内，而且还可擦可写，PIC16F877 中就有 128X8 的可擦/可写的存储器——EEPROM。其内容可擦、可写，掉电后也不会丢失。

4.3.2　数据测量模块设计

由于 PIC16F8XX 系列单片机本身带有 A/D 转换，所以在设计时不用另外再加 A/D 转换电路，其 8 个通道和 10 位分辨率的数模转换器，可直接将外部的各种模拟输入量变换为便于单片机内部处理的数字量。所以输入 A 口的各模拟信号，将会通过编制的 A/D 转换程序，在单片机内部实现 A/D 转换。如图 4-3 所示为数据测量程序流程图。

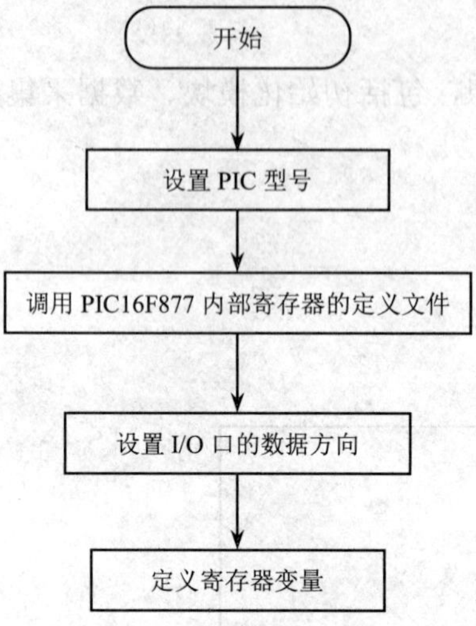

图 4-2　初始化流程图

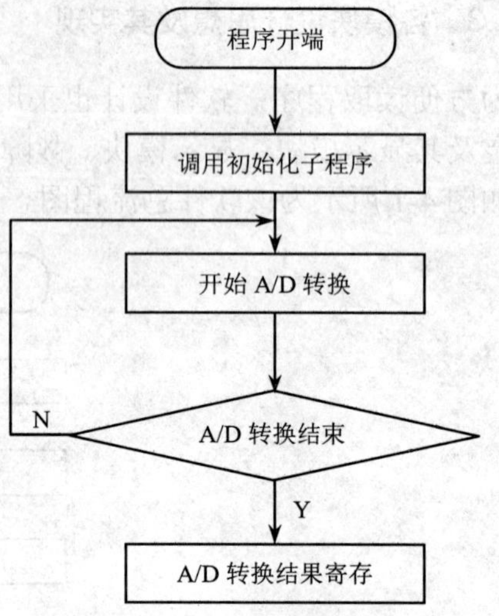

图 4-3　数据测量流程图

4.3.3　参数整定及其显示模块

通过状态显示、按键等完成电动机各种运行、故障状况显示和定值输入，实现人机之间的交流。如图 4-4 所示为参数整定及显示子程序流程图。

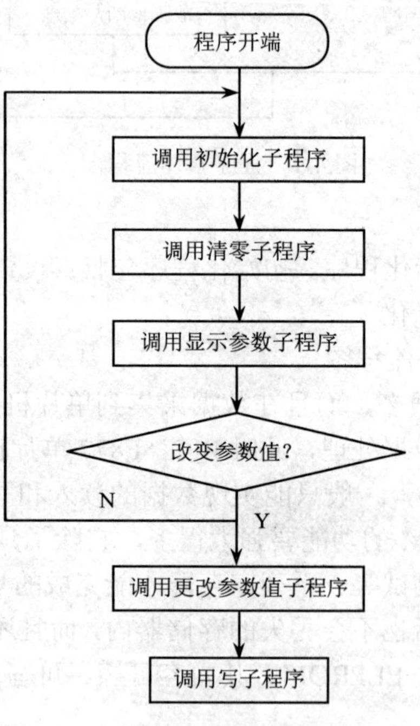

图 4-4　参数整定及显示子程序流程图

用户可以根据自己的需要将保护整定值预先存入单片机内。如果想要查询或改变整定值，可以先通过按键选择出该整定值，再通过 LED 以动态扫描的方式将该参数名称及参数值显示出来，然后按键修改。

为了防止按键时的抖动引起误操作，在按键输入程序中需要加入一段延时子程序，该子程序一般延时 10ms，便可达到目的。

此模块程序又主要包括参数名称显示子程序、参数值显示子程序、查表子程序、改变参数子程序、十六进制转换 BCD 码子程序、延时子程序等程序。

参数名称子程序主要是将参数名称通过查表子程序，查出相应的代码，传到数码控制端口，即 B 口后，再通过位码控制端口以动态扫描的方式显示出参数名称。

参数值显示子程序主要是将预先存入的整定值在 LED 上显示出来。其显示方式是：先检查百位数是否为 0：若否，则将该参数与 100 相减，每减一次，百位数寄存器数值加 1，此过程一直检查百位数是否已被减为 0，若已经减到 0，则将最后的百位数寄存器数值送到数码控制端口，给百位数位码控制端口置 1，百位数最终显示在 LED 上；若是，则跳到检查十位数。十位数和个位数的显示方式原理基本同上。

参数名称和参数值以动态扫描方式循环显示。

查表子程序主要是将待显示的数值和参数名称所对应的字码段列出来。

改变参数子程序主要执行过程是：首先检测是否有 ADD 按键或 SUB 按键按下。若有 ADD 按键按下，则每按一下，参数值加 1，将新数值存入该参数值存储器内，转换成 BCD 码，通过查表程序将待显示数值送至 LED 上显示。该显示过程是以动态扫描方式循环显示。

十六进制转换 BCD 码子程序的主要目的是将单片机内存储的待显示数值转换成待查询笔段码的十进制数值。

4.3.4　显示模块设计

显示子程序循环显示的是正常工作时，三相工作电流值。

该子程序主要包括：查表子程序、十六进制转换成 BCD 码子程序、参数名称显示子程序、参数值显示子程序和延时子程序。如图 4.5 所示为显示子程序流程图。

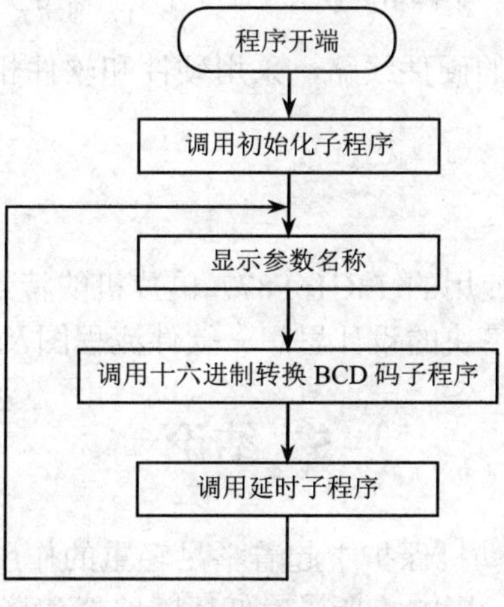

图 4-5　显示子程序流程图

其显示过程是：当先显示 Ia 相电流时，先在数码管的前两位显示参数名称 I 和 a，然后将从 Rao 口采集的信号经过数据处理，所得到的电流信号显示在 LED 的后三位上。

参数名称和参数值的显示原理同参数整定及其显示模块中的参数名称和参数值的显示原理，这里就不再赘述了。

4.3.5　数据处理模块设计

数据处理模块的主要工作是：将绕组的温度与用户预先设定的参数值进行比较，判断绕组的温度值是否超过允许的温度值。作出故障诊断，实行保护。如图 4.6 所示为数据处理程序流程图。

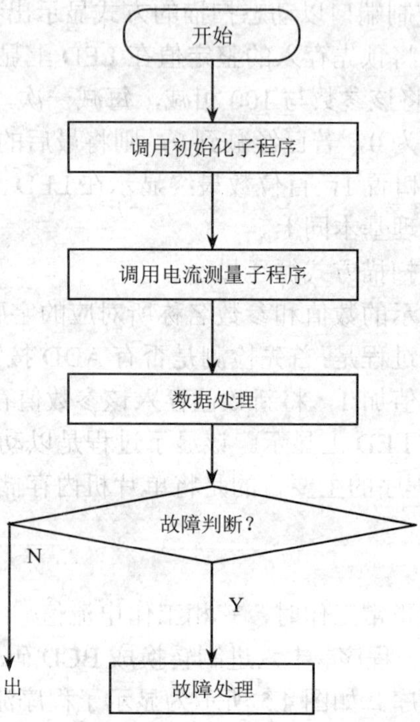

图 4-6　数据处理子程序流程图

本设计在设计中加入相应的硬件线路，采用硬件和软件相结合的方法来实现故障保护，取得比较满意的结果。

4.4　小结

本章首先介绍了本设计所使用的 PIC16F877 单片机的特点、使用原因和本软件设计的特点。之后，着重仔细讲解了各模块的设计思想、软件流程图及其功能实现。

5　结论

低压断路器和接触器在电动机保护中起着举足轻重的作用，而电动机的正常运行在保证安全并连续生产方面有着很大的影响。所以对低压断路器和接触器的研究，具有重大意义。

本文所提出的智能化集成控制器以数字测量、控制和处理单元为核心，利用电力电子技术和单片机技术，使其拥有了接触器和低压断路器的全部功能，这标志着低压电器已从分立走向集成。

该智能化集成电器的主要功能有：既能在正常的工作条件下，频繁地接通或分断主电路，也能在过载、短路异常情况下，自动地分断主电路，除了具有功能多、保护性能好、可靠性高和故障自诊断能力及通讯能力等智能化低压电器所共有的优点外，它还将接触器和低压断路器的全部功能融为一体，实现了低压电器的集成化。

本设计主要解决的是该智能化集成控制器的智能控制单元，其主要特点有：

（1）为保证开关能快速地接通和关断，且能频繁地操作，线圈需在全压下吸合，并在直流低压下加以保持，当线圈断电时，还需辅之以有效的去磁措施。本设计采用 IGBT 切换励磁电源，并在去磁过程中，用 LM2903 向线圈施加一反向电压，使之快速去磁。

（2）为使系统在短路时能迅速准确地作出反应，在设计过程中排除了完全按软件的正常流程来完成这两种保护特性，因为软件执行时间将影响着瞬时和短延时的动作时间，造成保护不可靠。作者在设计中加入相应的硬件线路，采用硬件和软件相结合的方法来实现短路短延时和瞬时两阶段保护特性，取得比较满意的结果。

参考文献

[1] 低压电气，1998．绪论．

[2] 许志红，张培铭，雷德森．我国低压电器技术的发展与展望．智能电器，2002，5：1-4．

[3] 陈德贵．面向 21 世纪的低压电器新技术．低压电器，2001，1：3-8．

[4] 宋士通．电动机保护技术．电气开关，1998，1：23-25．

[5] 吴肇基，等．实用低压电器．北京：水利电力出版社，1985．68．

[6] 任慧．用单片机实现电动机综合保护的研究．1999，3：21-23．

[7] 张冠生，丁明道，等．常用低压电器及其应用．北京：机械工业出版社，1982．133．

[8] 低压电器概论与原理．西安交通大学，1974．58．

[9] 夏立杰，徐广志．智能型电动机保护装置．煤炭技术，2001，20（6）：21-24．

[10] 林国庆，林辛，张冠生．带微机低压断路器三段保护特性的研究．电气开关，1998，NO.1：1-3．

[11] 翟佑华，程金英，王建平．电机智能保护探讨．石油工程，1999，2：37-38．

[12] 康华光，等．电子技术基础——模拟部分．北京：高等教育出版社，1998，6：469．

[13] 李广军，等．实用接口技术．成都：电子科技大学出版社，2000．165．

[14] 薛永毅，等．新型电源电路应用实例．北京：电子工业出版社，2000，1：109．

[15] 童诗白，等．模拟电子技术基础．北京：高等教育出版社，1988，574-575．

[16] 李学海．PIC 单片机实用教程．北京：北京航空航天大学出版社，2002，1：13-16．

[17] 孙蕾，薄雷．低压电动机保护装置的分析．电气开关，2002，1：10-12．

[18] 王爱霞，朱传琴．一种新型微机电动机保护装置．山东电力技术，1998，6：51-53．

[19] 单片机的 C 语言应用程序设计．北京：北京航空航天大学出版社，1999，3：225．

[20] Electric control for machines. In: Kenneth B.Rexfurd. 1983.48-52.

[21] Illustrated guidebook to electric device. In: Fredrick W.Hughes.1983.320-322.

[22] Harry J.David. Circuit interruption and switching over-voltages. Electrical Power Systems, 1979: 42-53.

[23] Peter A. Crossley, Ronala N.Allan and John Downes. The Impact of Functional Integration on the reliability of Substation Protection and Control Systems. IEEE Transactions on Power Delievery, vol,16,No.1,Jan,2001.

[24] Kuang Sheng, Stephen J.Finney and Barry W.Wlliams. Thermal Stability of IGBT High-Frequency Operation. IEEE Transactions on Industrial Electronics, Vol,47,No.1,Feb, 2000.

致谢

本学位论文是在导师 XXX 老师的悉心指导下完成的。XXX 老师广博的专业知识，严谨的治学态度和对科学事业孜孜不倦的追求精神，成为我们从事科学研究的楷模。值此论文完成之际，对 XXX 老师一年来在学业上的启发和指导，谨致以最衷心的感谢！

同时，我还要感谢 XXX 老师在论文的修改过程中对我的帮助。

衷心感谢 XXX 师兄给予的学习上的指导，在 XXX 老师和 XXX 师兄的教导和帮助下，我全面、系统地学习了专业知识，为我的科研道路打下了牢固的专业基础。在此一并表示感谢！

感谢 XXX、XXX 两位同学在研究过程中及论文写作时所给予的关心与帮助。

最后，我还要向所有帮助过我的老师和同学，一并表示真挚的感谢！

8.3 电气自动化方向的各类选题

8.3.1 基于单片机的控制系统设计

选题研究领域：基于单片机控制电机运行系统设计

选题类型：设计

选题完成形式：设计作品+论文

选题参加人数：个人独立完成或者 2 人

选题知识准备：

电子技术和微型计算机的迅速发展，促进微型计算机测量和控制技术的迅速发展和广泛应用，单片机（单片微型计算机）的应用已经渗透到国民经济的各个部门和领域，它起到了越来越重要的作用。单片微型计算机就是将中央处理单元、存储器、定时/计数器和多种接口都集成到一块集成电路芯片上的微型计算机。因此一块芯片就构成了一台计算机。它已成为工业控制领域、智能仪器仪表、尖端武器、日常生活中最广泛使用的计算机。

选择此类题目，知识准备包括：单片机选择、硬件电路的设计、软件实现等。

选题设计大纲举例——《基于单片机控制电机运行系统设计》：

一、引言

1．研究的意义和发展背景

2．本次系统设计要点

3．本次设计所要达到的目的

二、电机的单片机控制方法

1．电机的基本知识

2．电机的驱动方式

3．串行控制

三、系统的硬件设计

1．设计原理

2．电路总体构成

3．各模块具体设计

四、系统的软件设计与测试

1．程序设计思路

2．软件流程图

3．程序调试

五、结论

相似选题扩展：

- 基于单片机的电子音乐门铃设计
- 基于单片机的温湿度测量系统设计
- 基于单片机的简易 GPS 定位信息显示系统设计
- 基于单片机的简单数字采集系统设计
- 基于单片机的防盗报警系统设计
- 基于 51 单片机的液晶显示器设计
- 基于单片机的电阻炉温度控制系统设计
- 基于单片机控制发声的数字音乐盒设计
- 基于 AT89C51 单片机控制的双闭环直流调速系统设计

8.3.2　基于 PLC 的控制系统设计

选题研究领域：基于 PLC 的交通灯控制系统设计

选题类型：设计

选题完成形式：设计作品+论文

选题参加人数：个人独立完成或者 2 人

选题知识准备：

随着微处理器、计算机和数字通讯技术的飞速发展，计算机控制技术已经渗透到所有工业领域。当前用于工业控制的计算机可分为：可编程控制器，基于 PC 总线的工业控制计算机，基与单片机的测控装置，用于模拟量闭环控制的可编程调节器，集散控制系统（DCS）和现场总线控制系统（FCS）等。可编程控制器是应用广泛，功能强大，使用方便的通用工业控制装置，已成为当代工业自动化的重要支柱。近几年来，在国内已得到迅速推广普及，正改变着工厂自动控制的面貌，对传统的技术改造、发展新型工业具有重大的实际意义。

选择此类题目，知识准备包括：可编程控制器选择、程序编制、通信实现、组态界面设计等。

选题设计大纲举例——《基于 PLC 的交通灯控制系统设计》：

一、引言

1．研究的意义和发展背景

2．本次系统设计要点

3．本次设计所要达到的目的

二、交通信号灯介绍

1．交通信号灯

2．信号灯的设置

3．信号灯的控制方式

4．智能交通信号控制系统的基本组成

三、PLC 介绍

1．PLC 的由来与发展

2．PLC 的功能概述

3．PLC 机型选择

4．PLC 的基本指令

5．S7-200 系列编程软件

四、交通灯控制系统硬件设计

1．系统方案确定

2．系统总体设计

3．系统硬件配置

五、交通灯系统软件设计

1．系统程序设计

2．系统梯形图

六、系统调试

七、结论

相似选题扩展：

- 基于 PLC 的锅炉温度控制系统设计
- 基于 PLC 的电梯控制系统设计
- 基于 PLC 的污水处理控制系统设计
- 基于 PLC 的自动控制分拣系统设计
- 基于 PLC 的自动售货机设计
- 基于 PLC 的电机故障诊断系统设计
- 基于 PLC 的中央空调温度控制系统设计
- 基于 PLC 的液位控制系统设计

第 9 章　电机方向毕业设计实例及选题

本章概要

- 电机方向概述。
- 电机方向毕业设计实例分析。
- 电机传动方向的各类选题。

9.1　电机方向概述

1. 电机方向概述

电机方向隶属于电气工程类专业，主要研究了直流电机、变压器、感应电机、同步电机等一体化电机的理论与技术。电机是依据电磁感应定律实现电能转换或传递的一种电磁装置。就能量转换的功能来看，作为电动机时，它的主要作用是产生驱动转矩，作为用电器或各种机械的动力源；作为发电机时，它的主要作用是利用机械能、热能、水能推动发电机转子，将其他形式的能量转化为电能。电力变压器是将一种交流电压、电流转换成同频率的另一种电压、电流的静止电气。电机的应用遍及各个领域，从人们日常生活中使用的音响设备、汽车电气设备，到工农业生产，乃至国防、航天、航海领域，在这些领域中，电机都发挥着至关重要的作用。电力工业是一种先行行业，只有当电力工业的增长率高于其他工业发展的速度，并重视高效、节能的原则，才能促进整个国民经济全面快速地增长。

2. 毕业生能力培养目标

要求毕业生能掌握电力变压器、交直流电机的设计理论和方法，能熟练运用专业设计软件进行计算机辅助设计；掌握电机传动与控制的一般原理与方法；熟悉微特电机等新型电机的基本结构、原理和控制方并具备初步的分析和设计能力。另外，对毕业生要求不仅掌握扎实的基础理论和基本技能，还应具有在相关专业领域主动学习、获取、消化和应用新理论、新知识、新方法、新技术的能力；同时，要求学生能够提高在团队合作、学术交流、面向工程实际、法律法规、国防知识及环境意识、市场经济与管理等方面的能力。

3. 毕业设计相关主干课程

电机方向的毕业设计涉及学生在校期间必修和选修的一些专业课，这些课程内容支撑着毕业作品的整个开发过程。相关专业课一般包括：电路原理、电磁场、电力电子技术、电机学、现代检测技术、单片机原理及应用、电机分析、电机设计、电气传动及电机控制等。下面将上述相关课程作如下介绍。

- 电路原理

“电路原理”是电机方向的一门重要的学科基础课。它的目的和任务是通过课程学习使学生掌握电路的基本理论知识，分析计算的基本方法，为后续的课程和学生将来工作需要准备必要的基础知识。电路原理是理论严谨、逻辑性强并与工程密切结合的课程。本课程对培养学生的正确思维、严谨的科学作风、运用数学分析的能力、科学的实验能力和工程观念都有十分重要的作用。

- 电磁场

了解电磁现象的发生规律、掌握基本的定性和定量分析方法是电机方向学生所应具备的基础知识之一。“电磁场”课程中所涉及的内容是合格的电机方向本科生所应具备的知识结构的必要组成部分，是学生必修的一门技术基础课，同时还是一些交叉学科和新兴边缘学科的基础之一。本课程的作用是使学生认识基本电磁现象，掌握基本的分析方法，培养学生的基本素质和专业素养。本课程的主要任务是：在大学物理（电磁学）的基础上，进一步掌握宏观电磁场的基本规律和基本分析方法；能对电气工程类中的电磁现象进行初步的定性分析，并部分了解定量分析的基本方法；通过对电磁场课程的学习，培养学生的逻辑推理能力和掌握基本的科学研究方法。

- 电机学

电机学是一级学科主干课。通过本课程的学习，能够使学生掌握各种电机（含变压器）的结构、电磁关系、基础理论知识、基本运行特性和一般分析方法的训练，为学习后续的专业课程和将来从事专业工作打下良好的基础。

- 电机分析

通过本课程的学习，使学生获得在各种运行状态下电机分析的基本理论和分析方法，为学生进一步深造和将来从事专业工作打下基础。通过学习本课程，学生可以对电机的不对称运行分析和动态分析与电机对称稳态分析之间的联系和不同点有一个基本的了解，并掌握电动机起动与调速的基本原理和方法，具有初步工程计算的能力，掌握变压器、异步电动机和同步电动机的典型不对称运行方式及其分析方法。

- 电机设计

本课程是在学生学习了电机学、工程力学、机械原理等课程的基础上，通过课堂讲授和课外作业等环节，使学生掌握电机设计的基本理论和方法，培养学生分析和解决电机设计问题的能力。一方面可使学生巩固和提高以前所学的基础理论，另一方面又使学生获得应用工程观点解决电机设计问题的能力。

- 单片机控制技术

“单片机控制技术”是电气自动化专业的一门实用技术骨干课程，本课程在专业培养目标中的定位为：让学生掌握以单片机为核心的工业控制系统的设计方法和制作技能，提高学生的电子技术的应用及工业自动化系统设计和实施的能力；要求学生掌握单片机的控制系统、电机拖动、传感器应用以及外围设备控制等技能，提高学生设计和开发的综合应用能力。本课程主要讲授微型计算机基础，典型单片机的内部结构、指令系统、最小应用系统、应用程序设计基础、定时器、计数器、中断系统、接口技术和微机在检测和控制方面的应用等内容。

- 电力电子变流技术

“电力电子变流技术”是一门跨学科的利用电力电子器件对电能进行变换和控制的技术，是自动化专业必修的技术基础课。电力电子技术由三部分内容组成，即电力电子器件、电力电子电路、电力电子系统及其控制。本课程着重学习电能变换电路的基本工作原理。

- 现代检测技术

“现代检测技术”是电气自动化专业的重要专业课程。本课程设置的目的是通过对传感器的一般特性与分析方法，传感器的工作原理、特性及应用，检测系统的基本概念的学习，使学生掌握检测系统的设计和分析方法，能够根据工程需要选用合适的传感器，并能够对检测系统的性能进行分析、对测得的数据进行处理。

- 电气控制技术

“电气控制技术”是电气自动化专业的一门核心专业技术课，也是后续的可编程控制技术，工厂供电，电气综合实训，电工中、高级职业资格证书，毕业设计，顶岗实习等的基础课和基本技能养成课程，即是职业素质养成与职业能力培养最基本、最重要的理论实践一体化课程。主要讲授机床基本电气控制线路，开关类控制电器、继电器与接触器、熔断器、控制电器的保护，电动机直接起动、降压起动线路，异步电动机正反转线路及制动线路。使学生掌握典型机床一般电气控制的原理及特点，了解各电器元件的功能、特性，能进行典型机床电气控制线路的分析与装配。

- 现代控制技术应用

“现代控制技术应用”是电气自动化专业选修的技术基础课。现代控制理论是在经典控制理论的基础上，伴随着计算机技术的发展和普及逐步发展起来的，它以时域法特别是状态空间方法为主，研究系统状态的运动规律，并按所要求的各种指标最优为目标来改变系统的运动规律。本课程的主要任务如下：

（1）通过本课程的学习使学生了解现代控制理论的体系结构，熟练地掌握线性控制系统的状态空间描述、时域分析与离散化。

（2）掌握利用状态空间模型分析系统特性和校正系统的方法。

（3）了解最优控制的基本概念和最优控制问题的基本方法。

- 电机及拖动技术

“电机与拖动技术”是电气自动化专业的专业基础课，在电力系统自动化专业的课程体系中具有举足轻重的承上启下的地位。先修课程包括高等数学、电工电子等。该课程是学生学习“电力系统继电保护原理”“发电厂电气部分”“电力系统自动化”等专业主干课程和“电力系统课程设计”、“电力系统综合实验”等实践性教学环节的必备理论基础。

9.2　电机方向毕业设计实例

9.2.1　六相变频调速同步电动机分析与设计

1. 毕业设计任务书

毕业设计任务书如表 9-1 所示。

表 9-1　XXXX 大学毕业论文（设计）任务书

姓　　名	XXX	学　　号	XXXXXXXX	系　　别	电气工程类系
专　　业	电气工程类及其自动化专业	年级班级	XX 级 X 班	指导教师	XXX
论文题目	六相变频调速同步电动机分析与设计				
任务和目标	毕业设计（论文）的任务和目标：				

续表

<table>
<tr><td>任务和目标</td><td colspan="3">本毕业设计是在掌握三相变频调速同步电动机绕组形式、机械结构和谐波含量知识的基础上，主要完成六相变频调速同步电动机的绕组结构设计、谐波分析，以及一台 200kW 六相双 Y 移 30°同步电动机的设计。需要撰写题目为《六相变频调速同步电动机分析与设计》的论文。论文撰写必须符合学校对学位论文的要求，结构合理，内容充实。而且，需要掌握六相电动机绕组连接方法和谐波分析方法，并能够利用有限元分析软件 Ansoft，对所需设计的电机进行建模并求解，最后通过后处理结果，选取合理方案。
论文需要完成以下任务：
1．多相绕组的结构设计与谐波分析
（1）绕组结构及连接方式的设计
（2）绕组谐波磁势分析
（3）多相绕组与三相 60°相带绕组的比较分析
2．200kW 六相同步电机设计
（1）定子结构
（2）转子结构
（3）定子绕组及阻尼绕组
（4）绝缘结构设计
（5）通风冷却结构设计
3．基于有限元计算软件 Ansoft，完成如下分析计算
（1）空载特性
（2）负载特性</td></tr>
<tr><td>基本要求</td><td colspan="3">论文撰写应在指导教师指导下独立按时完成，论文应做到思路清晰、层次清楚、结构合理、文字通顺；掌握多相变频电机的设计和分析方法；掌握 Ansoft 的建模、计算和后处理方法，并能分析计算结果，通过比较确定最佳方案。论文字数不得少于 15000 字，还要有 300 字左右的论文摘要，关键词 3～5 个。最后附上参考文献目录和致谢。</td></tr>
<tr><td>研究所需条件</td><td colspan="3">1．具备足够的专业基础知识
（1）掌握变频调速同步电动机的基本设计方法
（2）掌握电机与电磁场理论
（3）掌握 Ansoft 有限元软件的原理及使用方法
2．具备搜集资料的网络、图书馆等资源和符合 Ansoft 安装环境的电脑</td></tr>
<tr><td rowspan="10">任务进度安排</td><td>序号</td><td>主要任务</td><td>起止时间</td></tr>
<tr><td>1</td><td>任务书下达、毕业设计正式开始</td><td>2013.11.1－2013.11.12</td></tr>
<tr><td>2</td><td>查阅国内外相关文献、资料，了解多相变频电机研究现状和发展动态，完成文献综述、开题报告的撰写</td><td>－2013.12.10</td></tr>
<tr><td>3</td><td>掌握多相同步电动机主要尺寸和绕组结构的设计方法</td><td>－2013.12.31</td></tr>
<tr><td>4</td><td>掌握六相电机绕组的连接方式和谐波分析方法</td><td>－2014.1.31</td></tr>
<tr><td>5</td><td>完成 200kW 六相同步电机的设计</td><td>－2014.2.28</td></tr>
<tr><td>6</td><td>利用 Ansoft 建立 200kW 六相双 Y 移 30°同步电机模型，并进行求解，分析空载特性和负载特性</td><td>－2014.3.31</td></tr>
<tr><td>7</td><td>上交论文成稿</td><td>－2014.4.13</td></tr>
<tr><td>8</td><td>上交 Ansoft 设计工程文件</td><td>－2014.4.15</td></tr>
<tr><td>9</td><td>论文答辩</td><td>－2014.4.20</td></tr>
<tr><td>指导教师签字</td><td></td><td>日期</td><td>年　月　日</td></tr>
<tr><td>系部领导签章</td><td></td><td>日期</td><td>年　月　日</td></tr>
</table>

2．文献综述

文献综述如表 9-2 所示。

表 9-2　XXXX 大学毕业论文（设计）文献综述

<table>
<tr><td>姓　　名</td><td>XXX</td><td>学　　号</td><td>XXXXXXXX</td><td>系　　别</td><td>电气工程类系</td></tr>
<tr><td>专　　业</td><td>电气工程类及其自动化专业</td><td>年级班级</td><td>XX 级 X 班</td><td>指导教师</td><td>XXX</td></tr>
<tr><td>论文题目</td><td colspan="5">六相变频调速同步电动机分析与设计</td></tr>
<tr><td>查阅的
主要文献</td><td colspan="5">[1] N.P.Schouten. Multiphase induction motors for integrated drives. Proceedings IEE Ninth International Conference on Electrical Machines and Drives, 1999, 468: 6-11.
[2] Leila Parsa. On advantages of multi-phase machines. IEEE, 2005, 1574-1579.
[3] T.M. Jahns. Improved reliability in solid-state drives for large asynchronous ac machines by means of multiple-independent phase-drive units. IEEE Trans. Ind. App. 1980, IA-6: 321-3311.
[4] Hamid A.Toliyat. Analysis and Simulation of Five-phase Variable-speed Induction Motor Drive under Asymmetrical Connections. IEEE Trans. Power Electr. 1998, 13(4).
[5] Hamid A.Toliyat. Analysis of a concentratated winding induction machine for adjustable speed drive applications part I(Motor Analysis). IEEE Trans. Energy Conv.1991, 6(4).
[6] Hamid A. Toliyat. Analysis and simulation of multi-phase variable-speed induction motor drive under asymmetrical connections. IEEE Trans. Power Electr. 1996, 12(2).
[7] M.Godoy Simoes, N.N. Franceschetti. Design and evaluation of a dolyphase brushless DC-machine direct drive system. IEEE Trans. Energy Conv. 2001, 5(1).
[8] 王令蓉，马伟明，刘德志．十二相同步发电机整流系统的数字仿真（Ⅰ）—数学模型．海军工程学院学报，1995(3).
[9] Hamid A.Toliyat. Analysis of a concentrated winding induction machine for adjustable speed drive applications part I(Motor Analysis).IEEE Tans, Energy Conv.1991, 6(4).
[10] Yifan Zhao. Space vector PWM control of dual three-phase induction machine using vector space decomposition .IEEE Trans.on Indus.App.1995, 31(5).
[11] Hamid A Toliyat. Analysis and simulation of five-phase variable-speed induction motor drives under asymmetrical connections. IEEE Trans. Power Electr.1998, 13(4).
[12] Jen-Ren Fu.Disturbance-free operation of a multiphase current-regulated motor drive with an opened phase. IEEE Trans.Indus.APP.1994,30(5).
[13] Alger P L. Induction machines gorden and breach science publishers . N.Y. 1970.
[14] 金爱娟，李少龙，任永德，等．六相感应电机的 SVPWM 技术研究.测控技术，2004，23(6)：40-42.
[15] 王兴伟，林桦．十二相交 2 交变频同步电动机矢量控制策略.电机与控制应用. 2005，32 (8): 36-40.
[16] E.E Ward, H.Harrer. Preliminary of an inverter fed 5-Phase induction motor. Proceedings of Inst. Elect. Eng, 1969, (16): 980-984.
[17] R. H. Nelson and P.C. Krause. Induction machine analysis for arbitrary displacement between multiple windings. IEEE Transactions on Power Apparatus and Systems, 1974,vol(93) :841-848.
[18] E. Andersen and K. Bieniek. Six-phase induction motors for current source inverter drives. In Conference Record of IEEE-IAS Annual Meeting, Rome, Italy, 1981:607-618.
[19] K. Gopakumar, B. E. Sathiakumar, M. E. Biswas and J. Vithayathil. Modified current source inverter fed induction motor drive with reduced torque pulsations. Proceedings of Inst. Elect. Eng, 1984,vol(131):159-164.</td></tr>
</table>

续表

<table>
<tr><td>查阅的
主要文献</td><td>[20] E. A. Klingshirn, High phase order induction motors-part I: Description and theoretical considerations, IEEE Transactions on Power Apparatus and Systems, PAS-102, Jan. 1983. 47-53.
[21] E. A. Klingshirn. High phase order induction motors-part II: Experimental results. IEEE Transactions on Power Apparatus and Systems, 1983,vol(PAS-102):54-60.
[22] M. A. Abbas, R. Christen and T. M. Jahns. Six-phase voltage source inverter driven induction motor. IEEE Tranactions on Industry Applicaions, 1984, vol(IA- 20):1251-1259.
[23] K. N. Pavithran, R. Parimelalagan, and M. Krishnamurthy. Studies on inverterfed five-phase induction motor drive. IEEE Transactions on. Power Electronics, 1988, vol(3): 24-235.
[24] J.G.Dente. Squirrel-cage induction motor with electronic commutation. In Proceedings of International Conference on Evolution and Modern Aspect of Induction Machines, Torino, Italy, 1986:596-599.
[25] A. R. Bakhshai, G. Joos, and H. Jin. Space vector PWM control of split-phase induction machine using the vector classification technique. In Proceedings of Applied Power Electronics Conference and Exposition, Anaheim, CA, Feb. 1998, vol(2): 802-808.
[26] K. Gopakumar, T. Ranganathan, and S. R. Bhat. Split-phase induction motor operation from PWM voltage source inverter. IEEE Transaction on Industry Applications, 1993,vol(29): 927-932.
[27] A. R. Munoz and T. A. Lipo. Dual stator winding induction machine drive. IEEE Transactions on Industry Applications, 2000, vol(36):1369-1379.
[28] M. G. Simoes, N. N. Franceschetti, and P. Vieira. Design and evaluation of a polyphase brushless DC-machine direct drive system. Industry Applications Conference, 2001. Thirty-Sixth IAS Annual Meeting, Chicago, IL, Oct. 2001, 5(2):835-842.
[29] Q. Mingzhong, R. Xiuming, and Z. Xiaofeng. Effect of PWM chopper on the electromagnetic torque of multi-phase PM propulsion motor. In Proceedings of the Fifth International Conference on Electrical Machines and Systems, Shenyang, China, Aug. 2001, vol(1):561-563.
[30] R.Xiuming,Y. Bingchuan, and H.Hai. High-power multi-phase permanent magnet (PM) propulsion motor. In Proceedings of the Fifth International Conference on Electrical Machines and Systems, Shenyang, China, Aug. 2001, vol(2):835-837.
[31] Stewart J R,Wilson D D. High phase order transmission－A feasibility analysispart Ⅰ－Steady state considerations. IEEE Trans. Power App. Syst,1978,PAS-97:2300-2307.
[32] 贾小川．多相电机系统．1999 年北京电力电子技术创新研讨会. 1999.
[33] 刘海洋，杨勉红. 敢向世界写第一——记“海军工程大学舰船新型供电系统”课题组. 海军院校教育.
[34] Nelson R H.Krausc P C. Induction Machine Analysis for Arbitrary Displacement Between Multiple Winding Sets. IEEE Trans. Power App. Syst, 1994, PAS-93: 84-848.
[35] Roger G lawrence，David Finney. David F. Davidson the construction, testing, and installation of a 6500r/min 15000-hp adjustable-speed electric drive for a centrifugal aas compressor. IEEE Transactions on Industry Applications. 1988, 24(4):6202-627.</td></tr>
<tr><td>文献综述</td><td>六相变频调速同步电动机分析与设计
一、前言
随着高功率等级的需求，六相电机越来越广泛地应用在工业领域。虽然三相电机也可以被设计成高功率等级，但是，由于半导体器件的功率等级限制了变频器的功率等级，进而限制了驱动电机的等级，因此，许多学者和工程技术人员通过改变变频器的拓扑结构实现大功率变频器，例如多电平变频器。</td></tr>
</table>

续表

<table>
<tr><td>文献综述</td><td>与多电平的概念相对应，多相电机（相数大于三相）可以提高系统的功率等级，甚至可以用低功率等级的变频器供电。目前，多电平变频器和多相电机是高功率驱动系统研究的两个领域。
对于大功率驱动系统，究竟是研究使用多相电机适合，还是多电平变频器适合，答案是不清晰的。但综合考虑两点因素的限制，一是供电电缆绝缘等级的限制，二是电机绝缘等级的限制。如果选择多相电机，既可以提升系统的功率等级，低电压等级的变频器也可以应用。
本论文将对多相同步电机中时间谐波和空间谐波的产生原因、基本理论和对电机性能的影响进行细致的分析和研究，得出了多相电机的设计方法和谐波分析方法。
二、多相电机变频调速技术的背景及发展
变频调速技术是近年来电气传动方面的一个研究热点，其以优异的调速和动静态性能、高效率、高功率因数、节能效果及其广泛的应用范围而被国内外公认为最有发展前途和发展最为迅速的技术之一。变频调速技术的发展与电力电子器件制造技术、变流技术、控制技术、微型计算机和大规模集成电路的高速发展是密切相关的。它将电子、自动控制、微电子、电机学等技术有机地结合在一起。现今，变频调速已广泛应用于冶金、机械、纺织、化工等工业。
变频器的产生是多相电机发展的直接动因。在三相变频调速技术发展的基础上，各国研究人员对多相电机调速系统从多方面进行了研究，并在相关的理论和技术应用上取得了一定的进展。
20 世纪 90 年代，Lipo 等人对多相系统展开了从电机设计到多相变频调速算法的深入研究；Yifan Zhao 等从空间矢量解耦的角度出发，认为 m 相电机系统本质上是 m 维的系统，通过线性解耦，分别控制基波分量（产生转矩）和主要的零序平面分量（产生定子谐波电流），不仅实现了对电机转矩的实时控制，而且有效地抑制了定子谐波电流，在此基础上，他们又发展了多相电机矢量控制系统。另外，尽管多相系统在一相或几相退出运行时，只需降载运行而不必停机。但此时的气隙磁通不会是圆形，必然带来转矩的脉动。Yifan Zhao 及 Toliyat 等在 Lipo 指导下，分别发展了不平衡供电时确保气隙磁通仍为圆形的抗扰（Disturbance Free）算法。Jen-Ren Fu 给出了一种较为通用的抗扰算法。
20 世纪 90 年代末期，我国各大电机厂开始引进多相交流调速系统，引发了国内研究热潮。金爱娟等人对六相感应电机的 SVPWM 技术进行了研究，得出使用 SVPWM 控制策略的六相电机有着优良的特性结论；王兴伟、林桦等人提出了十二相交－交变频器和十二相同步电动机气隙磁链定向控制的策略。
三、课题研究思路
论文以六相双 Y 移 30°绕组电机作为研究对象，主要研究以下几部分内容。
首先，通过学习多相电机设计和应用方面的研究成果，为本课题的顺利进行奠定了基础。
其次，在分析传统同步电机设计方法的基础上，列出多相同步电机主要尺寸的设计公式。
再次，对多相绕组的谐波进行分析，在此基础上，从电机设计和工程两方面，设计适合于工程应用的六相双 Y 移 30°绕组。
最后，设计一台 200kW 六相双 Y 移 30°绕组同步电动机，综合考虑总体方案，初步选定了电磁方案。针对电磁方案利用 Ansoft 软件开展了电磁场分析计算，并验证电磁方案的正确性。
四、结束语
本次设计所研制的 200kW 六相双 Y 移 30°绕组同步电动机基本达到了工程应用的要求。通过本次毕业设计，我不仅深入学习了三相变频电机的设计方法，还在此基础上，学会多相变频电机的设计及谐波分析方法，并能利用有限元软件 Ansoft 来设计和分析电机。作为电气工程类及其自动化专业电机方向的学生，这些知识和软件的学习为我日后的工作打下了坚实的基础。另外，通过完成毕业设计工作，我提高了自学能力，可以通过大量查询资料，学会利用前人的设计经验和成果，相信这种学习能力的提升会使我受益终生。</td></tr>
<tr><td>备注</td><td></td></tr>
</table>

续表

指导教师意见	指导教师签字： 年　　月　　日

3．论文开题报告

论文开题报告如表 9-3 所示。

表 9-3　XXXX 大学毕业论文（设计）开题报告

姓　　名	XXX	学　　号	XXXXXXXX	系　　别	电气工程类系
专　　业	电气工程类及其自动化专业	年级班级	XX 级 X 班	指导教师	XXX
论文题目	六相变频调速同步电动机分析与设计				
选题依据与意义	**一、学术价值、应用价值** 随着高功率等级的需求，六相电机越来越广泛地应用在工业领域。虽然三相电机也可以被设计成高功率等级，但是，由于半导体器件的功率等级限制了变频器的功率等级，进而限制了驱动电机的等级，因此，许多学者和工程技术人员通过改变变频器的拓扑结构发展大功率变频器，例如多电平变频器。 与多电平的概念相对应，多相电机（相数大于三相）可以提高系统的功率等级，甚至可以用低功率等级的变频器供电。目前，多电平变频器和多相电机是高功率驱动系统研究的两个领域。 对于大功率驱动系统，究竟是研究使用多相电机适合，还是多电平变频器适合，答案是不清晰的。但综合考虑两点因素的限制，一是供电电缆绝缘等级的限制，二是电机绝缘等级的限制。如果选择多相电机，既可以提升系统的功率等级，低电压等级的变频器也可以应用。 多相系统，尤其是六相系统，许多学者都在研究其在驱动和控制方面的技术问题，其应用领域也越来越广。目前，多相电机的应用领域如下： 第一，应用在大功率调速领域。兆瓦级的大功率调速系统在风机、泵、电力机车的牵引系统、压缩机、水泥磨机、轧机、矿井提升机等场合有广泛的应用。 第二，应用在小功率节能调速领域。在调速系统中对成熟标准的电机使用正在减少，而更加青睐高效率的调速系统，这两个趋势共同增加了多相调速系统的吸引力。一些主要电机制造商将为变频器运行专门设计的电机引入市场，足以证明这种使用非标电机的发展趋势。目前日益增多的电机和调速系统引起了全球对环境和能源问题的担忧，促进了高效率多相调速系统的加速应用。目前，这种系统已经在由电池供电的、调速功率小于 1kW、供电电压小于 100V 的场合，诸如电动轮椅、电动车、割草机、高尔夫球车等产品上得到应用。 第三，应用在高可靠性领域。多相电机调速系统的应用多侧重于国防军事、高可靠性的场合。当系统有一相或几相退出工作时，系统只需降载运行而不必停车。诸如军舰及潜艇推进系统、宇航推进系统、核电站循环水系统等。 第四，多相系统还适用于高精度的伺服系统，可以削弱谐波，减小转矩脉动。大功率轧钢机主传动机构要求电气传动系统具有很高的动态响应和相当高的过载能力，电机旋转部件的转动惯量也应该满足快速动态相应性能的要求，然而多相电机则较三相电机具有功率密度大、体积小的优势。 目前对多相电动机的研究不多，现有的理论基础还不完善、不成熟，有少部分的学者研究了五相、六相感应电动机和永磁同步电动机的设计与控制，还有个别学者研究了十二相同步发电机，但是对多相同步电动机的研究比较少。多相电机的应用日渐广泛，研究、完善多相同步电机电磁设计与分析方法，势必会推动我国新型交流调速和伺服系统的发展。				

续表

<table>
<tr><td>选题依据与意义</td><td>二、多相变频调速同步电动机研究发展和现状
早期对多相电动机的研究主要集中在电机稳态运行性能，如转矩脉动、谐波损耗等。R. H. Nelson 和 P. C. Krause 在 20 世纪 70 年代初首次对 30°相带角的六相电机进行了计算机仿真，结果发现其消除了通常存在于三相电机中的 6 次谐波转矩脉动，但定子谐波电流幅值也有所增加。20 世纪 80 年代，美国的 Roger G. Lawrence 等人设计了可调速离心天然气压机电驱动系统，并对其进行了理论研究和试验，指出高速同步电动机两个独立的三相定子绕组具有 30°位移，两个定子绕组的供电电流也具有 30°的相移时，转子电流的 6 次和 18 次谐波电流将被消除，谐波损耗将在很大程度上减小。T. M. Jahns 的试验证明多相电机系统具有较高的可靠性：由于系统相数的增加，即使某一相退出运行，系统性能仍旧比较理想。E.A. Klingshirn 采用对称分量法比较完整地从理论上阐述了多相电机系统的优点，并分析了其某些缺点，如定子谐波电流较大的原因，并认为六相和九相电机很有发展前途。
随着对多相电动机研究的深入，有部分学者采用等效电路的分析方法，但这类方法一般适用于稳态分析，而且精度有限，难以进行动态计算。有的文献将派克变换推广到多相对称系统，较好地解决了多相交流电动机的动态计算问题。为有效消除谐波，多相电动机的定子大多采用六相双 Y 移 30°或十二相四 Y 移 15°的绕组结构，此种结构不同于多相绕组均布的交流电动机，属于多相非对称系统，绕组参数繁杂，对其运行性能进行深入分析具有重要的理论意义和实用价值。
现运行于美国弗吉尼亚州国立超音速研究所风洞实验室的 100MW 交－直－交变频调速同步电动机，是当今世界最大的无级调速同步电动机，这是瑞士 ABB 公司于 1997 年底制造成功的。为减小谐波转矩，该电机的定子设有相位移为 30°的两套绕组，它们各经交－直－交可控硅变频器与同一台整流变压器的两个二次侧绕组相连。
国内从事大功率多相电机的研究设计只是最近几年，上海电机厂为安徽铜陵冬瓜山矿设计的配矿井提升机用 4400kW 交流调速同步电动机，是目前国内最大的提升机用交流调速同步电动机，定子采用双重绕组；上海电机厂为唐钢新高线工程精轧主传动轧机设计的 5000kW 交－直－交变频调速同步电动机，就采用了六相双 Y 移 30°绕组的设计方案。</td></tr>
<tr><td>研究内容</td><td>1 绪论
1.1 目的和意义
1.2 多相电机调速技术发展现状
1.2.1 三相电机变频调速技术的发展
1.2.2 多相电机变频调速技术的发展
1.3 多相电机分类
1.3.1 多相感应电机
1.3.2 多相永磁电机
1.4 多相电机设计与分析发展现状
1.5 论文的主要内容和工作
2 多相同步电动机的理论分析
2.1 传统同步电动机设计方法
2.1.1 传统同步电动机主要尺寸确定
2.1.2 传统同步电动机定子绕组和铁心的设计
2.1.3 传统同步电动机设计特点与应用于多相电机的局限性
2.2 多相同步电动机设计方法
2.2.1 多相同步电动机主要尺寸和气隙的确定
2.2.2 多相同步电动机定子绕组和铁心的设计
2.2.3 多相同步电动机绝缘设计
2.3 传统同步电动机与多相电机设计方法特点比较</td></tr>
</table>

续表

研究内容	2.4 本章小结 3 多相绕组的谐波分析与设计 3.1 多相绕组的基本原理 3.2 多相绕组谐波磁势分析 3.3 六相绕组 3.3.1 六相双 Y 移 30°绕组 3.3.2 六相双 Y 移 30°绕组与三相 60°相带绕组相比的特点 3.4 本章小结 4 200kW 六相双 Y 移 30°同步电机设计 4.1 主要技术参数 4.2 多相同步电机设计 4.2.1 定子结构 4.2.2 转子结构 4.2.3 定子绕组 4.2.4 阻尼绕组 4.2.5 电磁方案 4.3 电磁场分析计算 4.3.1 空载特性的计算 4.3.2 负载特性的计算 4.4 结构设计 4.4.1 绝缘结构设计 4.4.2 通风冷却结构设计 4.5 本章小结 5 结论
研究方案	**一、本课题研究的目标** 本设计所研究的六相变频电机是在现有的三相电机结构参数和设计方法的基础上，结合多相电机的设计特点，通过有限元软件 Ansoft 完成的，并对其谐波特性进行了分析。随着多相电机应用的日渐广泛，研究、完善多相同步电机电磁设计与分析方法，对推动我国新型交流调速和伺服系统的发展有一定的学术价值和应用价值。 **二、本课题研究的内容** 本设计以 200kW 六相变频电机为研究对象，完成其电磁结构设计，谐波分析，并借助 Ansoft 仿真软件，完成其空载特性和负载特性的计算和分析。 **三、本课题研究要解决的问题** 1. 分析研究六相变频调速同步电动机电磁设计特点 电机的电磁设计是一个非常复杂、不断处理矛盾的过程，不仅需要比较熟悉的电机电磁理论做后盾，更需要大量的实践经验积累，同时也需要相关的专用程序进行分析，另一方面，还必须考虑生产的可行性、工艺性和经济性。国内电工行业尚没有针对多相变频调速同步电动机的指导性技术文件，本论文将在传统三相变频调速同步电动机设计方法的基础上，研究六相变频调速同步电动机主要尺寸、气隙、绕组结构、绝缘等部分的设计方法。 2. 研究多相变频调速同步电动机的绕组连接方式及谐波分析方法 研究多相变频调速同步电动机的绕组连接方式需要研究电机的相数划分的原则。论文将根据各类多相电机绕组的结构特点和连接方式，进一步推导出多相绕组谐波磁势，从而分析出多相对称绕组由基波电流产生的合成磁势存在的谐波次数。

续表

<table>
<tr><td rowspan="1">研究方案</td><td>3. 对 200kW 六相双 Y 移 30°同步电机的电磁设计进行实例分析
双 Y 移 30° 绕组形式是六相变频调速同步电动机较为常见的一种绕组形式，论文将在分析这种绕组形式谐波磁势的基础上，以其作为课题样机的绕组形式，进一步设计出一台 200kW 六相双 Y 移 30° 同步电动机，并对其主要尺寸和结构进行设计。
四、研究步骤
（1）2013 年 11 月 01 日－2013 年 12 月 10 日　查阅文献，了解课题背景。
（2）2013 年 12 月 10 日－2013 年 12 月 31 日　研究多相同步电动机主要尺寸的设计方法。
（3）2013 年 12 月 31 日－2014 年 01 月 31 日　研究绕组的连接方式和谐波分析方法。
（4）2014 年 02 月 01 日－2014 年 03 月 31 日　完成 200kW 六相同步电机的设计和计算。
五、可行性分析
本次毕业设计是实际工程项目做背景，并且导师所在的课题组有一定的前期工作基础，这些都为本次设计的顺利进行提供了保障。课题拟参照功率、外形尺寸近似的三相电机产品的相关参数，设计六相永磁变频电机的结构，然后利用相带来划分绕组，完成绕组连接方式的设计，通过分析样机的谐波成分，对样机方案进行优化设计，确定电机电磁参数。最后，拟采用有限元分析软件 Ansoft 对电机的空载特性和负载特性进行分析计算。
六、预期成果
（1）完成六相变频调速同步电动机的谐波分析。
（2）完成 200kW 六相双 Y 移 30°同步电机的电磁设计，并实现 Ansoft 仿真。
（3）完成论文的撰写工作。</td></tr>
<tr><td>写作进度安排</td><td>（1）2013 年 11 月 01 日－2013 年 12 月 10 日　完成文献综述及开题报告。
（2）2013 年 12 月 10 日－2014 年 03 月 31 日　完成样机设计和计算，完成论文初稿。
（3）2014 年 04 月 01 日－2014 年 04 月 13 日　上交论文成稿。
（4）2014 年 04 月 14 日－2014 年 04 月 20 日　上交程序、验收。</td></tr>
<tr><td>指导教师意见</td><td>指导教师签字：
年　　月　　日</td></tr>
<tr><td>系学术委员会意见</td><td>主任签章：
年　　月　　日</td></tr>
</table>

4. 论文中期报告

论文中期报告如表 9-4 所示。

表 9-4　XXXX 毕业论文中期检查报告

<table>
<tr><td>姓　　名</td><td>XXX</td><td>学　　号</td><td>XXXXXXXX</td><td>指导老师</td><td>XXX</td></tr>
<tr><td>论文题目</td><td colspan="5">六相变频调速同步电动机分析与设计</td></tr>
<tr><td>论文中期完成情况</td><td colspan="5">一、前期工作简述
论文的前期工作主要完成了任务书和开题报告的撰写，明确课题的整体规划。</td></tr>
</table>

续表

论文中期 完成情况	**二、解决的问题及解决办法** （1）六相变频调速同步电动机主要尺寸设计方法：因为国内电工行业尚没有针对多相同步电动机的指导性技术文件，也没有公开发表有关多相同步电动机电磁计算公式的文献，所以设计之初无从下手，后来经过导师的指引，参照相同规格的三相同步电机进行主要尺寸设计。 （2）多相绕组结构设计方法及谐波成分的分析方法：在导师的帮助下，通过对三相绕组结构和谐波特性的深入研究学习，利用相带角来定义电机的相数的方法，掌握了多相绕组结构设计方法。 **三、尚存在的问题及解决方案** （1）需求分析问题：因为六相双 Y 移 30° 绕组结构的连接方式与传统形式不同，所以还需对这种结构的绕组连接方式及其谐波成分的分析进行研究。 （2）尚需学习的内容：为了完成 200kW 六相双 Y 移 30° 同步电机的 Ansoft 仿真验证，需要学习 Ansoft 软件，及其建模、计算和后处理的方法。 **四、后期工作安排** （1）2014 年 03 月 01 日－2014 年 03 月 31 日　利用 Ansoft 建立 200kW 六相同步电机模型，并进行求解。 （2）2014 年 04 月 01 日－2014 年 04 月 13 日　上交论文成稿。 （3）2014 年 04 月 14 日－2014 年 04 月 20 日　上交程序、验收，准备答辩 PPT。
完成情况 评价	1．按计划完成，完成情况优（ ） 2．按计划完成，完成情况良（ ） 3．基本按计划完成，完成情况合格（ ） 4．完成情况不合格（ ） 补充说明： 指导教师签名：　　　　　　　　　　年　月　日

5．论文封皮

论文封皮示样图如图 9-1 所示。

XXXX 大学

毕　业　论　文（设 计）

题　　目：六相变频调速同步电动机分析与设计

系　　部：电气工程类系

专　　业：电气工程类及其自动化专业

班　　级：XX 级 X 班

学　　号：XXXXXXXX

姓　　名：XXX

指导教师：XXX

完成日期：XXXX 年 XX 月 XX 日

图 9-1　论文封皮示样图

6. 论文诚信声明和版权说明

论文诚信声明和版权说明如图 9-2 所示。

毕业论文（设计）诚信声明书

本人声明：我将提交的毕业论文（设计）《六相变频调速同步电动机分析与设计》是我在指导教师指导下独立研究、写作的成果，论文中所有引用他人的无论以何种方式发布的文字、研究成果，均在论文中加以说明；有关教师、同学和其他人员对本文的写作、修订提出过并为我在论文中加以采纳的意见、建议，均已在我的致谢辞中加以说明并深致谢意。

论文作者：XXX　　　　（签字）时间：　　年　月　日

指导教师已阅　　　　（签字）时间：　　年　月　日

毕业论文（设计）版权使用授权书

本毕业论文（设计）《六相变频调速同步电动机分析与设计》是本人在校期间所完成学业的组成部分，是在 XXXX 大学教师的指导下完成的，因此，本人特授权 XXXX 大学可将本毕业论文（设计）的全部或部分内容编入有关书籍、数据库保存，可采用复制、印刷、网页制作等方式将论文文本和经过编辑、批注等处理的论文文本提供给读者查阅、参考，可向有关学术部门和国家有关教育主管部门呈送复印件和电子文档。本毕业论文（设计）无论做何种处理，必须尊重本人的著作权，署明本人姓名。

论文作者：XXX　　　　（签字）时间：　　年　月　日

指导教师已阅　　　　（签字）时间：　　年　月　日

图 9-2　论文诚信声明和版权说明

7. 论文正文

六相变频调速同步电动机分析与设计

中文摘要：六相同步电动机与传统三相同步电动机相比有一些优点，例如增加了系统的可靠性，减小了变频器的功率等级，消除了低次谐波。由于这些原因，六相同步电动机较广泛地应用于大功率的驱动场合。

本文从六相变频调速同步电动机的设计出发，首先将传统同步电机的设计方法与六相变频调速同步电动机的设计方法进行了比较，指出了传统同步电机设计方法在六相变频调速同步电动机设计中存在的局限性。而在六相变频调速同步电动机的设计中，电机的绕组和绝缘设计都与传统同步电机的设计有所区别，并具有其优越性。然后通过详细而系统地分析一般多相绕组形式，采用数学分析法求得多相绕组谐波含量的普遍规律，并介绍六相双 Y 移 30° 绕组的构成原理，给出了这种绕组结构的特点及谐波分析。

最后，利用电磁场计算软件 Ansoft 设计了一台 200kW 六相双 Y 移 30° 同步电机。通过比较多种方案和各个因素的综合考虑，选取一种最佳电磁设计方案。

关键词：六相同步电动机　双 Y 移 30° 绕组　Ansoft

Abstract: Compared with the traditional three-phase synchronous motor, there are some advantages with the six-phase synchronous motor, such as increasing the reliability of the system, reducing the frequency converter power levels, eliminating the low harmonics, and so on. For these reasons, the six-phase synchronous motors are widely used in high-power drive applications.

Beginning with the design of inverter-driven six-phase synchronous motor, the design methods of inverter-driven six-phase synchronous motor and conventional synchronous motor are compared in this paper. And it also point out that there must be limitations when use the method of designing the conventional synchronous motor to design the six-phase one. And the windings and insulation design differences and advantages between them are also presented in this paper. Then, the general multi-phase windings form is analyzed, and a mathematical analysis method is employed to obtain the law of the multi-phase windings' harmonic content. The principle of six-phase double star windings shifted by 30° is also introduced, and the characteristics of the windings' structure and the harmonic analysis are presented.

Finally, a 200kW six-phase synchronous motor with windings of double star shifted by 30° is designed with magnetic field computation soft Ansoft. After comparing many projects and factors, the optimum project is selected in the end.

Key Words: Six-phase Synchronous Motor Six-phase Double Star Windings Shifted by 30° Ansoft

1 绪论

1.1 目的和意义

随着高功率等级的需求，六相电机越来越广泛地应用在工业领域。虽然三相电机也可以被设计成高功率等级，但是，由于半导体器件的功率等级限制了变频器的功率等级，进而限制了驱动电机的等级，因此，许多学者和工程技术人员通过改变变频器的拓扑结构发展大功率变频器，例如多电平变频器。

与多电平的概念相对应，多相电机（相数大于三相）可以提高系统的功率等级，甚至可以用低功率等级的变频器供电。目前，多电平变频器和多相电机是高功率驱动系统研究的两个领域。

对于大功率驱动系统，究竟是研究使用多相电机适合，还是多电平变频器适合，答案是不清晰的。但综合考虑两点因素的限制，一是供电电缆绝缘等级的限制，二是电机绝缘等级的限制。如果选择多相电机，既可以提升系统的功率等级，低电压等级的变频器也可以应用。

多相系统，尤其是六相系统，许多学者都在研究其在驱动和控制方面的技术问题，其应用领域也越来越广。目前，多相电机的应用领域如下：

第一，应用在大功率调速领域。兆瓦级的大功率调速系统在风机、泵、电力机车的牵引系统、压缩机、水泥磨机、轧机、矿井提升机等场合有广泛的应用。

第二，应用在小功率节能调速领域。调速系统中对成熟标准的电机使用正在减少，而更加青睐高效率的调速系统，这两个趋势共同增加了多相调速系统的吸引力。一些主要电机制造商将为变频器运行专门设计的电机引入市场，足以证明这种使用非标电机的发展趋势。目前日益增多的电机和调速系统引起了全球对环境和能源问题的担忧，促进了高效率多相调速系统的加速应用。目前，这种系统已经在由电池供电的、调速功率小于 1kW、供电电压小于 100V 的场合，诸如电动轮椅、电动车、割草机、高尔夫球车等产品上得到应用[1]。

第三，应用在高可靠性领域。多相电机调速系统的应用多侧重于国防军事、高可靠性的场合。当系统有一相或几相退出工作时，系统只需降载运行而不必停车。诸如军舰及潜艇推进系统、宇航推进系统、核电站循环水系统等[2]。

第四，多相系统还适用于高精度的伺服系统，可以削弱谐波，减小转矩脉动。大功率轧钢机主传动机构要求电气传动系统具有很高的动态响应和相当高的过载能力，电机旋转部件的转动惯量也应该满足快速动态相应性能的要求，然而多相电机则较三相电机具有功率密度大、体积小的优势。

多相系统的优点：

第一，减小了每相绕组的电流和功率，提高了电机输出功率，降低了电机绝缘等级。

第二，减少了基波电流产生的空间谐波磁势。例如，双电枢绕组每相带由 60°变为 30°空间电角度，消除了 5 次、7 次谐波电流产生的磁势，大大减小了电机的转矩脉动[3]。

第三，由于空间谐波的减少，减少了电机的噪声，提高了电机效率。

第四，实现了电机与电力电子变换器的优化设计。

第五，电机多相绕组由多组变换器供电，增加了系统的可靠性，可以实现可靠性冗余运行。

目前对多相电动机的研究不多，现有的理论基础还不完善、不成熟，有少部分的学者研究了五相、六相感应电动机和永磁同步电动机的设计与控制[4~7]，还有个别学者研究了十二相同步发电机[8]，但是对多相同步电动机的研究比较少。多相电机的应用日渐广泛，研究、完善多相同步电机电磁设计与分析方法，势必会推动我国新型交流调速和伺服系统的发展。

1.2　多相电机调速技术发展现状

变频调速技术是近年来电气传动方面的一个研究热点，其以优异的调速和动静态性能、高效率、高功率因数、节能效果及广泛的应用范围而被国内外公认为最有发展前途和发展最为迅速的技术之一。变频调速技术的发展与电力电子器件制造技术、变流技术、控制技术、微型计算机和大规模集成电路的高速发展是密切相关的。它将电子、自动控制、微电子、电机学等技术有机地结合在一起。现今，变频调速已广泛应用于冶金、机械、纺织、化工等工业。

1.2.1　三相电机变频调速技术的发展

变频器从主电路的拓扑结构上可分为两电平、三电平甚至更高电平。两电平变频器主要应用于低压方面，无论在拓扑结构、理论研究还是到实际应用，都已经相当成熟。德国学者 Holtz 于 1977 年首次提出三电平逆变器的概念；日本长冈科技大学 A.Nabae 等人于 1980 年首次提出了二极管箝位式的 NPC（Neutral Point Clamped）变流器的概念；1983 年，Bhagwat 和 Stefanovic 在 IAS 的年会上提出，将三电平推广到多电平的结构，进一步奠定了 NPC 结构的多电平模式。经过大约 30 年的时间，多电平变频调速技术已经有了很大的发展，不仅在理论和拓扑结构上出现了多个分支，各大公司也基于这项技术纷纷推出了自己的产品。这其中最有代表性的公司有：ABB、西门子、美国 AB 公司以及丹佛斯等。

目前变频调速的主要方案有：交－交变频调速、交－直－交变频调速、同步电动机自控式变频调速、正弦波脉宽调制（SPWM）变频调速、矢量控制变频调速和直接转矩控制等。这些变频调速技术的发展很大程度上依赖于大功率半导体器件的制造水平。

1.2.2 多相电机变频调速技术的发展

变频器的产生是多相电机发展的直接动因。在三相变频调速技术发展的基础上，各国研究人员对多相电机调速系统从多方面进行了研究，并在相关的理论和技术应用上取得了一定的进展。

20 世纪 90 年代，几位学者对多相系统展开了从电机设计到多相变频调速算法的深入研究[9~13]；Yifan Zhao 等从空间矢量解耦的角度出发，认为 m 相电机系统本质上是 m 维的系统，通过线性解耦，分别控制基波分量（产生转矩）和主要的零序平面分量（产生定子谐波电流），不仅实现了对电机转矩的实时控制，而且有效地抑制了定子谐波电流，在此基础上，他们又发展了多相电机矢量控制系统。另外，尽管多相系统在一相或几相退出运行时，只需降载运行而不必停机。但此时的气隙磁通不会是圆形，必然带来转矩的脉动。Yifan Zhao 及 Toliyat 等在 Lipo 指导下，分别发展了不平衡供电时确保气隙磁通仍为圆形的抗扰（Disturbance Free）算法。Jen-Ren Fu 给出了一种较为通用的抗扰算法。

20 世纪 90 年代末期，我国各大电机厂开始引进多相交流调速系统，引发了国内研究热潮。金爱娟等人对六相感应电机的 SVPWM 技术进行了研究，得出使用 SVPWM 控制策略的六相电机有着优良的特性结论[14]；王兴伟、林桦等人提出了十二相交－交变频器和十二相同步电动机气隙磁链定向控制的策略[15]。

1.3 多相电机分类

1.3.1 多相感应电机

文献[16]研究了五相感应电动机的特性。得出的结论是增加了相数可减少转矩脉动。关于六相感应电动机，一些学者提出了减少转矩脉动的可能方法，文献[17]给出了六相电机的三种不同结构，作者认为 30°相带绕组电机消除了六次谐波的转矩脉动。文献[18,19]采用两套对称三相绕组，两套绕组间相位差 30°电角度，结果表明，六相电机的线电压约为三相电机线电压的一半，十二脉波供电的六相电机由于转矩脉动的降低，绕组中涡流损耗大大减少。

三、六、九相感应电机稳态转矩转速特性也有过分析[20,21]，对不同线圈节距的绕组及定子电流谐波的影响进行了讨论，关于多相电机的其他类似研究也有报道[22,23]。

集中绕组已经成功地应用于同步电机[24]，也可能适用于感应电动机。研究表明，九相感应电动机在额定工况运行时，损耗可减少将近 10%，具有不同相数的感应电机在文献[24]中也作了分析，其结论是，对于六相电机转矩可以从理论上提高 17%。这两个研究表明多相感应电机可以改善功率密度。

在裂相电机中，两套类似的定子绕组共用同一磁路。在这个方案下，因为总功率被分给两个部分逆变器，功率范围也减小了。裂相电机把传统的三相电机分成两部分，两部分空间相差 30°电角度。同三相电机相比较，每相匝数减少，逆变器直流母线电压可几乎降低至一半，但仍维持相同气隙磁场，美中不足的是要求有两个或两个以上的变频器。采用裂相电机，六次谐波也能被消除[25,26]。

双定子电机由于和裂相电机有一样的优点而获得了应用。在这种拓扑结构中，两个独立的定子绕组共用同一磁结构。然而，不同于裂相电机的是，两个绕组可以有不同的极数、相数和功率等级[27]。

1.3.2　多相永磁电机

多相永磁无刷直流电机直接驱动系统的设计和性能评价在文献[28]中做了研究。该系统的应用场合要求高性能和高可靠性，如在电动汽车、混合动力汽车、航空航天等领域。六相无刷直流电动机转矩脉动较三相无刷直流电动机可减少高达 50%。研究结果表明，转矩脉动是由十二次谐波成分引起的。由于复杂的磁路耦合，六相无刷直流电动机转矩脉动显著增加。然而，脉动幅值不到总电磁转矩的 5%。而且，在六相无刷直流电机系统中，如果一个三相系统不能运行，这台电机可以继续安全运作。

文献[29]中，矩形波形永磁推进电机对脉宽调制斩波器进行了研究。傅立叶变换被用来研究低频脉宽调制斩波器的电枢电流的影响，仿真结果与实验结果验证了这一理论的有效性。为了减少转矩脉动，永磁电机斩波频率和相数相应增加。文献[30]论述永磁推进系统与直流电动机推进系统相比较的优势，并提出了高功率的多相永磁推进系统。

1.4　多相电机设计与分析发展现状

半个世纪以来，对多相（相数大于三相）系统的研究在不断深入。J . R. Stewart 等[31]为提高电力传输能力，研究了高相阶（High Phase Order）传输，即多相传输的可能性。多相发电机系统则已成功应用于汽轮发电机的励磁系统[32]，以及舰船供电系统[33]。目前对多相电动机的研究已从多方面展开了研究，如双电枢感应电机、多相永磁电机。使用这种系统的目的是为了获得高功率等级，减小转矩脉动，提高功率密度，提高系统可靠性。

在大功率电气传动方面，多相电动机系统也获得了一定的应用和研究。早期对多相电动机的研究主要集中在电机稳态运行性能，如转矩脉动、谐波损耗等。R. H. Nelson 和 P. C. Krause 在 20 世纪 70 年代初首次对 30°相带角的六相电机进行了计算机仿真[34]，结果发现其消除了通常存在于三相电机中的 6 次谐波转矩脉动，但定子谐波电流幅值也有所增加。20 世纪 80 年代，美国的 Roger G. Lawrence 等人设计了可调速离心天然气压机电驱动系统，并对其进行了理论研究和试验，指出高速同步电动机两个独立的三相定子绕组具有 30°位移，两个定子绕组的供电电流也具有 30°的相移时，转子电流的 6 次和 18 次谐波电流将被消除，谐波损耗将在很大程度上减小[35]。随着对多相电动机研究的深入，有部分学者采用等效电路的分析方法，但这类方法一般适用于稳态分析，而且精度有限，难以进行动态计算。

国内从事大功率多相电机的研究设计只是最近几年，上海电机厂为安徽铜陵冬瓜山矿设计的配矿井提升机用 4400kW 交流调速同步电动机，是目前国内最大的提升机用交流调速同步电动机，定子采用双重绕组；上海电机厂为唐钢新高线工程精轧主传动轧机设计的 5000kW 交－直－交变频调速同步电动机，就采用了六相双 Y 移 30°绕组的设计方案。

1.5　论文的主要内容和工作

本论文以六相双 Y 移 30°绕组电机作为研究对象，对多相同步电机中时间谐波和空间谐波的产生原因、基本理论和对电机性能的影响进行了细致的分析和研究，提出了多相电机的设计方法。全文主要研究以下几部分内容，共分五章。

第一章为绪论，回顾了多相电机设计和应用方面的研究，以及取得的进展，指出了多相电机的优、缺点，提出了本文的研究意义和主要工作。

第二章讨论了传统同步电机的设计方法，列出了主要尺寸的设计公式，指出了传统设计方法的特点和局限性。与传统同步电机设计方法相比较，写出了多相同步电机的主要尺寸设计公式。在多相同步电机中，其绕组的设计、槽形的设计和绝缘的设计也发生了很大的变化和改进，使得多相同步电机更加适合于变频器工况下使用。

第三章分析了多相绕组的谐波，六相双 Y 移 30°绕组电机在对称负载下由基波电流产生的合成磁势中只存在 $\pm(12k\pm1)$（k=0，1，2，3…）等次谐波，而三相 60°相带绕组存在 $\pm(6k\pm1)$（k=0，1，2，3…）等次谐波。空间谐波会影响电机的运行性能，并带来振动和噪声问题。时间谐波会使电机的效率和功率因数降低，损耗加大。本论文在多相电机时间谐波和空间谐波充分分析的基础上，从电机设计和工程两方面，设计了适合于工程应用的六相双 Y 移 30°绕组。

第四章设计一台 200kW 六相双 Y 移 30°绕组同步电动机，综合考虑总体方案，初步选定了电磁方案。针对电磁方案利用 Ansoft 软件开展了电磁场分析计算，验证电磁方案的正确性。

第五章对本文的研究工作进行了总结和展望。

2 多相同步电动机的理论分析

2.1 传统同步电动机设计方法

电机设计中的首要步骤就是主要尺寸的设计。电机主要尺寸设计选择得合理，电机设计工作就有了一个好的基础，电机就可能有较好的技术经济指标[43]。旋转磁极式同步电机的主要尺寸是指定子内径 D_{i1} 和定子铁心计算长度 l_{ef}。电机主要尺寸确定了电机的外形轮廓、电机的质量及材料费用。它和电机的技术性能有非常密切的关系。

2.1.1 传统同步电动机主要尺寸确定

电机的主要尺寸与电机的容量、同步转速、气隙磁通密度等参数有关。

电机的计算功率为

$$P' = mEI \tag{2.1}$$

式中：m——电枢绕组的相数；E——电枢绕组的相电势；I——电枢绕组的电流。

电枢绕组的相电势为

$$E = 4K_{Nm} fNK_{dp}\Phi \tag{2.2}$$

式中：K_{Nm}——气隙磁场波形系数；f——电流频率；N——电枢绕组的每相串联匝数；K_{dp}——电枢的绕组系数；Φ——每极磁通。

式（2.2）中电流频率 f 与转子转速有以下关系

$$f = \frac{pn}{60} \tag{2.3}$$

式中：p——极对数。

每极磁通为

$$\Phi = B_\delta \alpha'_p \tau l_{ef} \tag{2.4}$$

式中：α'_p——计算极弧系数；l_{ef}——电枢的计算长度；τ——极距，τ 与电枢直径 D_{i1} 的关系为

$$\tau = \frac{\pi D_{i1}}{2p} \tag{2.5}$$

线负荷 A 为

$$A = \frac{2mNI}{\pi D_{i1}} \tag{2.6}$$

将式（2.2）、式（2.3）、式（2.4）、式（2.5）和式（2.6）代入式（2.1）得

$$\frac{D_{i1}{}^2 l_{ef} n}{P'} = \frac{6.1}{\alpha'_p K_{Nm} K_{dp} A B_\delta} = C_A \tag{2.7}$$

式（2.7）将电机的功率和同步转速通过系数 C_A 与电机定子内圆包括的圆柱体体积联系在一起。在电机设计中，C_A 被称为电机常数，是一个近似于常数的量。该常数包含了电机线负荷、气隙磁密等电机电磁负荷的信息，在传统电机设计中非常重要。

一般是先预估定子内径 D_{i1}，然后计算 l_{ef}。由尺寸比公式 $\lambda = \frac{l_{ef}}{\tau}$，得

$$l_{ef} = \lambda\tau = \lambda\frac{\pi D_{i1}}{2p} \tag{2.8}$$

且

$$n = \frac{60f}{p} \tag{2.9}$$

将式（2.8）和式（2.9）代入式（2.7）得

$$D_{i1}{}^3 = \frac{64.8\times 10^{-3} P' p^2}{\alpha'_p K_{Nm} K_{dp} A B_\delta f \lambda} \tag{2.10}$$

式中：D_{i1}、l_{ef} 的单位为 m，n 的单位为 r/min，P' 的单位为 kVA，A 的单位为 A/m，B_δ 的单位为 T，Φ 的单位为 Wb。

2.1.2　传统同步电动机定子绕组和铁心的设计

大中型凸极同步电机的定子绕组一般采用双层叠式绕组，每极每相槽数 q 为分数，即所谓的分数槽绕组，其主要理由是这种绕组可以改善空载电势波形。此外，凸极同步电机一般极数较多，采用分数槽绕组可使电机的电磁负荷选择得比较合理，因而所设计的电机可能比整数槽绕组具有较好的电磁性能和经济指标。

分数槽绕组虽然能改善同步电机的电势波形，但在某些情况下，与基波次数接近的次谐波磁场与基波相互作用，有可能使凸极同步电机的定子铁心产生显著振动及噪声，在选择定子槽数时必须加以重视。

对分数槽绕组，每极每相槽数 $q = \frac{Z}{2pm} = b + \frac{c}{d} = \frac{bd+c}{d}$，式中 $\frac{c}{d}$ 为不可约的分数。分母 d 不允许为相数 m 的倍数，也就是 $\frac{c}{d} \neq$ 整数，对于三相绕组 m=3，d 不允许为 3 的倍数，否则绕组不对称。因为如果三相绕组的极对数 q 为 3^n 的倍数，则必须选择槽数 Z_1 是 3^{n+1} 的倍数（n 为整数）才行。

正规 60°相带绕组中，每极下 q 个线圈串联成一组称为极相组，按对称多相绕组进行连接。

现在 q 为分数，绕组不能分割，但按 60°相带概念分配的结果，实际上是每 d 个极相组内有（$d-c$）个组为 b 个槽，c 个组为（$b+1$）个槽，它们按一定方式排列。这样每 md 个极相组，或即 $mdq=m(bd+c)$ 个槽将构成 d 个极，为一个循环，称为单元电机，它的绕组是对称的，而整个电机由 $\frac{2p}{d}$ 个单元电机构成。如果定子绕组要采用 a 条并联支路，则 $\frac{2p}{ad}$ 必须为整数，才能使每相中的各支路对称，可见选择分数槽绕组并联支路时将受到更多的限制。

综上所述，分数槽绕组槽数选择务必满足下列条件：

$$\frac{d}{m} \neq \text{整数} \quad \frac{2p}{ad} = \text{整数}$$

2.1.3 传统同步电动机设计特点与应用于多相电机的局限性

同步电机的传统设计过程为先设计电机的定子内径（转子外径），再设计槽形尺寸，最后设计定子外径和转子轴径。整个电机的设计过程是串行的，同时对经验参数的依赖性很大。

在传统同步电机的设计中，除了需要考虑其额定运行时的效率、功率因数、起动转矩、起动电流和起动时磁极绕组中的感应电流等性能，电机的价格也是一个设计要点。然而，在进行变频调速多相同步电机设计时，需要考虑到整个变频调速系统的运行性能，电机的设计必须要与系统相匹配。变频调速多相同步电机的设计不但需要考察同步电机的效率、功率因数、最大转矩等性能参数在整个调速范围内的数值，还要兼顾到同步电机的动态性能。因此，在设计多相同步电机时，完全照搬传统同步电机的设计方法是不行的。

传统的同步电机设计具有以下几点局限性：

（1）设计开始只能确定电机的定子内径，而定子外径在槽尺寸设计完成后才能确定。而在某些应用场合下，电机的外形尺寸是受到严格限制的，设计初期不能确定外径尺寸，给设计带来了不便。

（2）传统电机与驱动系统的设计往往是孤立的设计与分析，难以从整体上把握机电一体化系统的控制、电磁特性、电机饱和特性等因素对系统的综合作用。要提高整个系统的性能，现代电机及其控制系统必须有机结合，设计出的电机参数要与整个系统构成最佳匹配的设计方案。

（3）在设计过程中，采用了很多经验参数。而这些参数是根据传统同步电机的设计总结出来的，并不完全适合于多相同步电机的设计。

（4）在多相电机系统中，注重系统整体性能的配合，同步电机的价格是次要因素。传统同步电机设计中需要选择 l_{ef}/D_{i1} 的值，以节省定子用铜量，但是对运行性能的考虑不足。

2.2 多相同步电动机设计方法

2.2.1 多相同步电动机主要尺寸和气隙的确定

多相同步电机的电机常数 C_A 可以选得比传统同步电机小，从而可以按比例适当减小定子内径 D_{i1} 和定子铁心计算长度 l_{ef}。

气隙长度 δ 是同步电机的重要尺寸，它是影响电机技术经济指标高低的一个主要因数，它的大小与同步电机静态过载能力、励磁容量及附加损耗等有较大关系。在三相电机里，减小气隙将使定子磁势谐波所引起的转子表面损耗迅速增加。因此存在某一最合适的气隙使转子上的总损耗（即励磁损耗与表面损耗之和）最小。另一方面，气隙的大小直接影响电机的短路比，气隙越小，则短路比也越小。对于六相双 Y 移 30°绕组，由于它的磁势谐波含量很少，即使气隙减小很多，转子表面损耗的增加仍微不足道。

2.2.2　多相同步电动机定子绕组和铁心的设计

多相同步电机相数的增多，可以显著减小时空谐波的次数。以十二相电机为例，其最低次磁势空间谐波是 23 次，其幅值已显著下降，对电机转矩的影响也大大降低，进一步通过增加相数来降低谐波转矩作用已不明显；多相电机相数的增加，相应地增加了逆变电路的桥臂数，同时也增加了从逆变器到被驱动电机连接的电缆数，控制电路和驱动电路也相应地变得复杂；中小容量的电机受定子冲片尺寸的限制。所以电机的相数必须综合各种因数，合理选择。

对于多相凸极同步电机，如果极数多，相数多，则槽数就比较多。由于每槽安匝数少，槽绝缘两侧温差可降低，但增加了绝缘材料的用量，线圈制造及下线工时也增加。在设计时，每极每相槽数 q 可以取为 1 或 2。线圈可以采用整距绕组，提高绕组系数，从而提高电机的有效材料利用率。

2.2.3　多相同步电动机绝缘设计

多相同步电动机一般采用变频器供电，由于采用 PWM 技术对电机输入电压的脉宽进行调制，使得电机中绝缘材料的电应力增加，即因 PWM 的调制作用，使得绝缘介质中的各种电偶极子频繁地转动，从而造成介质损耗的增大、电机的绝缘强度因热疲劳而过早地降低（尤其是当电机受潮时会造成绝缘的局部热疲劳）。举一种极端情况来看，若 PWM 的调制频率达几百千赫兹，电机中的绝缘材料就会像微波炉中的有机食品一样被加热，这也是现代交流调速系统对电机的绝缘技术所提出的挑战。另外，如果 PWM 的调制频率过高，还会使电压在电机定子绕组的输入端产生电磁波的反射（行波效应），造成电机输入端的电压升高，电压上升率 du/dt 过大，使电机定子绕组输入端的局部匝间电压升高（如同变压器绕组遭雷击后的匝间电压分布情况相仿），这使得电机绝缘的外部环境更为恶劣，很容易导致匝间短路或电机绕组内部局部放电。

采用变频电源供电的变频电机，由于采用 PWM 调制，在电机绕组输入端接入的高频调制电压的电容效应会对电机造成显著的轴电压，轴承与机座的绝缘设计需要重新考虑，以抑制轴电流。

2.3　传统同步电动机与多相电机设计方法特点比较

从传统同步电动机设计到多相同步电动机设计，其设计思想、设计目标和设计方法都发生了很大的变化。

（1）传统同步电机的设计是一个独立的设计过程。而多相变频调速同步电动机的设计与变频调速系统设计是一个有机的整体，是系统设计中不可割裂的一部分。

（2）在传统同步电机的设计中，需要考虑其额定运行时的效率、功率因数、起动转矩和起动电流等运行性能，对阻尼绕组的设计要考虑起动要求。而多相变频调速同步电动机设计时，不但要考虑额定点下的电机运行性能，还要考虑电机在其他频率下的运行性能，阻尼绕组的作用是提高系统的动态品质。

（3）传统同步电机设计中需要考虑定子用铜量，以降低价格。但是在变频调速系统中，更加注重系统整体性能的配合，变频调速同步电机的价格是次要因素。

（4）在传统同步电机设计过程中，采用了很多经验参数。而这些参数是根据以往同步电机的设计经验总结出来的，这会给设计结果带来一定的误差。在变频调速多相同步电机的设计中，电机的设计完全由电流密度和磁通密度的设定值来控制，这一方法消去了设计中的经验参数，使得电机的设计更加准确。

（5）由于电力电子开关期间的高频关断，使得同步电机的定子绕组绝缘不断地承受着高电压的冲击，会使其过早地损坏。因此，变频调速同步电机绝缘的设计与传统的同步电机相比，绝缘系统方面的设计更加严格，需要使用耐热、耐高压的绝缘材料。在工艺上，也要尽量避免对绕组绝缘的损伤，提高电机的绝缘性能。

2.4 本章小结

本章首先介绍了传统同步电机的主要尺寸设计公式及其推导过程，并论述了传统同步电机设计的特点和其中存在的局限性。

然后介绍了多相同步电机设计中相数的选择特点及绕组设计特点，在力求电机设计优化的同时，兼顾到系统设计的优化。并且根据系统的运行特点，放宽了电机的设计中的约束条件。变频器的使用也对电机的绝缘系统提出了更高的要求。

最后，本章对传统同步电机设计方法与多相同步电机相数设计方法进行了比较，指出了变频调速异步电机设计方法的优越性。

3 多相绕组的谐波分析与设计

3.1 多相绕组的基本原理

通常，用电机定子出线端子（不含中线）的数目来定义电机的相数。然而，这样的定义有时会引起混淆。因为定子出线端数目一定时，定子绕组相带角可以有两种取值。通常的三相电机是60°相带角，有时也有用120°相带角的，这两种三相电机的特性不尽相同，后者磁势中含有偶次谐波，另一方面，如果相带角相同，而出线端子数不同，电机的性能区别很大。例如，从电机内部来看，三相整数槽的正规120°相带绕组，即“空间分布120°相带绕组”，每对极距内有三个均匀分布的相带，每个相带$\frac{360°}{3}=120°$电角度，三个相带内的电流在时间相位上互差$\frac{360°}{3}=120°$。因此这种绕组从电机内部来看是一个真正的$m=3$的对称三相绕组。对三相整数槽60°相带绕组，即“空间分布60°相带绕组”，每对极距内有6个均匀分布的相带，每个相带$\frac{360°}{6}=60°$电角度，六个相带依次按＋A、－C、＋B、－A、＋C、－B分配给三相，因此6个相带内的电流在时间相位上互差$\frac{360°}{6}=60°$。这样，从电机内部来看，是一个$m=6$的六相对称绕组，但从外部出线端子数来看是三相。

相带角在很大程度上决定了电机特性，因而可以用相带角来定义电机的相数。E. A. Klingshirn提出用每极相带数来细化电机相数的概念。

每极相带数 q 由下式确定

$$q=\frac{180°}{\beta} \tag{3.1}$$

其中，β 是以电角度表示的相带角。电机相数定义如下：每极相带数为 q 的电机，如果出线端子数为 $2q$，则该电机相数为 $2q$，称之为 $2q$ 相电机。如果出线端子数为 q，则该电机相数为 q，称之为半 $2q$ 相电机。所谓半 $2q$ 相电机，是指在电机外部看是 q 相的，而在电机内部看却是 $2q$ 相的。由于电机的特性主要由相带角决定，因而，半 $2q$ 相电机与 $2q$ 相电机有相似的特性。如表 3-1 和表 3-2 所示，给出了以下几种多相电机相数和相带角及每极相带数的关系。

表 3-1　相数为 3 的倍数的多相电机

相带角 $\beta°$	120	60	60	40	30	30	24	20	20
每极相带数 q	1.5	3	3	4.5	6	6	7.5	9	9
出线端子数	3	3	6	9	6	12	15	9	18
电机名称	3	半-6	6	9	半-12	12	15	半-18	18
绕组 Y 接电压相量图	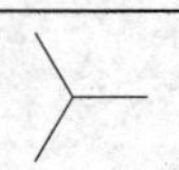	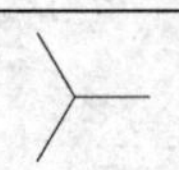	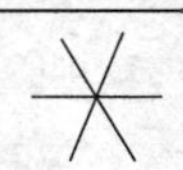	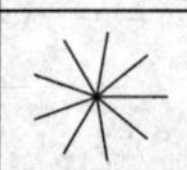		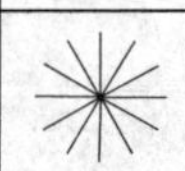	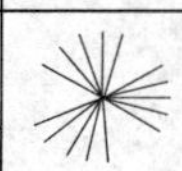	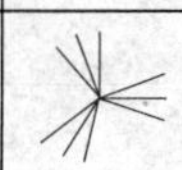	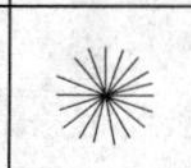

表 3-2　相数不为 3 的倍数的多相电机

相带角 $\beta°$	90	90	45	45	36	25.71	18	18
每极相带数 q	2	2	4	4	5	7	10	10
出线端子数	3	4	4	8	5	7	5	10
电机名称	半-4	4	半-8	8	5	7	半-10	10
绕组 Y 接电压相量图	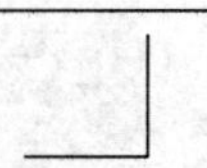	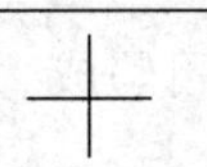	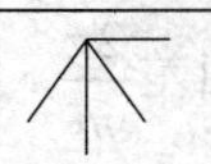	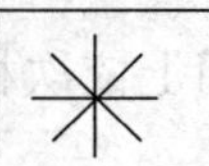	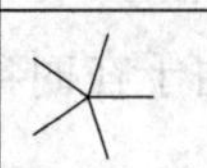	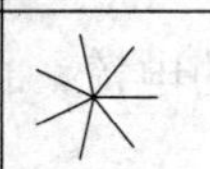	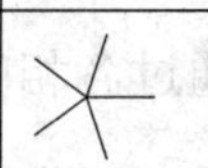	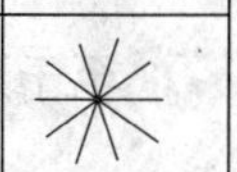

3.2　多相绕组谐波磁势分析

对于 m 相电机，由于每对极距内的绕组分布情况都一样，因此可把一对极距内的绕组看成单元电机，仅分析单元电机内的谐波即可。这时，单元电机内的谐波极对数为

$$p_v=\nu p \tag{3.2}$$

式中，ν——谐波次数；p——极对数。

如图 3-1 所示，图中画出单元电机内各相带的线圈组轴线，相邻两线圈组轴线的距离等于相带的宽度 $\frac{2\pi}{m}$ 弧度。把坐标原点（$x=0$ 点）取在第一相的线圈组轴线上，则根据电机学的分析，相绕组产生的所有磁势谐波都必有一个波幅位于线圈组轴线上，可写出第一相产生的磁势包含下列谐波

$$F_1=\frac{2}{\pi\nu p}k_{w\nu}wi_1\cos\nu x \tag{3.3}$$

式中，$\nu=1$，2，3，…，∞为谐波次数；$k_{w\nu}$——对ν次谐波的每个相绕组绕组系数；i_1——通过第一相绕组电流的瞬时值（安）；x——沿气隙圆周的空间坐标（弧度）。

同理，由于第 2、3、4、…、m 等相的线圈组轴线依次沿 x 轴正方向位移$\frac{2\pi}{m}$弧度，其磁势谐波表达式应为

$$F_2=\frac{2}{\pi\nu p}k_{w\nu}wi_2\cos\nu\left(x-\frac{2\pi}{m}\right)$$

$$F_3=\frac{2}{\pi\nu p}k_{w\nu}wi_3\cos\nu\left(x-2\frac{2\pi}{m}\right)$$

$$F_4=\frac{2}{\pi\nu p}k_{w\nu}wi_4\cos\nu\left(x-3\frac{2\pi}{m}\right)$$

…

$$F_m=\frac{2}{\pi\nu p}k_{w\nu}wi_m\cos\nu\left[x-(m-1)\frac{2\pi}{m}\right] \tag{3.4}$$

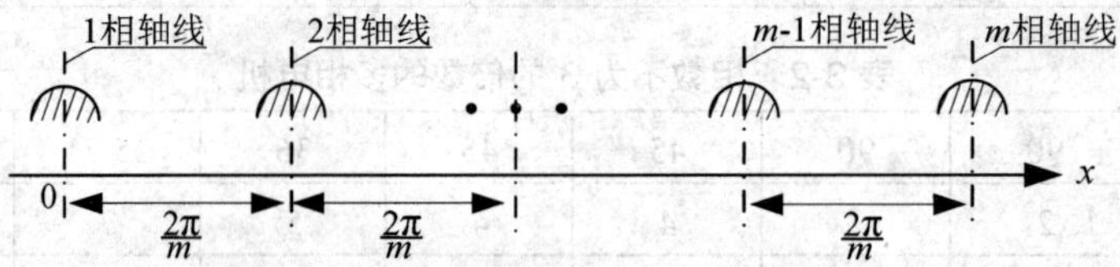

图 3-1 m 相绕组各相轴线及其磁势谐波位置

至于通过各相的电流，由于在时间上依次相差$\frac{2\pi}{m}$，可写成

$$i_1=\sqrt{2}I\sin\omega t$$

$$i_2=\sqrt{2}I\sin\left(\omega t-\frac{2\pi}{m}\right)$$

$$i_3=\sqrt{2}I\sin\left(\omega t-2\frac{2\pi}{m}\right)$$

$$i_4=\sqrt{2}I\sin\left(\omega t-3\frac{2\pi}{m}\right)$$

…

$$i_m=\sqrt{2}I\sin\left[\omega t-(m-1)\frac{2\pi}{m}\right] \tag{3.5}$$

式中：I——每相电流有效值；ω——电流的角频率。

于是，把时间和空间一起考虑，使得各相磁势谐波的表达式为

$$F_1=\frac{2\sqrt{2}}{\pi\nu p}k_{w\nu}wi_1\cos\nu x\sin\omega t$$

$$F_2=\frac{2\sqrt{2}}{\pi\nu p}k_{w\nu}wi_2\cos\nu\left(x-\frac{2\pi}{m}\right)\sin\left(\omega t-\frac{2\pi}{m}\right)$$

$$F_3=\frac{2\sqrt{2}}{\pi\nu p}k_{w\nu}wi_3\cos\nu\left(x-2\frac{2\pi}{m}\right)\sin\left(\omega t-2\frac{2\pi}{m}\right)$$

$$F_4=\frac{2\sqrt{2}}{\pi\nu p}k_{w\nu}wi_4\cos\nu\left(x-3\frac{2\pi}{m}\right)\sin\left(\omega t-3\frac{2\pi}{m}\right)$$

$$\cdots$$

$$F_m=\frac{2\sqrt{2}}{\pi\nu p}k_{w\nu}wi_m\cos\nu\left[x-(m-1)\frac{2\pi}{m}\right]\sqrt{2}\sin\left[\omega t-(m-1)\frac{2\pi}{m}\right] \tag{3.6}$$

由此可得 m 相合成磁势的ν次谐波为

$$\begin{aligned}F_\nu&=F_1+F_2+F_3+\cdots+F_m\\&=\frac{2\sqrt{2}}{\pi\nu p}k_{w\nu}wI\left\{\cos\nu x\sin\omega t+\cos\nu\left(x-\frac{2\pi}{m}\right)\sin\left(\omega t-\frac{2\pi}{m}\right)\right.\\&\quad+\cos\nu\left(x-2\frac{2\pi}{m}\right)\sin\left(\omega t-2\frac{2\pi}{m}\right)\\&\quad\left.+\cdots+\cos\nu\left[x-(m-1)\frac{2\pi}{m}\right]\sqrt{2}\sin\left[\omega t-(m-1)\frac{2\pi}{m}\right]\right\}\end{aligned} \tag{3.7}$$

利用三角公式把式（3.7）化为

$$\begin{aligned}F_\nu=\frac{2\sqrt{2}}{\pi\nu p}k_{w\nu}wI&\left\{\sin(\omega t-\nu x)+\sin\left[\omega t-\nu x+(\nu-1)\frac{2\pi}{m}\right]\right.\\&+\sin\left[\omega t-\nu x+2(\nu-1)\frac{2\pi}{m}\right]+\sin\left[\omega t-\nu x+3(\nu-1)\frac{2\pi}{m}\right]+\cdots\\&+\sin\left[\omega t-\nu x+(m-1)(\nu-1)\frac{2\pi}{m}\right]+\sin(\omega t+\nu x)+\sin\left[\omega t+\nu x-(\nu+1)\frac{2\pi}{m}\right]\\&+\sin\left[\omega t+\nu x-2(\nu-1)\frac{2\pi}{m}\right]+\sin\left[\omega t+\nu x-3(\nu+1)\frac{2\pi}{m}\right]+\cdots\\&\left.+\sin[\omega t+\nu x-(m-1)(\nu+1)]\frac{2\pi}{m}\right\}\end{aligned} \tag{3.8}$$

观察式（3.8），$\sin(\omega t-\nu x)$分量沿 x 轴正方向旋转，而$\sin(\omega t+\nu x)$沿 x 轴反方向旋转，可见合成磁势 F_ν 包含两个分量，一个正序分量，一个负序分量。其中，正序分量由 m 个幅值大小相等，但在空间相位上依次位移$(\nu-1)\frac{2\pi}{m}$（电弧度）的正序分量构成，由此可仿分布系数的计算方法而求得正序分量的幅值为

$$F_{\nu+}=m\frac{\sqrt{2}}{\pi\nu p}k_{w\nu}wIk_{\nu+} \tag{3.9}$$

式中，

$$k_{\nu+}=\frac{\sin m\frac{1}{2}(\nu-1)\frac{2\pi}{m}}{m\sin\frac{1}{2}(\nu-1)\frac{2\pi}{m}}=\frac{\sin(\nu-1)\pi}{m\sin\frac{(\nu-1)}{m}\pi} \tag{3.10}$$

至于负序分量，则由 m 个大小幅值相等，但在空间相位上依次位移 $(\nu+1)\frac{2\pi}{m}$（电弧度）的负序分量构成，仿前可求得负序分量的幅值为

$$F_{\nu-}=m\frac{\sqrt{2}}{\pi\nu p}k_{w\nu}wIk_{\nu-} \tag{3.11}$$

式中，

$$k_{\nu-}=\frac{\sin m\frac{1}{2}(\nu+1)\frac{2\pi}{m}}{m\sin\frac{1}{2}(\nu+1)\frac{2\pi}{m}}=\frac{\sin(\nu+1)\pi}{m\sin\frac{(\nu+1)}{m}\pi} \tag{3.12}$$

于是，分析式（3.10）和式（3.12）表示的 $k_{\nu+}$ 和 $k_{\nu-}$，便能分析哪些谐波存在，哪些谐波消除。

观察式(3.10)和式(3.12)可见，由于 $\nu=1, 2, 3, \cdots$，为整数，分子数 $\sin(\nu-1)\pi$ 或 $\sin(\nu+1)\pi$ 恒为零，因此 $k_{\nu+}$ 和 $k_{\nu-}$ 决定于分母是否为零。当 $\frac{\nu-1}{m}$ 不等于零或整数时，分母 $m\sin\frac{\nu-1}{m}\pi$ 不等于零，结果 $k_{\nu+}$ 为零，说明正序分量不存在。同理，当 $\frac{\nu+1}{m}$ 不等于零或整数时，分母 $m\sin\frac{(\nu+1)}{m}\pi$ 不等于零，结果 $k_{\nu-}$ 为零，说明负序分量不存在。由此可见，能够存在的谐波次数 ν 必须满足下式

$$\frac{\nu\mp1}{m}=n \tag{3.13}$$

式中，n=0，1，2，3，…。

在式（3.13）中，若取减号而满足要求，则存在的 ν 次谐波为正序分量，若取加号而满足要求，则存在负序分量。

这时 $k_{\nu+}$ 或 $k_{\nu-}$ 的分子和分母皆为零，可用微分法，把分子和分母同时对 ν 求导数而得：

当 $\frac{\nu-1}{m}=n$ 时，$k_{\nu+}=\dfrac{\pi\cos(\nu-1)\pi}{m\frac{\pi}{m}\cos(\nu-1)\pi}=\pm1$

当 $\frac{\nu+1}{m}=n$ 时，$k_{\nu-}=\dfrac{\pi\cos(\nu+1)\pi}{m\frac{\pi}{m}\cos(\nu+1)\pi}=\pm1$

可见当 $\frac{\nu-1}{m}=n$，即 $\nu=mn+1$ 时，$k_{\nu+}=\pm1$，说明这时 m 个正序分量在空间上同相位，因而直接相加便得合成磁势的正序分量。当 $\frac{\nu+1}{m}=n$ 时，即 $\nu=mn-1$ 时，$k_{\nu-}=\pm1$，说明 m 个负

序分量在空间上同相位，因而直接相加便得合成磁势的负序分量。

从上面的分析可见，m 相对称绕组由基波电流产生的合成磁势只存在下列次数的谐波

$$\nu=\pm(mn\pm1) \tag{3.14}$$

式中，n=0，1，2，3，…，∞。±——两个“±”号取一致，同时取“+”，或同时取“-”。

按式（3.14）计算时，若求得的 ν 为正值，说明该次谐波为正序的，若求得的 ν 为负值，则为负序的。

当 n=0 时，从式（3.9）求得 $\nu=\pm1$，说明合成磁势的基波是正序的，此时 $\frac{\nu-1}{m}=0$，$k_{\nu+}=1$，说明由 m 相产生的 m 个正序分量的基波磁势在空间上同相位，因而直接相加便得合成磁势的基波，但 $\frac{\nu+1}{m}=\frac{2}{m}\neq$ 整数（注意 $m>2$），随之 $k_{\nu-}=0$，说明由 m 相产生的 m 个负序分量的基波磁势恰好互相抵消而不存在。因此这种 m 相绕组只存在正序的基波磁势，而没有负序的基波磁势，是一对称绕组。

3.3　六相绕组

把通常采用的按星形连接的“空间分布 60°相带绕组”的每一相带等分为两个相带，把一个星形连接变成在空间上彼此位移 30°电角度的两个星形连接，便构成一个六相双星 30°绕组。这时电机内部定子槽沿内圆每对极距内等分为十二个相带，每一相带宽度为 30°电角度，因此是一个“空间分布 30°相带绕组”。

3.3.1　六相双 Y 移 30° 绕组

如图 3-2 所示，图为两极六相双 Y 移 30°绕组的连接法和矢量图。图 3-2（a）所示的十二个沿定子圆周均匀分布的相带，可看成是实际电机的上层线圈边沿圆周所占的位置，至于下层线圈边的位置，则视所取线圈节距而定，图中未画出。图 3-2（b）所示的十二个相带构成六相、每相有两条并联支路时的双 Y 连接法。图 3-2（a）还示出六个相电势的矢量图，它们包含两个相位差为 30°的三相电势，构成一个不对称的六相系统（对称的六相系统应为相与相之间都是位差 60°）。

当电流在时间上经过多少度，三相合成磁势波的基波就在空间转过同一数值的电角度，并且当某一相的电流达最大值时，三相合成磁势波的基波就必定有一个波幅位于该相的线圈组轴线上。现设前述六相绕组第 I 个星形的 AI 相电流达到正最大值，则第 I 个星形三相产生的磁势波基波必有一个正波幅与＋AI 相带的线圈组轴线重合。由于第 II 个星形电流滞后于第 I 个星形电流 30°，可见此时第 II 个星形的 AII 相电流尚未达到正最大值。必须等时间经过 30°时，AII 相电流才达到正最大值，此时第 II 个星形三相产生的磁势波基波必有一个正波幅与＋AII 相带的线圈组轴线重合。由于经过时间 30°，可见第 I 个星形产生的磁势基波的正波幅必从＋AI 相带的线圈组轴线沿顺时针方向转过 30°电角度，从图 3-2（a）可见恰好转到＋AI 相带的线圈组轴线上。由此可见，两个星形产生的磁势基波同相位，它们都以同步转速沿顺时针方向旋转，因此可以直接相加而得整个六相绕组产生的合成磁势基波。从电机参数看，这也说明六相双 Y 移 30°绕组电机的电枢反应电抗为其每个 Y 连接电枢反应电抗的两倍。

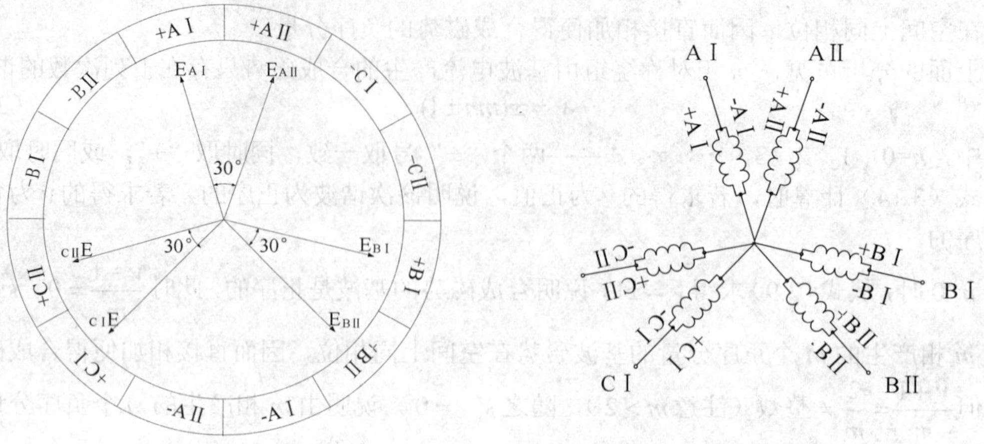

（a）绕组结构图　　（b）电气连接图

图 3-2　六相双 Y 移 30°绕组

对空间分布 30°相带绕组，即六相双 Y 移 30°绕组，以 m=12 代入式（3.14）可得其磁势谐波含量为$\nu=\pm(12n\pm1)=1$，−11，13，−23，25，−35，37，……

3.3.2　六相双 Y 移 30°绕组与三相 60°相带绕组相比的特点

在电机上采用六相双 Y 移 30°绕组，与常用三相电机比较具有下列优点：

（1）扩大了选择电压范围。在相同的电机额定容量下，六相电机每相的容量为三相电机每相容量的一半。因此从三相电机过渡到六相电机设计时，可保持电流不变或较原来数值小，而在原来电压至其一半之间选择电压，以获得最佳方案。由于电压降低，绕组主绝缘可以减薄，可以提高槽的利用率。

（2）能减小槽电流，从而减小绕组的电磁振动。槽电流太大，定子线圈将在强大的交变电磁力的作用下发生振动，这种振动是定子主绝缘发生机械磨损和电弧腐蚀的主要原因。当改用六相绕组保持相电压不变，则和原来的三相绕组比较，相电流即槽电流可以减小一半。

（3）转子表面损耗显著减小，从而提高电机效率。在三相 60°相带电机中，由基波电流产生的定子磁势包含 5、7、11、13、17、19、23、25、29、31 等次谐波，它们在转子表面引起较大损耗（涡流损耗和磁滞损耗），改用六相绕组后消除了 5、7、17、19、29、31 等次谐波。六相双 Y 移 30°绕组电机的转子表面损耗显著减小，从而有利于提高电机的效率。

（4）允许采用较小气隙，从而较少转子上的总损耗。众所周知，减少气隙能有效地减少需要的励磁安匝数而减少转子的励磁损耗和发热。但在三相电机里，减小气隙将使定子磁势谐波所引起的转子表面损耗迅速增加。因此存在某一最合适的气隙使转子上的总损耗（即励磁损耗与表面损耗之和）最小。另一方面，气隙的大小直接影响电机的短路比，气隙越小，则短路比也越小。但若改用六相双 Y 移 30°绕组，由于它的磁势谐波含量很少，即使气隙减小很多，转子表面损耗的增加仍微不足道。因此若能继续降低对短路比的要求，便可继续减小气隙，以进一步减少转子的总损耗。

（5）线圈的短距比 β 可以自由选择。对三相电机，表面损耗最小出现在$\beta=\frac{5}{6}$附近，β 大于或小于此值则表面损耗迅速上升，因此三相电机的 β 限制在 $\frac{5}{6}$ 左右。但对六相电机，表面损耗最小的 β 值有好几个，例如 $\beta=\frac{11}{12}$ 和 $\beta=\frac{3}{4}$ 等。并且六相电机的最大损耗比三相电机的最小电机的最小损耗还小很多，因此随便哪个 β 值都可考虑采用。采用六相双 Y 移 30°绕组时，线圈短距比 β 可以自由选择，而不受转子表面损耗过大的限制。可以针对所需电机的具体情况来选择最有利的 β 值。

（6）提高绕组系数，从而提高电机的有效材料利用率。相带越窄则绕组的分布系数 k_q 越大。六相双 Y 移 30°绕组从电机里面看是空间分布 30°相带绕组，因此其分布系数比通常的三相 60°相带绕组的大。再加上六相绕组的短距比 β 可取得比三相的大很多，因此其短距系数 k_{y} 也比三相的大。由此可见，六相电机的绕组系数 $k_{\mathrm{w}}=k_q k_y$ 可以比三相电机的高很多，从而提高电机有效材料的利用率。例如，当三相 60°相带绕组 q=4，$\beta=\frac{5}{6}$ 时，有

$$k_q=\frac{1}{2\times 4\sin\frac{30°}{4}}=0.95766$$

$$k_y=\sin\frac{5}{6}\times 90°=0.965926$$

$$k_w=0.95766\times 0.965926=0.925$$

而六相 30°相带绕组 $q=2$，$\beta=\frac{11}{12}$ 时，有

$$k_q=\frac{\sin 15°}{2\sin\frac{15°}{2}}=0.99144$$

$$k_y=\sin\frac{11}{12}\times 90°=0.99144$$

$$k_w=0.99144\times 0.99144=0.983$$

因此，六相电机的绕组系数比三相的提高约 6%，随之其有效材料利用率也相应提高。

3.4　本章小结

本章首先介绍了电机相数划分的原则，列举了各类多相电机绕组的结构特点。在此基础上分析了多相绕组谐波磁势，推导出 m 相对称绕组由基波电流产生的合成磁势存在的谐波次数。最后，分析了六相双星 30°绕组结构及磁势谐波含量，比较了六相双 Y 移 30°绕组与三相 60°相带绕组的不同点。

4　200kW 六相双 Y 移 30°同步电机设计

电机的电磁设计是一个非常复杂、不断处理矛盾的过程，不仅需要熟悉电机电磁理论，也需要大量的实践经验，还必须考虑生产的可行性、工艺性和经济性。国内电工行业没有针对多相同步电动机的指导性技术文件，也没有公开发表有关多相同步电动机电磁计算公式的文

献。本章中的六相同步电动机的设计是基于三相同步电机设计的基础上，以相同规格的三相同步电机作为蓝本进行设计的。

4.1 主要技术参数

200kW 六相双 Y 移 30°同步电机主要技术参数如下：

额定电压：690 V，额定频率：30 Hz，额定转速：450 r/min，转速范围：0～450 r/min，功率因数：1，额定效率：约 93%，励磁方式：有刷励磁。

4.2 多相同步电机设计

为提高电机设计准确性、可比性以及缩短电机的研制周期，本文首先参考了德国产的十二相 1000kW 同步发电机的槽型、槽数、磁极结构和绕组分布。然后利用 Ansoft 中的 RMxprt 模块，设计出具有相同技术参数的电机，仅仅相数不同，最后确定出本电机的电磁方案。

RMxprtTM 是旋转电机专业设计软件，能快速计算各种电机（感应电机、同步电机、电子或机械换向电机等）的性能指标。RMxprtTM 还能快速地对成百上千种设计方案进行评估，并可对预选方案进行优化设计，优化设计后的方案可根据模型的对称性，自动生成合理的二维/三维电磁场有限元分析模型。RMxprtTM 为工程人员在产品设计过程中及时地评估和平衡设计方案提供了有效工具。

4.2.1 定子结构

参照异步机 Y2 系列中的电机确定了本电机的内径和外径，然后借鉴一台德国产的十二相电机槽数和槽型，设计了本电机的定子。定子铁心外径 D_1 为 850mm，定子铁心内径 D_{i1} 为 640mm，槽数 Z 为 96，定子铁心 l 为 300mm，具体尺寸如图 4-1 所示。

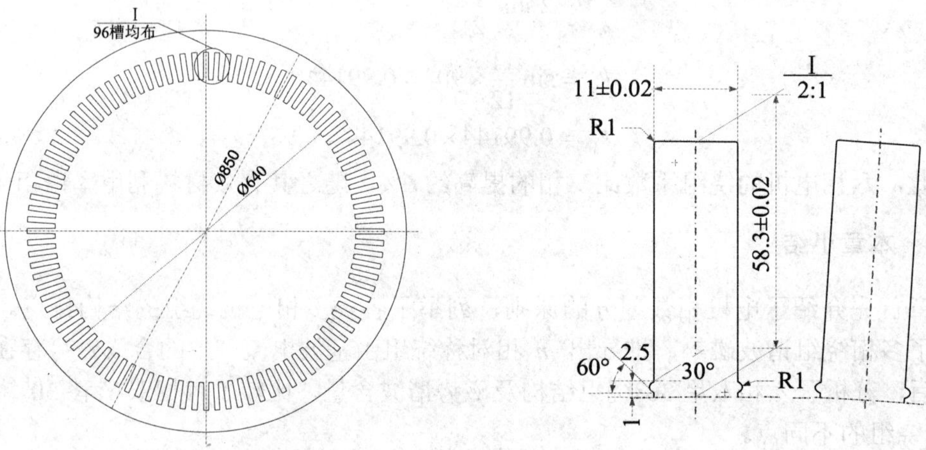

图 4-1 定子铁心冲片

4.2.2 转子结构

为保证凸极同步电机的气隙磁场分布尽量接近正弦，采用不均匀气隙。磁极中心线处气隙 δ 为 4mm，最大气隙 δ_m 为 6mm，转子铁心长为 300mm，详细尺寸如图 4-2 所示。

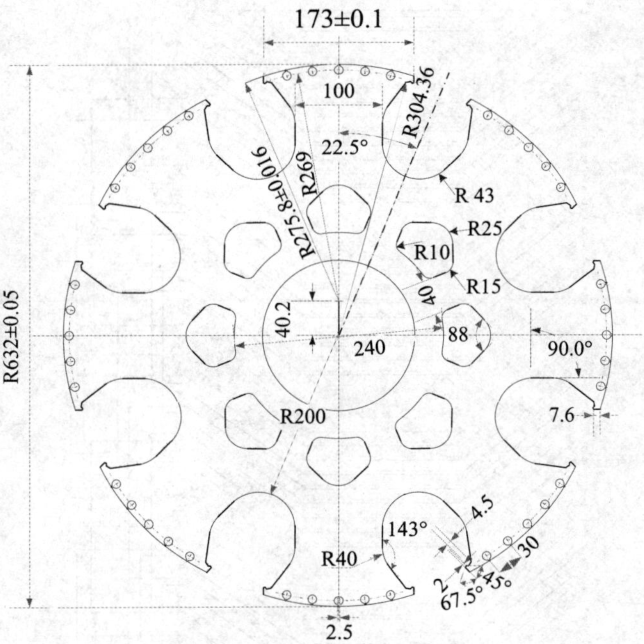

图 4-2　转子铁心冲片

4.2.3　定子绕组

变频技术使得电机的输入电流中含有谐波分量，从而造成脉振转矩，这对于同步电动机的影响尤其突出（因为脉振转矩主要是由谐波电流与基波磁通相互作用产生的，在同步电动机中谐波电流基本上由定子绕组的漏电抗抑制，转子绕组对输入谐波电流的阻尼作用较小），这无疑对现代交流调速系统中电机的设计提出了更高的要求。如何合理分布绕组、选择气隙以及选择电机绕组漏感和互感的合适比例，成为抑制谐波电流和脉振转矩的关键因素。

六相绕组消除了三相绕组的 5、7、17、19、29、31 等次谐波，线圈的短距比 β 可以自由选择，而三相电机的 β 限制在 5/6 左右。多相电机，注重系统整体性能的配合，同步电机的价格是次要因素，不太注重铜和铁材料的节省。本电机 β 为 1，采用双层叠绕组，节距为 12。绕组排布如图 4-3 所示。

4.2.4　阻尼绕组

现代交流调速系统中的交流电动机普遍采用了以磁通、转矩的解耦为目标的矢量控制，但要实现在动态过程中磁通、转矩的完全解耦，还需要在电机设计中合理设计各种电磁参数，以减轻交流电机矢量控制的负担。如对矢量控制中同步电动机阻尼绕组的设计就要满足像直流电动机中补偿绕组那样能快速抵消定子绕组中转矩电流分量的电枢反应，并配合磁通调节器保证气隙磁链的恒定，这与传统的同步电动机设计中，用阻尼绕组产生的动态转矩来抑制同步电动机的振荡是不同的。对凸极同步电动机采用阻尼绕组能够提高系统的动态品质。

4.2.5　电磁方案

进行了多方案计算后，综合考虑总体方案，选取如下电磁方案，如表 4-1 所示。

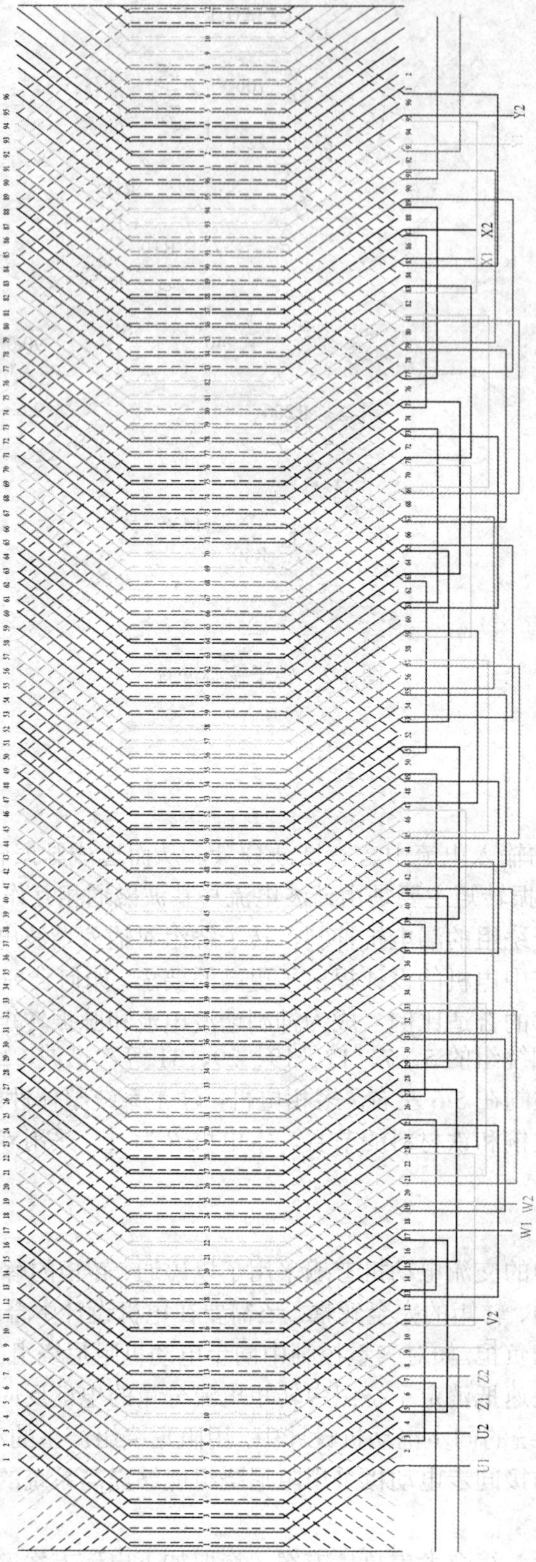

图 4-3　绕组排布

表 4-1　电磁方案

额定功率（kW）	200	空载励磁电流（A）	21.8573
额定电压（V）	690	定子铁心外径（mm）	850
额定电枢电流（A）	88	定子铁心内径（mm）	640
额定励磁电流（A）	38	定子槽型尺寸（mm×mm）	11×58.3
额定转速（r/min）	450	定子槽数	96
额定功率因数	1	定子绕组每相串联匝数	80
极数	8	定子绕组每槽导体数	10
相数	6	定子铁心长度（mm）	300
效率（%）	95.5	气隙（mm）	4/6
线负荷（A/cm）	417.5	阻尼绕组根数	5
定子绕组电密（A/mm^2）	3.175	阻尼绕组直径（mm）	9
励磁绕组电密（A/mm^2）	2.4	励磁绕组每极匝数	130
频率（Hz）	30		

4.3　电磁场分析计算

为了进行设计验证，针对上述电磁方案开展了电磁场分析计算。针对 200kW 六相双 Y 移 30°同步电动机，利用 Ansoft 软件建立了有限元模型，通过 Ansoft 的材料库和自定义材料给模型的各个部分准确地赋予相应的材料，然后以函数的形式表达每相的激励源，接着根据不同的关注区域确定剖分网格的稀疏，最后加载求解。如图 4-4 所示为 200kW 六相双 Y 移 30°同步电动机的有限元模型。

图 4-4　200kW 六相同步电动机有限元模型

4.3.1　空载特性的计算

同步电动机空载特性曲线：$E_0 = f(I_f)$，由于$E_0 \propto \phi_0$，$F_f \propto I_f$，所以空载特性曲线实际上反映了电机的磁化曲线。给定不同的励磁电流I_f，即可算得对应的空载电势，由此可得到电机的空载曲线$E_0 = f(I_f)$。图 4-5 至图 4-7 为空载下的相关数据与波形。

4.3.2　负载特性的计算

额定励磁电流的准确计算有助于同步电机励磁绕组的设计，传统的额定励磁电流的计算一般基于电动势－磁动势图来确定，实践表明，如果磁路饱和程度不太高，计算结果基本能满足工程要求。当磁路结构较为复杂，或额定负载时磁路呈现饱和现象时，基于电动势－磁动势图的方法就会产生较大的误差。而基于有限元数值法来确定额定励磁电流则可以得到比较高的计算精度。图 4-8 和图 4-9 是负载下的相关数据与波形。

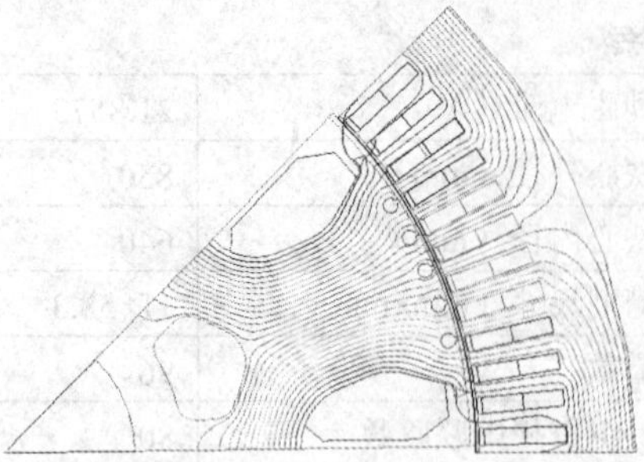

图 4-5 励磁电流 22A 时计算区域磁力线分布

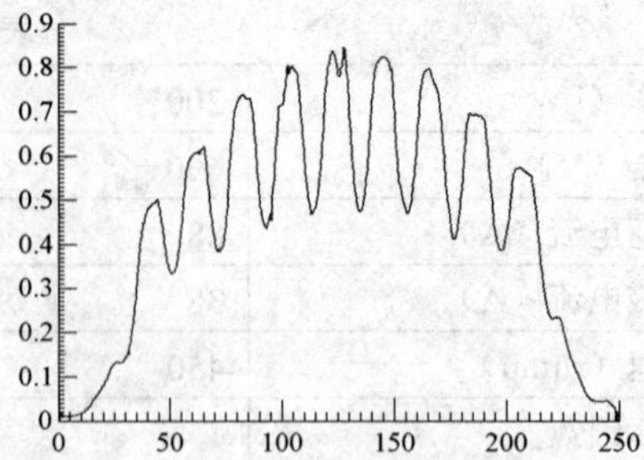

图 4-6 励磁电流 22A 时气隙磁密分布

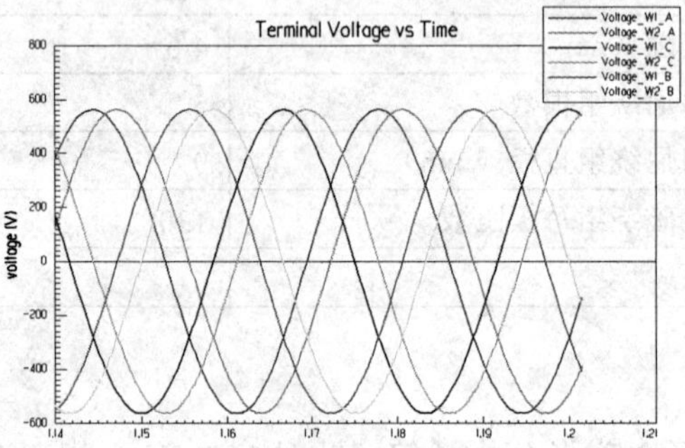

（a）相电压与时间波形图

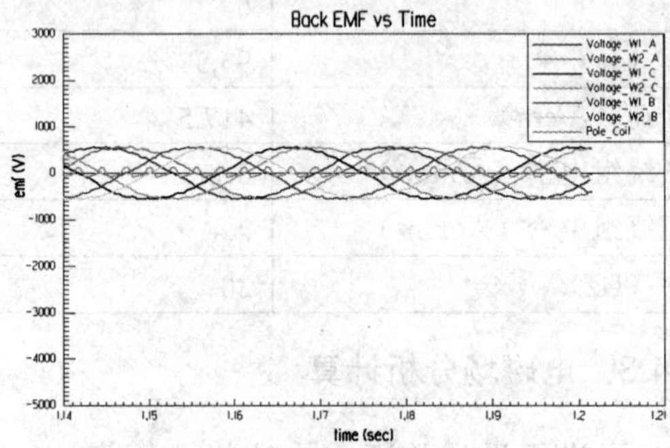

（b）反电势与时间波形图

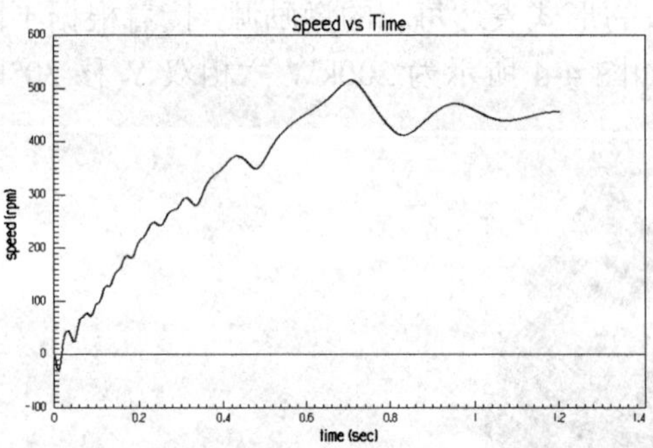

（c）转速与时间波形图

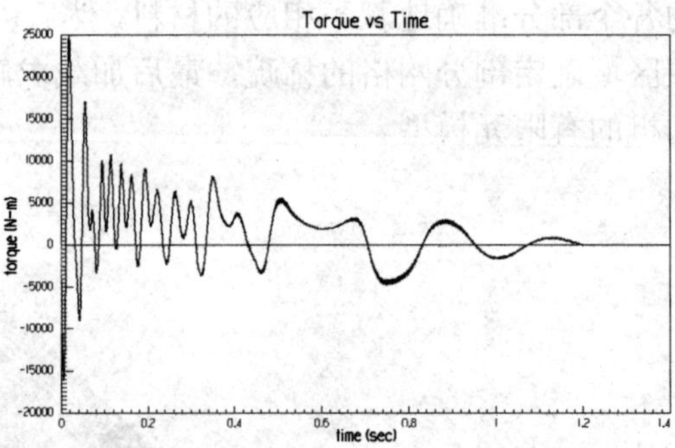

（d）转矩与时间波形图

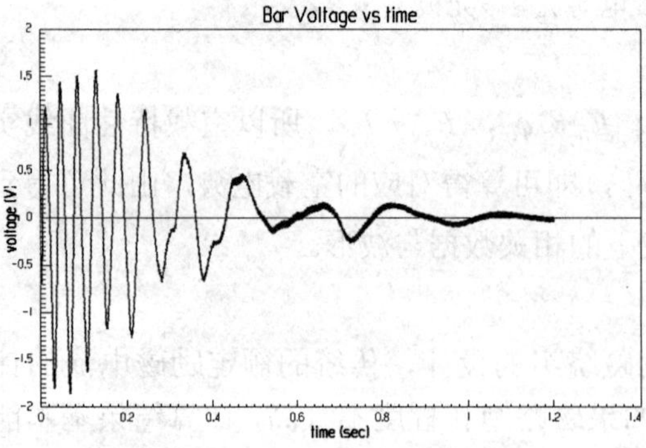

（e）阻尼绕组电压与时间波形图

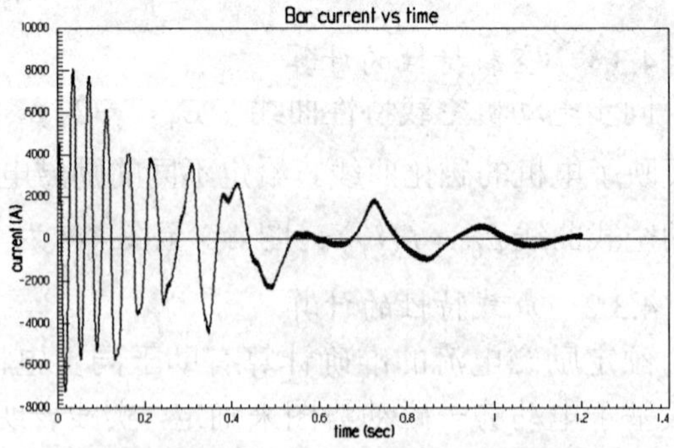

（f）阻尼绕组电流与时间波形图

图 4-7 空载计算曲线

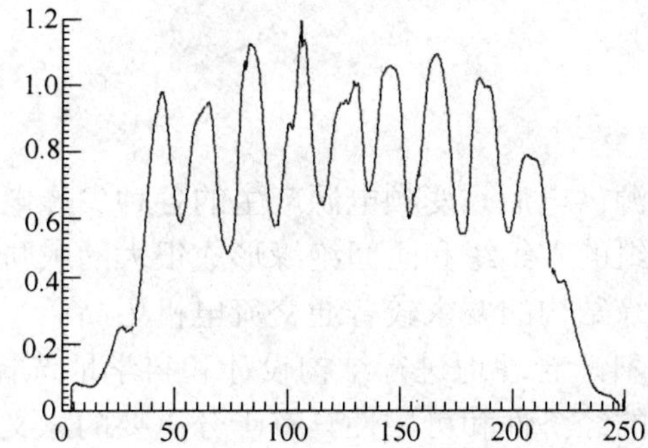

图 4-8　励磁电流 38A 时气隙磁密分布

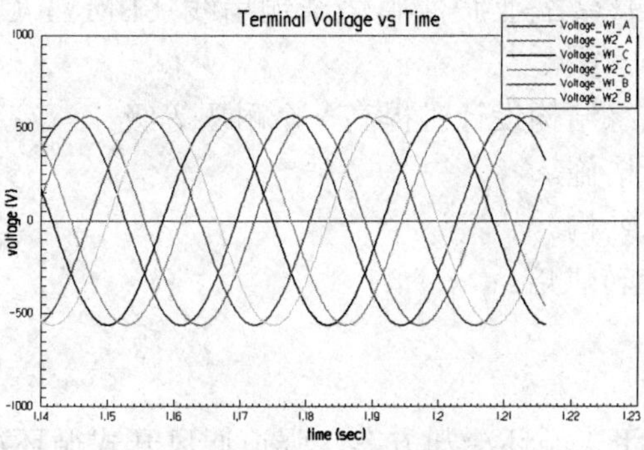

（a）相电压与时间波形图

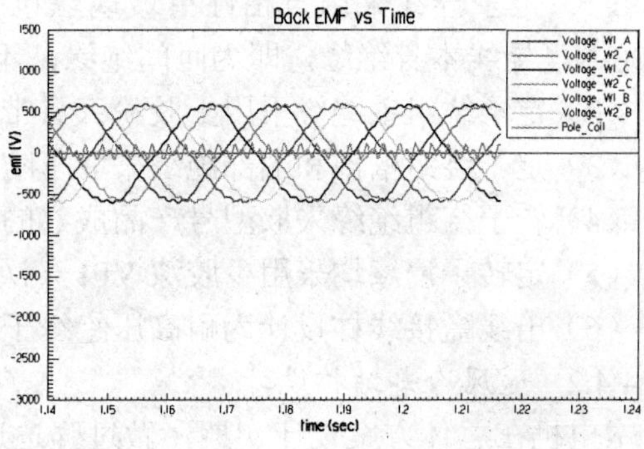

（b）反电势与时间波形图

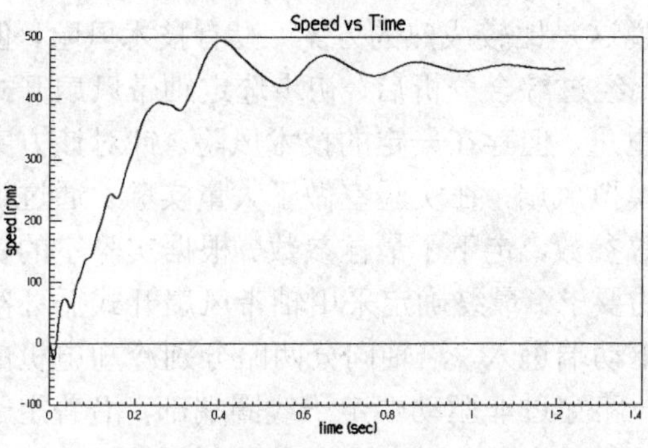

（c）转速与时间波形图

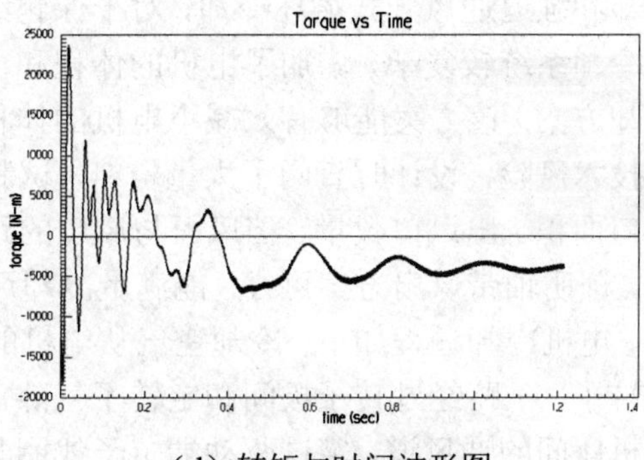

（d）转矩与时间波形图

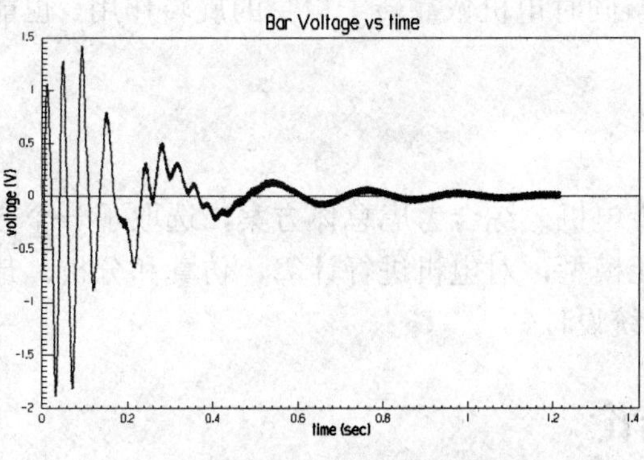

（e）阻尼绕组电压与时间波形图

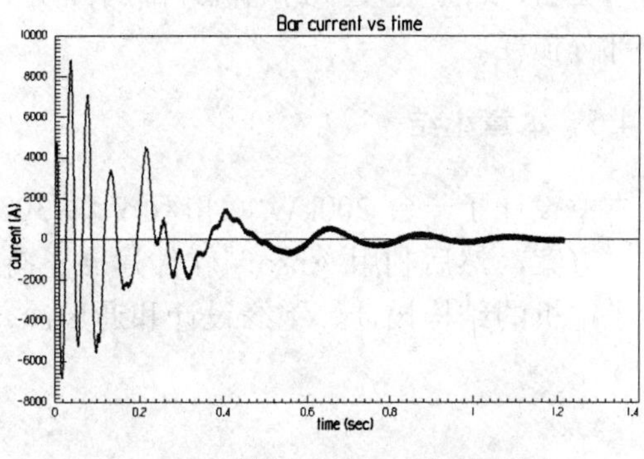

（f）阻尼绕组电流与时间波形图

图 4-9　负载计算曲线

4.4 结构设计

4.4.1 绝缘结构设计

同步电动机采用变频电源供电后，变频电源产生的各种尖峰电压会叠加在电机的绕组上，这样的电压峰值会对电机绕组的主绝缘和匝间绝缘形成很大的威胁，给电机的绝缘带来疲劳，加速老化，因此变频电机绝缘结构的要求较普通交流电机更高。

通过正确地选用绝缘材料、合理地进行结构设计和科学地选择制造工艺等多种方式来提高电机的绝缘水平，对电机的经济性和可靠性具有十分重要的意义。200kW 同步推进电机的绝缘设计主要考虑了以下几点：

（1）定子导线采用自粘性单玻璃丝包耐电晕聚酰亚胺薄膜烧结铜扁线 SBMYF-CRB-40/200-N，导线本身绝缘，即为匝间绝缘，不另包绝缘。

（2）定子绕组主绝缘采用少胶粉云母带，绝缘结构设计时提高一个耐压等级。

（3）定子绕组槽部和端部绝缘采取了防电晕措施。

（4）转子绕组绝缘采取型号产品成熟的绝缘结构。

（5）定转子浸漆均采用少胶漆 VPI 一次，旋转烘焙。

（6）出线盒接线柱设计为耐高压绝缘子。

4.4.2 通风冷却结构设计

本电机在总体方案设计初期，做过强迫通风闭式循环冷却方案、强迫通风开式循环冷却方案和轴带风扇开式循环冷却方案。转速不高的电机（≤450r/min）一般采用强迫通风闭式循环冷却和强迫通风开式循环冷却，对于课题组来说这是比较成熟的方案，没有技术风险，但是通风冷却系统较复杂，增加了电机的体积和重量。经过综合分析后，初步选定轴带风扇开式循环冷却方案，该方案能够有效减小电机的体积和重量，但存在一定的技术风险。针对该方案存在的技术风险，设计时查阅了大量资料，试制了模拟风扇，在实验室做了大量实验。通过调节出风口面积、出风口数量、挡风板与风扇的距离等参数，定下了最佳参数。根据实验室的实验结果，证明轴带风扇方案可行，能满足冷却风量的要求。最终确定采用轴带风扇开式循环冷却方案。电机冷却过程如下：冷却空气从电机的非驱动端进入，沿轴向分两路分别冷却电机的定子和转子。一路经过转子极间和定转子气隙；另一路穿过非驱动端定子线圈端部，沿着定子轭部与机座间的通风道，穿过驱动端定子线圈与第一路冷却风汇合，通过挡风板后到达风扇，经风扇增压后，热空气被排到电机外部周围空气中。同时电机依靠转子自身的旋转作用，也能带走一部分损耗。

4.5 本章小结

本章设计了一台 200kW 六相双 Y 移 30°同步电机，综合考虑总体方案，选取了一个较优的电磁方案，然后利用 Ansoft 软件建立了有限元模型，对电机进行计算、仿真和分析。最后进行了电机的结构设计、绝缘设计和通风冷却系统设计。

5 结论

多相同步电动机是对三相同步电动机的拓展，在设计方法上有相通之处，但多相同步电动机也有其特殊性。本论文对多相同步电动机的设计方法进行了深入、系统的研究。本文的主要内容和主要工作集中归纳在以下几个方面：

（1）论述了传统同步电机设计的特点和其中存在的局限性。指出了多相同步电机设计中相数的选择特点及绕组设计特点，在力求电机设计优化的同时，兼顾到系统设计的优化。

（2）多相绕组时空谐波分析。推导出 m 相对称绕组由基波电流产生的合成磁势存在的谐波次数，分析了六相双 Y 移 30°绕组结构及磁势谐波含量，它是深刻认识多相同步电动机特性的基础。对工业应用中，根据系统设计要求选择具体的多相同步电动机相数具有指导意义。

（3）设计了一台 200kW 六相双 Y 移 30°同步电机。由于该种电机是变频器供电，它有变频电机的特点，又有多相电机的特点，从电机的结构设计、绝缘设计和通风冷却系统设计方面提出了一些新方法。

参考文献

[1] N.P.Schouten. Multiphase induction motors for integrated drives. Proceedings IEE Ninth International Conference on Electrical Machines and Drives, 1999, 468: 6-11.

[2] Leila Parsa. On advantages of multi-phase machines. IEEE, 2005, 1574-1579.

[3] T.M. Jahns. Improved reliability in solid-state drives for large asynchronous ac machines by means of multiple-independent phase-drive units. IEEE Trans. Ind. App. 1980, IA-6:321-3311.

[4] Hamid A.Toliyat. Analysis and Simulation of Five-phase Variable-speed Induction Motor Drive under Asymmetrical Connections. IEEE Trans. Power Electr. 1998,13(4).

[5] Hamid A.Toliyat. Analysis of a concentratated winding induction machine for adjustable speed drive applications part I(Motor Analysis). IEEE Trans. Energy Conv.1991,6(4).

[6] Hamid A.Toliyat. Analysis and simulation of multi-phase variable-speed induction motor drive under asymmetrical connections. IEEE Trans. Power Electr. 1996,12(2).

[7] M.Godoy Simoes, N.N.Franceschetti. Design and evaluation of a dolyphase brushless DC-machine direct drive system. IEEE Trans. Energy Conv. 2001,5(1).

[8] 王令蓉，马伟明，刘德志．十二相同步发电机整流系统的数字仿真（Ⅰ）—数学模型．海军工程学院学报，1995(3).

[9] Hamid A.Toliyat. Analysis of a concentrated winding induction machine for adjustable speed drive applications part I(Motor Analysis).IEEE Tans, Energy Conv.1991,6(4).

[10] Yifan Zhao. Space vector PWM control of dual three-phase induction machine using vector space decomposition.IEEE Trans.on Indus.App.1995,31(5).

[11] Hamid A Toliyat. Analysis and simulation of five-phase variable-speed induction motor drives under asymmetrical connections. IEEE Trans. Power Electr.1998,13(4).

[12] Jen-Ren Fu.Disturbance-free operation of a multiphase current-regulated motor drive with an opened phase. IEEE Trans.Indus.App.1994,30(5).

[13] Alger P L. Induction machines gorden and breach science publishers . N.Y. 1970.

[14] 金爱娟，李少龙，任永德，等．六相感应电机的 SVPWM 技术研究．测控技术，2004，23（6）：40-42.

[15] 王兴伟，林桦．十二相交 2 交变频同步电动机矢量控制策略．电机与控制应用．2005，32（8）：36-40.

[16] E.E Ward, H.Harrer. Preliminary of an inverter fed 5-Phase induction motor. Proceedings of Inst. Elect. Eng, 1969, (16): 980-984.

[17] R. H. Nelson and P.C. Krause. Induction machine analysis for arbitrary displacement between multiple windings. IEEE Transactions on Power Apparatus and Systems, 1974,vol(93): 841-848.

[18] E. Andersen and K. Bieniek. Six-phase induction motors for current source inverter drives. in Conference Record of IEEE-IAS Annual Meeting, Rome, Italy, 1981:607-618.

[19] K. Gopakumar, B. E. Sathiakumar, M. E. Biswas and J. Vithayathil. Modified current source inverter fed induction motor drive with reduced torque pulsations. Proceedings of Inst. Elect. Eng, 1984,vol(131):159-164.

[20] E. A. Klingshirn, High phase order induction motors-part I: Description and theoretical considerations, IEEE Transactions on Power Apparatus and Systems, PAS-102, Jan. 1983. 47-53.

[21] E. A. Klingshirn. High phase order induction motors-part II: Experimental results. IEEE Transactions on Power Apparatus and Systems, 1983,vol(PAS-102):54-60.

[22] M. A. Abbas, R. Christen and T. M. Jahns. Six-phase voltage source inverter driven induction motor. IEEE Tranactions on Industry Applicaions, 1984, vol(IA-20):1251-1259.

[23] K. N. Pavithran, R. Parimelalagan, and M. Krishnamurthy. Studies on inverterfed five-phase induction motor drive. IEEE Transactions on. Power Electronics, 1988, vol(3): 24-235.

[24] J.G.Dente. Squirrel-cage induction motor with electronic commutation. in Proceedings of International Conference on Evolution and Modern Aspect of Induction Machines, Torino, Italy, 1986:596-599.

[25] A. R. Bakhshai, G. Joos, and H. Jin. Space vector PWM control of split-phase induction machine using the vector classification technique. in Proceedings of Applied Power Electronics Conference and Exposition, Anaheim, CA, Feb. 1998, vol(2): 802-808.

[26] K. Gopakumar, T. Ranganathan, and S. R. Bhat. Split-phase induction motor operation from PWM voltage source inverter. IEEE Transaction on Industry Applications, 1993,vol(29): 927-932.

[27] A. R. Munoz and T. A. Lipo. Dual stator winding induction machine drive. IEEE Transactions on Industry Applications, 2000, vol(36):1369-1379.

[28] M. G. Simoes, N. N. Franceschetti, and P. Vieira. Design and evaluation of a polyphase brushless DC-machine direct drive system. Industry Applications Conference, 2001. Thirty-Sixth IAS Annual Meeting, Chicago, IL, Oct. 2001, 5(2):835-842.

[29] Q. Mingzhong, R. Xiuming, and Z. Xiaofeng. Effect of PWM chopper on the electromagnetic torque of multi-phase PM propulsion motor. in Proceedings of the Fifth International Conference on Electrical Machines and Systems, Shenyang, China, Aug. 2001, vol(1): 561-563.

[30] R.Xiuming,Y. Bingchuan, and H.Hai. High-power multi-phase permanent magnet (PM) propulsion motor. in Proceedings of the Fifth International Conference on Electrical Machines and Systems, Shenyang, China, Aug. 2001, vol(2):835-837.

[31] Stewart J R, Wilson D D. High phase order transmission－A feasibility part Ⅰ－Steady state considerations. IEEE Trans. Power App. Syst, 1978, PAS - 97: 2300-2307.

[32] 贾小川．多相电机系统．1999 年北京电力电子技术创新研讨会．1999.

[33] 刘海洋，杨勉红．敢向世界写第一——记“海军工程大学舰船新型供电系统”课题组．海军院校教育.

[34] Nelson R H.Krausc P C. Induction Machine Analysis for Arbitrary Displacement Between Multiple Winding Sets. IEEE Trans. Power App. Syst, 1994, PAS-93: 84-848.

[35] Roger G. lawrence，David Finney. David F. Davidson the construction, testing, and installation of a 6500r/min 15000-hp adjustable-speed electric drive for a centrifugal aas compressor. IEEE Transactions on Industry Applications. 1988, 24(4):6202-627.

[36] Hahns T M. Improved reliability in solid-state drives for large asynchronous ac machines by means of multiple-independent phase drive units. Ph.D thesis, Mass.Inst. Technol, Cambridge, 1978.

[37] Klingshirn E A.High Phase Order Induction Motors Part-I Description and Theoretical Considerations. IEEE Trans Power App.Syst.1983, PAS-102(1).

[38] Mohamed A Abbas, Roland Christen, Thomas M Jahns. Six-phase voltage driven induction motor. IEEE Trans on IA 1984,20(3): 1251-1259.

[39] 黄进．p 对极 n 相对称系统的变换理论．电工技术学报，1995（1）：53-57.

[40] 黄顺礼，张伟红．世界最大变频调速同步电动机及国内技术动态．电机技术，1999（3）：57-59.

[41] 马铁洋．4400kW 24P 0～51r/min 2×1500V 交流调速同步电动机设计及结构特点．上海大中型电机，2003（4）：8-10，27.

[42] 金炫．5000kW 1000～1500r/min 交－直－交变频调速同步电动机设计特点．上海电机厂科技情报，2000（3）：19-23.

[43] 李隆年，王宝玲，周汝演．电机设计．北京：清华大学出版社，1992：7-9.

[44] J.Moreira and T.Lipo. Modeling of saturated ac machines including air gap flux harmonic components. IEEE Transactions on Industry Applications，1992,Vol(28):343-349.

致谢

本科毕业设计的学习即将结束，在近半年的学习里，我得到过许多老师、同学的热情关怀和无私帮助，在此谨向他们表示最衷心、最诚挚的感谢！

首先，衷心地感谢我的导师 XXX 教授。我的导师，学识渊博，对专业孜孜以求，精益求精；百忙之余仍然读书不辍，不断探求；为人师表，率先垂范；传道授业，呕心沥血。如果说我从导师那里学会了怎样做好学问，那么首先应该说我从导师那里领略了真正的学术精神，导师严谨的治学态度和坚韧的探索精神将使我终生受益。

衷心地感谢XXX、XXX、XXX等老师的无私帮助，在此向他们致以最诚挚的感谢。

感谢 XXX、XXX、XXX 等同学对我调试程序的过程中遇到的问题进行的耐心讲解，有他们的无私支持和帮助，才使我的毕业设计得以顺利地完成，希望我们以后能够继续合作，相互帮助、相互鼓励、共同进步。

9.2.2 精密伺服用永磁直线电机设计及其推力波动的抑制

1．毕业设计任务书

毕业设计任务书如表9-5所示。

表9-5 XXXX大学毕业论文（设计）任务书

姓　　名	XXX	学　　号	XXXXXXXX	系　　别	电气工程类系
专　　业	电气工程类及其自动化专业	年级班级	XX级X班	指导教师	XXX
论文题目	精密伺服用永磁直线电机设计及其推力波动的抑制				
任务和目标	毕业设计（论文）的任务和目标： 本毕业设计是在完成精密伺服用永磁直线电机设计的基础上，对其推力波动进行分析，并研究其抑制方法。需要掌握永磁直线电机的设计方法，并能够利用有限元分析软件ANSYS，对所需设计的电机及其推力波动的抑制方法进行建模并求解，最后通过后处理结果，选取合理方案。需要撰写题目为《精密伺服用永磁直线电机设计及其推力波动的抑制》的论文。论文撰写必须符合学校对学位论文的要求，结构合理，内容充实。 论文需要完成以下任务： 1. 学习磁导调制理论及推力抑制方法 （1）研究磁导调制理论，并将其应用于直线电机 （2）研究直线电机的推力抑制方法 2. 完成磁导调制式永磁直线同步电机的设计及计算 （1）电机电磁参数的确定 ① 定子参数的设计 ② 动子参数的设计 ③ 绕组参数及连接方式的设计 （2）基于有限元软件ANSYS的推力性能计算 3. Halbach阵列的永磁直线电机优化设计 （1）基于Halbach阵列的永磁体设计 （2）基于模拟退火法的电机优化设计 （3）Halbach阵列陶瓷基板结构直线电机优化设计					
基本要求	论文撰写应在指导教师指导下独立按时完成，论文应做到思路清晰、层次清楚、结构合理、文字通顺；掌握永磁直线电机的设计和推力抑制方法；掌握ANSYS的建模、计算和后处理方法，并能通过分析计算结果，确定最佳方案。论文字数不得少于15000字，还要有300字左右的论文摘要，关键词3～5个。最后附上参考文献、目录和致谢。				
研究所需条件	1. 具备足够的专业基础知识 （1）掌握永磁直线电机的基本设计方法 （2）掌握电机与电磁场理论 （3）掌握ANSYS有限元软件的原理及使用方法 2. 具备搜集资料的网络、图书馆等资源以及符合ANSYS安装环境的电脑				

续表

	序号	主要任务	起止时间
任务进度安排	1	任务书下达、毕业设计正式开始	2013.11.1—2013.11.12
	2	查阅国内外相关文献、资料，了解直线电机研究现状和发展动态，完成文献综述、开题报告的撰写	—2013.12.10
	3	学习磁导调制理论和推力波动的抑制方法	—2013.12.24
	4	设计一台基于磁导调制理论永磁直线同步电机，并完成ANSYS 计算	—2014.2.7
	5	研究 Halbach 阵列永磁体结构，及其 ANSYS 建模方法，并完成计算	—2014.3.7
	6	利用模拟退火法对 Halbach 阵列进行优化设计	—2014.3.31
	7	上交论文成稿	—2014.4.13
	8	上交 ANSYS 设计工程文件	—2014.4.15
	9	论文答辩	—2014.4.20
指导教师签字		日期	年　月　日
系部领导签章		日期	年　月　日

2. 文献综述

文献综述如表 9-6 所示。

表 9-6　XXXX 大学毕业论文（设计）文献综述

姓　　名	XXX	学　　号	XXXXXXXX	系　　别	电气工程类系
专　　业	电气工程类及其自动化专业	年级班级	XX 级 X 班	指导教师	XXX
论文题目	精密伺服用永磁直线电机设计及其推力波动的抑制				
查阅的主要文献	[1] 郑玉垒，张式勤，蒋黔解. 直线电机驱动在机床中的应用. 机电工程，2002，19（4）：36-39. [2] 张国梁. 我国机床用直线电机规模开发前景分析. 数控机床市场，2003，11：67-68. [3] 张春良，陈子辰，梅德庆. 直线电机伺服进给系统及其关键技术问题. 组合机床与自动化加工技术，2001，11：37-40. [4] 郭庆鼎，王成元，周美文，等. 直线交流伺服系统的精密控制. 北京：机械工业出版社，2000 [5] 郜业猛，杨正新，于世江，等. 直线电机在数控机床进给系统中应用现状与趋势. 合肥工业大学学报（自然科学版），2002，25（5）：777-781. [6] 邓立新. 电火花成型加工厂机床数控系统的发展趋势. 机械制造，2001，15（2）：28-29. [7] Gieras J F,Dawson G E, Eastham A R. A new longitudinal end effect factor for linear induction motors. IEEE Trans,1987,EC-2(1): 152-159. [8] Wilkinson K J R. End effects in wound linear induction motors. IEE Proceedings B,1982, 129(1): 35-42. [9] Ki-Chae Lim,Jung-Pyo IIong,Gyu-Tak Kim. The novel technique considering slot effect by equivalent magnetizing current. IEEE Transactionson magnetics, 1999,35(5): 3691-3693. [10] An Hur,Sang-Back Yoon,Dong-Yun Hwang. Analysis of PMLSM using Three Dimensional equivalent magnetic circuit network method. IEEE Transactions on magnetics, 1997,33(5): 4143-4145.				

续表

查阅的 主要文献	[11] An Hur, In-Soung Jung, Dong-Seok Hyun. Lateral characteristic analysis of PMLSM considering overhang effect by 3 dimensional equivalent magnetic circuit network method. IEEE Transactions on magnetics, 1998,l34(5): 3211-3213. [12] Clark R E, Jewell G W, Howe D. Finite element analysis of short-stroke linear motors and actuators. IEE Seminar on Current Trends in the Use of Finite Elements in Electro Mechanical Design and Analysis, 2000,London,IEE 2000.8/1-8/6. [13] 刘景林，蒋宗荣，李秉实. 稀土永磁直流直线电动机的优化设计. 微电机，1993，26（1）：10-13. 601. [14] 焦留成，汪旭东，袁世鹰. 直线感应电动机的优化设计研究. 中国电机工程学报，1999，19（4）：81-83. 881. [15] ImDal-Ho, ParkSeung-Chan, ParkDoo-Jin. Design of single-sided linear induction motor using the neural net works and finite element method. Proc. of the International Joint Conference on Neural Networks,1993, Nagoya,IEEE,1993(3):2811-2814. [16] Ferenc Toth, Finite-element analysis of linear synchronous motors with different pole configuration. Journal of Electrical Engineering, 2003,3(1):11-20. [17] In-Soung Jung, Sang-Beack Yoon, Jang-Ho Shim. Analysis of Force in a Short Primary Type and a Short Secondary Type Permanent Magnet Linear Synchronous Motor. IEEE Transactions on Energy Conversion, 1999,14(4):12-14. [18] Moon G. Lee, Dae-Gab Gweon. Optimal design of a double-sided linear motor with a multi-segmented trapezoidal magnet array for a high precision positioning system. Journal of Magnetic Materials 2004,3:112-122. [19] 叶云岳. 直线电机原理与应用. 北京：机械工业出版社，2000. [20] 李庆雷，王先逵，吴丹，等. 永磁同步直线电机推力波动分析及改善措施. 清华大学学报（自然科学版），2000，40（5）：33-36. [21] 刘爱民，张锦辉，高君. 直线电机的推力波动及其抑制方法. 沈阳工业大学学报，2003，25（6）：482-485. [22] 汤蕴璆. 电机内的电磁场. 北京：科学出版社，1998. [23] 龚曙光. ANSYS 基础应用及范例解析. 北京：机械工业出版社，2003. [24] 唐兴伦，范群波，张朝晖，等. ANSYS 工程应用教程——热与电磁学篇. 北京：中国铁道出版社，2002. [25] 许实章. 交流电机的绕组理论. 北京：机械工业出版社，1985. [26] 陈宇明，金能强. 直线同步电机的磁场与力特性分析. 电工电能新技术，2002，21（1）：26-28. [27] 郭红，贾正春，詹琼华，等. 永磁同步直线电机电磁推力的谐波分析. 微电机，2003，36（3）：14-17. [28] 汤蕴璆，史乃. 电机学. 北京：机械工业出版社，2001. [29] Ferenc Toth. Finite-element analysis of linear synchronous motors with different pole configuration. Journal of Electrical Engineering, 2003,13(1):11-20. [30] 唐任远. 现代永磁电机. 机械工业出版社，1997. [31] 王厚生. 永磁电动式导体板磁悬浮列车轨道结构及相关研究. 北京：中国科学院研究生院，2004.
文献综述	**精密伺服用永磁直线电机设计及其推力波动的抑制** **一、课题研究的目的** 半个世纪来，数控机床的进给驱动技术虽然历经变化，但基本的传动形式仍然是“旋转电机+滚珠丝杠”。电机输出的旋转运动，要经过联轴器、滚珠丝杠、滚珠螺母等很多中间传动和

续表

文献综述	变换环节以及相应的支撑，才能转变成被控对象的直线运动。正是由于中间存在着运动形式变换环节，导致了一系列不良后果，使得传动系统的刚度降低，起动和制动初期的能量都消耗在克服上述中间环节的弹性变形上，增加了运动体的惯量。由于结构的限制，中间传动环节不可避免地存在间隙、摩擦以及弹性影响，使系统的非线性因素增加，进一步提高系统的精度变得很困难。 直线电机直接驱动是解决上述问题的有效方法，机床进给系统采用的直线电机直接驱动与原旋转电动机传动方式的最大区别是取消了从电动机到工作台之间的一切机械中间传动环节。直线伺服系统省掉了机械速度变换机构，将负载与直线电机的动子相连，把控制对象同电机做成一体化结构，机械传动链的取消消除了机械速度变换机构所带来的摩擦、机械后冲、弹性变形等对系统伺服性能的影响。同时在导轨上通过串联直线电机的定子，就可无限延长动子的行程长度，从而在精密与超精进给、高速与超高速运行等方面显示出了优越性能。直线电机最高加速度可达 2～10*g*（*g* 为重力加速度），是滚珠丝杠副的 10 倍；最大进给速度可达 60～200m/min 或更高，是滚珠丝杠副的 30 倍；其带宽在不采用特别措施时要高出滚珠丝杠副 3～6 倍；动态刚度是滚珠丝杠副驱动机构的 7 倍，且运行时效率高，行程不受限制、可以采用全闭环控制系统。 **二、课题研究的意义** 目前，在数控机床上应用的直线电机主要有感应式交流伺服电机和永磁式交流伺服电机。过去，在产业中普遍应用的直线电机多以直线感应电机（LIM）为主流，它在控制性能和效率等方面都存在缺陷，限制了其在高速、高精度领域的应用。随着永磁体材料性能的提高和应用技术的发展，采用永磁体的直线伺服电机，解决了次级无感应电流发热、对气隙不敏感等问题，且具有推力强度高、损耗低、电气时间常数小、响应快、控制比较容易等一系列特点。因而，近年来在高档数控机床进给驱动中得到了应用，成为新一代数控机床的主要标志之一，在车床、铣床、磨床、加工中心、电加工机床、激光加工机床、冲压力床、雕刻机等设备上都有广阔的应用前景。 为了达到高速高精度的目的，就必须提高直线电机的伺服性能，这主要体现在两方面：一是要求直线电机不仅有更大推力，而且要有较高的推力密度（单位体积所产生的推力）。因为在精密加工机床中，在要求高速的同时，必须重视高加速度、高动态响应技术指标。只有高加速度、高动态响应，才能使伺服系统在有限的行程内达到高速度，同时，也只有高加速度才能保证伺服系统的高动态响应；二是直线电机的推力波动要小，在精密加工过程中，直线电机自身的推力波动已成为伺服系统扰动的主要因素。其中端部效应对伺服系统来说是一个外界干扰，这也是“零传动”方式带来的新的矛盾和问题。 永磁直线伺服电动机的铁心两端是开断的，即使在电机绕组不通电流的情况下，也存在着明显的纵向端部效应力，称为空载端部效应力，而它是引起推力特性波动的主要成分。同时，由于电机定子端齿槽的存在而产生的齿槽效应和三相电流不对称而形成的推力纹波的影响，也使永磁直线伺服电机产生推力波动。因此，在电机设计时，要针对永磁直线伺服电机所特有的端部效应、齿槽效应、推力纹波等问题进行深入的分析研究和优化设计。同时，在伺服控制系统运行过程中，各种扰动不可避免，有些扰动是随机的，不确定的，有些扰动则是具有一定的规律性或相对可知的。由于直线电机的直接驱动方式，各种扰动没有中间机械环节的阻尼和缓冲，因此精密直线伺服系统只有对各种扰动采取行之有效的补偿控制策略，才能提高整个伺服机构及机床整机的加工精度等级。通过对永磁直线伺服电机本体设计和具体的控制系统相结合，来实现机床高速高精度加工的需要。 **三、课题研究思路** 论文研究主要围绕直线电机及其推力的优化设计问题进行，并结合仿真数据得出分析结果，具体研究内容如下： （1）研究永磁直线伺服电机原理，对电机的推力波动原因进行分析总结，找出其组成部分、主要矛盾（因素）和相关规律性，提出了具体改善措施。 （2）对永磁直线伺服电机进行了有限元分析，阐述了磁导调制基本思想，并基于分数槽理论

续表

文献综述	提出了多极少齿直线伺服电机设计方案，有效地抑制电机端部效应、齿槽效应的影响，而且用这种方法设计的电机具有良好的制造工艺性。 （3）利用 Halbach 的永磁体阵列方式进一步削弱永磁直线伺服电机的推力波动，采用模拟退火算法对电机进行了优化设计，并将上述方法应用于陶瓷基板结构的直线电机优化设计上。 （4）利用 ANSYS 软件对永磁直线伺服电机及 Halbach 阵列结构进行分析计算，验证电磁方案的正确性。 **四、结束语** 课题完成了精密机床用永磁直线电机的设计，并在此基础上完成了 Halbach 阵列的结构设计。通过本次毕业设计，我不仅掌握了永磁直线电机的原理和设计方法，还通过对磁导调制理论以及 Halbach 阵列结构的研究，深入理解了电机电磁设计原理及方法。这为我日后继续从事电机的研究工作打下了坚实的基础。
备注	
指导教师意见	指导教师签字： 年　　月　　日

3. 论文开题报告

论文开题报告如表 9-7 所示。

表 9-7　XXXX 大学毕业论文（设计）开题报告

姓　　名	XXX	学　　号	XXXXXXXX	系　　别	电气工程类系
专　　业	电气工程类及其自动化专业	年级班级	XX 级 X 班	指导教师	XXX
论文题目	精密伺服用永磁直线电机设计及其推力波动的抑制				
选题依据与意义	**一、学术价值、应用价值** 半个世纪来，数控机床的进给驱动技术虽然历经变化，但基本的传动形式仍然是“旋转电机+滚珠丝杠”。电机输出的旋转运动，要经过联轴器、滚珠丝杠、滚珠螺母等很多中间传动和变换环节以及相应的支撑，才能转变成被控对象的直线运动。正是由于中间存在着运动形式变换环节，导致了一系列不良后果，使得传动系统的刚度降低，起动和制动初期的能量都消耗在克服上述中间环节的弹性变形上，增加了运动体的惯量。由于结构的限制，中间传动环节不可避免地存在间隙、摩擦以及弹性影响，使系统的非线性因素增加，进一步提高系统的精度变得很困难。 直线电机直接驱动是解决上述问题的有效方法，机床进给系统采用的直线电机直接驱动与原旋转电动机传动方式的最大区别是取消了从电动机到工作台之间的一切机械中间传动环节。直线伺服系统省掉了机械速度变换机构，将负载与直线电机的动子相连，把控制对象同电机做成一体化结构，机械传动链的取消消除了机械速度变换机构所带来的摩擦、机械后冲、弹性变形等对系统伺服性能的影响。同时在导轨上通过串联直线电机的定子，就可无限延长动子的行程长度，从而在精密与超精进给、高速与超高速运行等方面显示出了优越性能。直线电机最高加速度可达 2～10g（g 为重力加速度），是滚珠丝杠副的 10 倍；最大进给速度可达 60～200m/min 或更高，是滚珠丝杠副的 30 倍；其带宽在不采用特别措施时要高出滚珠丝杠副 3～6 倍；动态刚度是滚珠丝杠副驱动机构的 7 倍，且运行时效率高，行程不受限制、可以采用全闭环控制系统。				

续表

<table>
<tr><td>选题依据与意义</td><td>目前，在数控机床上应用的直线电机主要有感应式交流伺服电机和永磁式交流伺服电机。过去，在产业中普遍应用的直线电机多以直线感应电机（LIM）为主流，它在控制性能和效率等方面都存在缺陷，限制了其在高速、高精度领域的应用。随着永磁体材料性能的提高和应用技术的发展，采用永磁体的直线伺服电机，解决了次级无感应电流发热、对气隙不敏感等问题，且具有推力强度高、损耗低、电气时间常数小、响应快、控制比较容易等一系列特点。因而，近年来在高档数控机床进给驱动中得到了应用，成为新一代数控机床的主要标志之一，在车床、铣床、磨床、加工中心、电加工机床、激光加工机床、冲压力床、雕刻机等设备上都有广阔的应用前景。
为了达到高速高精度的目的，就必须提高直线电机的伺服性能，这主要体现在两方面：一是要求直线电机不仅有更大推力，而且要有较高的推力密度（单位体积所产生的推力）。因为在精密加工机床中，在要求高速的同时，必须重视高加速度、高动态响应技术指标。只有高加速度、高动态响应，才能使伺服系统在有限的行程内达到高速度，同时，也只有高加速度才能保证伺服系统的高动态响应；二是直线电机的推力波动要小，在精密加工过程中，直线电机自身的推力波动已成为伺服系统扰动的主要因素。其中端部效应对伺服系统来说是一个外界干扰，这也是“零传动”方式带来的新的矛盾和问题。从永磁直线伺服电动机的结构原理图可以看出，其铁心两端是开断的，即使在电机绕组不通电流的情况下，也存在着明显的纵向端部效应力，称为空载端部效应力，而它是引起推力特性波动的主要成分。同时，由于电机定子端齿槽的存在而产生的齿槽效应和三相电流不对称而形成的推力纹波的影响，也使永磁直线伺服电机产生推力波动。因此，在电机设计时，要针对永磁直线伺服电机所特有的端部效应、齿槽效应、推力纹波等问题进行深入的分析研究和优化设计。同时，在伺服控制系统运行过程中，各种扰动不可避免，有些扰动是随机的，不确定的，有些扰动则是具有一定的规律性或相对可知的。由于直线电机的直接驱动方式，各种扰动没有中间机械环节的阻尼和缓冲，因此精密直线伺服系统只有对各种扰动采取行之有效的补偿控制策略，才能提高整个伺服机构及机床整机的加工精度等级。通过对永磁直线伺服电机本体设计和具体的控制系统相结合，来实现机床高速高精度加工的需要。
二、直线电机的研究现状
直线电机的历史最早可追溯到 1840 年惠斯登提出和制作雏形但不成功的直线电机，至今已有 170 多年。其发展大致可分为三个阶段，第一阶段是直线电机探索实验和部分实验应用时期。由于直线电机还没能找到唯独它能解决问题的领域，以及直线电机在设计方面也没有突破性的成功，所以直线电机在这一时期始终未能得到真正的应用；第二阶段是直线电机全面的开发阶段。在这期间，以英国 E.Laithwaite 教授为首的一些人在强调直线电动机的基础研究的情况下，取得了不少研究成果，包括发表直线电机理论分析文章和出版比较系统地介绍直线电机的专著“Induction Machines for Special Purposes”。这些给直线电机的发展起到了一个推动作用，做出了开创性的贡献，也使直线电机再一次受到了重视；从 1971 年开始直线电机进入了独立应用阶段，在这个时期，研究人员终于选择一条适合直线电机自身发展的独特思路。各类直线电机的应用得到了迅速的推广，出现了许多具有实用价值的产品。
永磁直线伺服电机的研究尚处于初级阶段，其解析研究主要有两种方法：集中参数的电路理论和分布参数的电磁场理论。主要集中在一维稳态方面，主要有磁路法、磁场解析法、等效磁网络法、等效电路法等。它一般是将电机理想化，即取电机的一个极距为求解区域，将绕组和永磁体等效成正弦电流层，忽略铁心开断、边端效应、补偿绕组、端部填半槽、三相绕组实际不平衡等因素的影响，因此，它基本上是沿用旋转电机的分析方法，在实际使用中存在较大的误差。要全面、准确地研究问题的本质必须应用二维、三维的方法，目前在这方面主要采用有限元法，利用它对磁场进行数值计算，可以较准确地得到磁场位函数的数值解，进而对永磁直线伺服电机的特性进行分析。但要想达到较高的计算精度，就必须花费较长的计算时间和编程精力。</td></tr>
</table>

续表

<table>
<tr><td>选题依据与意义</td><td>三、直线电机推力性能优化的研究现状
目前在关于直线电机推力的设计研究中，一个非常活跃的研究方向就是引入了各种数值算法和优化算法对直线电机进行计算机辅助优化设计。刘景林等从场－路结合的观点采用混合罚函数法对稀土永磁直流直线电动机进行了优化设计，目标函数为单位体积产生的推力。焦留成等采用 Hook-Jeeves 法对直线感应电机进行优化设计，优化的目标是直线电机的力能指标最大，对直线电机的其他性能指标引入约束条件，约束处理采用外点罚函数法。Im Dal-Ho 等采用神经元网络对单边型平面直线感应电动机进行优化设计，电机部分的计算采用有限元法。有人用边界元法对直线感应电机进行优化设计，近期迭代参数化设计和模拟退火法等也被引入到直线电机的设计中，但把优化算法引入到永磁直线伺服电机的设计中的文章还较少。在减小永磁直线伺服电机推力波动方面，可以在直线电机初级绕组的端部槽中，采用全填满的绕组形式提高电机的性能，或者在主初级前面增加一段辅助短初级，用来减少入端电磁行波的效应，但是增加补偿绕组会使电机重量和成本增大。斜槽或斜极能够有效地减少推力波动的影响，但却使电机的平均推力减小，给制造工艺带来很大麻烦。在改变永磁体排列和充磁方式方面，对双边励磁直线电机和永磁体分别在动子和定子上排布的单边直线电机也有一定的研究，但针对数控机床用的特殊结构的永磁直线伺服电机推力研究的文章却几乎没有。目前虽出现了多种抑制推力波动的方法，但均存在一定的局限性，因而针对这一问题的研究工作仍将持续进行下去。</td></tr>
<tr><td>研究内容</td><td>1 绪论
1.1 课题研究的目的和意义
1.2 课题来源和国内外发展情况
1.3 论文主要研究内容
2 永磁直线伺服电机原理及推力波动分析
2.1 永磁直线伺服电机的基本工作原理
2.2 永磁直线同步电动机推力波动的原因和解决措施
2.2.1 系统的外部和内部扰动
2.2.2 抑制推力波动的电机设计方法
3 磁导调制式永磁直线电机设计
3.1 永磁直线电机的电磁场分析
3.1.1 基于有限元法的磁场和推力分析
3.1.2 永磁直线电机的有限元分析计算
3.2 磁导调制式直线电机设计思想的提出
3.3 分数槽绕组理论在磁导调制式直线电机中的应用
4 Halbach 阵列的永磁直线电机优化设计
4.1 Halbach 阵列的研究现状及优势
4.2 基于 Halbach 阵列的永磁体设计
4.3 基于模拟退火法的电机优化设计
4.4 Halbach 阵列陶瓷基板结构直线电机优化设计
5 结论</td></tr>
<tr><td>研究方案</td><td>一、本课题研究的目标
因为直线电机直接驱动去掉了中间传动环节，所以解决了传动机构所有的间隙、摩擦以及弹性变形对加工精度的影响，是目前高速高精加工机床的直线进给方式。本设计将重点研究直接驱动方式下直线电机的设计及其推力抑制方法。</td></tr>
</table>

续表

<table>
<tr><td>研究方案</td><td>

二、本课题研究的内容

本设计利用磁导调制理论，设计一台多极少齿的直线伺服电机，并采用 Halbach 阵列作为永磁体结构，实现推拉力波动的抑制，然后应用模拟退火法对 Halbach 阵列进行优化设计，最后借助有限元软件 ANSYS 对永磁直线电机电磁设计方案及 Halbach 阵列设计方案进行验证。

三、本课题研究要解决的问题

(1) 在直接驱动方式下，电机的推力波动将无缓冲地作用在加工平台上。因此，如何降低电机自身的推力波动是这类电机设计中必须解决的问题。本论文将对电机的推力波动原因进行分析总结，找出其相关规律性，定量计算基波及主要低次谐波对特定定子齿槽结构电机的端部效应、齿槽效应的影响。为直线电机磁场优化设计提供理论依据和理论指导。

(2) 增加电机极数是减小端部效应影响的有效措施之一。但电机极数增加，势必带来总槽数的增加，往往会严重影响电机的加工工艺性。本论文将采用基于分数槽理论的多极少齿直线伺服电机设计方案，对分数槽绕组电机设计及其绕组理论分析进行研究，给出基本设计原则和必要的计算方法，使之有效地抑制电机齿槽效应的影响，绕组同样具有短距和分布效应，对谐波有较好的抑制作用，而且用这种方法设计的电机具有良好的制造工艺性。

(3) 在实际工业生产中，永磁体正弦充磁工艺复杂，实现困难。本论文将对磁场阵列排列方式和充磁方式（如 Halbach 阵列）进行磁场优化设计。并将 ANSYS 计算工具和优化设计方法结合起来，对阵列排列几何尺寸（磁场波形）进行优化设计。最后对上述设计方法及结果进行分析比较，找出机床用永磁直线伺服电机的合理方案，并使之符合工程实践的具体要求。

四、研究步骤

(1) 2013 年 11 月 01 日－2013 年 12 月 10 日　查阅文献，了解课题背景。

(2) 2013 年 12 月 10 日－2013 年 12 月 24 日　学习磁导调制理论和推力波动的抑制方法。

(3) 2013 年 12 月 25 日－2014 年 02 月 07 日　设计一台基于磁导调制理论永磁直线同步电机及其 ANSYS 建模方法，并完成计算。

(4) 2014 年 02 月 08 日－2014 年 03 月 31 日　研究 Halbach 阵列永磁体结构，并完成模拟退火法的优化设计。

五、可行性分析

本次毕业设计有国家自然科学基金的资助，导师所在的课题组有类似电机的设计经验，而且国外知名公司已相继推出类似产品，这些产品的外形参数和性能指标都将为本课题提供参考依据。本次毕业设计，拟利用磁导调制理论，设计一台直接驱动方式下的永磁同步直线电机。针对该电机存在齿槽效应和端部效应，从而影响推力波动的问题，拟采用 Halbach 阵列设计永磁体结构，并利用模拟退火法对永磁体参数进行优化设计。最后，利用有限元软件 ANSYS 对上述方案进行验证。

六、预期成果

(1) 完成基于磁导调制理论的多极少齿永磁直线伺服电机的电磁设计，并利用 ANSYS 实现仿真验证。

(2) 完成 Halbach 阵列的设计和优化，并利用 ANSYS 实现仿真验证。

(3) 完成论文的撰写工作。

</td></tr>
</table>

续表

写作进度安排	（1）2013 年 11 月 01 日—2013 年 12 月 10 日　完成文献综述及开题报告。 （2）2013 年 12 月 10 日—2014 年 03 月 31 日　完成样机设计和计算，完成论文初稿。 （3）2014 年 04 月 01 日—2014 年 04 月 13 日　上交论文成稿。 （4）2014 年 04 月 14 日—2014 年 04 月 20 日　上交程序、验收。
指导教师意见	指导教师签字： 年　月　日
系学术委员会意见	主任签章： 年　月　日

4. 论文中期报告

论文中期报告如表 9-8 所示。

表 9-8　XXXX 毕业论文中期检查报告

姓　名	XXX	学　号	XXXXXXXX	指导老师	XXX
论文题目	精密伺服用永磁直线电机设计及其推力波动的抑制				
论文中期完成情况	**一、前期工作简述** 论文的前期工作主要完成了任务书和开题报告的撰写，明确课题的整体规划。 **二、解决的问题及解决办法** (1)永磁直线伺服电机主要尺寸设计方法：国内尚没有这类电机设计的指导性书籍和文件，设计之初我觉得非常困难，后来在导师的指导下，大量地借鉴国外相关产品的主要尺寸和指标，完成了永磁直线伺服电机的设计。 (2) 永磁直线伺服电机推力波动的抑制方法：通过相关文献研究永磁直线伺服电机推力波动的抑制方法，选用 Halbach 永磁体阵列结构来抑制波动。 **三、尚存在的问题及解决方案** （1）尚需学习的内容：为了验证电机电磁设计方案和 Halbach 永磁体阵列结构，需要学习 ANSYS 软件，及其建模、计算和后处理的方法。 （2）尚需解决的问题：Halbach 永磁体阵列结构在 ANSYS 软件中的建模方法。 **四、后期工作安排** （1）2014 年 02 月 08 日—2014 年 03 月 31 日　研究 Halbach 阵列永磁体结构，并完成模拟退火法的优化设计。 （2）2014 年 04 月 01 日—2014 年 04 月 13 日　上交论文成稿。 （3）2014 年 04 月 14 日—2014 年 04 月 20 日　上交程序、验收，准备答辩 PPT。				

续表

完成情况 评价	1．按计划完成，完成情况优（ ） 2．按计划完成，完成情况良（ ） 3．基本按计划完成，完成情况合格（ ） 4．完成情况不合格（ ） 补充说明： 指导教师签名：　　　　　　　　　　年　　月　　日

5．论文封皮

论文封皮示样图如图 9-3 所示。

XXXX 大学

毕　业　论　文（设 计）

题　　目：精密伺服用永磁直线电机设计及其推力波动的抑制

系　　部：电气工程类系

专　　业：电气工程类及其自动化专业

班　　级：XX 级 X 班

学　　号：XXXXXXXX

姓　　名：XXX

指导教师：XXX

完成日期：XXXX 年 XX 月 XX 日

图 9-3　论文封皮示样图

6．论文诚信声明和版权说明

论文诚信声明和版权说明如图 9-4 所示。

毕业论文（设计）诚信声明书

本人声明：我将提交的毕业论文（设计）《精密伺服用永磁直线电机设计及其推力波动的抑制》是我在指导教师指导下独立研究、写作的成果，论文中所引用他人的无论以何种方式发布的文字、研究成果，均在论文中加以说明；有关教师、同学和其他人员对本文的写作、修订提出过并为我在论文中加以采纳的意见、建议，均已在我的致谢辞中加以说明并深致谢意。

论文作者：XXX　　　　　（签字）时间：　　年　月　日

指导教师已阅　　　　　　（签字）时间：　　年　月　日

毕业论文（设计）版权使用授权书

本毕业论文（设计）《精密伺服用永磁直线电机设计及其推力波动的抑制》是本人在校期间所完成学业的组成部分，是在 XXXX 大学教师的指导下完成的，因此，本人特授权 XXXX 大学可将本毕业论文（设计）的全部或部分内容编入有关书籍、数据库保存，可采用复制、印刷、网页制作等方

图 9-4　论文诚信声明和版权说明

式将论文文本和经过编辑、批注等处理的论文文本提供给读者查阅、参考，可向有关学术部门和国家有关教育主管部门呈送复印件和电子文档。本毕业论文（设计）无论做何种处理，必须尊重本人的著作权，署明本人姓名。

论文作者：XXX （签字）时间： 年 月 日

指导教师已阅 （签字）时间： 年 月 日

图 9-4 论文诚信声明和版权说明（续图）

7. 论文正文

精密伺服用永磁直线电机设计及其推力波动的抑制

中文摘要：本文以 XXXXXXX 基金资助项目“XXXXXXX（No. XXXXXXX）”为背景，研究了精密伺服用永磁直线伺服电机的设计方法，并研究了其推力波动抑制的方法。

论文首先在研究直线电机设计方法的基础上，针对端部效应和齿槽效应引起永磁直线电机推力波动的问题，给出了基于磁导调制理论的新型电机结构设计方案，利用分数槽绕组来达到短距、分布的目地，在保证电机结构具有良好的工艺性的同时，优化了电机的推力性能。其次，论文研究了 Halbach 永磁体阵列对直线电机性能的影响，并利用模拟退火算法对梯形的永磁体阵列进行了优化设计。

论文利用有限元软件 ANSYS 对设计方案进行仿真分析，其结果表明磁导调制的永磁直线电机可以提高电机的推力密度，而且有效地削弱了推力波动。并且，以推力波动为目标函数，模拟退火法可以实现降低 Halbach 结构的永磁直线电机的推力波动。

关键词：永磁直线伺服电机　推力波动　磁导调制　Halbach 阵列

Abstract: On the background of the XXXXXXX Foundation project named “XXXXXXX (No. XXXXXXX)”, the design method of permanent magnet linear servo motor (PMLSM) used in precise NC machines has been researched, and its thrust ripple restraining method is also researched.

Based on the design method researchment of linear motor, in order to solve the thrust ripple problem of PMLSM caused by end and cogging effect, the new structure scheme of PMLSM based on permeance modulated theory is present, which used fractional-slot theory to realized the purpose of short pitch and distribute. This scheme can make the technics simple and improve the thrust performance. Then, the influence of Halbach permanent magnet array on PMLSM is researched, and the Simulated Annealing Algorithm (SAA) is used to optimize the trapezoid Halbach array permanent magnet.

The finite element software ANSYS is employed to analysis the design project, the results show the PMLSM with permeance modulated theory not only increase the thrust density, but also decrease the thrust ripple. And, take thrust ripple as objective function, the SAA can decrease the thrust ripple of the PMLSM with Halbach trapezoid array.

Key Words: Permanent Magnet Linear Servo Motor (PMLSM)　Thrust Ripple　Permeance Modulated　Halbach Array

1 绪论

1.1 课题研究的目的和意义

半个世纪来，数控机床的进给驱动技术虽然历经变化，但基本的传动形式仍然是“旋转电机+滚珠丝杠”。电机输出的旋转运动，要经过联轴器、滚珠丝杠、滚珠螺母等很多中间传动和变换环节以及相应的支撑，才能转变成被控对象的直线运动。正是由于中间存在着运动形式变换环节，导致了一系列不良后果，使得传动系统的刚度降低，起动和制动初期的能量都消耗在克服上述中间环节的弹性变形上，增加了运动体的惯量。由于结构的限制，中间传动环节不可避免地存在间隙、摩擦以及弹性影响，使系统的非线性因素增加，进一步提高系统的精度变得很困难。

直线电机直接驱动是解决上述问题的有效方法，机床进给系统采用的直线电机直接驱动与原旋转电动机传动方式的最大区别是取消了从电动机到工作台之间的一切机械中间传动环节。如图 1-1 所示，直线伺服系统省掉了机械速度变换机构，将负载与直线电机的动子相连，把控制对象同电机做成一体化结构，机械传动链的取消消除了机械速度变换机构所带来的摩擦、机械后冲、弹性变形等对系统伺服性能的影响。同时在导轨上通过串联直线电机的定子，就可无限延长动子的行程长度，从而在精密与超精进给、高速与超高速运行等方面显示出了优越性能[1]。直线电机最高加速度可达 2～10g（g 为重力加速度），是滚珠丝杠副的 10 倍；最大进给速度可达 60～200m/min 或更高，是滚珠丝杠副的 30 倍；其带宽在不采用特别措施时要高出滚珠丝杠副 3～6 倍；动态刚度是滚珠丝杠副驱动机构的 7 倍[2]，且运行时效率高，行程不受限制，可以采用全闭环控制系统。

（a）旋转电机驱动方式　（b）直线电机驱动方式

图 1-1　旋转电机和直线电机传动方式比较

目前，在数控机床上应用的直线电机主要有感应式交流伺服电机和永磁式交流伺服电机。过去，在产业中普遍应用的直线电机多以直线感应电机（LIM）为主流，它在控制性能和效率等方面都存在缺陷，限制了其在高速、高精度领域的应用。随着永磁体材料性能的提高和应用技术的发展，采用永磁体的直线伺服电机，解决了次级无感应电流发热、对气隙不敏感等问题，且具有推力强度高、损耗低、电气时间常数小、响应快、控制比较容易等一系列特点。因而，近年来在高档数控机床进给驱动中得到了应用，成为新一代数控机床的主要标志之一，在车床、铣床、磨床、加工中心、电加工机床、激光加工机床、冲压力床、雕刻机等设备上都有广阔的应用前景。

为了达到高速高精度的目的，就必须提高直线电机的伺服性能，这主要体现在两方面：一是要求直线电机不仅有更大推力，而且要有较高的推力密度（单位体积所产生的推力）。因为在精密加工机床中，在要求高速的同时，必须重视高加速度、高动态响应技术指标。只有高加速度、高动态响应，才能使伺服系统在有限的行程内达到高速度，同时，也只有高加速度才能保证伺服系统的高动态响应；二是直线电机的推力波动要小，在精密加工过程中，直线电机自身的推力波动已成为伺服系统扰动的主要因素。其中端部效应对伺服系统来说是一个外界干扰，这也是“零传动”方式带来的新的矛盾和问题[3-4]。如图 1-2 所示，为永磁直线伺服电动机的结构原理图，其铁心两端是开断的，即使在电机绕组不通电流的情况下，也存在着明显的纵向端部效应力，称为空载端部效应力，而它是引起推力特性波动的主要成分。同时，由于电机定子端齿槽的存在而产生的齿槽效应和三相电流不对称而形成的推力纹波的影响，也使永磁直线伺服电机产生推力波动。因此，在电机设计时，要针对永磁直线伺服电机所特有的端部效应、齿槽效应、推力纹波等问题进行深入的分析研究和优化设计。同时，在伺服控制系统运行过程中，各种扰动不可避免，有些扰动是随机的，不确定的，有些扰动则是具有一定的规律性或相对可知的。由于直线电机的直接驱动方式，各种扰动没有中间机械环节的阻尼和缓冲，因此精密直线伺服系统只有对各种扰动采取行之有效的补偿控制策略，才能提高整个伺服机构及机床整机的加工精度等级。通过对永磁直线伺服电机本体设计和具体的控制系统相结合，来实现机床高速高精度加工的需要。

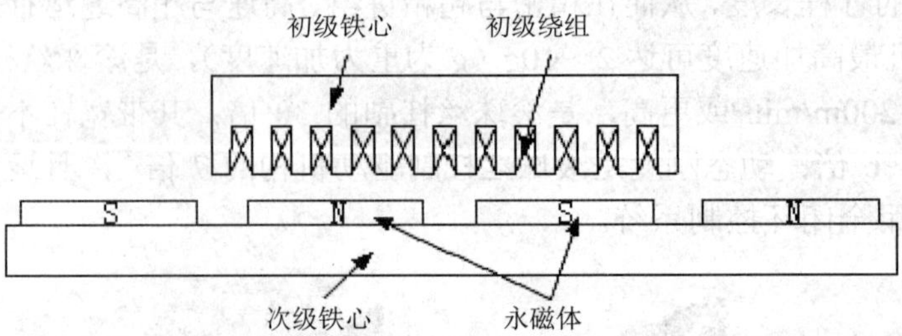

图 1-2　永磁直线伺服电动机的结构原理图

1.2　课题来源和国内外发展情况

1993 年 9 月，直线伺服电机直接驱动方式开始出现在国外机床的高速进给驱动系统上，在汉诺威欧洲机床博览会上，德国的 Ex-Cell-O 公司推出了世界上第一台 XHC240 加工中心，3 个进给轴均采用了德国 Indramat 公司生产的感应式直线电机直接驱动进给部件，各轴的快速移动速度高达 80m/min，加速度高达 1g。美国的 In-gersoll 公司紧接着推出了 HVM-800 型高速加工中心，采用了美国 Anorad 公司的永磁式直线电机，主轴最高转速 20000r/min，最大进给速度 76.2m/min。日本 SODICK 公司早在 1996 年就开始在电火花成型机上采用直线电机，他们自行研制了专用的直线电机及与其相配的 NC 系统，1999 年投放市场时，不仅两轴，还有 X、Y、Z 三轴均采用了直线电机。日本安川电机公司开发了直线电机驱动的伺服装置系列，并在产品的通用普及和系列化上下了不少工夫。在这些方面，为使产品高性能、低价格，并具有优越的结构，在设计方面充分利用了仿真技术。此外，如 SIMENS、FANUK、Kollmogrn、Sodik、Indramat 等公司也都有系列直线电机产品，并应用于相应机床推向市场。除一般机床、加工中心采用直线电机外，其他机床如磨床、锯床、激光切割机、电火花机床、等离子切割机、坐标测量机等机床设备上，也采用了直线电机技术。

国内也有许多院校和科研院所在从事直线电机的研究工作，研究及应用领域很广泛，但从事数控机床进给用直线伺服电机研究的单位只有少数几家。我国浙江大学、广东工大、清华大学、沈阳工业大学及南京、宁波、杭州、温州等地一些机床厂也已研制了一些直线电机驱动的机床样机。清华大学在高频响直线伺服电机领域的研究取得了突出成果。浙江大学对感应式直线电机有较为深入的研究，研制的小型高速直线电机冲床以及适用于邮政分拣系统等应用领域的感应式直线电机自动传送线等产品已经在哈尔滨泰富公司进行合作生产。沈阳工业大学从事的永磁直线伺服电机研究以及伺服系统控制策略研究，承担了多项直线电机方面的国家自然科学基金项目，并与北京机床研究所高维公司联合研制了 GW745L 型精密数控直线电机直接驱动电火花加工机床，于 2002 年 6 月在北京机床展参展，其最大推力为 1000N，工作加速度为 1.5g。总体而言，国内直线伺服电机研究仍处于起步阶段，理论研究成果相对较多，而成果转化、直线电机的产品化和系列化方面跟国外还有很大差距[5~6]。

永磁直线伺服电机的解析研究主要有两种方法：集中参数的电路理论和分布参数的电磁场理论，主要包括有磁路法、磁场解析法、等效磁网络法、等效电路法等。K. Yoshida 用卡氏系数考虑端部、齿槽影响（即电枢表面是光滑的），考虑了初次级铁心厚度，从电磁场方程解析出各场量，并用张量法计算电磁推力和垂直力，是一维解析考虑较为全面的文献。后来 Gieras 等用一种简化的等效电路来描述上述直线电机入端的端部效应[7]。Wilkinson 还提出了一种更为详细的分析方法，他根据直线感应电动机的入端端部效应建立了气隙磁密方程[8]。等效磁网络法（EMCN）的本质与等效磁路法是相通的，文献[9~11]采用 3D EMCN 把求解域划分为多个六面体的小单元，通过各节点的连接关系形成一个磁位方程组，求解了 PMLSM 的一个磁极和一对齿槽的横向边端磁场和气隙中的漏磁，得到了一个磁极的三维空间磁密分布，并计算了电机推力、垂直力及侧向力。从文献的计算结果来看，其 3D 结果并不十分理想，而且网络图、前后数据处理计算工作量大，计算时间也较长。要全面、准确地研究问题的本质，必须应用二维、三维的方法，目前在这方面主要采用有限元法，利用它对磁场进行数值计算，可以较准确地得到磁场位函数的数值解，进而对永磁直线伺服电机的特性进行分析。随着计算机技术的发展和对有限元法本身的改进，三维有限元法也被越来越多地用于直线电机的分析计算[12]。但要想达到较高的计算精度，就必须花费较长计算时间和编程精力。

目前在关于直线电机推力的设计研究中，一个非常活跃的研究方向就是引入了各种数值算法和优化算法对直线电机进行计算机辅助优化设计。刘景林等从场－路结合的观点采用混合罚函数法对稀土永磁直流直线电动机进行了优化设计，目标函数为单位体积产生的推力[13]。焦留成等采用 Hook-Jeeves 法对直线感应电机进行优化设计，优化的目标是直线电机的力能指标最大，对直线电机的其他性能指标引入约束条件，约束处理采用外点罚函数法[14]。Im Dal-Ho 等采用神经元网络对单边型平面直线感应电动机进行优化设计，电机部分的计算采用有限元法[15]。有人用边界元法对直线感应电机进行优化设计，近期迭代参数化设计和模拟退火法等也被引入到直线电机的设计中，但把优化算法引入到永磁直线伺服电机的设计中的文章还较少。在减小永磁直线伺服电机推力波动方面，可以在直线电机初级绕组的端部槽中，采用全填满的绕组形式提高电机的性能，或者在主初级前面增加一段辅助短初级，用来减少入端电磁行波的效应，但是增加补偿绕组会使电机重量和成本增大。斜槽或斜极能够有效地减少推力波动的影响，但却使电机的平均推力减小，给制造工艺带来很大麻烦。在改变永磁体排列和充磁方式方面，对双边励磁直线电机和永磁体分别在动子和定子上排布的单边直线电机也有了一定的研究[16~18]，但针对数控机床用的特殊结构的永磁直线伺服电机推力研究的文章却几乎没有。目前虽出现了多种抑制推力波动的方法，但均存在一定的局限性，因而针对这一问题的研究工作仍将持续进行下去。

1.3 论文主要研究内容

论文研究主要围绕直线电机及其推力的优化设计问题进行，并结合仿真数据得出分析结果，具体研究内容如下：

（1）研究永磁直线伺服电机原理，对电机的推力波动原因进行分析总结，找出其组成部分、主要矛盾（因素）和相关规律性，提出了具体改善措施。

（2）对永磁直线伺服电机进行了有限元分析，阐述了磁导调制基本思想，并基于分数槽理论提出了多极少齿直线伺服电机设计方案，有效抑制电机端部效应、齿槽效应的影响，而且用这种方法设计的电机具有良好的制造工艺性。

（3）利用 Halbach 阵列的永磁体排列方式进一步削弱永磁直线伺服电机的推力波动，采用模拟退火算法对电机进行了优化设计，并将上述方法应用于陶瓷基板结构的直线电机优化设计上。

2 永磁直线伺服电机原理及推力波动分析

2.1 永磁直线伺服电机的基本工作原理

将旋转电机径向剖开，并沿圆周展开成直线，如图 2-1 所示[19]。当在直线电机的初级绕组中通入三相对称电流时，便会在气隙中产生磁场，当不考虑由于铁心两端开断而引起的纵向边缘效应时，这个气隙磁场的分布情况与旋转电机的相似，即可看成沿直线方向呈正弦分布。当三相电流随时间变化时，气隙磁场沿直线移动，这种磁场称为“行波磁场”。行波磁场的移动速度与旋转磁场在定子表面的线速度是一样的，称为同步速度 V_s，有

$$V_s = 2f\tau \tag{2.1}$$

式中：f——频率；τ——极距。

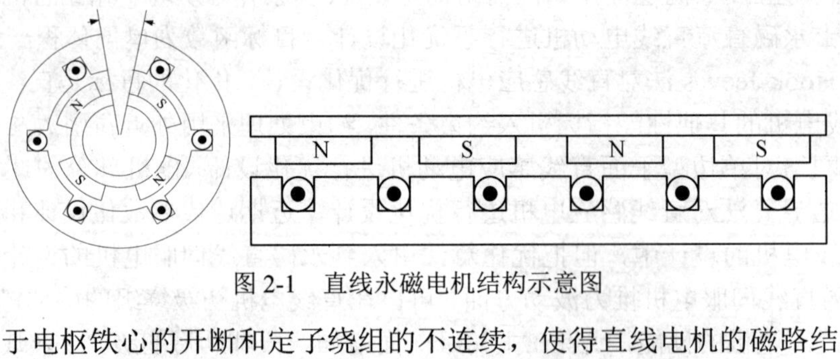

图 2-1 直线永磁电机结构示意图

然而，由于电枢铁心的开断和定子绕组的不连续，使得直线电机的磁路结构及磁场特性与相应的旋转电机相比，发生了较大的变化。由图 2-1 可看出，相对于无限长次级而言，短初

级铁心的开断造成了三相绕组端部磁场的开放，从而产生直线电机所特有的端部效应。这种端部效应引起推力波动，且呈周期性变化。在机床伺服机构应用时，高速运动引起机床振动和噪声，低速及定位时形成定位力，直接影响机床伺服系统的定位精度。

2.2　永磁直线同步电机推力波动的原因和解决措施

2.2.1　系统的外部和内部扰动

系统外部扰动主要是由于系统外部环境因素造成的，有如下几种类型[20]：

（1）负载阻力扰动。为使电动机带动负载做直线运动，必须克服负载阻力。在电动机运行时，负载的变化会改变负载阻力的大小，造成电动机运动速度的波动，从而导致系统伺服性能下降。

（2）摩擦扰动。对于 PMLSM 来说，其所受的摩擦阻力很小，但在高精度的伺服系统中也必须考虑其影响。按照摩擦的起因不同，可将其分为静摩擦、滑动摩擦和粘滞摩擦。

系统内部扰动是指由系统组成部件造成的各种扰动。如 PMLSM 结构带来的扰动、PMLSM 参数变化带来的扰动，逆变器等电力电子器件带来的扰动等。具体有如下几种类型：

（1）齿槽推力波动。这是由动子铁心与定子磁场相互作用而产生的。在 PMLSM 无电枢电流的情况下，动子运动时，由于动子齿槽的存在或动子铁心磁阻的变化而产生的推力波动，就是齿槽推力波动。这一推力波动是交变的，它与定子的位置有关，是 PMLSM 动子结构与永磁磁场的函数。

（2）端部效应。由于铁心开断而在气隙中出现脉振磁场和反向行波磁场的效应，称为第一类纵向边缘效应。当直线电动机的动子以很高的速度相对于定子运动时，在定子的进入端和离开端还会产生磁场畸变。这种类型的磁场畸变称为第二类纵向边缘效应。由于纵向端部效应的影响，使直线电机的磁场不是纯粹前行的行波磁场，而是具有前进、后退、脉动 3 个分量，这种影响导致电动机工作特性的恶化。此外，在扁平型的直线电动机中，当电磁气隙与初级铁心宽度的比值较大，而次级宽度又等于初级铁心宽度时，则不论是否存在次级的反作用，都必须考虑横向（即随着槽的方向）边缘磁场的削弱。这种效应称为第一类横向边缘效应。当存在次级的反作用时，横向磁场的分布还受到次级宽度及其电导率的影响，此时的横向磁场分布的不均匀称为第二类横向边缘效应。

（3）纹波推力扰动。在 PMLSM 中，为产生恒定推力，要求 PMLSM 动子电枢反电动势和由逆变器输入动子电枢的相电流都必须是正弦的。但实际上，由于动子绕组空间分布形状的非正弦性、永磁体形状上的原因以及动子齿槽的存在，反电动势不可能是正弦的。这样，必然会引起推力脉动。通常，将这种由反电动势或动子电流谐波引起的脉动推力称为纹波推力。纹波推力实质上是由 PMLSM 定子和动子谐波磁场相互作用产生的。

（4）电气参数变化扰动。在 PMLSM 实际运行时，温度的变化与磁场的饱和会导致 PMLSM 参数（动子电枢电阻、动子电枢自感、动子电枢互感）发生变化。这样，依据 PMLSM 额定参数并按照经典控制理论设计的调节器会因参数变化而导致无法实现所需的零、极点对消，从而造成电流闭环控制性能降低。这不仅影响 PMLSM 的动态解耦效果，同时也不利于永磁直线同步电动机速度闭环控制性能的提高。

（5）动子质量 M 变化。根据牛顿第二定律，可以得到电机推力与 PMLSM 动子质量 M 间的关系为

$$F = Ma \tag{2.2}$$

式中：a——动子的加速度。

显然在 PMLSM 推力恒定的条件下，动子质量 M 变化时，动子的加速度 a 也将发生变化，从而影响 PMLSM 的运行速度，导致系统伺服性能降低。

（6）永磁体磁链谐波扰动。因为温度的变化、永磁体充磁的不均匀性、电流过载饱和时的电枢反应等等，都会改变永磁体特性，从而导致永磁体磁链发生变化，这将直接影响到 PMLSM 输出推力的平稳性，产生谐波扰动。

（7）时滞扰动。在高性能伺服系统中，逆变器传输滞后造成的控制量传输滞后和转速测量滞后造成的被控量反馈滞后会使控制作用不能及时得到响应，扰动作用不能及时发现与补偿，从而导致系统超调、振荡、性能降低，甚至不稳定。

一般说来，精密机床加工时外部扰动较小，而永磁直线伺服电机固有的端部效应、齿槽效应往往是伺服系统扰动的主要因素[21]。它们严重影响了机床伺服系统的定位精度，因而消除这些直线电机所固有的、内在的因素就显得尤为重要。

2.2.2 抑制推力波动的电机设计方法

由于 PMLSM 的各种推力波动均与 PMLSM 的结构有关，因而合理的直线电动机设计是减小推力波动的有效方法。目前在 PMLSM 结构设计中常用的抑制推力波动的措施有：

（1）斜槽（斜磁）技术。通过倾斜动子槽或定子永磁体，可以减小相对于 PMLSM 定子的磁阻变化，从而有效地减小齿槽推力波动。但由于端部效应等因素的影响，采用这种技术一般只能有限减小齿槽推力波动。采用这种技术能减小 PMLSM 反电势中的高次谐波成分，有利于改善正弦波 PMLSM 的反电势波形，从而进一步减小 PMLSM 的电磁推力波动。

（2）动子结构设计。PMLSM 动子结构设计包括绕组几何分布设计和铁心机械结构设计两方面。梯形波 PMLSM 通过采用集中整距绕组，以增加梯形反电势波形平顶宽度，正弦波 PMLSM 通过采用短距分数槽绕组以减小反电势高次谐波，增加基波分量，可有效地减小 PMLSM 的电磁推力波动。对于采用稀土永磁体的正弦波 PMLSM 还可以采用气隙绕组，由于这种结构没有动子齿槽，因而不存在齿槽波动推力。同时绕组在气隙中的一致性分布可获得良好的反电势波形，从而减小电磁推力波动。增加 PMLSM 相数也是提高其推力平稳性的有效手段，这种方法可提高推力波动的频率，减小推力波动的幅值。

（3）改进定子磁极的设计。通过合理调整磁极间的相对位置，使永磁块在定子磁极中呈不对称排布，均能消除或减小波动推力的谐波成分。然而由于 PMLSM 磁路设计计算及定子永磁体结构与电动机性能的关系比较复杂，通常运用有限元法及专用磁路优化设计软件进行电动机的优化设计。

3 磁导调制式永磁直线电机设计

3.1 永磁直线电机的电磁场分析

3.1.1 基于有限元法的磁场和推力分析

有限元法是从变分原理出发，结合单元剖分和分片插值，用以求解数理方程的一种离散化数值解法。由于它具有单元剖分灵活、算法统一、通用的优点，并适用于电子计算机的计算，因而近年来在工程上得到广泛的应用。对于电机中的各种二维和三维电磁场问题，有限元法是一种有效的数值方法[22]。

用有限元法求解与原微分方程边值问题等价的变分问题时，第二类边界条件被泛函的极值解自动满足，所以称为自然边界条件；第一类边界条件则需作为定解条件，通过修改离散后的方程组，强制使其满足，所以称为强加边界条件或本质边界条件。由于第一类边界条件是强加的，所以第一类边界节点上的位值精确地等于给定的边值；而对第二类边界节点，算出的磁位导数值仅能近似地满足给定的第二类边界条件，原有的偏微分方程中含有的二阶偏导数，但在相应的变分问题中，变成一阶偏导数，此时只要求形状函数具有连续性。

ANSYS 是国际流行的大型有限元分析软件，它具有高效方便的绘图功能，灵活多样的剖分网格形状、疏密程度，多种可选择的迭代求解器及强大的后处理功能[23~24]。首先进行建模，赋予材料特性，然后对求解区域进行剖分，在二维情况下，剖分成一系列连续的三角形或四边形单元。用于 ANSYS 磁场分析的有限元公式由磁场的 Maxwell 方程组导出，通过将标量势、矢量势或边界通量引入 Maxwell 方程组中，并考虑其电磁性质关系，就可开发出适合于有限元分析的方程组。它的基本思想是“一分一合”，分是为了进行单元分析，合则为了对整体结构进行综合分析。

由向量分析可知，旋度为零的向量场总可以表示为一标量的梯度场。在无旋磁场中，由于磁场强度的旋度为零，所以磁场强度可表示为一标量 Ω 的梯度，即

$$H = -\mathrm{grad}\Omega \tag{3.1}$$

式中：Ω——标量磁位。

在直角坐标系中，$\mathrm{grad}\Omega$ 的表达式为

$$\mathrm{grad}\Omega = i\frac{\partial\Omega}{\partial x} + j\frac{\partial\Omega}{\partial y} + k\frac{\partial\Omega}{\partial z} \tag{3.2}$$

对于线性均匀介质，标量磁位 Ω 满足拉普拉斯方程。在直角坐标系中，拉普拉斯方程为

$$\nabla^2\Omega = \frac{\partial^2\Omega}{\partial x^2} + \frac{\partial^2\Omega}{\partial y^2} + \frac{\partial^2\Omega}{\partial z^2} = 0 \tag{3.3}$$

一个散度为零的向量场总可以表示为另一个向量的旋度场，由于磁场强度的散度恒等于零，在旋度磁场中可以引入一个向量磁位 A，使

$$B = \mathrm{rot}A \tag{3.4}$$

并规定 $\mathrm{div}A = 0$，对于线性介质，向量磁位 A 满足向量泊松方程。在直角坐标系中，有

$$i\nabla^2 Ax + j\nabla^2 Ay + k\nabla^2 Az = -\mu J \tag{3.5}$$

在无旋场中引入标量位，可以使求解向量场 B 的问题简化为求解标量场的问题；在旋度场中引入向量位，对于二维磁场亦可以带来类似的简化。另外，利用向量磁位来计算磁通量和磁场能量亦比较简便。

实际问题的求解域常常是有界的。另外，在所研究的区域内部，会遇到不同 μ 值的磁介质形成一些交界面。研究通过边界时场向量 B 和 H 的变化规律，并建立起相应的边界条件，对于求解具有特定边界的磁场问题是必不可少的。在交界面处，由于介质性质的突变，场向量亦会发生突变；因此边界条件应当用磁场基本方程组的积分形式来导出。可得出磁场通过交界面处，磁感强度的法向分量是连续的。磁场强度的切向分量是连续的。

为使分界面上的力和其他一些有质动力问题易于计算，常把磁场的有质动力 f（体积力）归结为这些力等效的一组张力（面积力），它以某一张力张量 T 来表征。磁场的张力张量 T 与有质动力 f 等效。所谓等效，就是指作用在给定体积 V 内磁质上的合力和力矩，恰好等于作用在包围 V 的 S 面上诸张力的合力和力矩，即

$$F=\oint_S T\cdot \mathrm{d}S=\int_V f\cdot \mathrm{d}V \tag{3.6}$$

式中 T 就称为磁场的张力张量，它是一个二阶张量，在三维直角坐标系中，它有 9 个分量，即

$$T=\begin{bmatrix} T_{xx} & T_{xy} & T_{xz} \\ T_{yx} & T_{yy} & T_{yz} \\ T_{zx} & T_{zy} & T_{zz} \end{bmatrix}=\begin{bmatrix} B_xH_x-1/2*BH & B_xH_y & B_xH_z \\ B_yH_x & B_yH_y-1/2*BH & B_yH_z \\ B_zH_x & B_zH_y & B_zH_z-1/2*BH \end{bmatrix} \tag{3.7}$$

上述张力张量首先由麦克斯韦提出，故通常称为麦克斯韦张力。利用麦克斯韦张力的概念，可以较形象地解释一系列有质动力的现象。

对含有铁心的、以磁场作为耦合场的机电系统，作用于电路和铁心上的总电磁力也可以用虚位移法求出。用虚位移法计算电磁力时，有两种方案：一种是经典虚位移法，它用差商来代替微商，通过计算虚位移时磁共能的变化来确定电磁力或电磁转矩，即

$$F=\frac{\partial W_m}{\partial s}=\frac{W_{m1}-W_{m0}}{s_1-s_0} \tag{3.8}$$

$$T=p\frac{\partial W_m}{\partial \theta}=p\frac{W_{m1}-W_{m0}}{\theta_1-\theta_0} \tag{3.9}$$

式中 W_{m0} 和 W_{m1} 分别为虚位移前、后的磁共能值，s 和 θ 则代表虚位移的位置。由此可见，经典虚位移法要进行两次磁场计算，并求出各单元的场值和磁共能密度，再进一步算出总的磁共能，最后确定 F 和 T；另一种是局部雅可比导数法，它从单一位置时的磁场计算算出电磁力，它的第一步亦是用有限元法计算系统内的磁场，但在网格剖分时把定子和转子部分单独剖分，然后通过气隙的剖分把定、转子的网格连接起来。这样，当转子发生微小的虚位移时，定子和转子内的单元形状将保持不变，仅气隙内某一层或某几层中的单元形状发生变化，最后求出电磁力。它仅需进行一次磁场计算，而且只需计算气隙单元中的有关变量及其体积积分，所以计算量较小，精度亦较高。

3.1.2 永磁直线电机的有限元分析计算

在机床伺服系统中，提高推力和推力体积比，降低推力波动是永磁直线伺服电机的主要设计目标，对此，绕组的设计就显得尤为重要[25]。但是在直线电机中，由于铁心是长直的，两端是开断的，即使是采用单层绕组，不存在半槽型结构，铁心的两个终端部分始终存在着纵向边端效应。而对于双层绕组，在铁心的两个边端部分总是半槽型的结构，它们要产生附加谐波。为了使纵向边端效应和附加的谐波对整个直线电机的运行性能影响不要太大，要求直线电机的极数不能太少，一般是不少于 5～6 个极[26~27]。但是随着 q 的增加，电机的价格就要提高，这是因为绝缘材料用量增加，工时增加，有效材料利用率降低。当 q 值增大到一定程度后，高次谐波分布系数的下降已不太显著。根据直线伺服电机基本设计方法，研制了一台推力为 1000N、6 极 36 槽永磁直线同步电机，每极每相为 2 槽，该样机为单边励磁平板式结构。由安装电枢的短初级、放置永磁体的长次级、支撑动子的导轨和机座等构成，其基本尺寸如表 3-1 所示。

表 3-1　永磁直线电动机尺寸

项目	符号	数值
相数	m	3
极数	p	6
齿间距	W_t	6mm
槽宽	W_d	2mm
槽深	D	15mm
铁心高度	a	80mm
铁心长度	L	218mm
每相匝数	N	228
极距	τ	36mm
永磁体高	H	3mm
气隙长度	g	1.5mm

基于上述电磁场理论和电磁力计算方法，选初级铁心为非线性材料（硅钢片 W310-35），特性曲线如图 3-1 所示，进行永磁直线伺服电机计算的 ANSYS 程序流程图如图 3-2 所示。

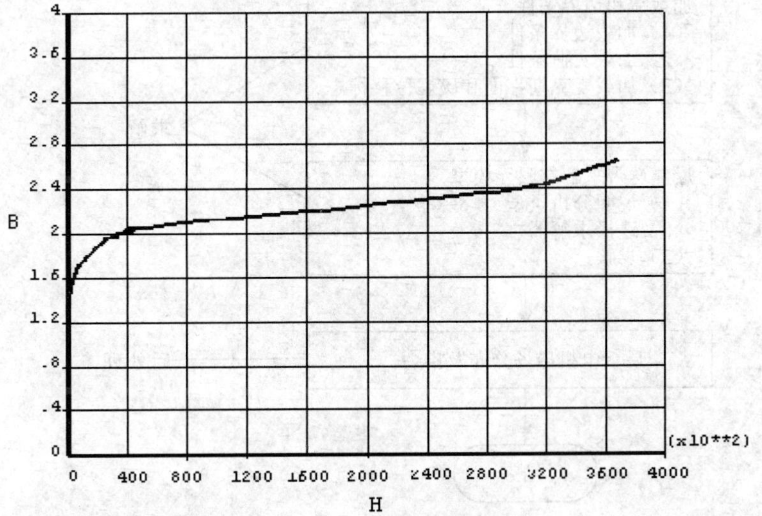

图 3-1　硅钢片 B-H 曲线

永磁直线电动机作为机床的伺服执行元件，是在矢量控制下运行的，那么加载的电流要求符合控制策略。于是，在建立模型时，使电机 A 相轴线与次级的直轴（d 轴）重合，定义直线电机正向移动距离为 *movx*，则磁极 d 轴与电机 A 相轴线的电角度 θ 为

$$\theta = \frac{\pi * movx}{\tau} \tag{3.10}$$

依据矢量控制策略，可得 A、B、C 三相的电流为

$$i_a = -i_q * k * \sin\theta \tag{3.11}$$

$$i_b = -i_q * k * \sin\left(\theta - \frac{2 * \pi}{3}\right) \tag{3.12}$$

$$i_c = -i_q * k * \sin\left(\theta + \frac{2 * \pi}{3}\right) \tag{3.13}$$

式中：系数 $k=\sqrt{\dfrac{2}{3}}$。

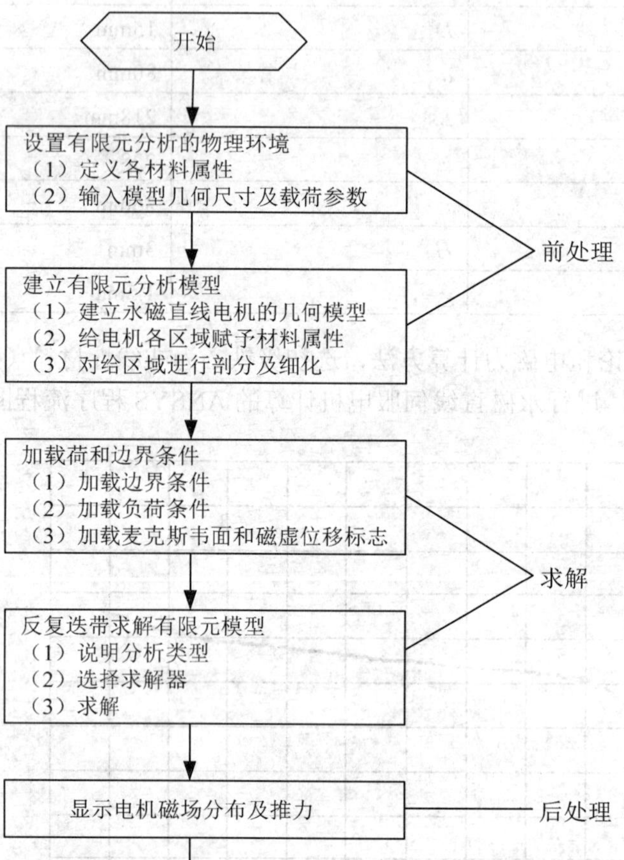

图 3-2　永磁直线电动机的 ANSYS 有限元分析流程图

如 3-3 所示为所设计电机的二维磁力线分布图，有限元的解为电势或磁势在各个节点上的数值，这种数值解可以用来求得各种各样的物理和工程参数，即由此可以进行各种定量的分析和计算。但为了直观和定性地表达问题的场分布，常常需要用图形来表示场分布的性质和状况，等势线图便是其中最为通用的一种。将区域中电势或磁势值相同的点用线连接起来，便成了等势线图。一般情况下，可以令相邻两条等势线的势差相同。这样等势线的疏密就表示了电（磁）通量密度的强弱，也就是说，等势线越密集的地方其电（磁）通量密度越强。

图 3-4 为永磁直线电机的空载端部效应推力波动图。图 3-4（a）为用虚功法计算出的直线电机的推力波动；图 3-4（b）为用麦克斯韦张力法得到的结果，并可看出这两种方法所得的

结果大体相同，如图 3-5 所示为两种方法的比较。在三相绕组不通电流的情况下，波动力中只有一个低频分量，为电机端部效应波动力，并且推力的平均值近似为零。

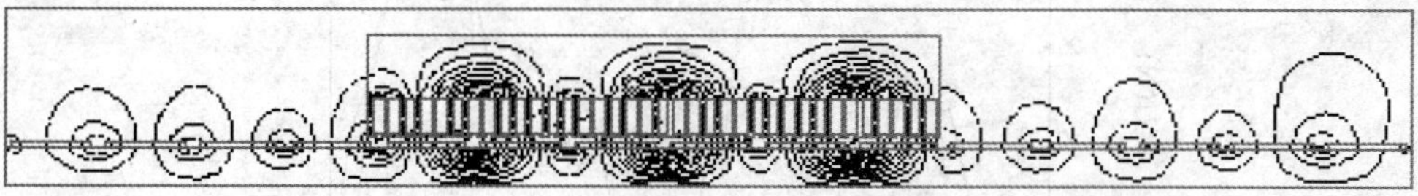

图 3-3 永磁直线电机二维磁力线分布图

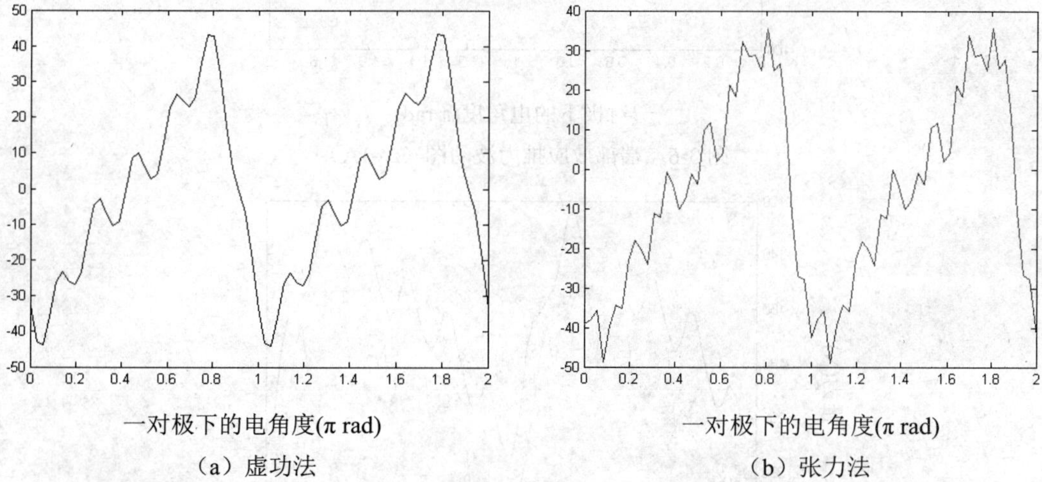

图 3-4 空载端部效应推力波动图

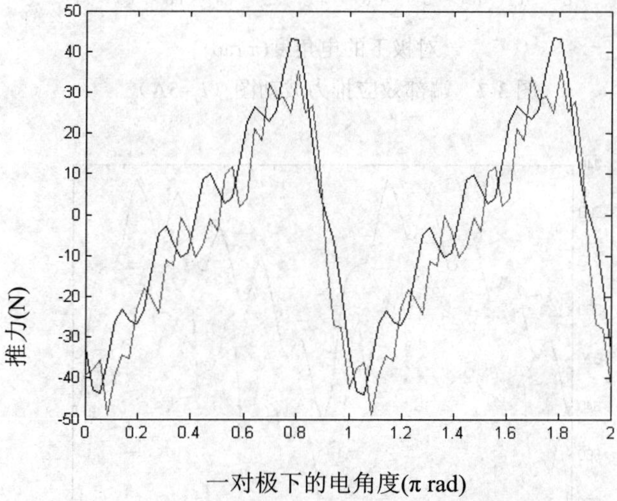

图 3-5 虚功法与张力法的推力比较

如图 3-6 至图 3-8 所示为用虚功法和麦克斯韦张力法得到的不同电流下的直线电机推力波动图。波动曲线的趋势是一致的，平均推力随电流的增加而增加，两种方法的计算结果随电流的增加而有偏差，并且波动推力的峰峰值随电流的增加而增加。

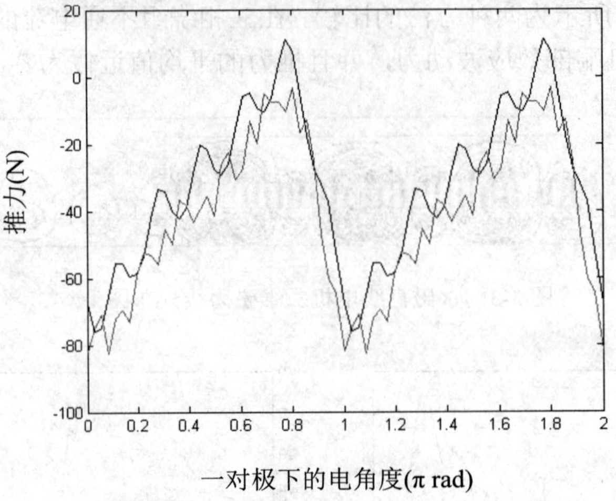

图 3-6　端部效应推力波动图（i_q=1A）

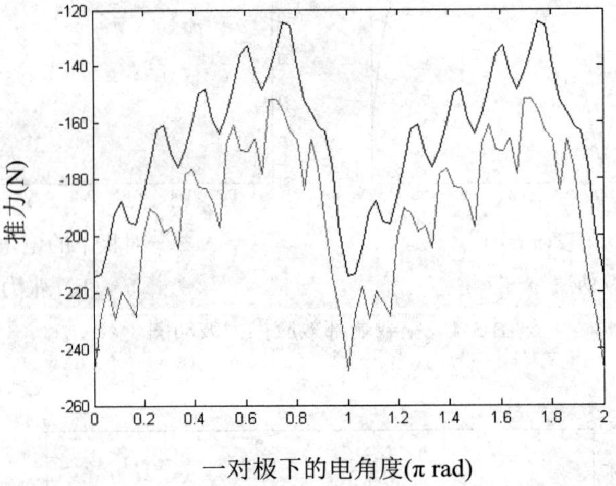

图 3-7　端部效应推力波动图（i_q=5A）

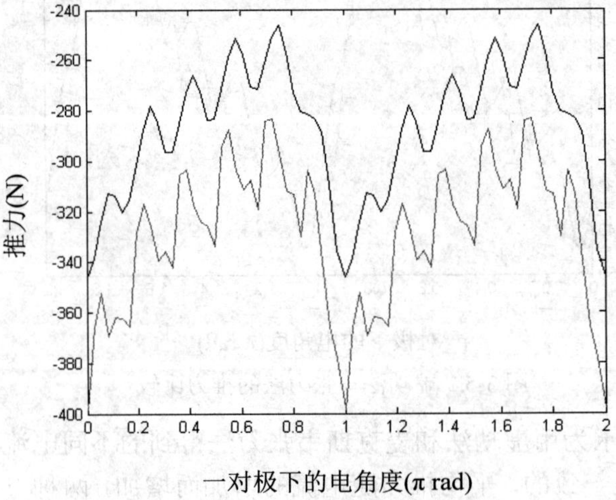

图 3-8　端部效应推力波动图（i_q=9A）

两种方法计算出的推力随电流的增加而有增加，并且波动推力的峰峰值随电流的增加而增加，即波动的大小随电流的大小而变化。波动力中有一高频分量，还有一个低频分量。低频量为电机端部效应波动力，而高频分量则为齿槽效应波动力，高频分量可以通过短初级斜槽及分数槽绕组等措施加以削弱，如何消除其中的低频分量是本课题重点。

计算结果分析表明，永磁直线伺服电机空载与负载运行时，推力波动幅度大体相同。由此可见，空载推力波动的优化是电机设计的关键，永磁直线电机设计时，应将优化工作的重点放在空载端部效应、齿槽效应引起的推力波动优化设计上。

3.2　磁导调制式直线电机设计思想的提出

如图 3-9 所示为一短初级直线电机简化模型。动子铁心无齿槽，从磁导分布的概念出发，假设永磁体相对导磁率 $\mu_r = 1$，可以得到模型的气隙磁导分布简化波形，将气隙磁导分为 a、b、c 三个区间。

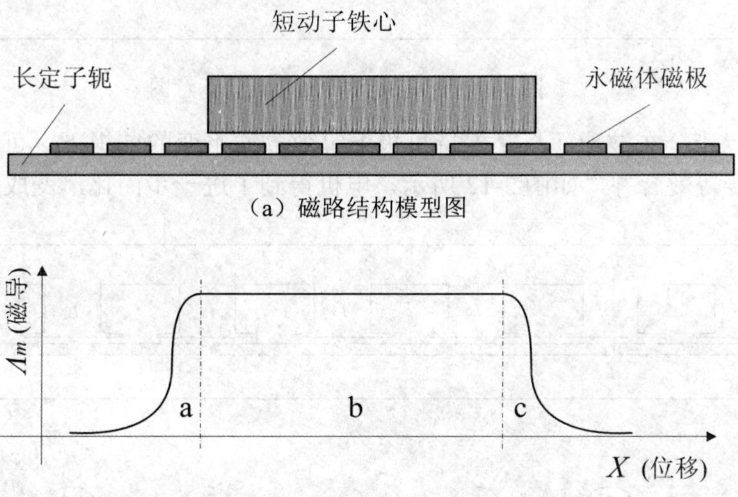

图 3-9　短初级直线电机简化模型

显然，b 区间内磁导分布均匀，与永磁体作用不产生切向推力波动，而 a、c 区间由于铁心开断形成磁导开放性变化。从磁导凸极效应角度分析，可将 b 段省略，将 a、c 段合并，如图 3-10 所示。

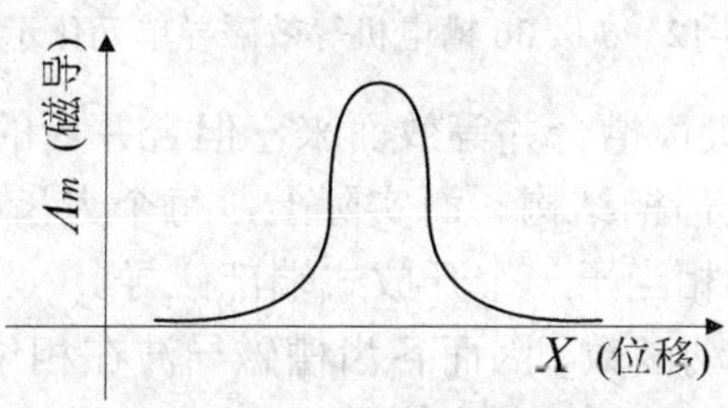

图 3-10　端部磁导合并示意图

显而易见，a、c 段合并后的磁导凸极效应正反映了铁心端部开断所引起的端部效应。所以说，端部效应是直线电机所特有的一种现象。铁心的开断使得端部的气隙磁阻发生了急剧变化，由此产生了一个周期性的推力波动，这和齿槽力的生成机理是类似的。它们一起使直线电机产生推力波动，这种推力波动会产生机械振动和噪声，在低速运行时还可能引起共振，会严重恶化伺服性能，因此消除这种推力波动就显得尤为重要。

如图 3-11 所示为一台 6 极 36 槽永磁直线电机结构示意图。每一对极对应一个单元电机，共可分成三个单元电机。而从磁导分布角度看，在忽略端部效应的情况下，每极对应 6 槽周期性重复，可以分成 6 个等效磁导段。每段六槽，对应一个磁极。

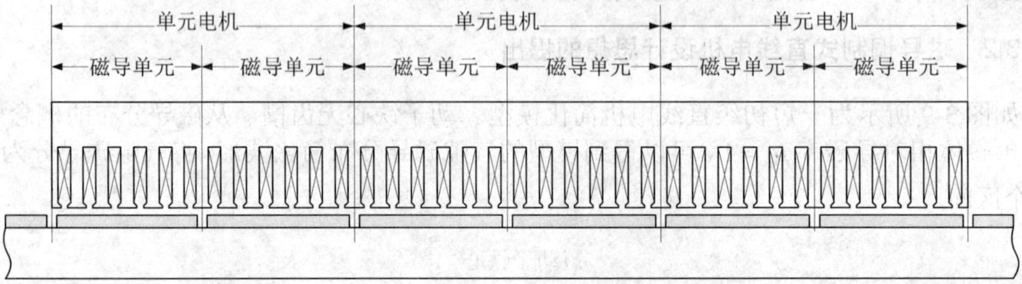

图 3-11　6 极 36 槽电机单元化示意图

在不考虑磁密分布波形而只是保持每极下等效磁通不变的前提下，可再将每段对应的六个齿槽进行磁导等效合并，如图 3-12 所示，电机得到了进一步简化，变成每极一槽。

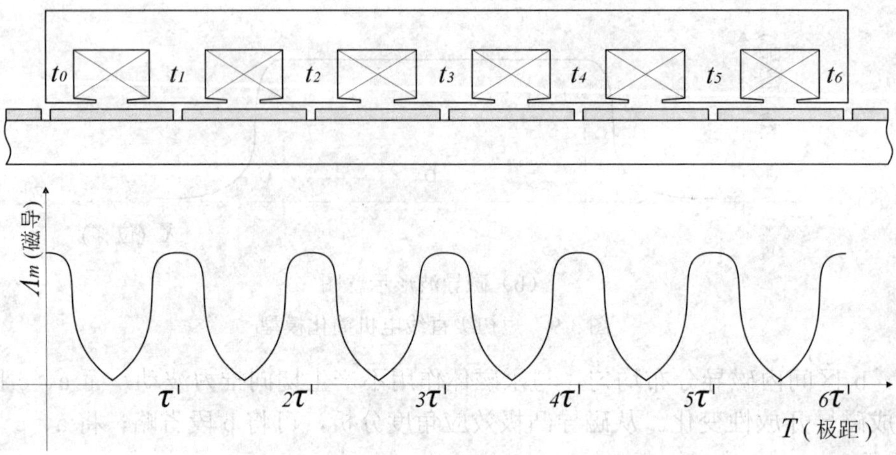

图 3-12　6 极 36 槽电机等效磁导单元化示意图

该模型虽然是从 36 槽电机齿槽合并等效而来，但合并后的模型，特别是在开口槽的等效情况下，便形成了 6 个等效大齿槽结构。而实际上，每个大齿槽的磁导分布都与图 3-12 相对应。可以说，每个大齿槽又都相当于一个开放式端部磁导。

磁导波是以 τ 为周期的波动函数，因而各齿槽磁导波在相位上完全相同，故总的磁导波动效应为 6 个磁导波的同相叠加，幅值为单个磁导波的 6 倍。如果将这 6 个磁导波在相位上彼此错开，则等效磁导波基波频率为原来的 6 倍，而波动幅值则可降为原等效磁导波幅值的 1/6。上述观点的示意图如图 3-13 所示。

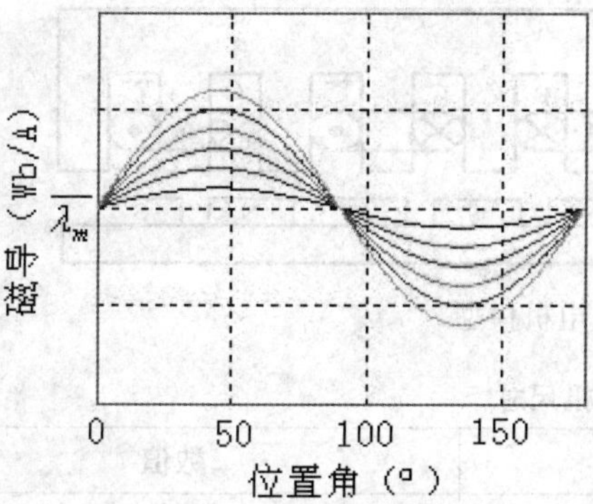

（a）磁导波同相叠加

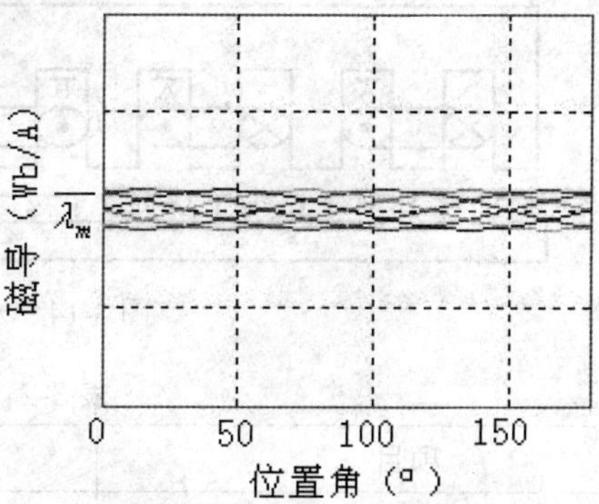

（b）磁导波移相分布

图 3-13　磁导波分布示意图

利用上述模型，将端部效应与齿槽效应综合考虑，从磁导分布的角度进行优化设计，这便是磁导调制思想的初步提法。

根据上述设计思想，利用磁导调制法进行直线电机设计时要注意以下几点：一是这类电机设计时应采用开口槽，利用齿槽效应与端部效应相调制，目标函数是总推力波动幅值的比率最小。在理想空载时，端部效应推力波动幅值最小；负载时，推力波动幅值与平均推力的比率最小。二是所有齿槽谐波磁导应通过移相平均分布在电机的一个极距内（与永磁体相对的一个极），根据这一要求，电机设计时，整个短初级应对称（均匀）分布在奇数个永磁体磁极内，即短初级所对应的永磁体极数应为奇数。

3.3　分数槽绕组理论在磁导调制式直线电机中的应用

基于上述的磁导调制思想，并把电机设计成多极少槽，采用分数槽绕组形式，这样从磁路设计上更加合理，并在绕组设计上使永磁直线伺服电机进一步完善。

在交流电机中，其绕组的基本设计要求为：

（1）在一定导体数下，获得较大的基波电动势和基波磁动势。

（2）在三相绕组中，对基波来说，三相电动势和磁动势必须对称，即三相大小相等而相位上互差 120°，并且三相的阻抗也要求相等。

（3）电动势和磁动势波形力求接近正弦波，为此要求电动势和磁动势中的谐波分量尽可能小。

（4）用铜量少，绝缘性能和机械强度可靠，散热条件好。

（5）制造工艺简单，检修方便[28]。

针对精密数控机床专用的永磁直线伺服电机，根据直线电机的设计特点及磁导调制的特殊要求，本文设计了基于分数槽理论的多极少齿直线伺服电机设计方案，且槽形选择为开口槽。这种方法设计的电机，有效地抑制了电机齿槽效应的影响，绕组同样具有短距和分布效应，对谐波电动势有较好的抑制作用。同时电机采用开口槽形，经过齿槽宽度比优化设计，可明显地改善电机端部效应所引起的推力波动。而且用这种方法设计的电机可以采用成形线圈，具有良好的制造工艺性。把永磁直线伺服电机设计成 11 极、12 槽，且其槽形为开口槽，图 3-14 为其模型，表 3-2 为其具体尺寸。

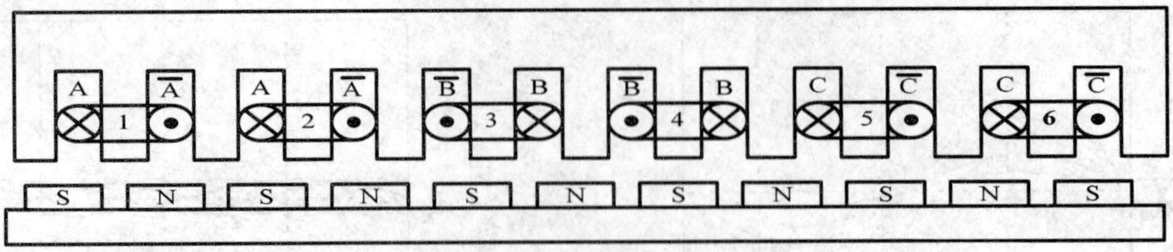

图 3-14　永磁同步直线电机模型

表 3-2　永磁直线电机尺寸

项目	符号	数值
相数	m	3
极数	p	11
齿间距	W_t	15mm
槽宽	W_d	7mm
槽深	D	25mm
铁心高度	a	42mm
铁心长度	L	180mm
每相匝数	N	174
极距	τ	16mm
永磁体高	H	4mm
气隙长度	g	0.8mm

这种电机的每个齿都类似于直线电机的一个小端部，可利用此特性来进一步进行电机端部效应优化设计，减小推力波动的影响。这种奇数极的电磁结构与传统的旋转电机的偶数极结构有着显著的区别。由于直线电机具有磁路开断的特点，将这种电磁结构应用于直线电机设计，在改善端部效应方面收到了良好的效果，从而进一步提高了超精加工机床的加工精度。

电机每极每相槽数为

$$q = Z/2pm = \frac{N}{D} = 12/33 \tag{3.14}$$

式中：Z——电机槽数；N、D——没有公约数的整数。

相邻两槽的槽距电角度为

$$\alpha = 2p \times 180° / Z = 165° \tag{3.15}$$

把 1 号绕组轴线对应电角度设为 0°，则 2 号绕组轴线为 2α，即 360°-30°，同样其余绕组轴线依次类推，所形成槽电势星形图如图 3-15 所示。将 1、2 号绕组正向串联，则绕组合成磁势角为 15°，将其作为 A 相绕组轴线，5、6 号正向串联合成轴线为 B 轴，3、4 号反向串联合成轴线为 C 轴。形成 A、B、C 三轴 120°均布。

根据图示结果分析，得绕组短距系数为

$$k_{y1} = \sin\frac{y_1}{\tau}90° = 0.9914 \tag{3.16}$$

式中：$y_1 = 1$ 为绕组节距；极距 $\tau = \dfrac{Z}{2p} = \dfrac{12}{11}$。

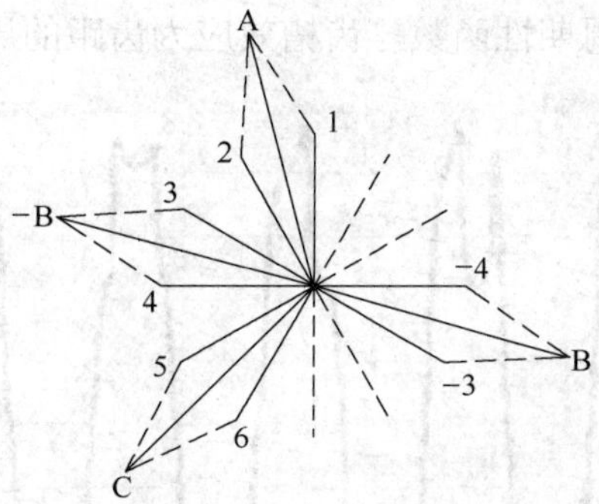

图 3-15　永磁同步直线电机槽电势星形图

分布系数公式按分数槽形式计算为

$$k_{d1}=\frac{1}{2N\sin\dfrac{30^\circ}{N}}=0.9552 \tag{3.17}$$

合成系数为

$$k=k_{y1}\cdot k_{d1}=0.947 \tag{3.18}$$

这种电机在相带的概念上具有特殊性。从图中可以看出，这是一种特殊的集中相带绕组，不像传统电机那样每对极下都分别同时包含 A、B、C 三相绕组，而是将所有磁极分成了对称的三个区间，每个区间只属于一相绕组。从结构形式上看，每相所对应的极对数近似等于每相所具有的线圈数。然而，从绕组“星矢”图（槽电动势星形图）上看，根据论文提出的设计原则设计出的电机的“星矢”图中，A、B、C 相绕组具有正规 60º 相带绕组的分布规律，从而说明该类电机绕组同样有着较高的绕组系数。

本方法在电机设计时还可以加以推广，形成 180º−15º、180º−30º（短距）和 180º+15º、180º+30º（长距）等相似电磁结构方案。并可通过调整齿槽宽度比来对端部效应、齿槽效应进行进一步优化设计。

基于以上分析，本文运用不完全乔列斯基共轭梯度法（ICCG）进行求解，它适合于代数方程组系数矩阵性能较差的情况，对病态矩阵更具有稳固性，使代数方程组更易于收敛。在空载情况下得到了电机的磁力线分布和气隙磁密波形图，如图 3-16 和图 3-17 所示，可见其气隙磁场波形由端部效应（低频）和齿槽效应（高频）两部分组成。

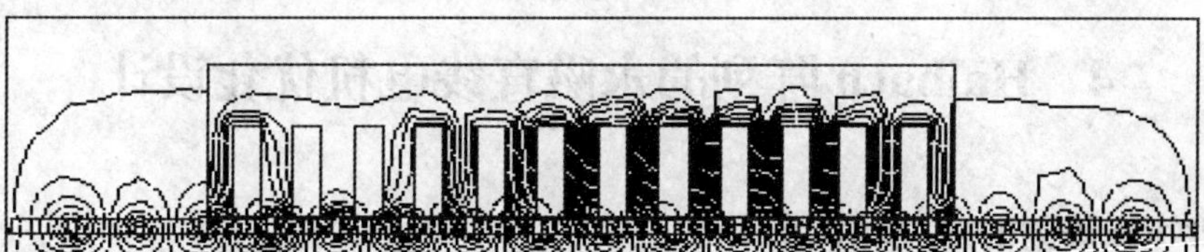

图 3-16　永磁同步直线电机磁力线分布图

对于电机推力计算采用麦克斯韦张力法求解。取一台 6 极、36 槽直线电机，其尺寸与所设计样机基本相同，计算它与所设计电机在空载情况下的推力波动曲线如图 3-18 所示，可见所设计电机推力波动为传统电机的 65.2%，它比增加每极每相槽数的方法更有效地削弱了推力波动。与文献[29]中的普通永磁直线同步电机相比更是效果明显。另外可以看出该曲线有两个分量组成，端部效应为极距的周期性函数，齿槽效应为齿距的周期性函数。

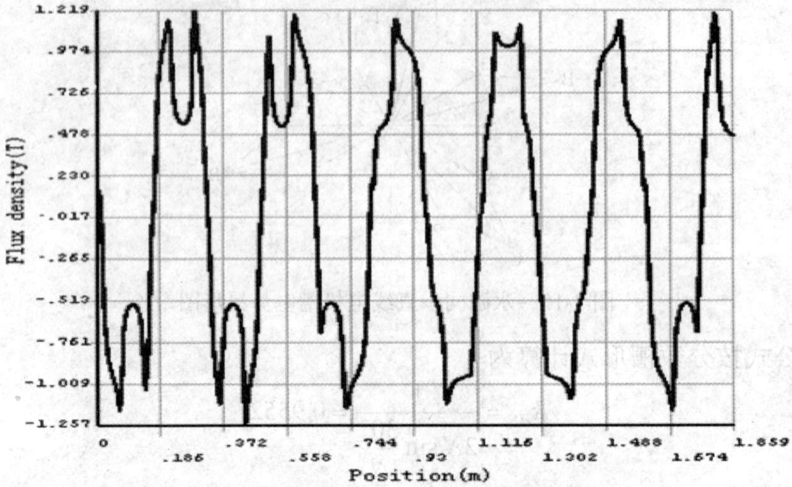

图 3-17 永磁同步直线电机气隙磁密图

在推力分量 i_q=5A 的情况下测得两个电机的负载推力波动曲线如图 3-19 所示，可见这种绕组排列方式效果明显，更有效地抑制了推力波动，而且其平均推力略有增加。此外可以采用适当的齿槽宽度比、永磁体充磁方式和适当的控制策略来进一步削弱推力波动的影响。

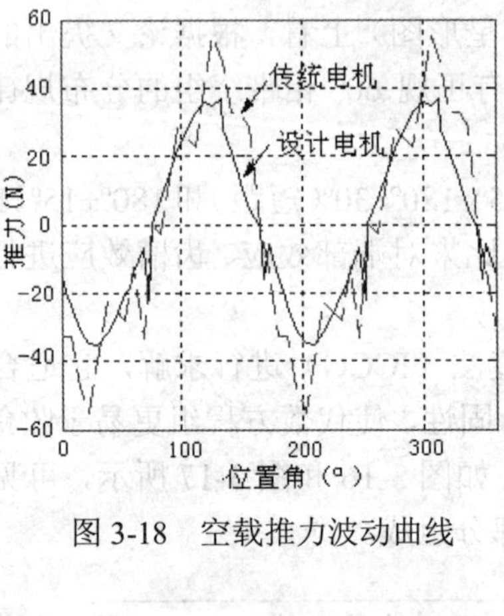

图 3-18 空载推力波动曲线

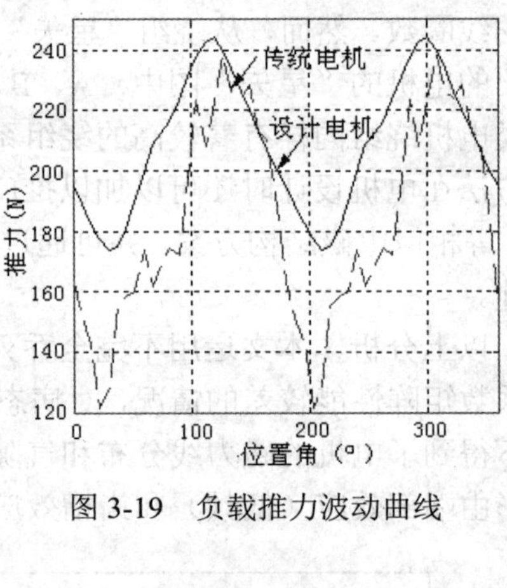

图 3-19 负载推力波动曲线

4 Halbach 阵列的永磁直线电机优化设计

4.1 Halbach 阵列的研究现状及优势

由电机设计原理可知，提高磁负荷即增加电机气隙的磁通密度，可减小电机体积和提高力能密度[30]。对于伺服用永磁直线同步电机而言，为了得到较高的推力密度和较好的气隙磁密波形，一种是可以从磁钢材料上入手，尽量选用剩余磁通密度较高的永磁材料，然而受材料性能与价格等因素所限，永磁材料的实际可选择余地不大；另一种是从磁钢结构和排列方式上入手，使气隙磁通密度增强，使其波形更加接近正弦。

1979 年 8 月，美国伯克利实验室的物理学家 K. Halbach 发表了一篇题为“Design of Permanent Multipole Magnets with Oriented Rare Earth Cobalt Material”的论文，针对永磁体的构造提出了一种新颖的设计方法，即利用永久磁体的分布来形成正弦磁场。后来人们把这种思想应用于电机中，便形成了一种特殊结构的永磁电机——Halbach 电机[31]。其每极下的永磁体块按正弦规律充磁，这样增加永磁体块的数目，便可以得到近似理想的气隙磁场波形，如图 4-1 所示。但由于每极磁体块数越多，结构制造工艺越复杂，并受到充磁技术的限制，实现起来是非常困难的，实际生产中只能近似代替，通常每对极下选择 10 块左右为宜。这种磁体结构电动机比常规磁体结构电动机具有更好的气隙磁密波形正弦性，并具有很好的转子轭部磁屏蔽作用，因此可以采用较薄的转子铁心轭，甚至省去转子铁心，这对降低电动机的体积和重量，从而提高电动机的转矩密度和功率密度极为有利。

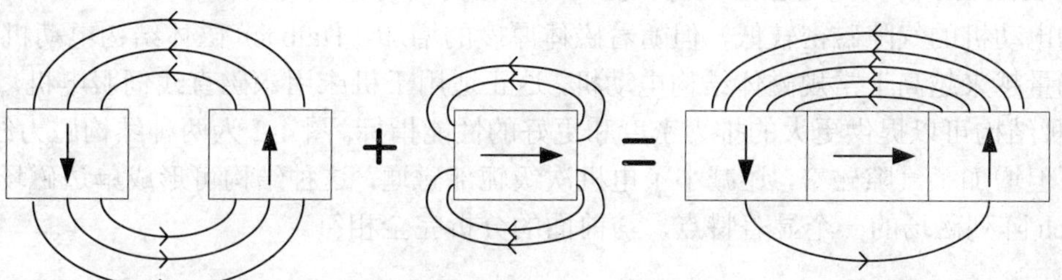

图 4-1 Halbach 阵列原理图

Halbach 电机的优越性主要表现在以下几个方面：

（1）功率密度大。同普通永磁体结构相比，由于 Halbach 阵列分解后的切向磁场与径向磁场的相互叠加使得气隙一侧的磁场强度大幅度提高，这样可以有效地减小电机的体积，提高电机的功率密度。

（2）定转子不再需要斜槽斜极。在普通永磁电机中，由于气隙磁场不可避免存在谐波，一般要在定转子结构上采用斜槽斜极以削弱其影响。在 Halbach 电机中，由于气隙磁场正弦分布程度较高，谐波含量小，定转子无需斜槽斜极。

（3）转子可采用非铁心材料。Halbach 阵列具有的自屏蔽效应产生的单边磁场分布不再需要转子采用磁性材料为其提供通路。这样不仅为转子选材提供了较大的选择余度，而且可以使系统有较低的转动惯量和较好的快速响应性能。

（4）可增加气隙长度。理论分析表明，Halbach 电机的气隙磁密可以达到普通永磁电机气隙磁密的 $\sqrt{2}$ 倍，如此以来可以通过加大气隙长度值来减少电机的铁耗、改善电机起动性能。

（5）永磁体利用率高。由于 Halbach 阵列分向磁化的结果，导致其永磁体工作点较高，一般均超过 0.9，提高了永磁体的利用率。

（6）可采用集中式绕组。普通永磁电机中往往采用分布式绕组来削弱谐波磁势的影响。在 Halbach 电机中由于其磁场正弦分布程度较高，谐波磁场影响较小，可采用集中式绕组。

（7）可采用无槽结构。相对于有槽结构电机而言，无槽结构电机的气隙磁场都相对较弱。由于 Halbach 电机气隙磁场较强，通过合理设计的无槽 Halbach 电机仍能保持较高的气隙磁密。

4.2 基于 Halbach 阵列的永磁体设计

针对机床用伺服永磁直线电机，Halbach 阵列可以使气隙磁通增加，这意味着电磁推力的增大。同时也可以保持电机出力不变，而减小电枢电流和绕组电阻损耗，从而提高电机效率。通常情况下永磁直线电机气隙较大，其主磁路磁阻和漏磁系数比旋转电机要大许多，从而降低了永磁材料的利用率和电机的力能密度。把 Halbach 阵列引入直线电机后，从图 4-1 中可以明显看出，由于切向磁场与径向磁场的相互叠加和抵消，使得永磁体一侧的磁场大幅度增加，而另一侧的磁场大幅度削弱。这说明在保持永磁体体积不变的情况下，可以通过采用 Halbach 阵列来提高电机的气隙磁密。电机的储能密度随着气隙磁密的增大而增大，这样永磁直线电机的推力密度也就随之得到了提高。

可见 Halbach 阵列是增加磁负荷和提高电机推力的有效措施。磁体厚度较小时，Halbach 磁体结构电动机的气隙磁密较低，但随着磁体厚度的增加，Halbach 磁体结构电动机的气隙磁密的增加量越来越高于常规磁体结构电动机，这正适用于机床用永磁直线伺服电机，其永磁体较厚，这种结构可以提供更大的推力密度和更好的性能指标。图 4-2 为两种结构磁力线分布图，可见其不但增加了气隙磁密，还减小了电机次级轭部磁通，这种结构可形成单边磁场，这是平面 Halbach 阵列磁场的一个显著特点，与前面的分析完全相符。

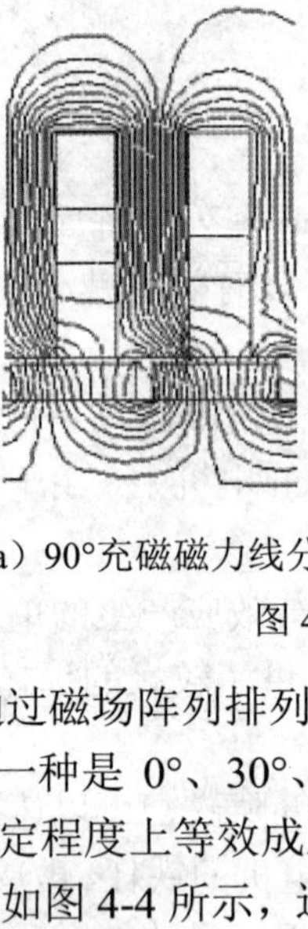

（a）90°充磁磁力线分布

（b）Halbach 阵列磁力线分布

图 4-2　直线电机两种结构磁力线分布图

本论文拟通过磁场阵列排列方式进行磁场优化设计，一种是 0°、45°、90°阵列方式，如图 4-3（a）所示；一种是 0°、30°、60°、90°阵列方式，如图 4-3（b）所示。它们均采用两种充磁方式，能在一定程度上等效成正弦充磁。通过进一步研究，可以采用梯形阵列的方式来近似等效正弦充磁，如图 4-4 所示，这样可以只采用一种充磁方式，通过调节梯形永磁体的上下边长，来近似形成正弦磁场，这显然比前两种阵列方式好一些，近似效果更加明显，也更有利于电机的设计制造。

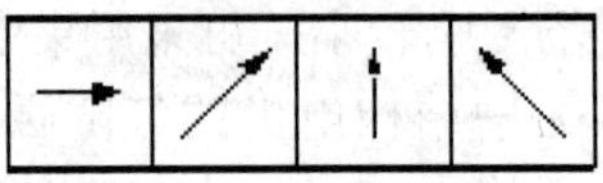

（a）0°、45°、90°阵列方式

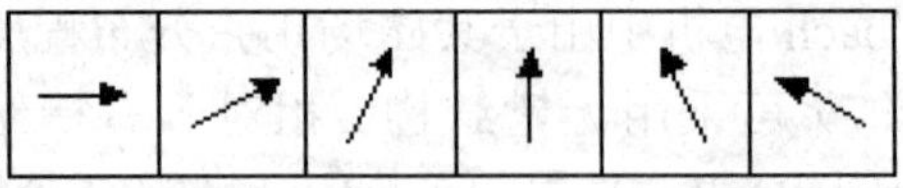

（b）0°、30°、60°、90°阵列方式

图 4-3　Halbach 阵列方式

对梯形阵列的永磁体，如图 4-4 所示，取 $X_1 = X_4 = 5\text{mm}$，$X_2 = X_3 = 11\text{mm}$，初级结构与原来相同，建立直线电机模型，用 ANSYS 进行磁场分析可得其空载和负载推力波动曲线如图 4-5 和图 4-6 所示，其推力波动和原电机基本相同，若对其边长进行优化，则可以达到更好的效果。

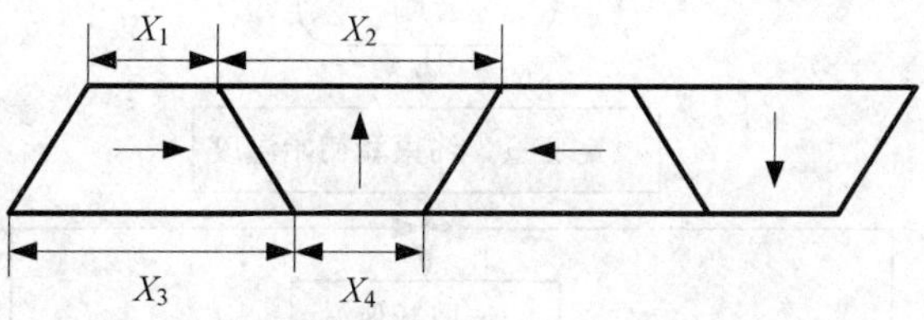

图 4-4　梯形阵列永磁体尺寸图

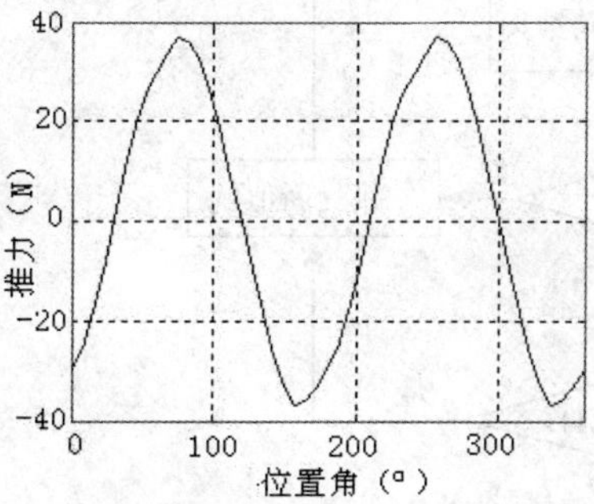

图 4-5　梯形阵列空载推力波动曲线

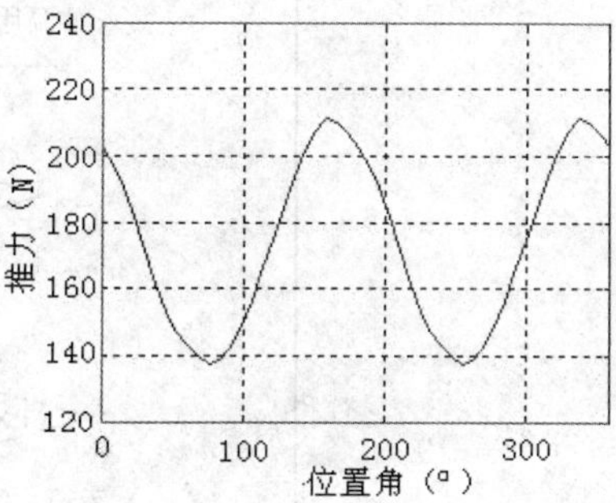

图 4-6　梯形阵列负载推力波动曲线（i_q=5A）

可见，梯形 Halbach 磁体结构电动机与常规磁体结构电动机相比，首先具有很好的气隙磁密波形正弦性；其次具有很好的转子轭部磁屏蔽作用；再次在磁体厚度较小时，Halbach 磁体结构电动机的气隙磁密较低，但随磁体厚度的增加，Halbach 磁体结构电动机气隙磁密的增加量越来越高于常规磁体结构电动机，当磁体厚度增加到一定程度时，Halbach 磁体结构电动机的气隙磁密要高于常规磁体结构电动机。

4.3　基于模拟退火法的电机优化设计

在电机的优化设计中，如何选择合适的优化方法，减少迭代次数，加快收敛速度，获得一个全局最优解是关系到优化成功、失败的关键。模拟退火算法是一种适合于组合优化问题的优化算法，不仅具有“上山性”，还具有“下山性”，在迭代过程中可以取“坏值”，并且随着控制参数的逐渐减少，这种可能性逐渐减小到零，另外新值的取舍由概率确定，且新值在统计上满足一定的概率分布。为此该算法可以跳出局部最优点，而收敛于全局最优点。模拟退火算法来源于研究热系统中最小能量分布的统计物理学方法，是一种启发式随机搜索法——当一个系统的温度以足够慢的速度下降时，系统近似处在热平衡状态，最后达到系统本身的最低能量状态。将这一思路引入优化过程，采用 Metropolis 接受准则，并用一种称为冷却进度表的参数控制算法进程，获得问题的最优。

模拟退火与有限元结合是电机优化设计领域中一种行之有效的全局优化方法。本文利用 Fortran 编写模拟退火算法程序，并在其每次循环迭代过程中调用有限元软件 ANSYS 进行电磁场计算，其具体过程是把设计变量传递给 ANSYS 程序，电磁计算后将其计算结果作为目标函数返回 Fortran 程序，反复迭代最终使问题获得最优解。两个软件是通过数据文件进行接口的，充分发挥了编程语言的特点，其中 ANSYS 的二次开发语言 APDL 具有非常方便的操作性，其程序流程图如图 4-7 所示。

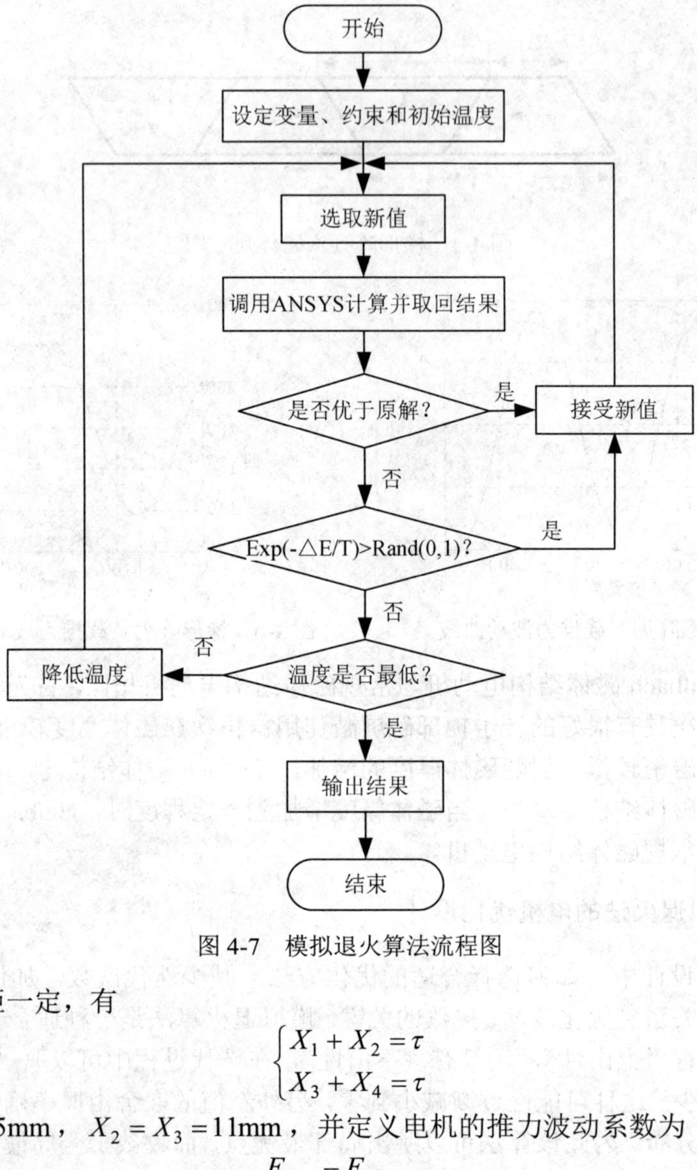

图 4-7　模拟退火算法流程图

保持电机极距一定，有

$$\begin{cases} X_1 + X_2 = \tau \\ X_3 + X_4 = \tau \end{cases} \tag{4.1}$$

取 $X_1 = X_4 = 5\text{mm}$， $X_2 = X_3 = 11\text{mm}$，并定义电机的推力波动系数为

$$\delta = \frac{F_{\max} - F_{\min}}{(F_{\max} + F_{\min})/2} \times 100\% \tag{4.2}$$

式中：$F_{\max}$ ——电机推力最大值； $F_{\min}$ ——电机推力最小值。

这样以 X_1 为设计变量，以推力波动系数 δ 为目标函数，即模拟退火法中的温度，在电机极距不变的情况下使其推力波动最小。经过优化后得到 X_1=2.9mm，X_3=5.5mm。则优化后，电机的空载磁力线分布如图 4-8 所示，其结构更加合理，能够更好地等效成正弦充磁。其空载和负载（i_q=5A）的推力波动曲线如图 4-9 和图 4-10 所示，推力波动系数 δ 降为 29%，其推力波动显著减小，而且负载运行时其平均推力也大于原分数槽样机，这样不但减小了推力波动，还增加了推力密度，使电机设计得更加理想。

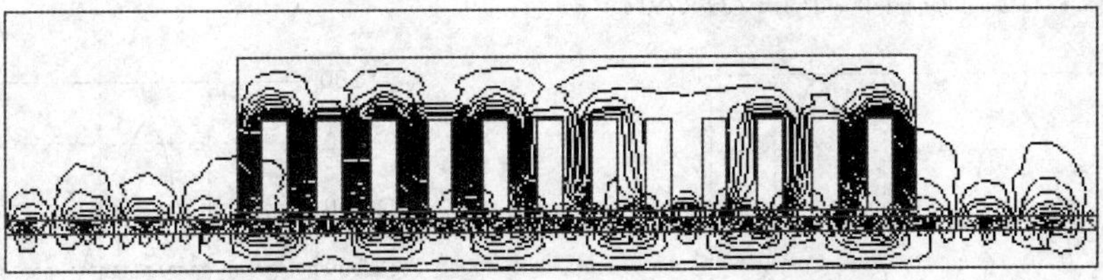

图 4-8　Halbach 阵列优化后空载磁力线分布图

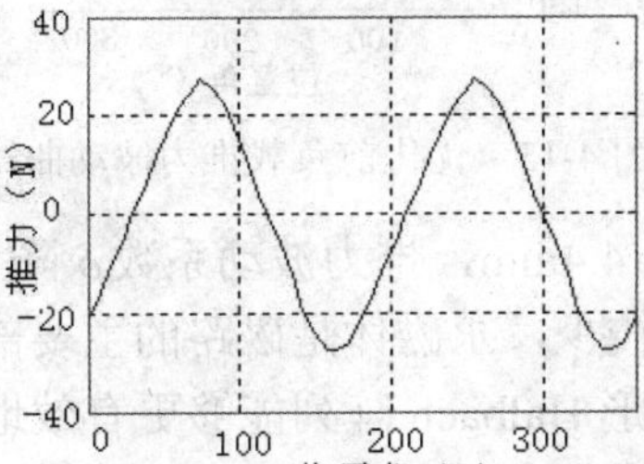

图 4-9　优化后空载推力波动曲线

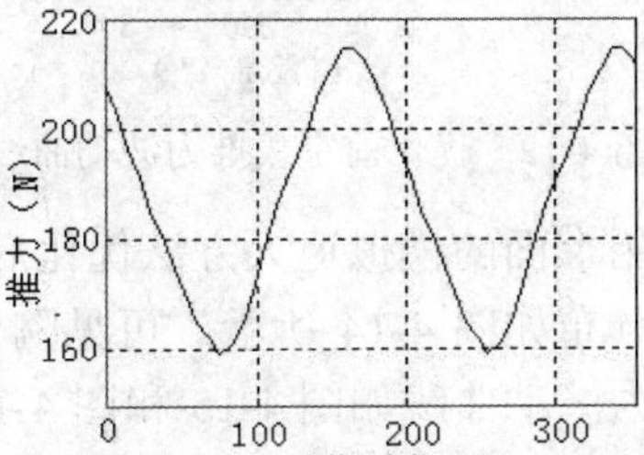

图 4-10　优化后负载推力波动曲线

通过对永磁直线伺服电机的磁场分析，可见模拟退火算法十分有效，另外由于本设计所要求的设计变量较少，且目标函数单一，能够很快收敛，计算时间并不长，符合实际应用的需要。

4.4　Halbach 阵列陶瓷基板结构直线电机优化设计

永磁直线电机的特性决定着整个伺服系统性能的好坏。由直线电机磁场分布不连续引起的推力波动，会影响系统的性能，严重时往往导致加工尺寸的较大偏差。所以，研究和分析直线电机的波动力是非常重要的。因为由 Halbach 阵列构成的永磁体对次级轭部具有较好的屏蔽作用，所以可以省去次级的轭铁，而把永磁体直接固定在电工陶瓷基板上，陶瓷材料具有比重轻、导热率低、热膨胀系数小、不吸水、绝缘性能好等一系列优点。这样不但可以减轻直线电机的重量，使电机的惯性减小，成本降低，而且可以消除原来轭铁由于温度引起的变形，有利于高精度定位。同时这种结构可使电机功率密度提高，反电势更加接近正弦，有效地减小直线电机的推力波动，且消除了次级铁耗，使电机的整体效率提高。其永磁直线同步电机结构图如图 4-11 所示。

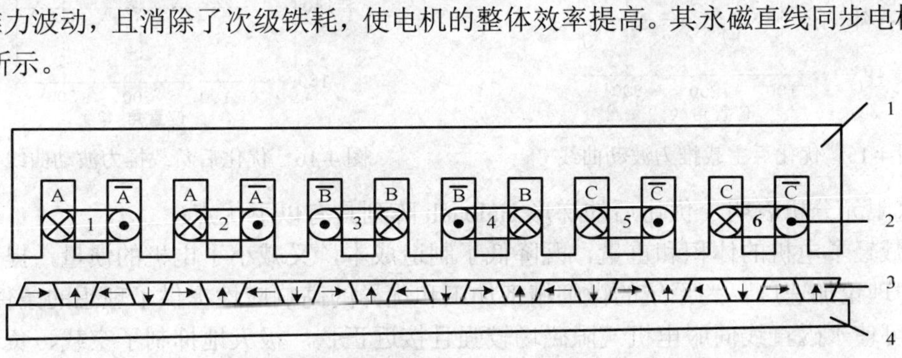

1—初级铁心　2—绕组　3—永磁体　4—陶瓷结构

图 4-11　陶瓷基板永磁直线电机结构图

对这种无次级铁心的直线电机进行电磁场分析，仍取 $X_1=X_4=5.5$mm，$X_2=X_3=5.5$mm，推力波动系数 δ 为 22.9%，其空载和负载推力波动曲线如图 4-12 和图 4-13 所示，这种结构减小了次级的涡流损耗，进一步降低了推力波动。

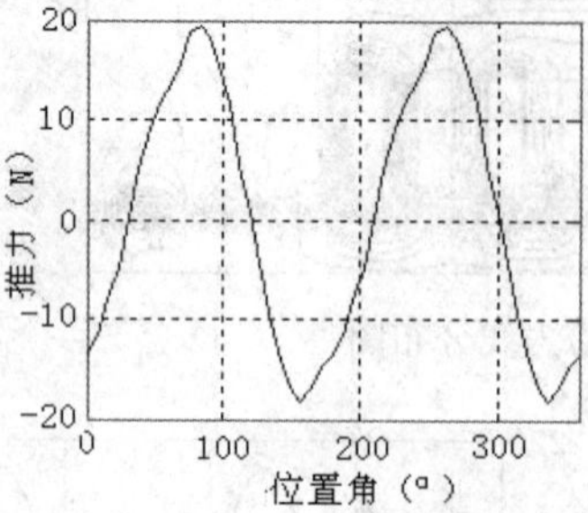

图 4-12　优化前空载推力波动曲线

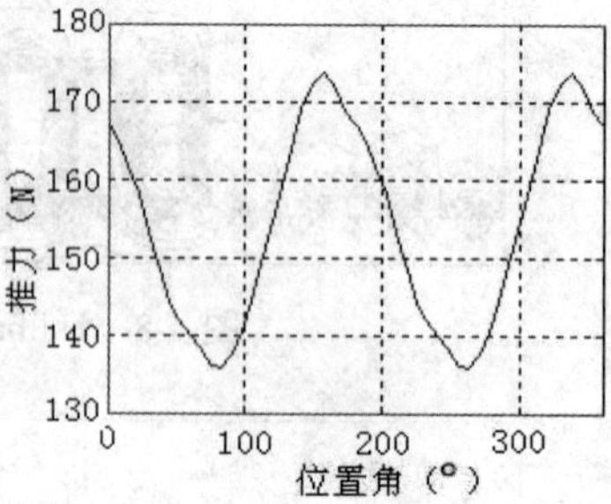

图 4-13　优化前负载推力波动曲线

再利用上面的模拟退火方法优化后，$X_1=4$mm，$X_3=4.4$mm，推力波动系数 δ 降为 9.43%。其磁力线分布如图 4-14 所示，可见陶瓷结构中磁力线较少，永磁体是磁路的主要部分，空载和负载推力波动曲线如图 4-15 和图 4-16 所示，这种梯形 Halbach 阵列能够更有效地抑制电机的端部效应、齿槽效应，电机运行更加平稳，为实现机床的高精度定位和精密加工提供了可靠的保证。但由负载推力波动曲线可以看出优化后平均推力也有所牺牲。

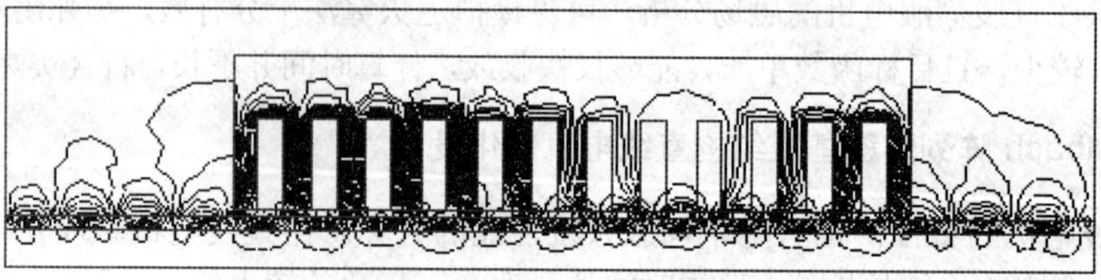

图 4-14　Halbach 阵列优化后空载磁力线分布图

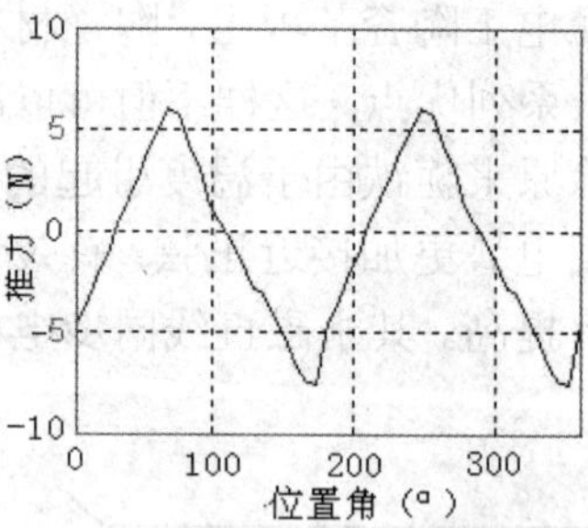

图 4-15　优化后空载推力波动曲线

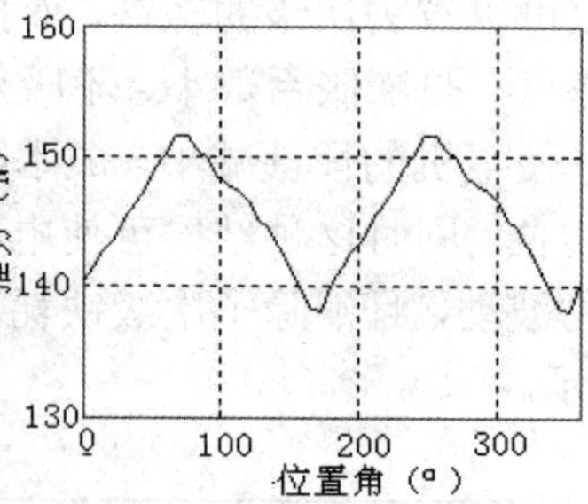

图 4-16　优化后负载推力波动曲线

经过有限元分析表明，优化后的梯形 Halbach 阵列具有以下优点：

（1）减轻了电机的体积和重量，既降低了制造成本，又减小了电机的惯量，提高了永磁直线电机的理论加速度，为系统的微细精密加工和优异的高响应性提供了理想的条件。

（2）可使永磁直线伺服电机气隙磁场较强且接近正弦，极大地抑制了空载、负载推力波动，提高了电机的推力密度。

这种次级结构和基于分数槽的初级结构相配合，更进一步提高了永磁直线电机的伺服性能，其推力波动已经能够符合机床加工的要求。但这种结构也给永磁体加工带来了困难，需要拼接粘合，磁体间存在内部相互应力，怕震，还需要一定的加固措施。

5　结论

本文对机床用永磁直线电机的特点进行了分析，找出了推力波动的主要因素，通过编写 ANSYS 电磁场有限元程序，计算出了电机端部效应、齿槽效应产生的波动力，以削弱推力波动为目标进行了电机的初级和次级结构优化设计，有效地改善了直线电机的推力波动。其主要结论包括以下几个方面：

（1）机床采用直线电机直接驱动具有明显的优势，但同时也带来了相应的问题，其推力扰动不容忽视，得出永磁直线电机自身的端部效应、齿槽效应是产生推力波动的主要原因。

（2）提出了磁导调制的基本思想，并将其用于直线电机设计中，利用分数槽绕组来达到短距、分布的效果，既减化了电机的结构，使其具有良好的工艺性，又有效地抑制了推力波动。

（3）Halbach 阵列具有自屏蔽效应，适用于直线电机。本文采用梯形 Halbach 阵列的永磁体排列方式，在利用模拟退火算法优化的基础上，使电机气隙磁场具有良好的正弦性，在使电机推力密度提高的同时推力波动明显减小，并在程序编写过程中实现了 Fortran 和 ANSYS 的相互调用。

（4）可将采用陶瓷基板的永磁直线电机省去次级轭铁，提高了电机的理论加速度，并可进一步抑制电机的推力波动，为系统的微细精密加工和优异的高响应性提供了理想的条件。

参考文献

[1] 郑玉垒，张式勤，蒋黔解. 直线电机驱动在机床中的应用. 机电工程，2002，19（4）：36-39.

[2] 张国梁. 我国机床用直线电机规模开发前景分析. 数控机床市场，2003，11：67-68.

[3] 张春良，陈子辰，梅德庆. 直线电机伺服进给系统及其关键技术问题. 组合机床与自动化加工技术，2001，11：37-40.

[4] 郭庆鼎，王成元，周美文，等. 直线交流伺服系统的精密控制. 北京：机械工业出版社，2000.

[5] 郜业猛，杨正新，于世江，等. 直线电机在数控机床进给系统中应用现状与趋势. 合肥工业大学学报（自然科学版），2002，25（5）：777-781.

[6] 邓立新. 电火花成形加工厂机床数控系统的发展趋势. 机械制造，2001，15（2）：28-29.

[7] Gieras JF, Dawson GE, Eastham AR. A new longitudinal end effect factor for linear induction motors. IEEE Trans,1987, EC-2(1): 152-159.

[8] WilkinsonKJR. End effects in wound linear induction motors. IEE Proceedings B,1982,129(1): 35-42.

[9] Ki-Chae Lim, Jung-Pyo Hong, Gyu-Tak Kim. The novel technique considering slot effect by equivalent magnetizing current. IEEE Transactionson magnetics, 1999, 35(5): 3691-3693.

[10] An Hur, Sang-Back Yoon, Dong-Yun Hwang. Analysis of PMLSM using Three Dimensional equivalent magnetic circuit network method. IEEE Transactions on magnetics, 1997, 33(5): 4143-4145.

[11] An Hur, In-Soung Jung, and Dong-Seok Hyun. Lateral characteristic analysis of PMLSM considering overhang effect by 3 dimensional equivalent magnetic circuit network method.

IEEE Transactions on magnetics, 1998, l34(5): 3211-3213.
[12] Clark RE, Jewell GW, Howe D. Finite element analysis of short-stroke linear motors and actuators. IEE Seminar on Current Trends in the Use of Finite Elements in Electro mechanical Design and Analysis, 2000, London, IEE 2000. 8/1-8/6.
[13] 刘景林，蒋宗荣，李秉实. 稀土永磁直流直线电动机的优化设计. 微电机，1993，26（1）：10-13，601.
[14] 焦留成，汪旭东，袁世鹰. 直线感应电动机的优化设计研究. 中国电机工程学报，1999，19（4）：81-83，881.
[15] ImDal-Ho, ParkSeung-Chan, ParkDoo-Jin. Design of single-sided linear induction motor using the neural net works and finite element method. Proc. of the International Joint Conference on Neural Networks, Nagoya, 1993(3): 2811-2814.
[16] Ferenc Toth, Finite-element analysis of linear synchronous motors with different pole configuration. Journal of Electrical Engineering, 2003, 3(1):11-20.
[17] In-Soung Jung, Sang-Beack Yoon, Jang-Ho Shim. Analysis of Force in a Short Primary Type and a Short Secondary Type Permanent Magnet Linear Synchronous Motor. IEEE Transactions on Energy Conversion, 1999,14(4):12-14.
[18] Moon G. Lee, Dae-Gab Gweon. Optimal design of a double-sided linear motor with a multi-segmented trapezoidal magnet array for a high precision positioning system. Journal of Magnetic Materials 2004, 3:112-122.
[19] 叶云岳. 直线电机原理与应用. 北京：机械工业出版社，2000.
[20] 李庆雷，王先逵，吴丹，等. 永磁同步直线电机推力波动分析及改善措施. 清华大学学报（自然科学版），2000，40（5）：33-36.
[21] 刘爱民，张锦辉，高君. 直线电机的推力波动及其抑制方法. 沈阳工业大学学报，2003，25（6）：482-485.
[22] 汤蕴璆. 电机内的电磁场. 北京：科学出版社，1998.
[23] 龚曙光. ANSYS 基础应用及范例解析. 北京：机械工业出版社，2003.
[24] 唐兴伦，范群波，张朝晖，等. ANSYS 工程应用教程——热与电磁学篇. 北京：中国铁道出版社，2002.
[25] 许实章. 交流电机的绕组理论. 北京：机械工业出版社，1985.
[26] 陈宇明，金能强. 直线同步电机的磁场与力特性分析. 电工电能新技术，2002，21（1）：26-28.
[27] 郭红，贾正春，詹琼华，等. 永磁同步直线电机电磁推力的谐波分析. 微电机，2003，36（3）：14-17.
[28] 汤蕴璆，史乃. 电机学. 北京：机械工业出版社，2001.
[29] Ferenc Toth. Finite-element analysis of linear synchronous motors with different pole configuration. Journal of Electrical Engineering, 2003,13(1):11-20.
[30] 唐任远. 现代永磁电机. 北京：机械工业出版社，1997.
[31] 王厚生. 永磁电动式导体板磁悬浮列车轨道结构及相关研究. 北京：中国科学院研究生院，2004.

致谢

经过这几个月来的不断努力，我终于顺利完成了此次毕业设计任务。

衷心感谢 XXX 老师的指导。老师的认真督导使我能够将理论与实践有效结合，设计出理想的毕业作品。毕业设计的完成过程是不断充实自己专业知识的过程，是进行动手实践的过程，这些都有利于我今后的就业与发展。

感谢 XXX 等同学的帮助。在做毕业设计的过程中与他们一起讨论，他们给了我很多有益的建议与帮助，使自己的设计作品更完美。

最后也感谢学校的所有老师和领导，正是你们的辛勤耕耘，才有我们今天的学有所成。我要对所有老师及领导表示深深的感谢和敬意。

9.3 电机方向的各类选题

本节将介绍一些电机方向常见的、有代表性的毕业设计选题，并对其进行解析。

电机方向的选题大体涵盖以下几种类型。

1. 本体设计及分析

电机的应用场合种类繁多，不同的驱动对象，需要不同类别的电机，即使同一类别的电机，也会因其应用场合的差别而采用不同的设计方法。因此，电机方向的一类选题就是根据应用场合的要求，进行电机的本体设计及其相关分析。

2. 性能指标的优化计算

电机方向的另一类选题是针对电机应用在某个特定场合所带来的问题，或是对其某一项指标的特殊要求，在设计时通过采用特殊的设计结构来解决问题或改善性能。

以上这两种形式在本科毕业设计中较为常见，但并不是涵盖了全面选题范围，还有一些选题中，涉及到实验测试平台的搭建、电机的建模与仿真、电磁场的精密计算、电机控制等等。

9.3.1 本体设计及分析

选题研究领域：电机本体设计及相关性能分析

选题类型：设计与计算

选题完成形式：计算例程（有条件的可做样机）+论文

选题参加人数：个人独立完成或者 2 人

选题知识准备：

掌握电机的基本原理、结构和设计分析方法，掌握电磁场理论，熟练运用相关有限元仿真软件，如 Ansoft 等进行运算。

毕业设计正文大纲举例——《六相变频调速同步电动机分析与设计》：

1 绪论

1.1 目的和意义

1.2 多相电机调速技术发展现状

1.2.1 三相电机变频调速技术的发展

1.2.2 多相电机变频调速技术的发展
1.3 多相电机分类
1.3.1 多相感应电机
1.3.2 多相永磁电机
1.4 多相电机设计与分析发展现状
1.5 论文的主要内容和工作
2 多相同步电动机的理论分析
2.1 传统同步电动机设计方法
2.1.1 传统同步电动机主要尺寸确定
2.1.2 传统同步电动机定子绕组和铁心的设计
2.1.3 传统同步电动机设计特点与应用于多相电机的局限性
2.2 多相同步电动机设计方法
2.2.1 多相同步电动机主要尺寸和气隙的确定
2.2.2 多相同步电动机定子绕组和铁心的设计
2.2.3 多相同步电动机绝缘设计
2.3 传统同步电动机与多相电机设计方法特点比较
2.4 本章小结
3 多相绕组的谐波分析与设计
3.1 多相绕组的基本原理
3.2 多相绕组谐波磁势分析
3.3 六相绕组
3.3.1 六相双 Y 移 30°绕组
3.3.2 六相双 Y 移 30°绕组与三相 60°相带绕组相比的特点
3.4 本章小结
4 200kW 六相双 Y 移 30°同步电机设计
4.1 主要技术参数
4.2 多相同步电动机设计
4.2.1 定子结构
4.2.2 转子结构
4.2.3 定子绕组
4.2.4 阻尼绕组
4.2.5 电磁方案
4.3 电磁场分析计算
4.3.1 空载特性的计算
4.3.2 负载特性的计算
4.4 结构设计
4.4.1 绝缘结构设计
4.4.2 通风冷却结构设计
4.5 本章小结

5 结论

参考文献

致谢

相似选题扩展：

- 电主轴电机的设计及电磁场计算分析
- 轿车用雨刷刮水器永磁直流电动机设计与分析
- 铁路机车永磁牵引电动机的设计与优化
- 潜油螺杆泵永磁电机设计与分析
- 1kW 垂直轴风力发电机设计
- 轴向分段式永磁转子爪极电机的设计与性能分析

9.3.2　性能指标的优化计算

选题研究领域：基于电机的某一项性能指标，进行优化设计、对比和分析

选题类型：设计与计算

选题完成形式：计算例程（有条件的可做样机）+论文

选题参加人数：个人独立完成或者 2 人

选题知识准备：

掌握电机的基本原理、结构和设计分析方法，掌握电磁场理论，熟练运用相关有限元仿真软件，如 Ansoft 等进行运算。

毕业设计正文大纲举例——《精密伺服用永磁直线电机推力波动分析及优化》：

1 绪论

1.1 课题研究的目的和意义

1.2 课题来源和国内外发展情况

1.3 论文主要研究内容

2 永磁直线伺服电机原理及推力波动分析

2.1 永磁直线伺服电机的基本工作原理

2.2 永磁同步直线电机的矢量控制及数学模型

2.3 永磁直线同步电动机推力波动的原因和解决措施

2.3.1 系统的外部和内部扰动

2.3.2 推力波动的抑制方法

2.4 本章小结

3 磁导调制式永磁直线电机设计

3.1 永磁直线电机的电磁场分析

3.1.1 基于有限元法的磁场和推力分析

3.1.2 永磁直线电机的有限元分析计算

3.2 磁导调制式直线电机设计思想的提出

3.3 分数槽绕组理论在磁导调制式直线电机中的应用

3.4 本章小结

4 Halbach 阵列的永磁直线电机优化设计

4.1 基于 Halbach 阵列的永磁体设计

4.2 基于模拟退火法的电机优化设计

4.3 Halbach 阵列陶瓷基板结构直线电机优化设计

4.4 本章小结

5 结论

参考文献

致谢

相似选题扩展：

- 异步起动永磁同步电动机起动性能研究
- 高速电主轴永磁电机涡流损耗的计算研究
- 外转子永磁电机直驱辊式传动系统的热负荷问题研究
- 极宽调制方法改善永磁风力发电机电势品质分析研究

第 10 章　电力电子与电力传动方向毕业设计实例及选题

本章概要

- 电力电子与电力传动方向概述。
- 电力电子与电力传动方向毕业设计实例分析。
- 电力电子与电力传动方向的各类选题。

10.1　电力电子与电力传动方向概述

1. 电力电子与电力传动专业概述

电力电子与电力传动方向隶属于电气工程类学科，主要研究新型电能变换装置和电机驱动控制系统。它综合了电能变换与控制、电力电子技术、自动控制及计算机应用等学科领域的新成就，是一门新兴的交叉学科，其应用日益广泛。在现代工业体系中，它是电能工业与用电工业间的接口，对电能进行有效的变换和控制；又是计算机控制与用电工业间的接口，为现代工业中各种功率负责和执行机构提供智能化功率源。本方向以控制理论为基础，计算机和微电子为手段，电力电子器件为桥梁，实现高效率、高质量、高性能的电能变换装置和电力传动系统。本方向与实际应用紧密结合，研究成果广泛应用于各行各业，对国民经济的发展和社会进步具有巨大的推动作用。

2. 毕业生能力培养目标

本方向的目标是培养德、智、体、美全面发展，掌握电工、电子、检测、计算机、通讯技术、控制理论、微机控制、交流调速等领域的理论基础和专业知识，了解该方向的研究领域及国内外发展现状和发展方向，能够在运动控制、过程控制、工业自动控制、电力电子等领域从事控制、系统分析、设计、研究开发、实验分析等工作，具有严谨求实的科学态度、创新精神、较强的工程实践能力和较高综合素质的应用型高级工程技术人才。

3. 毕业设计相关主干课程

电力电子与电力传动方向的毕业设计涉及学生在校期间必修和选修的一些专业课，这些课程内容支撑着毕业设计的整个过程。相关专业课一般包括：电路原理、电力电子技术、微机原理与接口技术、计算机软件技术基础、电机原理及拖动、自动控制原理等。有些课程的介绍已在第 8 章和第 9 章中出现，这里不再赘述。

- 电路原理

“电路原理”是电机方向的一门重要的学科基础课。它的目的和任务是通过课程学习使学生掌握电路的基本理论知识，分析计算的基本方法，为后续的课程和学生将来工作需要准备必要的基础知识。电路原理是理论严谨、逻辑性强并与工程密切结合的课程。本课程对培养学生的正确思维、严谨的科学作风、运用数学分析的能力、科学的实验能力和工程观念都有十分重要的作用。

- 电力电子变流技术

“电力电子变流技术”是一门跨学科的利用电力电子器件对电能进行变换和控制的技术，是自动化专业必修的技术基础课。电力电子技术由三部分内容组成，即电力电子器件、电力电子电路、电力电子系统及其控制。本课程着重学习电能变换电路的基本工作原理。

- 电机及拖动技术

“电机与拖动技术”是电气自动化专业的专业基础课，在电力系统自动化专业的课程体系中具有承上启下、举足轻重的地位。先修课程包括高等数学、电工电子等。该课程是学生学习“电力系统继电保护原理”“发电厂电气部分”“电力系统自动化”等专业主干课程和“电力系统课程设计”“电力系统综合实验”等实践性教学环节的必备理论基础。

- 自动控制原理

“自动控制原理”是电气自动化专业的一门专业基础课，也是该专业的主干必修课之一。本课程研究控制系统分析与设计的基础知识，包括线性控制系统的建模，时域分析法、根轨迹法、频域分析法三大分析方法，以及系统的校正与计算机辅助分析。

- 微机原理与接口技术

“微机原理与接口技术”是电力电子与电力传动方向学生必修的学科基础课，本课程以Inter8086 微处理器为背景，主要讲述 16 位微型计算机的原理及应用，同时兼顾 32 位微处理器。通过本课程的学习使学生了解并掌握微型计算机的基本概念，微型计算机的组成、工作原理和使用方法。为后续的课程和将来实际应用微型计算机技术打下基础。

- 计算机软件技术基础

本课程是电力电子与电力传动方向的一门学科基础课，主要任务是讲授数据结构与算法、操作系统、数据库管理系统以及软件工程的最基本的概念、理论和方法。目的是要求学生通过对本课程的学习，掌握计算机软件设计基础理论知识，为学生以后学习相关课程和编写应用软件打下良好基础。

10.2 电力电子与电力传动方向毕业设计实例

基于双 PLC 的同步电动机励磁机构冗余控制系统设计

1. 毕业设计任务书

毕业设计任务书如表 10-1 所示。

表 10-1 XXXX 大学毕业论文（设计）任务书

姓　　名	XXX	学　　号	XXXXXXXX	系　　别	电气工程类系
专　　业	自动化专业	年级班级	XX 级 X 班	指导教师	XXX
论文题目	基于双 PLC 的同步电动机励磁机构冗余控制系统设计				

续表

<table>
<tr><td>任务和目标</td><td colspan="3">毕业设计（论文）的任务和目标：
励磁系统是同步电动机的重要组成部分，本毕业设计是在掌握同步电动机励磁结构原理的基础上，设计一套同步电动机励磁机构冗余控制系统。该励磁控制系统由两个硬件结构完全相同而又相互独立的子系统组成。毕业设计需要完成冗余励磁控制系统的硬件和软件设计。需要撰写题目为《基于双 PLC 的同步电动机励磁机构冗余控制系统设计》的论文。论文撰写必须符合学校对学位论文的要求，结构合理，内容充实。软、硬件设计需要完成调试工作。
论文需要完成以下任务：
1．搭建同步电动机励磁机构框架
（1）明确励磁控制系统的参数及控制要求
（2）学习励磁控制系统的组成及工作原理
（3）确定冗余控制方法
2．完成硬件结构设计
（1）检测变换单元
（2）冗余处理单元
（3）隔离单元
（4）电源单元
（5）通讯单元
（6）显示单元
3．完成软件编程调试
（1）I/O 接口设定
（2）PID 调节
（3）A/D、D/A 转换
（4）串行通讯及两系统之间的通讯
（5）数码显示
（6）冗余控制
（7）PID 调节
（8）抗干扰处理</td></tr>
<tr><td>基本要求</td><td colspan="3">论文撰写应在指导教师的指导下独立按时完成，论文应做到思路清晰、层次清楚、结构合理、文字通顺；掌握同步电动机励磁系统的原理和结构；掌握 Protel 的使用方法，并能调试简单的硬件电路；熟悉 PLC 的调试环境和程序编写方法；重点掌握 PI 的软件编程思想和方法。论文字数不得少于 15000 字，还要有 300 字左右的论文摘要，关键词 3～5 个。需附上参考文献、目录和致谢。</td></tr>
<tr><td>研究所需条件</td><td colspan="3">1．具备足够的专业基础知识
（1）掌握冗余结构同步电动机励磁系统的基本设计方法
（2）掌握 Protel 软件的使用方法
（3）掌握自动控制原理，可以基于 PI 搭建简单的控制单元
2．具备搜集资料的网络、图书馆等资源
3．具备 PLC 软硬件调试环境，示波器、电脑等设备</td></tr>
<tr><td rowspan="3">任务进度安排</td><td>序号</td><td>主要任务</td><td>起止时间</td></tr>
<tr><td>1</td><td>任务书下达、毕业设计正式开始</td><td>2013.11.1－2013.11.12</td></tr>
<tr><td>2</td><td>查阅国内外相关文献、资料，了解同步电动机励磁机构的研究现状和发展动态，完成文献综述、开题报告的撰写</td><td>－2013.12.10</td></tr>
</table>

续表

	3	搭建整个冗余控制励磁系统的设计框架			—2013.12.24
	4	完成硬件结构的设计和调试			—2014.1.31
	5	完成软件结构的设计和调试			—2014.2.28
	6	完成系统联调			—2014.3.20
	7	上交论文成稿			—2014.4.13
	8	上交 Ansoft 设计工程文件			—2014.4.15
	9	论文答辩			—2014.4.20
指导教师签字			日期		年　月　日
系部领导签章			日期		年　月　日

2. 文献综述

文献综述如表 10-2 所示。

表 10-2　XXXX 大学毕业论文（设计）文献综述

姓　　名	XXX	学　　号	XXXXXXXX	系　　别	电气工程类系
专　　业	自动化专业	年级班级	XX 级 X 班	指导教师	XXX
论文题目	基于双 PLC 的同步电动机励磁机构冗余控制系统设计				
查阅的主要文献	[1] 辜承林，等．电机学．武汉：华中科技大学出版社，2001． [2] 杨嗣彭，等．同步电机运行方式的分析．成都：成都科技大学出版社，1989． [3] 樊俊，陈忠，涂光瑜．同步发电机半导体励磁原理及应用．第二版．北京：水利电力出版社，1991． [4] 刘忠源，等．同步电机可控硅励磁系统．北京：水利电力出版社，1992． [5] 陶永华，尹怡欣，葛芦生．新型 PID 控制及其应用．北京：机械工业出版社，1998． [6] 郭学田，曲海波．一种新型同步电动机励磁装置．大电机技术．1998，（5）．62-64． [7] 三菱电机株式会社编．变频调速器方面使用手册．许振茂，等译．北京：兵器工业出版社．1992． [8] 朱振青．励磁控制与电力系统稳定．北京：水利电力出版社，1994． [9] 吴中俊，黄永红．可编程序控制器原理及应用．北京：机械工业出版社，2003． [10] 王永华．现代电气及可编程控制技术．北京：北京航空航天大学出版社，2002． [11] SIEMENS 公司．SIMATIC S7-200 可编程序控制器系统手册．2000． [12] 临淄银河高技术开发有限公司．产品目录．2002． [13] Xiuzhi Li, et al. Digitization of excitation control system for synchronous motor. Proceedings of International Symposium on Salient-Pole Machines with Particular Reference to Large Hydro-Electric Generators and synchronous Motors, 1993, 93-98. [14] 王毅敏，马丽英．一种改进的数字 PID 控制算法及其在励磁系统中的应用．电网技术，1998（6）：46-48． [15] Sun, Y.Z. Li. Novel decentralized robust excitation control for power system stability improvement. Electric Utility Deregulation and Restructuring and Power Technologies, 2000, 443-448.					

续表

<table>
<tr><td>查阅的
主要文献</td><td>[16] Yuzhen Wang, Huashu Qin. A new approach to excitation control of power systems. Intelligent control and Automation, 2000, 58-62.
[17] Wang Yongi, Zhang Lisheng, Tu Jian. A real time simulation system for synchrono us generator set. The 4th International Conference on Frontiers of Design and Manufacturing, 2000, 761-762.
[18] Z. S. Liang. Nonlinear excitation model predictive control for Electric Power System. The 14th Wold Congress of International Federation of Automatic control (IFAC). 1999, 273-277.
[19] Akashi Hiyama. Matlab/Simulink based transient stability simulation of electric power systems. IEEE Power Engineering Society, 1999, 249-253.</td></tr>
<tr><td>文献综述</td><td>基于双 PLC 的同步电动机励磁机构冗余控制系统设计
一、前言
励磁系统是同步电动机的重要组成部分，直接影响电动机的运行特性。它一般由两部分构成：第一部分是励磁功率单元，它向同步电动机励磁绕组提供直流励磁电流；第二部分是励磁调节器，根据电动机运行状态，自动调节功率单元输出的励磁电流，以满足电动机运行的要求。国内统计表明，因励磁系统故障造成的停机事故比机组本体的故障率要高。因此设计制造调节精度高、可靠性好的励磁控制系统，并使之系列化、通用化、标准化是今后的发展趋势。
二、励磁控制系统的应用背景
同步电动机的励磁系统为由外电源供电的他励式励磁系统。其励磁系统主要有直流励磁机励磁系统、硅整流励磁系统、可控硅励磁系统。
直流励磁机励磁系统用直流发电机作为励磁电源，而直流发电机则由同步电动机转子直接带动，或者单独由交流异步电动机拖动。这种励磁系统使用历史最长，在制造、运行等方面已有较丰富的经验，工作比较可靠。但由于这种系统结构庞大复杂，调节励磁的反应速度慢，且直流励磁机受制造容量限制，维护困难，效率也低，因此目前已基本被淘汰。
硅整流励磁系统采用硅整流器（U）把交流变为直流，取消了有旋转部件的直流励磁机，因而大大提高了效率，降低了损耗，减小了维护工作量。但是，在实现调节控制上，与直流励磁机励磁系统是一样的，即仍采用复杂、笨重的继电器接触系统。在手动调节励磁电流时，也需要操纵笨重的自耦变压器。因此，它只是一种过渡性励磁系统。
可控硅励磁系统由整流变压器、可控硅整流桥，灭磁装置及自动励磁调节器等组成。系统具有运行可靠、自动化水平高、维护工作量小、对电网电压波动适应性强等特点，而且体积小、重量轻、效率高。因此已取代了硅整流励磁系统，获得了广泛的应用。这种系统的使用需要较高的维护技术水平和较丰富的实际运行经验。
三、系统设计思路
本论文研究对象是 1000kW 变频器调速同步电动机的励磁控制系统。该系统需采取冗余控制技术，即由硬件结构完全相同而又相互独立的两子系统组成，两子系统互为主备模式。
本论文主要进行系统的硬件和软件两部分设计。硬件方面包括控制单元、检测变换单元、冗余处理单元、隔离单元、电源和通讯与显示单元等单元的电路设计。软件方面包括两系统之间的通讯，与上位机、变频器的通讯，A/D、D/A 转换，数码显示，冗余控制，PID 调节。
四、结束语
本次毕业设计研发的同步电动机的励磁机构基本满足要求，采用的双 PLC 冗余控制策略可以当主系统发生故障时，实现逻辑转换，做到不间断运行。
毕业设计加深了我对电力电子技术、PLC 控制技术、PID 控制方法、同步电动机励磁原理等知识的理解，使我对系统的设计有了整体的认识，不仅完成了硬件单元的分析和调试，还利用流程图对软件进行分解和编程。
在毕业设计中我遇到了一些困难，有时甚至觉得无法进行下去，最后在导师的指导下，我学会了使用网络等资源来解决问题，提高了我分析问题和解决问题的能力。这次毕业设计使我受益匪浅，为我日后的学习和工作奠定了坚实的基础。</td></tr>
</table>

续表

备注	
指导教师 意见：	指导教师签字： 年　　月　　日

3. 论文开题报告

论文开题报告如表 10-3 所示。

表 10-3　XXXX 大学毕业论文（设计）开题报告

<table>
<tr><td>姓　　名</td><td>XXX</td><td>学　　号</td><td>XXXXXXXX</td><td>系　　别</td><td>电气工程类系</td></tr>
<tr><td>专　　业</td><td>自动化专业</td><td>年级班级</td><td>XX 级 X 班</td><td>指导教师</td><td>XXX</td></tr>
<tr><td>论文题目</td><td colspan="5">基于双 PLC 的同步电动机励磁机构冗余控制系统设计</td></tr>
<tr><td>选题依据与意义</td><td colspan="5">一、学术价值、应用价值
同步电动机运行时，必须在励磁绕组中通入直流电流，建立励磁磁场。相应地，将供给励磁电流的整个装置称为励磁系统。
励磁系统是同步电动机的重要组成部分，直接影响电动机的运行特性。它一般由两部分构成：第一部分是励磁功率单元，它向同步电动机励磁绕组提供直流励磁电流；第二部分是励磁调节器，根据电动机运行状态，自动调节功率单元输出的励磁电流，以满足电动机运行的要求。国内统计表明，因励磁系统故障造成的停机事故比机组本体的故障率要高。因此设计制造调节精度高、可靠性好的励磁控制系统，并使之系列化、通用化、标准化是今后的发展趋势。
二、励磁控制系统的分类和构成
同步电动机的励磁系统为由外电源供电的他励式励磁系统。其励磁系统主要有下列几种：
1．直流励磁机励磁系统
这种励磁系统用直流发电机作为励磁电源，而直流发电机则由同步电动机转子直接带动，或者单独由交流异步电动机拖动。这种励磁系统使用历史最长，在制造、运行等方面已有较丰富的经验，工作比较可靠。但由于这种系统结构庞大复杂，调节励磁的反应速度慢，且直流励磁机受制造容量限制，维护困难，效率也低，因此目前已基本被淘汰。
2．硅整流励磁系统
随着电子器件的不断发展，同步电动机励磁系统逐渐采用硅整流励磁系统。这种励磁系统采用硅整流器（U）把交流变为直流，取消了有旋转部件的直流励磁机，因而大大提高了效率，降低了损耗，减小了维护工作量。但是，在实现调节控制上，它与直流励磁机励磁系统是一样的，即仍采用复杂、笨重的继电器接触系统。在手动调节励磁电流时，也需要操纵笨重的自耦变压器。因此，它只是一种过渡性励磁系统。
3．可控硅励磁系统
在可控硅元件产生后同步电动机的励磁系统有了突飞猛进的发展。励磁系统由整流变压器（T）、可控硅整流桥（U），灭磁装置及自动励磁调节器（AVR）等组成。</td></tr>
</table>

续表

<table>
<tr><td>选题依据与意义</td><td>系统具有运行可靠，自动化水平高，维护工作量小，对电网电压波动适应性强等特点，而且体积小、重量轻、效率高。因此已取代了硅整流励磁系统，获得了广泛的应用。这种系统的使用需要较高的维护技术水平和较丰富的实际运行经验。
三、励磁供电装置的现状与发展
目前，同步电机的励磁供电装置是以传统的模拟式励磁供电装置和以单片机为控制核心的数字式励磁供电装置占主导地位。现在已经有很多厂家研制以 PLC 为控制核心的高可靠性励磁供电装置。
1．传统的模拟励磁调节器装置
传统的模拟励磁供电装置，顾名思义，是以模拟电路构成的。它难以实现复杂的逻辑控制和网络通讯；硬件多，故障点多，参数一致性、稳定性差；抗干扰能力差。随着计算机技术的发展，传统的模拟励磁供电装置已逐渐被微机励磁供电装置所取代，微机励磁供电装置已成为今后励磁控制的发展方向。
2．全数字微机励磁调节器装置
目前，大多数厂家生产的全数字微机励磁供电装置都是以单片机或工控机为控制核心，能够实现复杂的控制策略，除了必要的硬件外，所有功能可通过软件来完成。其参数一致性好；要增加新的功能，只要相应增加有关的子程序即可，可节省元器件，而功能也可按需要来取舍。但是，单片机品种繁多，规范性较差；抗干扰方面也存在一些问题。众所周知，在电机旁有较强的电磁干扰，同时来自电源的干扰也不容忽视，这就要求在硬件设计时要充分考虑抗干扰问题，特别是运行可靠性高的场合。
3．以 PLC 为控制核心的高可靠性励磁调节器装置
可编程控制器（PLC）可靠性高、拓展性好、软硬件资源丰富，在工业控制中有着广泛的应用。虽然它用于过程控制领域较为普遍，而用于实时控制领域的范例较少，但是，当今的 PLC 运算速度很高，控制指令非常丰富，具有浮点运算、指针运算、中断响应等功能，为实时调节提供了物理基础。
四、励磁系统与变频器调速同步电动机
一般交流变频器均采用 AC－DC－AC 的工作原理，即工频交流电压经不可控整流和滤波后变成直流电，利用脉宽调制技术（SPWM），以便获得不同频率的输出电压波形，来驱动不同场合的负载，满足不同的技术条件。
交流变频调速技术是现代电气传动的主要发展方向之一。它不仅具有调速范围宽、调速精度高、动作响应快、功率因数高、操作方便且便于同其他设备接口等一系列特点，而且节能效果良好。在工业应用中越来越广泛。实践证明，驱动风机、水泵的大、中型笼型感应电动机，采用交流变频调速技术，节能效果显著。目前，变频调速技术已广泛应用于低压（380V）电动机。
普通的数字励磁系统只考虑电机的运行特性来调节电机的励磁电流，从而来改善电动机运行特性，但是变频器供电同步电动机不但要根据电机的运行特性调节电动机的励磁电流，来改善电机的运行特性，以及无功功率的分配等，还要根据变频器的频率来调节励磁电流，从而使电动机保证不失步，这种作用在电动机起动时尤为重要。
对于变频器供电的大型同步电动机，必须保证电动机运行的可靠性，也要保证同步电动机不失步。这对变频器和励磁系统本身有了更高的要求，需要励磁系统不但具有很高的可靠性，而且也能与普通变频器实行通讯，来调节变频器的给定，从而保证同步电动机不失步。</td></tr>
<tr><td>研究内容</td><td>本课题研究对象是 1000kW 变频器调速同步电动机的励磁控制系统。该系统需采取冗余控制技术，即由硬件结构完全相同而又相互独立的两子系统组成，两子系统互为主备模式。主要进行系统的硬件和软件两部分设计。
一、硬件部分
硬件部分主要包括以下单元的功能论述和电路设计：</td></tr>
</table>

研究内容	1．控制单元 2．检测变换单元 3．冗余处理单元 4．隔离单元 5．显示单元 **二、软件部分** 软件部分主要包括以下内容的编程及调试： 1．两系统之间的通讯 2．与上位机、变频器的通讯 3．A/D、D/A 转换 4．数码显示 5．冗余控制 6．PID 调节
研究方案	**一、本课题研究的目标** 励磁系统是同步电动机的重要组成部分，直接影响电动机的运行特性。国内统计数据表明，因励磁系统故障造成的停机事故比机组本体的故障率要高。因此设计制造调节精度高、可靠性好的励磁控制系统，并使之系列化、通用化、标准化势在必行。本设计是在传统励磁控制单元的基础上，实现双系统热备份的冗余控制，通过可编程逻辑控制单元PLC，完成整个系统的软硬件设计。 **二、本课题研究的内容** 本课题研究对象是 1000kW 变频器调速同步电动机的励磁控制系统。该系统需采取冗余控制技术，即由硬件结构完全相同而又相互独立的两子系统组成，两子系统互为主备模式。主要进行系统的硬件和软件两部分设计。 **三、本课题研究要解决的问题** 1．高可靠性问题 因为本课题所设计的励磁控制机构对可靠性的要求极高，要求励磁控制机构必须无间断运行，所以需要采用双系统的冗余控制方式，即两子系统采用主备模式，当主系统发生故障时，实现逻辑转换，主系统退出运行，备系统自动启用，从而做到无间断运行。那么，两系统之间的相互跟踪和信息交换以及实现故障时的无扰动切换是发挥冗余控制系统优势的关键。 2．抗干扰问题 目前，大多数厂家生产的全数字微机励磁供电装置都是以单片机为控制核心，能够实现复杂的控制策略，除了必要的硬件外，所有功能可通过软件来完成。其参数一致性好；要增加新的功能，只要相应增加有关的子程序即可，可节省元器件，而功能也可按需要来取舍。但是，单片机品种繁多，规范性较差，尤其对环境要求较高，抗干扰性能较差，这就要求在硬件设计时要充分考虑抗干扰问题，这也是高可靠性运行的保障。 3．以 PLC 为控制核心的实时控制的实现 为了实现高可靠性运行，解决抗干扰问题，本课题选用 PLC 作为控制核心，但是 PLC 的结构、常规的指令模块都是针对过程控制的，在适时性上考虑不足，需要经过必要的二次开发，优化 PLC 的资源，使其满足实时性要求。 **四、研究步骤** （1）2013 年 11 月 01 日－2013 年 12 月 10 日　查阅文献，了解课题背景。 （2）2013 年 12 月 10 日－2013 年 12 月 24 日　搭建整个冗余控制励磁系统的设计框架。 （3）2013 年 12 月 25 日－2014 年 01 月 31 日　完成硬件结构的设计和调试。 （4）2014 年 02 月 01 日－2014 年 02 月 28 日　完成软件结构的设计和调试。

续表

研究方案	(5) 2014 年 03 月 01 日—2014 年 03 月 20 日 完成系统联调。 **五、可行性分析** 本次毕业设计是实际工程项目做背景，并且本人将与导师所在的课题组一起共同完成该工程项目。课题拟借助 Protel 软件，设计硬件电路，并通过电路板的焊接进行调试。软件核心部件拟选用西门子公司 SIMATIC S7-200 系列中的 CPU226 主机，与其配合工作的扩展模块拟选用模拟量扩展模块 EM235、数字量扩展模块 EM223。程序结构采用标准模块化设计，利用梯形图（LAD）语言进行相关模块的软件编程及调试。拟利用二次开发手段、利用 PID 的改进算法对参数进行整定，从而解决 PLC 实时性不足的问题。 **六、预期成果** (1) 完成 Protel 的硬件设计图及硬件单元调试。 (2) 完成 PLC 的软件编程及调试。 (3) 完成论文的撰写工作。
写作进度安排	(1) 2013 年 11 月 01 日—2013 年 12 月 10 日 完成文献综述及开题报告。 (2) 2013 年 12 月 10 日—2014 年 03 月 20 日 完成软硬件设计和调试，完成论文初稿。 (3) 2014 年 03 月 21 日—2014 年 04 月 13 日 完成并上交论文成稿。 (4) 2014 年 04 月 14 日—2014 年 04 月 20 日 验收。
指导教师意见	指导教师签字： 年 月 日
系学术委员会意见	主任签章： 年 月 日

4. 论文中期报告

论文中期报告如表 10-4 所示。

表 10-4 XXXX 毕业论文中期检查报告

姓 名	XXX	学 号	XXXXXXXX	指导老师	XXX
论文题目	基于双 PLC 的同步电动机励磁机构冗余控制系统设计				
论文中期完成情况	**一、前期工作简述** 论文的前期工作主要完成了任务书和开题报告的撰写，明确课题的整体规划，完成了部分硬件电路的设计及调试。 **二、解决的问题及解决办法** (1) 通过查阅大量文献和相关材料，在导师的指导下，将相对复杂的同步电动机励磁机构化整为零，基本明确课题的整体设计思路及其组成单元。 (2) 设计硬件电路之初，不知该如何入手硬件电路的设计和搭建，在导师的指导下，提高了自己利用网络资源学习的能力，通过借鉴导师推荐的几个电子电路设计网站，结合已有的基础知识，利用 Protel 软件，完成了大部分硬件电路的设计及调试。				

论文中期 完成情况	**三、尚存在的问题及解决方案** （1）目前冗余控制的方案较多，还需结合课题的应用环境，兼顾软件的可操作性，进一步明确设计方案。 （2）在设计方案整体提出之时，就已经意识到 PLC 实时性上不足的问题。例如，SIMATIC S7-226 的 PID 指令模块，运行一次 PID 运算时间为 4.8ms，不能满足系统要求，还需经过必要的二次开发。 **四、后期工作安排** （1）2014 年 02 月 01 日－2014 年 02 月 28 日　完成软件结构的设计和调试。包括两系统之间的通讯；与上位机、变频器的通讯；A/D、D/A 转换，PID 调节，冗余控制以及数码显示等。 （2）2014 年 03 月 01 日－2014 年 03 月 20 日　完成系统联调。 （3）2014 年 03 月 21 日－2014 年 04 月 13 日　完成并上交论文成稿。 （4）2014 年 04 月 14 日－2014 年 04 月 20 日　验收，准备答辩 PPT。
完成情况 评价	1．按计划完成，完成情况优（ ） 2．按计划完成，完成情况良（ ） 3．基本按计划完成，完成情况合格（ ） 4．完成情况不合格（ ） 补充说明： 指导教师签名： 年　月　日

5．论文封皮

论文封皮示样如图 10-1 所示。

XXXX 大学

毕　业　论　文（设 计）

题　　目：基于双 PLC 的同步电动机励磁机构冗余控制系统设计

系　　部：电气工程类系

专　　业：自动化专业

班　　级：XX 级 X 班

学　　号：XXXXXXXX

姓　　名：XXX

指导教师：XXX

完成日期：XXXX 年 XX 月 XX 日

图 10-1　论文封皮示样图

6．论文诚信声明和版权说明

论文诚信声明和版权说明如图 10-2 所示。

毕业论文（设计）诚信声明书

本人声明：我将提交的毕业论文（设计）《基于双 PLC 的同步电动机励磁机构冗余控制系统设计》是我在指导教师指导下独立研究、写作的成果，论文中所引用他人的无论以何种方式发布的文字、研究成果，均在论文中加以说明；有关教师、同学和其他人员对本文的写作、修订提出过并为我在论文中加以采纳的意见、建议，均已在我的致谢辞中加以说明并深致谢意。

论文作者：XXX　　　　（签字）时间：　　年　月　日

指导教师已阅　　　　　（签字）时间：　　年　月　日

毕业论文（设计）版权使用授权书

本毕业论文（设计）《基于双 PLC 的同步电动机励磁机构冗余控制系统设计》是本人在校期间所完成学业的组成部分，是在 XXXX 大学教师的指导下完成的，因此，本人特授权 XXXX 大学可将本毕业论文（设计）的全部或部分内容编入有关书籍、数据库保存，可采用复制、印刷、网页制作等方式将论文文本和经过编辑、批注等处理的论文文本提供给读者查阅、参考，可向有关学术部门和国家有关教育主管部门呈送复印件和电子文档。本毕业论文（设计）无论做何种处理，必须尊重本人的著作权，署明本人姓名。

论文作者：XXX　　　　（签字）时间：　　年　月　日

指导教师已阅　　　　　（签字）时间：　　年　月　日

图 10-2　论文诚信声明和版权说明

7. 论文正文

基于双 PLC 的同步电动机励磁机构冗余控制系统设计

中文摘要：励磁系统是同步电动机的重要组成部分，直接影响电机的运行特性。本文介绍了同步电动机励磁机构冗余控制系统的设计与研究。

为提高励磁系统运行的可靠性和安全性，本控制系统采取冗余设计，即由两个硬件结构完全相同而又相互独立的子系统组成，两子系统互为主备模式，当主系统发生故障时，实现逻辑转换，主系统退出运行，备系统自动启用，做到不间断运行。两系统之间的相互跟踪和信息交换以及实现故障时的无扰动切换是发挥冗余控制系统优点的关键。因此本设计采用开关量、模拟量和串行通信信号作为两系统间的握手信号，协同 PID 调节完成跟踪切换功能。另外，系统在软件及硬件上采取抗干扰措施，能在程序失控、死循环等情况下不间断励磁。

本文论述了基于双 PLC 的同步电动机的冗余励磁控制系统的硬件和软件设计方法。硬件方面包括控制单元、检测变换单元、冗余处理单元、隔离单元、电源和通讯与显示单元等单元。软件方面包括主程序、子程序以及中断程序的顺序结构设计方案；PID 控制思想的分析以及对 PID 运算的改进及参数整定等。

为验证系统性能，对 PID 调节、两系统及与上位机、变频器之间的通讯以及 A/D 和 D/A 转换等进行编程调试。结果证明该励磁控制系统实时性强、可靠性高、抗干扰能力强，能够实现故障自诊断及故障时的平稳切换，具有较高的应用和推广价值。

关键词：同步电动机　PLC　励磁系统　冗余控制　PID

Abstract: Excitation system is an important part of synchronous motor, and it affects the operation characteristics of motor directly. This paper introduces the design and researchment of synchronous motor excitation control system.

In order to improve reliability and security of excitation control system, the design adopts redundancy method, that is, the system is completed with two identical subsystems which are dependent with each other. Each subsystem is spare for the other. When one of them is broken, the other will operate instead of it without interrupting the excitation. The key to exerting advantage of redundancy excitation is that they track one another and exchange information so as to switch smoothly when one fails. In this design, connection signals between subsystems include digital signal, analog signal, and serial communication signal, and they cooperate with PID controller to complete track and switch function. In addition, the way to resist disturbance is adopted in both software and hardware, which makes the excitation system operate when the programs loses control or works endless loop.

The paper discusses the hardware design and software design of the synchronous motor excitation redundancy control system based on double PLC. In hardware, the circuit design of control unit, detection unit, redundancy control unit, isolation unit, power unit, communicate and display unit are introduced. The software of the system is completed by main program, subprogram and interrupt program, and the analyses and improvement of control strategy of PID and parameters adjustment are also presented.

To verify the system performance, many experiment are processed, for example, PID regulator, communication between subsystems, communication with upper computer and converter, A/D and D/A conversion, and so on. These experiments prove that the system has good performance, high reliability and strong ability to resist the interference, and can achieve fault self-diagnosis and switch smoothly. This method of excitation system is with high practical and spread value.

Key Words: Synchronous motor　PLC　Excitation system　Redundancy control　PID

1 引言

1.1 同步电动机简介

同步电机是交流电机的一种。与异步电机的区别是转子侧装有磁极并通入直流电流励磁，因而具有确定的极性。由于定、转子磁场相对静止及气隙合成磁场恒定是所有旋转电机实现机电能量转换的两个前提条件，因此，同步电机的运行特点是转子的旋转速度必须与定子磁场的旋转速度严格同步，并由此而得名。

设产生定子侧旋转磁场的交流电流的频率为 f，电机的极对数为 p，则同步电机转速 n 与电流频率 f 和极对数 p 的基本关系为

$$n=\frac{60f}{p} \tag{1.1}$$

同步电机主要用作发电机，世界上的电力几乎全部由同步发电机发出。同步电机也作电

动机运行，具有运行稳定性好、运行效率高和转速不随负载变化而改变等特点。因此在不需要调速的低速大功率机械中，为了改善电网的功率因数，广泛采用同步电动机[1]。

1.2　同步电动机的励磁控制系统概述

同步电动机运行时，必须在励磁绕组中通入直流电流，建立励磁磁场。相应地，将供给励磁电流的整个装置称为励磁系统。

励磁系统是同步电动机的重要组成部分，直接影响电动机的运行特性。它一般由两部分构成：第一部分是励磁功率单元，它向同步电动机励磁绕组提供直流励磁电流；第二部分是励磁调节器，根据电动机运行状态，自动调节功率单元输出的励磁电流，以满足电动机运行的要求[2]。国内统计表明，因励磁系统故障造成的停机事故比机组本体的故障率要高。因此设计制造调节精度高、可靠性好的励磁控制系统，并使之系列化、通用化、标准化是今后的发展趋势。

1.2.1　*励磁控制系统的分类和构成*

同步电动机的励磁系统为由外电源供电的他励式励磁系统。其励磁系统主要有下列几种：

（1）直流励磁机励磁系统。

这种励磁系统用直流发电机作为励磁电源，而直流发电机则由同步电动机转子直接带动，或者单独由交流异步电动机拖动，其原理如图 1-1 所示[3]。这种励磁系统使用历史最长，在制造、运行等方面已有较丰富的经验，工作比较可靠。但由于这种系统结构庞大复杂，调节励磁的反应速度慢，且直流励磁机受制造容量限制，维护困难，效率也低，因此目前已基本被淘汰。

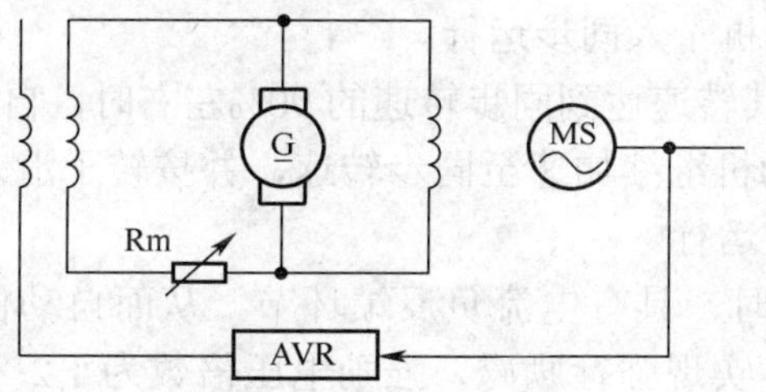

图 1-1　直流励磁机励磁系统原理图

（2）硅整流励磁系统。

随着电子器件的不断发展，同步电动机励磁系统逐渐采用硅整流励磁系统。这种励磁系统采用硅整流器（U）把交流变为直流，取消了有旋转部件的直流励磁机，因而大大提高了效率，降低了损耗，减小了维护工作量。但是，在实现调节控制上，与直流励磁机励磁系统是一样的，即仍采用复杂、笨重的继电器接触系统。在手动调节励磁电流时，也需要操纵笨重的自耦变压器。因此，它只是一种过渡性励磁系统，其原理图如图 1-2 所示。

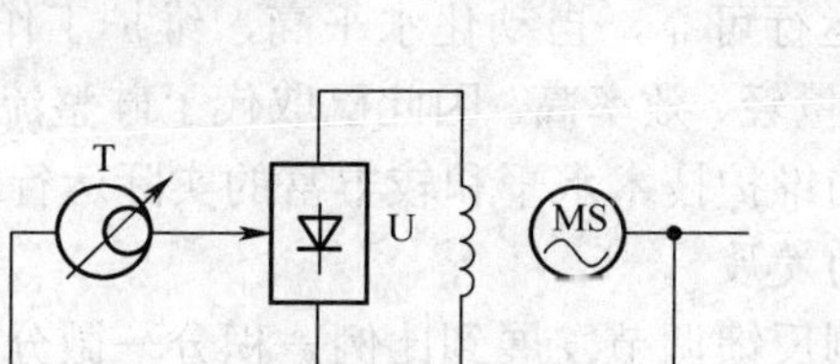

图 1-2　硅整流励磁系统原理图

（3）可控硅励磁系统。

在可控硅元件产生后同步电动机的励磁系统有了突飞猛进的发展，图 1-3 为可控硅励磁系统的原理框图。励磁系统由整流变压器（T）、可控硅整流桥（U），灭磁装置及自动励磁调节器（AVR）等组成[4]。

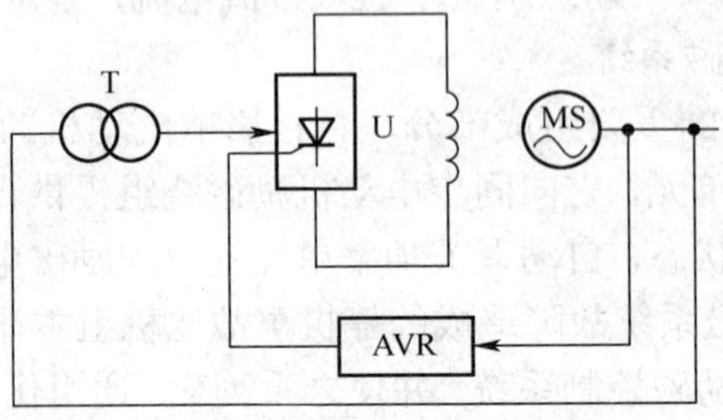

图 1-3 可控硅励磁系统原理图

可控硅励磁系统具有以下特点：

1）励磁供电电源的主电路采用三相桥式整流电路，其输出和电机励磁绕组采用固定接线，从而保持了同步电动机固有的起动特性。

2）与同步电动机定子回路没有直接的电气联系，因此同步电动机可以根据电网情况设计成为高压 3、6、10kV 或低压 380V，且全压起动或降压起动不受限制。

3）对于全压起动，在转子的转速达到同步转速时，可自动地按照转子滑差为 5%～3%顺极性投入励磁，把同步电动机牵入同步运行。

4）对于降压起动，当其转速达到同步转速的 90%左右时，自动切除降压起动电抗器，并自动投入全电压使同步电动机继续加速至同步转速，并按转子滑差为 5%～3%顺极性投入励磁，使同步电动机拖入同步运行。

5）交流电网电压波动时，具有电流负反馈环节，从而自动保持基本恒定励磁。在电网电压下降至某一百分比时，实现强行励磁，强励电压倍数为 1.2～1.8 倍，允许强励时间不超过 10s。

6）起动和停机时能自动灭磁。电动机异步运行（起动或失步）时，能灭磁保护，保证同步电动机转子绕组及可控硅元件不被感应过电压击穿。

7）可方便调节励磁电压、电流，从而进行功率因数调整，其调节范围为额定值的 10%～170%。

8）电动机正常或事故停机时，可控硅整流桥将变为逆变状态工作，从而使转子顺利灭磁。

可控硅励磁系统具有运行可靠，自动化水平高，维护工作量小，对电网电压波动适应性强等特点，而且体积小、重量轻、效率高。因此已取代了硅整流励磁系统，获得了广泛的应用。这种系统的使用需要较高的维护技术水平和较丰富的实际运行经验。

1.2.2 励磁控制系统的发展

励磁调节从简单的比例反馈调节发展到比例—积分—微分（PID）调节、用线性最优控制原理设计的多参量反馈调节；从线性励磁调节发展到自校正励磁调节、自适应励磁调节、模糊励磁控制等非线性励磁调节。

PID 控制器是同步电机励磁控制器的基本控制方式。PID 调节方式的各种理论比较成熟，有着较多的调试与应用经验，在现代电力系统运行中仍然发挥着很重要的作用。但由于电力系统的时变性，运行条件、网络参数经常变化，恒定增益系数的 PID 控制器有时并不能满足系统的实际要求。选用自校正 PID 励磁控制器，采用极点配置的设计方法，通过在线辨识同步电机的参数，实时改变 PID 控制器的增益系数，从而实现对同步电机励磁的自适应控制。该控制器能够自动跟踪同步电机运行条件及网络结构的变化，具有比常规励磁控制器更为优越的性能[5]。

1.2.3 *励磁供电装置的现状与发展*

目前，同步电机的励磁供电装置是以传统的模拟式励磁供电装置和以单片机为控制核心的数字式励磁供电装置占主导地位。现在已经有很多厂家研制以 PLC 为控制核心的高可靠性励磁供电装置。

（1）传统的模拟励磁调节器装置。

传统的模拟励磁供电装置，顾名思义，是以模拟电路构成的。它难以实现复杂的逻辑控制和网络通讯；硬件多，故障点多，参数一致性、稳定性差；抗干扰能力差。随着计算机技术的发展，传统的模拟励磁供电装置已逐渐被微机励磁供电装置所取代，微机励磁供电装置已成为今后励磁控制的发展方向。

（2）全数字微机励磁调节器装置。

目前，大多数厂家生产的全数字微机励磁供电装置都是以单片机或工控机为控制核心，能够实现复杂的控制策略，除了必要的硬件外，所有功能可通过软件来完成。其参数一致性好；要增加新的功能，只要相应增加有关的子程序即可，可节省元器件，而功能也可按需要来取舍。但是，单片机品种繁多，规范性较差；抗干扰方面也存在一些问题[6]。众所周知，在电机旁有较强的电磁干扰，同时来自电源的干扰也不容忽视，这就要求在硬件设计时要充分考虑抗干扰问题，特别是运行可靠性高的场合。

（3）以 PLC 为控制核心的高可靠性励磁调节器装置。

可编程控制器（PLC）可靠性高、拓展性好、软硬件资源丰富，在工业控制中有着广泛的应用。虽然其用于过程控制领域较为普遍，而用于实时控制领域的范例较少，但是，当今的 PLC 运算速度很高，控制指令非常丰富，具有浮点运算、指针运算、中断响应等功能，为实时调节提供了物理基础。

然而由于它的结构、常规的指令模块都是针对过程控制的，在适时性上考虑不足。例如，SIMATIC S7-226 的 PID 指令模块，经过测试，运行一次 PID 运算时间为 4.8ms。不能满足系统要求；严重影响系统适时性动态性能。针对这一问题，在实践中充分开发资源自行编程调试，进行一次 PID 运算的时间可缩短到 1ms 左右。可见，将 PLC 用于实时控制系统，经过必要的二次开发，技术上是可行的。

1.3 励磁系统与变频器调速同步电动机

一般交流变频器均采用 AC－DC－AC 的工作原理，即工频交流电压经不可控整流和滤波后变成直流电，利用脉宽调制技术（SPWM），以便获得不同频率的输出电压波形，来驱动不同场合的负载，满足不同的技术条件[7]。

交流变频调速技术是现代电气传动的主要发展方向之一。它不仅具有调速范围宽、调速精度高、动作响应快、功率因数高、操作方便且便于同其他设备接口等一系列特点，而且节能效果良好。在工业中应用越来越广泛。实践证明，驱动风机、水泵的大、中型笼型感应电动机，采用交流变频调速技术，节能效果显著。目前，变频调速技术已广泛应用于低压（380V）电动机。

普通的数字励磁系统只考虑电机的运行特性来调节电机的励磁电流，从而来改善电动机运行特性，但是变频器供电同步电动机不但要根据电机的运行特性调节电动机的励磁电流，来改善电机的运行特性，以及无功功率的分配等，还要根据变频器的频率来调节励磁电流，从而使电动机保证不失步，这种作用在电动机的起动时尤为重要[8]。

对于变频器供电的大型同步电动机，必须保证电动机运行的可靠性，也要保证同步电动机不失步。这对变频器和励磁系统本身有了更高的要求。国外著名的高压变频器公司，生产出了各种各样的应用于同步电动机的变频器，如罗宾康、洛克威尔、西门子等公司都有这种产品[7]。但是它们十分昂贵，因此根据中国的国情，应该研制一种新型的励磁系统，这种励磁系统不但具有很高的可靠性，而且也能与普通变频器实时通讯，来调节变频器的给定，从而保证同步电动机不失步。这不仅给变频器在同步电动机的应用中提供了广阔的前景，也将为国家节省大量的资金。

1.4 论文主要工作

本文研究对象是1000kW变频器调速同步电动机的励磁控制系统。该系统采取冗余控制技术，即由硬件结构完全相同而又相互独立的两子系统组成，两子系统互为主备模式。主要进行系统的硬件和软件设计。硬件包括控制单元、检测变换单元、冗余处理单元、隔离单元、显示单元等。软件通过STEP 7-Micro/Win 32设计包括主程序、子程序以及中断程序的顺序结构设计方案，并且对PID调节，两系统之间的通讯，与上位机、变频器的通讯，A/D、D/A转换以及数码显示等功能进行编程调试。

本设计中，PLC选用西门子公司SIMATIC S7-200系列中的CPU226主机，与其配合工作的是扩展模块，包括模拟量扩展模块EM235、数字量扩展模块EM223。控制器软件设计采用SIMATIC工业软件中与S7-200配合使用的STEP 7-Micro/Win 32标准工具编程软件，编程语言使用了SIMATIC指令集中的梯形图（LAD）语言，程序结构采用标准模块化设计，由开关量输入输出模块，模拟量输入模块，PID控制及模拟量输出模块、通信显示模块等组成，由这些模块协调工作，共同来完成励磁控制系统的控制调节工作。

在励磁调节器的控制规律上，本文借鉴了传统工程中广泛采用的PID控制器及其设计方法，并且对PLC的数字式PID控制算法进行了分析，对PID运算的进行改进及参数整定。

2 可编程逻辑控制器（PLC）

2.1 可编程逻辑控制器概述

可编程逻辑控制器（Programmable Logical Controller，PLC）是以微处理器为基础，综合了计算机设计、半导体集成技术、自动控制技术、数字技术和通讯网络技术发展起来的一种通用工业自动控制装置。它适应工业环境、操作方便、可靠性高，成为现代工业控制的三大支柱

（PLC、机器人和 CAD/CAM）之一。PLC 控制技术代表着当前程序控制的先进水平，PLC 装置已成为自动化系统的基本装置[9]。

2.1.1 PLC 的主要功能和特点

（1）PLC 的主要功能。

PLC 在不断地发展，其性能在不断地完善、功能在不断地增强。其主要功能有：

1）开关量逻辑控制。

这是 PLC 最基本的功能。PLC 具有强大的逻辑运算能力，可以实现各种简单和复杂的逻辑控制，常用于取代传统的继电器控制系统。

2）模拟量控制。

在生产过程中，有许多连续变化的量，如温度、压力、流量、液位和速度都是模拟量。而 PLC 中的微处理器 CPU 只能处理数字量。所以 PLC 中配置了 A/D 和 D/A 转换模块，把现场输入的模拟量经 A/D 转换后送 CPU 处理。而 CPU 处理的数字量结果，经 D/A 转换后，转换成模拟量去控制被控设备，以完成对连续量的控制。

3）闭环过程控制。

运用 PLC 不仅可以对模拟量进行开环控制，而且还可以进行闭环控制。配置 PID 控制模块，对控制过程中某一变量（电压、电流、温度、速度、位置等）进行 PID 控制。

4）定时控制。

PLC 具有定时控制的功能。定时器的时间可以由用户在编写用户程序时设定，也可以用拨盘开关在外部设定，实现定时或延时的控制。

5）计数控制。

PLC 具有计数控制的功能，它为用户提供了若干个计数器。计数器的计数值可以由用户在编写用户程序时设定，也可以用拨盘开关在外部设定，实现计数控制。

6）顺序步进控制。

工业控制中，选用 PLC 实现顺序控制，可以用顺序控制的标准化语言——顺序功能图（Sequential Function Chart，SFC）进行设计。可以用移位寄存器和顺序控制指令编写程序。

7）数据处理。

现代 PLC 具有数据处理的能力。它不仅能进行数字运算（包括四则运算、矩阵运算、函数运算、字逻辑运算以及求反、循环、移位、浮点式运算等）和数据传送，而且还能进行数据比较、数据转换、数据显示、打印以及数据通讯等。

8）通信和联网。

现代 PLC 具有网络通信的能力。它既可对远程 I/O 口进行控制，又能实现 PLC 与 PLC、PLC 与计算机之间的通信，从而构成“集中管理、分散控制”的分布式控制系统，实现工厂自动化。PLC 还可以与其他智能控制设备（如变频器、数控装置）实现通信。PLC 与变频器组成联合控制系统，可提高控制交流电动机的自动化水平。

（2）PLC 的特点。

PLC 是专为在工业环境下应用而设计的，具有面向工业控制的鲜明特点。

1）抗干扰能力强、可靠性高。

PLC 在电子线路、机械结构以及软件结构上都吸取生产厂家长期积累的生产控制经验，主要模块均采用大规模与超大规模集成电路，I/O 系统设计有完善的通道保护与信号调整电路；

在结构上对耐热、防潮、防尘、抗震等都有精确考虑；在硬件上采用隔离、屏蔽、滤波、接地等抗干扰措施；在软件上采用数字滤波等抗干扰和故障诊断措施；所有这些使 PLC 具有较高的抗干扰能力。PLC 采用微电子技术，大量的开关动作由无触点的电子存储器来完成，大部分继电器和繁杂的连线被软件程序所取代，故寿命长，可靠性大大提高。

2）通用性强、灵活性好、功能齐全。

目前，PLC 产品已系列化、模块化、标准化，能方便灵活地组成大小不同、功能不同的控制系统，通用性强。由于其功能齐全，几乎可以满足所有控制场合的需求。

3）编程简单、使用方便。

PLC 在基本控制方面采用“梯形图”语言进行编程，这种梯形图是与继电器控制电路图相对应的，形式简单、直观性强。还可采用流程图和语句方式编程。三种方式之间可以有条件地互相转换，使用方便。

4）模块化结构和网络通讯。

PLC 的各个部件，包括 CPU、电源、I/O 口等均采用模块化设计，由机架和电缆将各模块连接起来。系统的功能和规模可根据用户的实际需求自行配置，从而实现最佳性能价格比。由于配置灵活，其扩展、维护都非常方便。另外，PLC 提供标准通信接口，可方便地进行网络通信。

2.1.2 PLC 的应用和发展

（1）应用领域。

近几年来，PLC 的功能大大增强，也能解决复杂的计算和通讯问题。目前，PLC 在国内外已广泛应用于钢铁、采矿、水泥、石油、化工、电力、机械制造、汽车、装卸、造纸、环保和娱乐等行业。PLC 的应用范围通常可分为五种类型：顺序控制、运动控制、过程控制、数据处理和通讯[10]。

（2）发展趋势。

PLC 技术随着计算机和微电子技术的发展而迅速发展，由最初的一位机发展成 8 位机。随着微处理器 CPU 和微型计算机技术在 PLC 中的应用，形成了现代意义上的 PLC。现在的 PLC 产品已使用了 16 位、32 位高性能微处理器，而且实现了多处理器的多通道处理，通讯技术使 PLC 的应用得到进一步发展。

可编程序控制器总的发展趋势是向高集成度、小体积、大容量、高速度、易使用、高性能方向发展。具体表现在以下几方面：向小型化、专用化、低成本方向发展；向大容量、高速度方向发展；向多样化、标准化方向发展；向模块化方向发展；向网络与通讯能力增强的工业软件方向发展。

2.2 S7-200 系列 PLC 的介绍

西门子公司的 SIMATIC S7-200 是一种叠装式结构的小型 PLC。它可以满足多种多样的自动化控制的要求。由于具有紧凑的设计、良好的扩展性、低廉的价格以及强大的指令系统，同时具有功能齐全的编程和工业控制组态软件，使得 S7-200 可以近乎完美地满足小规模的控制要求。此外，丰富的 CPU 类型和电压等级使其在解决用户的工业自动化问题时，具有很强的适应性和可选择性。

本系统使用该系列中的 CPU226 模块可以进行输入输出扩展，最大可扩展 248 点数字量或

35 点模拟量，可以接特殊功能扩展模块和编程设备、网络设备等相关设备。主控单元采用的模拟量扩展模块 EM235 带 4 路 A/D，1 路 D/A，A/D、D/A 转换时间小于 250μs，分辨率为 12 位，模拟量输入与逻辑电路间采用隔离技术，共模抑制比达到 40 分贝，可为电压输入或电流输入，电压输入分单极性和双极性，电流输入范围为 0～20mA，为保证系统的采样、控制精度及调节速度提供了基本的物理条件[11]。

2.2.1　S7-200 系列 PLC 系统的基本组成

SIMATIC S7-200 硬件系统的配置方式采用整体式加积木式，即主机中包含一定数量的 I/O 输入输出，同时还可以扩展各种功能模块。

（1）基本单元。有时又称 CPU 模块，也有称之为主机或本机。它包括 CPU、存储器、基本输入输出点和电源等，是 PLC 的主要部分。它实际就是一个完整的控制系统，可以单独完成一定的控制任务。

（2）扩展单元。主机 I/O 数量不能满足控制系统的要求时，用户可根据需要扩展各种 I/O 模块，所能连接的扩展单元的数量和实际所能使用的 I/O 点数是由多种因素共同决定的。

（3）特殊功能模块。当需要完成某些特殊功能的控制任务时，可与 SIMATIC S7-200 主机相联，以完成某些控制任务而特制的一种装置。

（4）相关设备。它们是为充分和方便地利用 SIMATIC S7-200 系统的硬件和软件资源而开发和使用的一些设备，主要有编程设备、人机操作界面和网络设备等。

（5）工业软件。是为更好地管理和使用这些设备而开发的与之配套的程序，它主要由标准工具、工程工具、运行软件和人机接口等几大类构成。

2.2.2　S7-200 的内部结构

S7-200 专为工业场合设计，采用了典型的计算机结构，主要是由 CPU、电源、存储器和专门设计的输入输出接口电路等组成。

CPU 一般由控制器、运算器和寄存器组成，这些电路都集成在一个芯片上。CPU 通过数据总线、地址总线和控制总线与存储单元、输入输出接口电路相连接。处于运行方式时，CPU 按扫描方式工作，从用户程序第一条指令开始，直到用户程序的最后一条指令，不停地周期性扫描，每扫描完成一次，用户程序就执行一次。

存储器有两种类型：只读类型的存储器 EEPROM 和可读写随机存储器 RAM，它们集成在 CPU 模块内部，同时，CPU 模块支持可选的 EEPROM 存储器卡。

输入输出单元包含两部分：一是与被控设备相连的接口电路，另一部分是输入和输出的映像寄存器。输入接口电路将来自用户设备的控制信号转换为 CPU 能够识别和处理的信号，并存到输入映像寄存器；输出接口电路将弱电控制信号转换成现场需要的强电信号输出。输入输出接口电路都采用了电气隔离技术，因此输出端的信号不会反馈到输入端，也不会产生地线干扰和其他串扰，因此 PLC 具有很高的可靠性和极强的抗干扰能力。输入输出映像寄存器由输入输出点相应的触发器组成，供 CPU 读写信息用。

2.2.3　S7-200 的工作原理

S7-200 采用循环扫描方式，一个扫描周期一般包括五个阶段：输入处理、执行程序、处理通讯请求、执行 CPU 自诊断测试和写输出，如图 2-1 所示。

输入处理阶段对各个数字量输入点的当前状态进行输入扫描，并将各扫描结果分别写入对应的映像寄存器中。

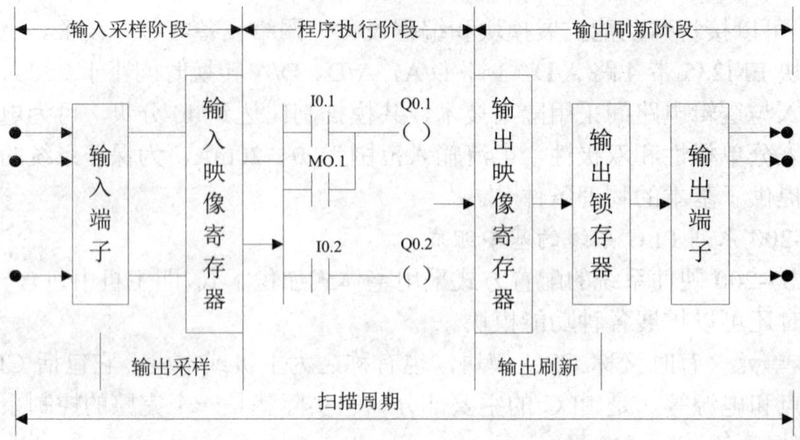

图 2-1　PLC 扫描工作过程

在执行程序阶段，CPU 从第一条指令开始顺序取指令并执行，直到最后一条指令结束。执行指令时从映像寄存器中读取各输入点的状态，每条指令的执行是对各数据进行算术或逻辑运算，然后将运算结果送到输出映像寄存器中。

在 CPU 扫描周期的信息处理阶段，其自动检测并处理各通讯端口接收到的信息。即检查是否有编程器、计算机等通信请求，若有则进行相应处理，在这一阶段完成数据通讯任务。

CPU 自诊断阶段，CPU 检测主机硬件，同时也检查所有的输入输出模块的状态。在 RUN 模式下，还检测用户程序存储器。如果发现异常，则停机并显示出错。若自诊断正常，继续向下扫描。

写输出阶段，CPU 用输出映像寄存器中的数据几乎同时集中对输出点进行刷新，通过输出部件转换成被控设备所能接受的电压或电流信号，以驱动被控设备。

与计算机的循环取指令和执行指令的工作方式不同，循环扫描的工作方式执行用户程序只是其中的一步，而且指令的执行结果并不立即传送到输出点，只是用它改变内部的映像寄存器状态，当所有指令执行完成后，同时对各输出点刷新。扫描周期执行的任务依赖于 CPU 的工作模式，S7-200 CPU 有两种操作模式：STOP 模式和 RUN 模式。对于扫描周期，STOP 模式和 RUN 模式的主要差别是在 RUN 模式下运行用户程序，而在 STOP 模式下不运行用户程序。

3　励磁控制系统的硬件系统

3.1　励磁控制系统的参数及控制要求

3.1.1　*励磁控制系统的励磁参数*

（1）额定励磁电流：I_d=270A；额定励磁电压：U_d=90V。

（2）1 分钟短时励磁电流/电压：$I_{d\max}$=380A；$U_{d\max}$=110V。

（3）变压器容量：62kVA。

3.1.2　*励磁控制系统的控制要求*

（1）同步电动机在起动和正常运行时，励磁控制系统按电流给定进行闭环无静差调节。当电网电压在额定值的 80%～110%范围内波动及同步电动机转子励磁绕组直流电阻的热态值增加不大于 10%时，调节精度为±5%。

（2）控制系统的电流输出在额定励磁电流的 0～140%范围内连续可调；系统能在 120%额定励磁电流时，长时间（大于 30 分钟）连续运行；系统在 1.4 倍额定电流下允许持续工作 1 分钟。

（3）系统的冗余方式属于“热备份”。在工作系统出现故障时，冗余系统投入运行，且应与系统故障前运行状态有机衔接，故障系统退出。

（4）具有报警指示功能。

（5）系统要有手动控制功能。手动只在调试或检修时临时使用。

（6）具备灭磁保护功能，采用无触点式开关灭磁方式。

（7）与上位机、变频器通讯的功能。

（8）励磁电流、电压的显示功能。

3.2　励磁控制系统的总控制策略

当今的控制思想向智能化方向发展，包括智能控制、智能保护与智能诊断。本控制系统能在发生故障时，对故障自动进行抑制，以保证设备继续安全、高效、可靠地运行，或以牺牲性能指标为代价，保证设备在规定时间内完成其预定功能。本系统采取冗余控制策略。冗余部分处于热储备状态，一旦工作部分发生故障，冗余部分立即切换到工作状态。系统利用硬件电路与软件相结合正确地检测故障，排除故障。其框图如图 3-1 所示。

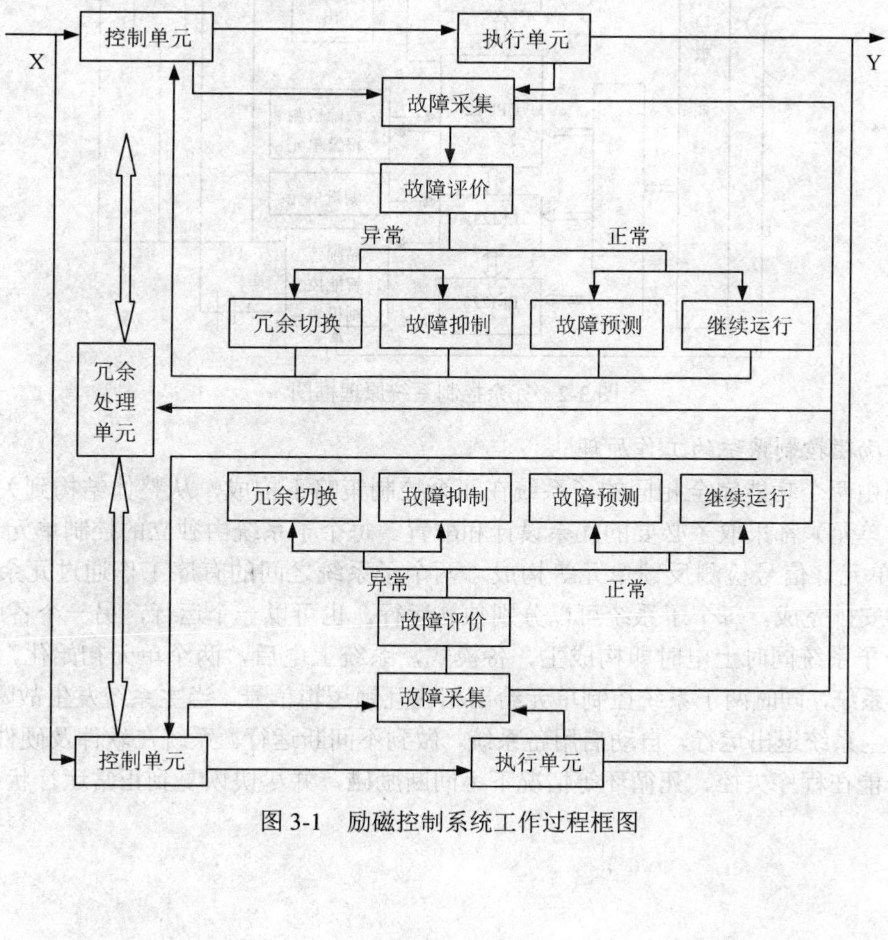

图 3-1　励磁控制系统工作过程框图

3.3 励磁控制系统的组成及工作原理

3.3.1 子系统控制策略

当一个子系统工作时，它是传统意义上的励磁调节装置，其主要任务是向同步电动机的励磁绕组提供一个可调的直流电流。按变频器励磁电流给定自动进行闭环无静差调节（PID 调节），使励磁电流保持恒定。它具有普通励磁调节装置的控制、检测、保护、报警等功能。

3.3.2 励磁控制系统的组成

励磁供电装置由输入输出接口电路、检测转换电路、光电隔离电路、PLC 主控单元、冗余控制单元、功率主回路及灭磁单元等几大部分组成，其原理框图如图 3-2 所示。

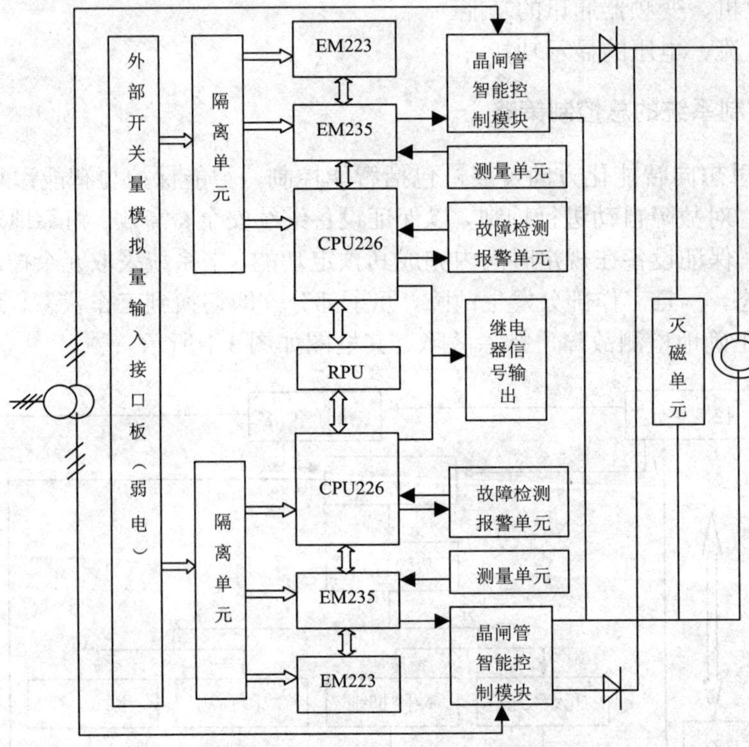

图 3-2 冗余控制系统原理框图

3.3.3 励磁控制系统的工作原理

本系统由两个功能完全相同的子系统在冗余控制策略下构成，从整体结构到关键的单元（外围接口单元）都采取了必要的冗余设计和配置。每个子系统由独立的控制单元（CPU 单元）、功率单元、信号检测反馈单元等构成。两个子系统之间的有序工作通过冗余处理单元（RPU）来安排完成。每个子系统可以分别独立运行，也可以一个运行，另一个备用。

当两个子系统同时上电时即构成主、备模式，系统上电后，两个单元初始化，按优先级确定主、备系统，同时两子系统控制单元给出相应互锁逻辑信号。当主系统发生故障时，实现逻辑转换，主系统退出运行，自动启用备系统，做到不间断运行。系统在软件及硬件上采取抗干扰措施，能在程序失控、死循环等情况下不间断励磁，并尽快恢复到正常运行状态。

3.4 励磁控制系统的各个功能单元设计

3.4.1 控制单元

（1）集控单元的功能要求。

集控单元是励磁系统的控制核心，是决定励磁控制性能的关键单元部件。它的主要功能有：

1）产生输出励磁电流的控制信号。

2）执行外部输入的各种指令。

3）实现对励磁装置及有关系统运行状态的监控。

4）接受并处理外部输入的采样信号。

5）完成相关的逻辑运算、数学运算及对内部各种参数的整定。

6）协调系统各部分的运行。

7）完成与变频器的通信。

8）完成各种报警保护功能。

（2）主控模块的选择。

当前，主控模块主要以单片机（包括 DSP）和 PLC 为主。

基于 PLC 的控制系统特点：①PLC 抗干扰能力强，可靠性高；②控制系统结构简单，通用性强，有利于产品技术升级和推广应用；③有丰富的硬件、软件资源。

基于单片机（包括 DSP）的控制系统特点：①实时性比 PLC 强；②硬件、软件资源不如 PLC 丰富；③可靠性不如 PLC 高；④单片机品种繁多，通用规范性较差。

对于 PLC，其结构、常规的指令模块都是针对过程控制的，在适时性上考虑不足。本设计通过技术处理（例如采用直流电平信号控制励磁电流，可以省去实时触发脉冲），降低对 PLC 的强实时性要求；经过必要的二次开发，优化 PLC 的资源，使其满足实时性要求。可见，将 PLC 用于实时控制系统，在技术上是可行的。

鉴于控制单元应该具有以上功能及主控模块的特点，控制单元核心部件采用 SIMATIC S7-226 辅以模拟量扩展模块 EM235。系统采用 SIMATIC S7-226 具有如下优点：

1）SIMATIC S7-226 采用整体式结构，因而系统结构简单。

2）有两个 RS-485 通讯口，能够满足励磁供电装置通讯的需求。

3）具有很强的抗干扰能力，它可以直接应用于有较强干扰的现场。

4）便于产品的进一步升级，更新换代。

3.4.2 主回路

主回路是由整流变压器、整流单元、保护以及灭磁单元四部分组成。

（1）整流变压器。

整流变压器采用三绕组变压器。它既提供整流电源，也提供 220V 的工作电源。采用该种接法可以有效地降低装置本身对电网的谐波污染。

（2）整流单元。

整流单元是本励磁控制系统的终端执行部件。可控整流器件采用晶闸管，晶闸管整流有如下两种方式：

1）分立件晶闸管整流。

大电流励磁的同步电机其励磁电流常采用分立晶闸管可控整流供给。分立件晶闸管可控整流的特点：①成本和维护成本低；②分立件多，故障点多，可靠性差；③需要适时脉冲控制。晶闸管采用脉冲触发，由 CPU 进行脉冲编程，由于干扰等原因会出现脉冲丢失，容易失磁。

2）晶闸管智能控制模块整流。

晶闸管智能控制模块高度集成了晶闸管主电路和移相控制电路，三相全控桥可控硅整流模块主电路交流输入无相序，通过 D/A 转换器为智能控制模块提供 0～10V 的直流信号，改变此直流电压即可改变模块内整流硅的导通角，以达到控制励磁电流的目的[12]。

晶闸管智能控制模块作为整流器件的特点：①驱动集成化，体积小，故障率低；②直流电平控制励磁电流，有利于输出电流保持，确保不失磁，从而提高电机运行的稳定性；③直流电平控制使控制系统简单化，为系统适时控制提供了基础，从而为 PLC 用于适时控制提供了可能；④成本较高。

（3）保护。

当主桥直流侧或整流元件本身发生短路时，本装置通过晶闸管智能控制模块交流侧的三个快速熔断器对模块进行保护，控制单元发出指令，启动备用组件。

抑制过电压保护通常采用阻容保护，阻容保护装置简单可靠。三相交流侧采用阻容保护，通常为三角形接法，吸收瞬时浪涌能量，以抑制过电压。

（4）灭磁单元。

电机内部发生故障时，磁场电流产生的感应电势继续维持故障电流，可能造成导线的熔化和绝缘的烧坏，甚至烧坏铁心。灭磁单元的作用是当电机内部及外部发生诸如短路及接地等事故时迅速切断电机的励磁，并将储藏在励磁绕组中的磁场能量快速消耗在灭磁回路中。最简单的灭磁方式是切断电机的励磁绕组与电源的连接。但是，励磁绕组具有很大的电感，突然断开，会在其两端产生很高的过电压，危及主机绝缘的安全。

当前的灭磁装置有两种，耗能型灭磁装置和移能型灭磁装置。耗能型灭磁装置的作用原理是将磁能消耗在灭磁开关装置中，让储存在电机励磁回路中的磁场能量形成电弧并在燃烧室中燃烧，将电能转化为热能直至熄弧。这种灭磁方式体积大、不经济。移能型灭磁装置是由灭磁开关将磁场能量转移到电阻耗能元件中[13]。

本励磁装置采用无触点开关灭磁方式，属移能型灭磁装置。这种灭磁方式简单、经济、无触点化。当电机出现故障，过电压超过整定值时，灭磁硅导通，励磁绕组与灭磁电阻形成回路。如图 3-3 所示，其中虚线框内为灭磁单元。

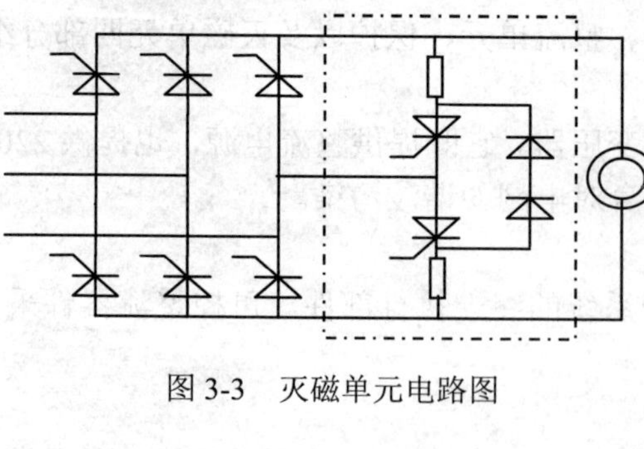

图 3-3　灭磁单元电路图

3.4.3　检测变换单元

（1）励磁电流检测。

励磁电流较大，最大可以达到 380A，为了保证系统的良好动态性能和调节精度，有必要采用一种高精度、且测量回路与主回路绝缘的电流传感器。本系统利用霍尔电流传感器模块采集电流信号，采集到的信号一路送给模拟量输入/输出模块 EM235，进行励磁电流控制，一路经过电压/电流转换器转换成 4～20mA 的标准信号提供给变频器。

（2）励磁电压检测。

励磁电压最高时约为 110V，其硬件电路如图 3-4 所示。首先对励磁电压进行采样，然后通过线性光耦隔离转换，得到 0～10V 的标准电压信号。

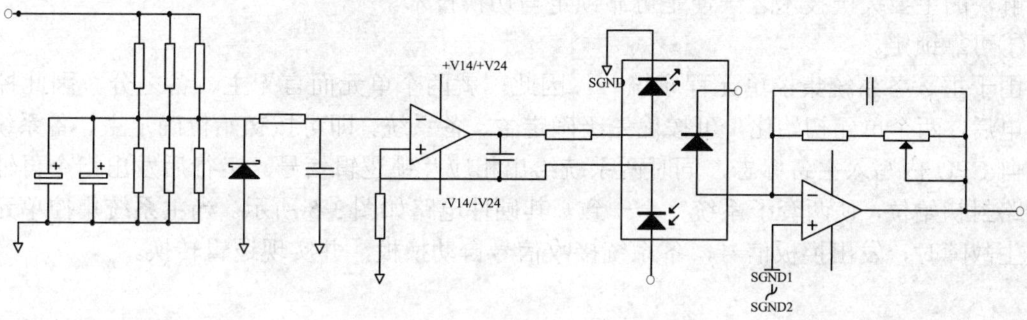

图 3-4　电压信号变送电路原理图

（3）故障检测。

1）故障分类。

① PLC 的 CPU 故障。

② 晶闸管智能控制模块的缺相、过流、过热故障。

③ 工作电源的故障（包括单电源与双电源）。

④ 风机故障。

⑤ 熔断器断熔故障。

2）故障检测与处理。

① CPU 故障采用看门狗定时器检测，检测信号送给备系统的 PLC，启用备系统，同时报警，故障系统退出运行。

② 风机故障和熔断器断熔故障利用中性点电位零点漂移原理检测，但二者的具体检测方式又有不同。前者利用变压器的中性点电位为零，当风机故障后，电位漂移，接通继电器线圈，继电器常开触头闭合，送给 PLC 故障信号，经 PLC 处理后报警，同时启用备系统，故障系统退出运行。后者利用阻容吸收回路电流矢量和为零原理，当一相或两相断熔时，通过硬件检测处理后，送给 PLC 处理报警，同时启用备系统，故障系统退出运行。

③ 晶闸管智能控制模块自身具有缺相、过流、过热保护功能。

3.4.4　冗余处理单元

（1）冗余处理单元的功能与要求。

在冗余控制系统中，整个 PLC 控制系统由两套完全相同的“双胞胎”组成。两块 CPU 模块使用相同的用户程序并行工作。其中一块是主 CPU，另一块是备用 CPU。后者的输出是被禁止的。当运行的子系统失效时，马上投入备用子系统。这一切换过程是用所谓的冗余处理单元 RPU（Redundant Processing Unit）完成的。对于本系统，冗余处理单元的切换速度必须在很短的时间内完成。

（2）关键技术及问题的解决。

1）主、备系统的可靠锁定及可靠切换技术。

冗余系统控制技术中，主、备系统的可靠锁定及可靠切换技术是系统可靠运行的关键技术。传统冗余控制系统中往往采取“主、备程序”的控制策略，其缺点是两系统缺乏互换性，且主、备 CPU 容易混淆，在切换时通常采用故障停机后人工切换的办法。而现代先进控制系统已采用主、备系统集控单元统一程序，故障自动切换（伴随报警），且系统支持热插拔。其中要解决的主要关键技术之一便是可靠锁定与切换技术。

①可靠锁定。

由于主、备系统集控单元程序统一，因此，就两个单元而言无主、备之分。因此控制系统上电后，两个单元初始化，可按优先级确定主、备系统。即可按初始位确定主、备系统，并在各自 CPU 内写入主备标志，同时两系统给出相应互锁逻辑信号。运行后发出指令再辅以硬件电路封初始位，使两套子系统完全一致。其硬件电路如图 3-5 所示。当主系统集控单元及外设发生故障时，发出换板信号，备系统接收信号自动换板，并实现逻辑转换。

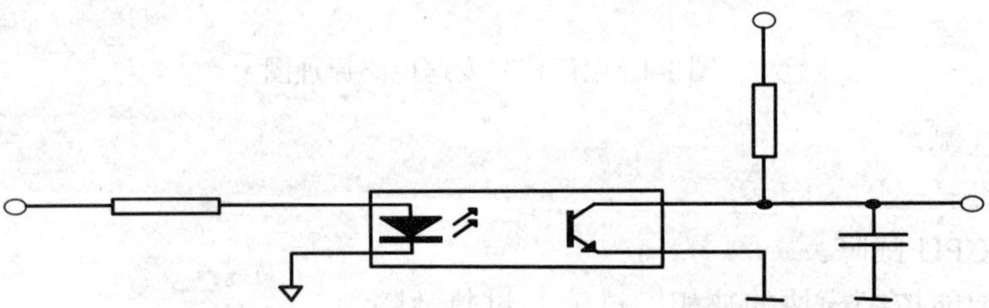

图 3-5　封初始位硬件电路原理图

②可靠切换技术。

在自动切换技术中，切换的可靠性非常重要。如果主系统发生故障而不能可靠切换，便失去了冗余系统控制的真正含义。这里所要解决的关键问题有两个方面：

- 集控单元 CPU 正常时的切换。

主系统其余部分硬件故障甚至存储单元区域局部损坏，但 CPU 能正常工作，此时切换可由集控单元 CPU 发出切换指令并实现自锁及标志转换。

- 集控单元 CPU 不能正常工作时的自动切换。

这种状态是自动切换技术中的关键。因为集控单元 CPU 不正常，故传统的双向通讯切换方式无法实现。因此必须采取其他特殊措施，以保证可靠切换。在这里采用硬件切换方式，如图 3-6 所示，使用外设看门狗定时器监控芯片 IMP706 监控 PLC 的状态。CPU 正常工作时，其输出端给出一个脉冲信号来触发定时器，使定时器输出低电平。CPU 不能正常工作时，由于看门狗定时器收不到脉冲信号，认为 CPU 工作不正常，其输出为高电平。

2）切换过程中的平稳过渡技术。

在实现了可靠切换后，切换过程的平稳性是自动切换技术先进程度的标志。当然，在 CPU 都正常的情况下，可以通过通讯方式传递主系统集控单元数据到备系统集控单元，实现平稳切换。然而，关键问题是主系统集控单元 CPU 不正常时的平稳切换技术。

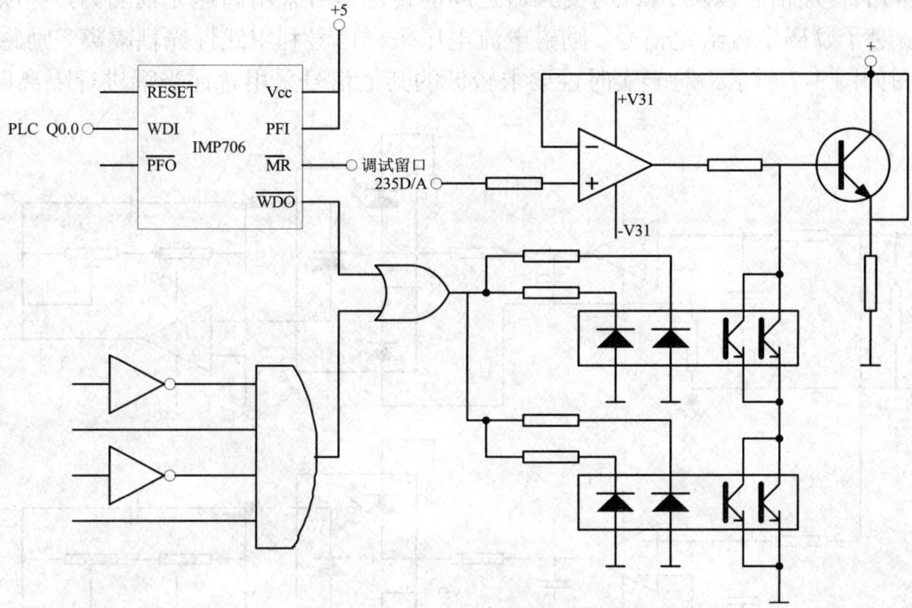

图 3-6　硬件切换方式电路原理图

本次设计采用的技术方案是“备机备而不闲”，所谓“备机备而不闲”是指备机在备机状态时并非 CPU 休眠，只是不参与实时控制罢了，但要对实际系统的各反馈量进行实时采样、读数，对采样信号进行记忆而不参与运算控制。这样，一旦收到换扳指令，便能立即查到系统的工作状态值，备机便以此值为初始输出控制值进行控制，而不是从零或饱和状态工作，从而实现换板时的平衡过渡。只有这样，才能确保切换指令到来时有据可依，实现平稳切换。

（3）主、备系统切换期间和 CPU 复位时的不失磁技术。

主、备系统切换时，一个系统退出运行，一个系统投入运行，在这期间有一个“死区”，双方均无励磁电流输出；双 CPU 均受干扰而死机或死循环，虽采用看门狗复位，但 CPU 从复位到初始化，自检完成往往需要大约 100ms，此期间 CPU 不进行 PI 调节，无 PI 输出，也无励磁电流输出。此时，会造成同步电机的瞬间失磁，进而可能引起大系统的不稳定。本次设计为解决这一问题采取下述措施：

晶闸管智能控制模块的控制电压由模拟量输入/输出模块 EM235 发出，实现对晶闸管智能控制模块的控制。EM235 输出具有维持功能，在看门狗复位期间，EM235 仍然保持着以前的数值，晶闸管智能控制模块也就维持着复位前的输出电流。在主、备系统切换期间，首先解除输出封锁，再通过晶闸管智能控制模块输出电流和控制电压的关系确定控制电压，把该控制电压送给 EM235，最后故障系统退出运行，确保电机不造成瞬间（短时间）失磁，这是提高系统运行可靠性的关键技术。

3.4.5　操作回路

PLC 上电后，首先合风机，接着合主回路，应该具有分对方主回路以及故障分闸的能力。

3.4.6　隔离单元

需要隔离的信号有变频器传送过来的信号（包括励磁电流给定、运行、急停等）；PLC 传送给变频器的信号（包括故障、励磁电流的采样等）；两 PLC 之间的信号（握手信号）。对两个 PLC 之间的传递信号以及 PLC 与变频器之间的传递信号采用高速光耦隔离，可以保证通讯的实时性。对于励磁电流给定信号、励磁电流电压采样信号利用线性光耦隔离。励磁电流给定电路原理图如图 3-7 所示。对于实时性要求较低的其他信号采用普通光耦进行隔离即可。

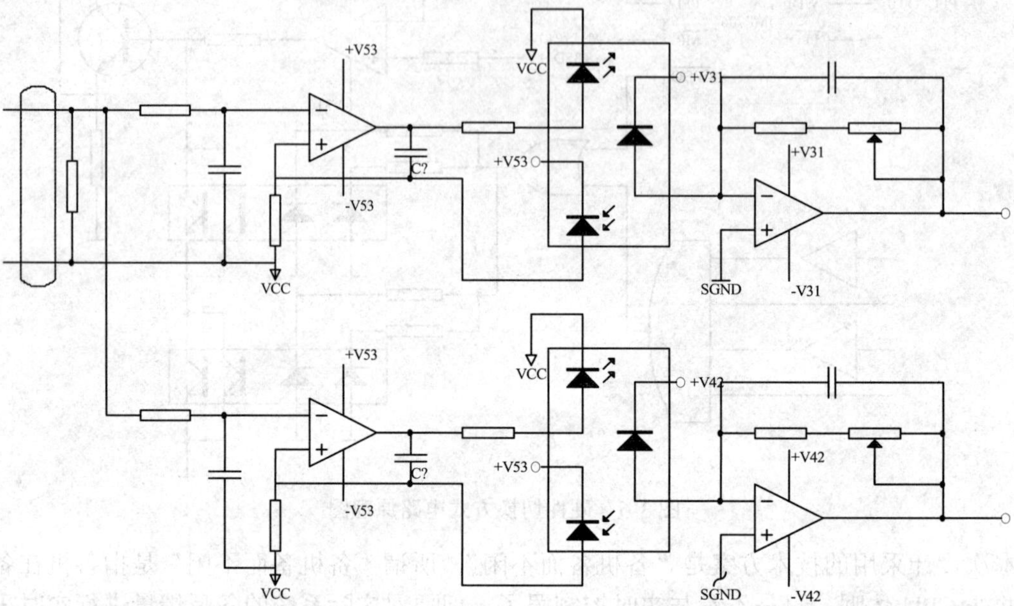

图 3-7 4～20mA 励磁电流给定电路原理图

3.4.7 电源

电源是为控制系统提供能量的单元，它是保证整个系统工作可靠的关键。电源均采用模块电源（开关电源），体积小，稳压范围宽，具有良好的抗干扰能力，特别适合在强电磁环境中使用。对控制电源也采用冗余热备份。控制电源的类型有：＋24V、+5V、±12V、＋15V。

3.4.8 冷却单元

本系统采用以下方法解决有关散热冷却问题：

（1）选用低导通压降功率管，使功率管本身的损耗降至最低。

（2）采用风扇冷却。

本系统设计原则为：即使风机出现故障而停止转动，也允许励磁装置继续运行一段时间而不必使整个系统停机。可以利用这段时间，迅速将出现故障的风机更换掉，以保证系统运行的连续性。

3.4.9 通讯与显示单元

励磁系统与变频器之间具有数字通讯、电流模拟信号通讯和相关握手信号通讯功能，还能通过光纤以数字方式通讯传送给变频器。两个子系统之间也具有通讯和握手联机功能。输出励磁电流的大小在系统显示的同时传输给变频器。

励磁电流经过霍尔元件采集后，转化为电压信号输入到模拟量扩展模块 EM235，经过 PLC 处理后，一面进行励磁电流控制，一面通过 PLC 的 RS485 自由通讯口传送出去用来显示和通过光纤传输给变频器。其框图如图 3-8 所示。

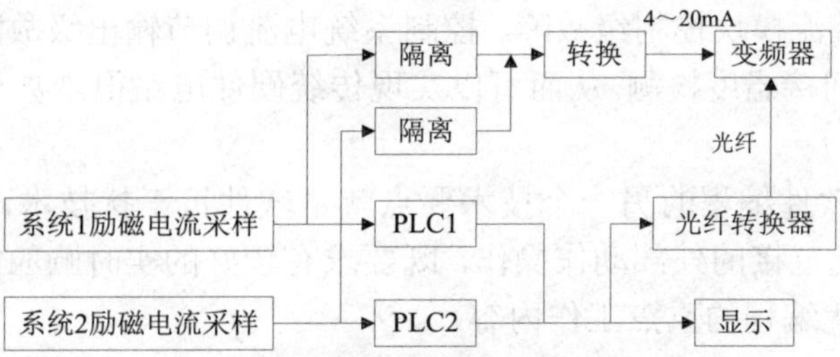

图 3-8　通讯与显示框图

4　励磁控制系统的软件结构

4.1　励磁控制系统的软件控制任务

励磁控制系统中系统软件编程工作占有十分重要的地位。根据系统总体方案设计思想及系统所需要实现的功能，对软件系统提出的需求及软件系统所应具有的功能，可以归纳为以下几个方面：

1. 可靠的实时逻辑控制功能

逻辑控制是保证励磁控制系统电路正常工作的前提和基础，其中包括各继电器的吸合顺序和主备机的逻辑判断。逻辑控制在上电初期尤其重要，主备机的逻辑判断是系统实现冗余控制的关键。要求逻辑判断准确可靠、实时性强，同时还要求有强逻辑故障处理能力，在相应硬件配合下，一旦发生逻辑上的故障，能自动做出相应的处理，既保证励磁系统的正常运行，也保证励磁系统的可靠性。逻辑控制正是 PLC 系统的优势所在，就 PLC 系统自身而言，无论是在功能还是在可靠性方面都优于一般微机系统。软件设计时，重点在于采取技术措施在相应硬件配合下，确保逻辑判断正确可靠。

2. 运算能力要求

运算能力是励磁系统的重要指标之一，运算能力包括数值计算和逻辑运算两部分。由于励磁装置是一个动态的实时系统，运算除了要求速度快和实时性强外，还要求有较优的控制策略。不同的控制策略适合于不同的系统，也有不同的算法。本系统要求实时性比较强，因此算法要求简洁、快速，但稳定性也必须得到保证。这就要求软件采用适合励磁系统本身的算法。

3. 检测及故障分析处理

检测除包括各种电压电流信号的检测之外，还包括对硬件电路送来的故障信号的检测。对电压电流信号以及故障检测必须要有较强的实时性，同时还要防止故障信号检测扰动。

励磁控制系统设计时，除了硬件中的故障判断处理外，在软件中必须要有故障的判断分析和处理能力。这就要求不仅能对送来的直接故障信号作相应的处理，而且还要能够通过系统运行状态和运行参数进行智能化间接故障诊断。同时还要求保证两系统之间切换的平稳性，即切换过程中励磁电流不能有大的波动。

检测及故障分析处理功能软件设计时，技术重点在于充分利用软件“智能化”优势，实现故障现象的智能化判断。举例来说：通过整流电路电压、电流信号的采样，结合输出控制电压，通过软件处理，从中分析判断出多种故障现象，如励磁绕组回路断路、短路或局部短路、整流模块桥臂故障、整流模块控制级故障、控制系统电流调节输出级故障等，甚至还可以对电机转子励磁绕组进行间接温度检测。从而可以实现传统硬件电路很难甚至无法实现的智能化判断功能。

除上述问题外，软件编程的另一个技术要点就是软件抗干扰技术，特别是逻辑控制信号处理。因为它可能引起直接的外部动作操作，既要求有较好的实时响应能力，又要求有较强的抗干扰能力，是抗干扰编程的重点工作内容。

4. 通讯

励磁系统通讯要求一般基于 485 串行通讯和 232 串行通讯，也可基于总线形式通讯。本装置不仅要在两个子系统之间通讯，而且要与变频器或上位机通讯。PLC 控制系统的通讯资源在此得到了充分利用。标准通讯协议和相应通讯界面，减少了大量通讯编程的工作量。

5. 调试

系统在做实验和运行前的调试是必不可少的，它包括输出给定的励磁电流、试灯、试铃、报警等。

4.2 软件系统总体设计

4.2.1 控制系统的 I/O 点及地址分配

由第 2 章"可编程逻辑控制（PLC）"的分析可知，本系统主机选用西门子 S7-200 系列 CPU226 PLC（24 输入/16 输出）一台，因为实时控制应减小输出延时，所以选用场效应管输出型；加上一台扩展模块 EM235（4AI/1AO）。其输入输出点及地址分配如表 4-1 至表 4-3 所示。

表 4-1 控制系统的输入信号及地址编码

输入信号	地址编码	输入信号	地址编码
急停（V/F 握手）	I0.0	复位标志口	I1.0
非紧急故障信号接收	I0.1	复位指令	I1.1
紧急故障信号接收	I0.2	调试信号口	I1.2
换板指令接收	I0.3	试灯	I1.3
换板握手信号接收	I0.4	消音	I1.4
主备机初始位	I0.5	运行给定方式口	I1.5
主备机握手信号接收	I0.6	—	I1.6
主备机握手信号接收	I0.7	—	I1.7

表 4-2 控制系统的输出信号及地址编码

输出信号	地址编码	输出信号	地址编码
	Q0.0	分 KM2/KM1	Q1.3
与 V/F 握手信号	Q0.1	主机运行指示	Q1.4
封输出 EM235	Q0.2	备份指示	Q1.5
换板指令发出	Q0.3	运行指示	Q1.6
换板握手信号发出	Q0.4	—	Q1.7
封主备机初始位	Q0.5	密码 1	Q2.0

续表

输出信号	地址编码	输出信号	地址编码
主备机握手信号发出	Q0.6	密码 0	Q2.1
主备机握手信号发出	Q0.7	密码 1	Q2.2
合主回路开关 KM	Q1.0	密码 0	Q2.3
综合故障报警	Q1.1	—	Q2.4
合 KM1/KM2	Q1.2	—	Q2.5

表 4-3　模拟量输入输出

输入信号	接收信号的端口	输出信号	接收信号的端口
励磁电流给定 I_g	AIW0	控制电压 U_f	AQW0
励磁电流反馈 I_f	AIW2		
励磁电压 U_f	AIW4		
调试电流给定 I	AIW6		

4.2.2　PLC 外围接线图

PLC 外围接线图可参考本设计的电气原理图，此处不再赘述。

4.2.3　系统程序设计

本程序由主程序和中断服务程序组成。

主程序包括信号处理、逻辑运算等，还包括系统上电初始化等子程序。由于 PLC 的指令是并行执行的，而本系统的主程序除了顺序执行外，还具有并发顺序和选择顺序以及循环等执行要求，因而主程序采用能够解决广泛的顺序类型问题的顺序控制指令来编程。其编程框图如图 4-1 所示。

各程序块分述如下：

首次上电初始化程序用于各中断连接并开中断、自由口初始化、PID 回路表初始化、建立地址指针、缓冲寄存器清零、特殊标志继电器赋值、被调节量给定值存储器赋值，限制器设定值赋值等。

初始化子程序之后，按照给定优先级（即初始位）判断主备机，并以在某寄存器中存储不同数据的方式，置主备机标志。

收发握手信号属于主备机之间的通讯方式之一。系统区分主备机之后，需与对方机通讯。例如，主机发送握手信号通知备机主机的工作状态，同时也要接收备机的握手信号以确定备机的工作状态。握手信号是数字量，单一的握手信号只有“0”“1”两种状态，如若电路故障，握手信号也可能是“0”状态。因此，为确保系统的稳定性以及主备机判断的准确性，握手信号采用两路数字量以密码形式收发。例如，主机发送“1，0”，备机发送“0，1”。

收发握手信号同时也可确定系统的单双系统工作状态。若主备机均正确发送和接收握手信号，则本系统为双系统主备工作状态；其余为单系统工作状态。在收发握手信号时应注意时序问题。

自检程序用于 PLC 故障检测，通过特殊存储器标志位检测是否有 I/O 错误，有故障则报警并切换工作状态。无故障则给主回路上电。

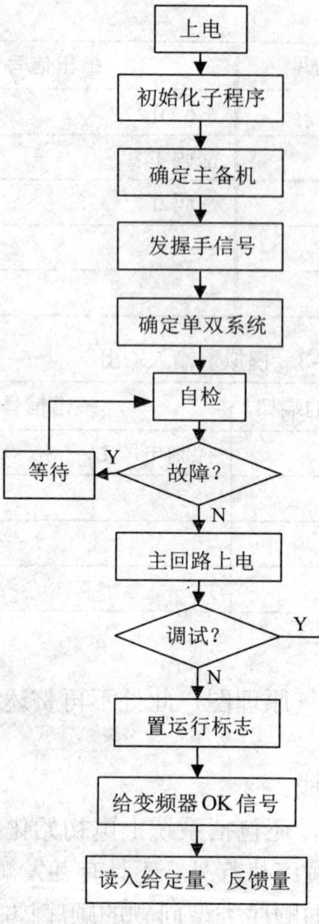

图 4-1 主程序框图

读调试信号位。若系统调试则执行调试子程序，调试子程序包括试警灯、警铃、参数调试、励磁电流调试等；若系统不调试则置运行标志，给变频器信号，开输出，读入给定量、反馈量。

中断服务程序主要用于变频器急停处理、故障报警处理、换板处理、励磁电流给定、反馈量 PID 调节、与上位机和变频器通讯以及励磁电流和励磁电压的数码显示。故障报警处理、换板处理的程序框图如图 4-2 和图 4-3 所示。

4.3 励磁控制系统 PID 控制分析

PID 控制是一种在生产过程中最普遍采用的控制方法，按照模拟控制系统和计算机控制系统的不同，控制器可分为模拟 PID 控制器和数字 PID 控制器，分别适用于对被控对象的连续控制和采样控制。其中，数字 PID 控制算法通常分为位置式 PID 控制算法和增量式 PID 控制算法[14]。由于数字 PID 控制规律是用计算机程序来实现的，具有很大的灵活性，使得原来在模拟 PID 控制器中无法实现的问题，在引入计算机后得以解决，并产生了数字 PID 的改进算法，以满足不同控制系统的需要。数字 PID 的改进算法有：积分分离的 PID 控制算法、不完全微分 PID 控制算法、遇限削弱积分 PID 控制算法、微分先行 PID 控制和带死区的 PID 控制算法等[15]。

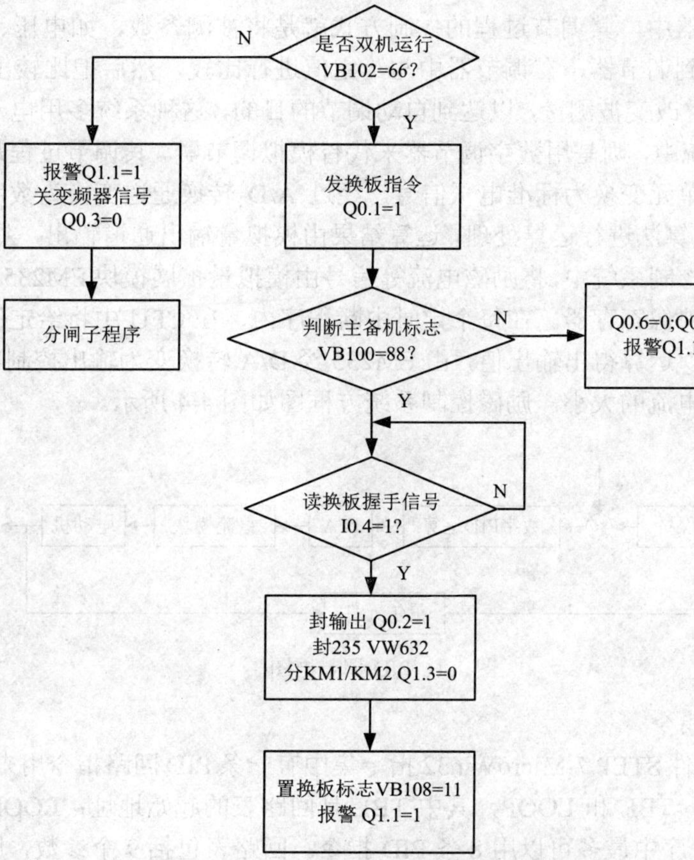

图 4-2　故障报警中断子程序

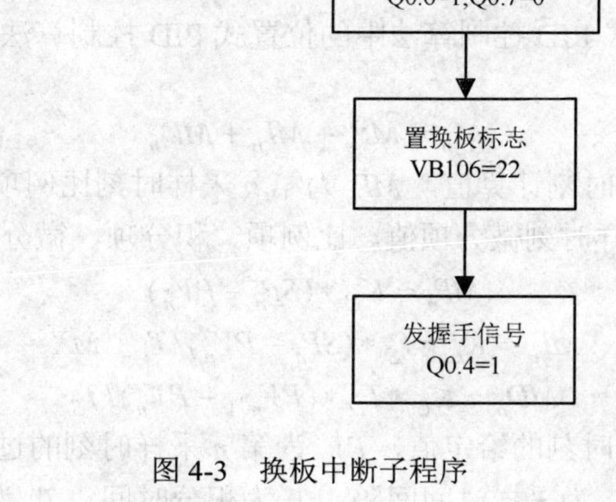

图 4-3　换板中断子程序

在模拟励磁调节器中，其调节过程的控制方式就是将被测参数，如电压、电流等变换成统一的标准信号反馈到调节器，在调节器中与给定值进行比较，然后把比较出的差值经 PID 运算后送到执行机构，改变被测量，以达到自动调节的目的，这种系统多用电气元件组合来完成。而在数字控制系统中，则是用数字调节器来代替模拟调节器。其调节过程是首先把所需的参数通过模拟量输入单元变换为标准电平信号，经过 A/D 转换通道变换为数字量，这些数字量经过 CPU 按一定的算法进行运算处理，运算结果由模拟量输出通道输出，去控制执行机构。在本同步电动机励磁控制系统中，将励磁电流等信号由模拟量扩展模块 EM235 经过 A/D 变换，变为数字量存入输入映像寄存器。在每个定时中断程序内，在 CPU 中将给定值与反馈值进行比较，其偏差通过 PID 运算得出输出值，由 EM235 经 D/A 转换变为输出控制电压，通过智能整流模块来改变励磁电流的大小。励磁控制系统方框图如图 4-4 所示。

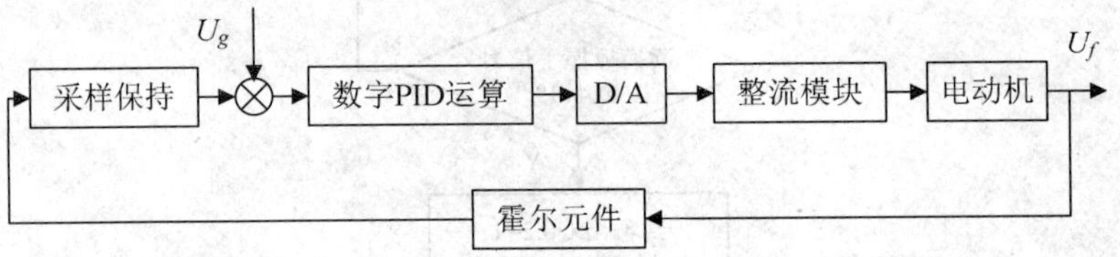

图 4-4　PID 调节框图

4.3.1　PID 回路指令

在 S7-200 编程软件 STEP 7-MicroWin32 指令集中有一条 PID 回路指令用来进行 PID 运算。该指令有两个操作数：TBL 和 LOOP，其中 TBL 是回路表的起始地址；LOOP 是回路号，它是 0～7 的整数。在程序中最多可以用 8 条 PID 指令。回路表包括 9 个参数，用来控制和监视 PID 运算。这些参数分别是过程变量当前值 PV_n，设定值 SP_n，输出值 M_n，增益 K_C，采样时间 T_S，积分时间 T_I，微分时间 T_D，积分项前值 MX 和过程变量前值 PV_{n-1}。

这 9 个参数全部以实数表示，每个参数占用回路表的 4 个字节。其中，PV_n、SP_n、M_n、MX 为 0.0～1.0 之间的实数，K_C 为常数，T_S 为正数、单位是秒，T_I、T_D 为正数、单位为分钟、在 PID 运算时换算成秒。在输入/输出类型上，M_n、MX、PV_{n-1} 既作为 PID 运算输入，也是 PID 运算的输出。

为了让 PID 运算以预想的采样频率工作，PID 指令需用在定时发生的中断程序中，或者用在主程序中被定时器所控制，以一定频率执行。采样时间通过回路表输入到 PID 运算中。

S7-200CPU 使用数字式 PID 控制算法中的位置式 PID 控制算法，并且做了进一步的改进。这个改进型算式[20]为

$$M_n = MP_n + MI_n + MD_n \tag{4.1}$$

式中，M_n 为第 n 采样时刻计算值，MP_n 为第 n 采样时刻比例项值，MI_n 为第 n 采样时刻积分项值，MD_n 为第 n 采样时刻微分项值。比例项、积分项、微分项算式分别为

$$MP_n = K_C * (SP_n - PV_n) \tag{4.2}$$

$$MI_n = K_C * T_S * (SP_n - PV_n) / T_I + MX \tag{4.3}$$

$$MD_n = K_C * T_D * (PV_{n-1} - PV_n) / T_S \tag{4.4}$$

式中，SP_n 为第 n 采样时刻的给定值，PV_n 为第 n 采样时刻的过程变量值，PV_{n-1} 为第 n-1 采样时刻的过程变量值，T_S 为采样时间间隔，T_I 为积分时间，T_D 为微分时间，MX 为第 n-1

采样时刻的积分项（积分项前值），是所有积分项前值之和。

4.3.2　PID 调节的设计

SIMATIC S7-200 编程软件的 PID 回路指令，模拟励磁调节方式在 EM235 的模拟输入口给定励磁电流和反馈电流。EM235 读入模拟量后转化为数字量，并进行 PID 运算。其在线运行调节每周期时间为 4.8～5ms，如图 4-5 所示。不满足实时性控制系统的要求。

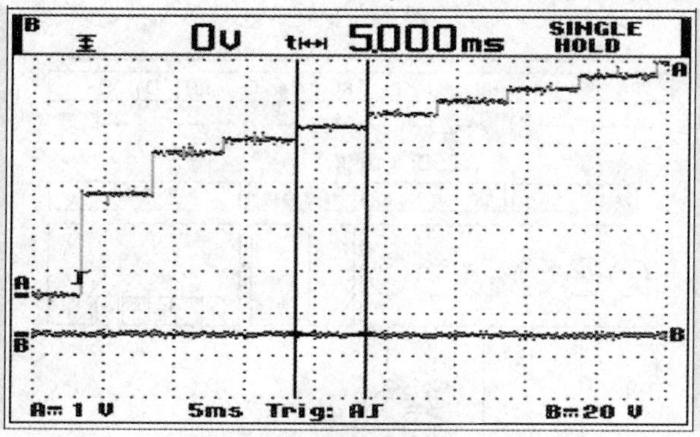

图 4-5　PID 调节波形图

采用近似模拟 PI 调节方式，编程算法如下：

$$M_n = e_n + K(e_n - e_{n-1}) \tag{4.5}$$

式中：M_n 为在采样时刻 n 计算出的回路输出值；K 为回路系数，是比例系数和积分系数的综合；e_n 为在采样时刻 n 的回路误差；e_{n-1} 为上次误差（即在采样时刻 n–1 的误差）。改进后实测其调节周期 1.08ms，如图 4-6 所示。其实时调节性能已能满足励磁系统控制要求。

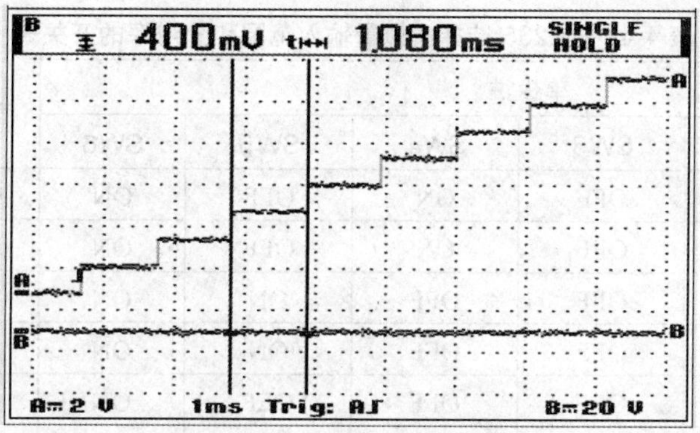

图 4-6　PI 调节波形图

4.4　软件相关实验

4.4.1　PID 调节

PID 调节的设计与实验结果、波形，上文已经介绍，此处不再赘述。

4.4.2　A/D、D/A 转换

由于 PLC（CPU226）主机的输入输出均为数字量，所以必须配置一台模拟量扩展模块 EM235，其连接端子如图 4-7 所示。

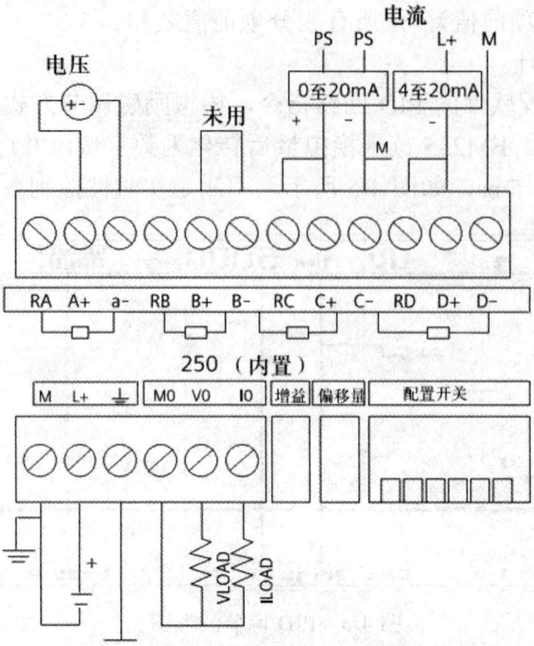

图 4-7 EM235 扩展模块连接器的端子标识

首先，对 EM235 的输入范围、精度、分辨率进行设定，设定值如表 4-4 所示。参考表将其设置为单精度、0～5V、1.25mV。然后用信号发生器发出正弦波作为 EM235 A+端的输入，编程，使输入值存入寄存器 VW30，再由寄存器 VW30 存入输出缓存寄存器 AQW0，使输出口 MO 的电压跟随输入，从而实现 A/D、D/A 转换。

表 4-4 EM235 选择模拟量输入范围和分辨率的开关表

单极性						满量程输入	分辨率
SW1	SW2	SW3	SW4	SW5	SW6		
ON	OFF	OFF	ON	OFF	ON	0～50mV	12.5μV
OFF	ON	OFF	ON	OFF	ON	0～100mV	25μV
ON	OFF	OFF	OFF	ON	ON	0～500mV	125μV
OFF	ON	OFF	OFF	ON	ON	0～1V	250μV
ON	OFF	OFF	OFF	OFF	ON	0～5V	1.25mV
ON	OFF	OFF	OFF	OFF	ON	0～20mA	5μV
OFF	ON	OFF	OFF	OFF	ON	0～10V	2.5mV
双极性						满量程输入	分辨率
SW1	SW2	SW3	SW4	SW5	SW6		
ON	OFF	OFF	ON	OFF	OFF	±25mV	12.5μV
OFF	ON	OFF	ON	OFF	OFF	±50mV	25μV
OFF	OFF	ON	ON	OFF	OFF	±100mV	50μV
ON	OFF	OFF	OFF	ON	OFF	±250mV	125μV

续表

双极性						满量程输入	分辨率
SW1	SW2	SW3	SW4	SW5	SW6		
OFF	ON	OFF	OFF	ON	OFF	±500mV	250μV
OFF	OFF	ON	OFF	ON	OFF	±1V	500μV
ON	OFF	OFF	OFF	OFF	OFF	±2.5V	1.25mV
OFF	ON	OFF	OFF	OFF	OFF	±5V	2.5mV
OFF	OFF	ON	OFF	OFF	OFF	±10V	5mV

用示波器的两个通道分别测量输入输出端，得出波形如图 4-8 所示。从图中可以看出，正弦波的上半周输出基本跟随输入，但仍存在幅值问题，需要定标，即对存入寄存器 VW30 中的数进行倍数运算之后，再将其输出；正弦波的下半周由于单精度，所以输出为零。

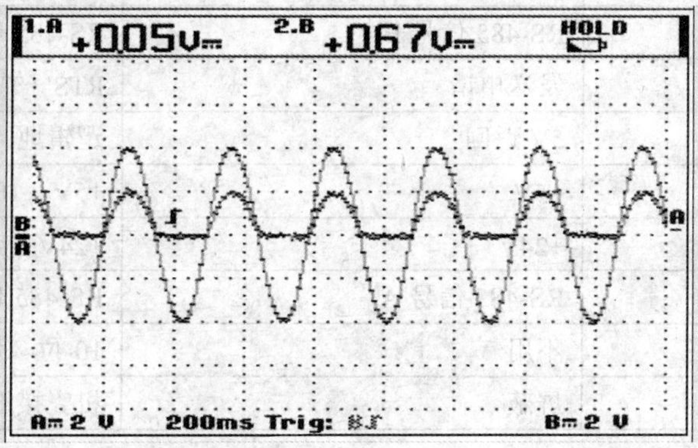

图 4-8　A/D、D/A 转换波形图

4.4.3　串行通讯

（1）用户定义协议（自由口）。

自由口通讯是通过用户程序可以控制 S7-200 CPU 通讯口的操作模式。利用自由口模式，可以实现用户定义的通讯协议连接多种智能设备。

通过使用接收中断、发送中断、发送指令（XMT）和接收指令（RCV），用户程序控制通讯口的操作。在自由口模式下，通讯协议完全由用户程序控制。通过 SMB30（口 0）允许自由口模式，而且只有在 CPU 处于 RUN 模式时才能允许。当 CPU 处于 STOP 模式时，自由口通讯停止，通讯口转换成正常的 PPI 协议操作。

（2）通讯口。

S7-200 CPU 上的通讯口是符合欧洲标准 EN50170 中 PROFIBUS 标准的 RS-485 兼容 9 针 D 型连接器。如图 4-9 所示为通讯接口的物理连接口，表 4-5 给出了通讯口插针的分配。

（3）实验。

首先，通过 SMB30 对口 0 的属性进行设置。将其设置成 00001001，即无奇偶校验、每个字符 8 位、9600 波特，自由口协议。用中断方式向自由端口写数 99F（10011001）。测量通讯口 0 的 3 角和 8 角，测得波形如图 4-10 所示。

针5　　　针1

针9　　　针6

图 4-9　通讯接口的物理连接口示意图

表 4-5　通讯口插针分配

针	PROFIBUS 名称	端口 0/端口 1
1	屏蔽	逻辑地
2	24V 返回	逻辑地
3	RS-485 信号 B	RS-485 信号 B
4	发送申请	RTS（TTL）
5	5V 返回	逻辑地
6	+5V	+5V，100Ω 串联电阻
7	+24V	+24V
8	RS-485 信号 A	RS-485 信号 A
9	不用	10-位　协议选择（输入）
连接器外壳	屏蔽	机壳接地

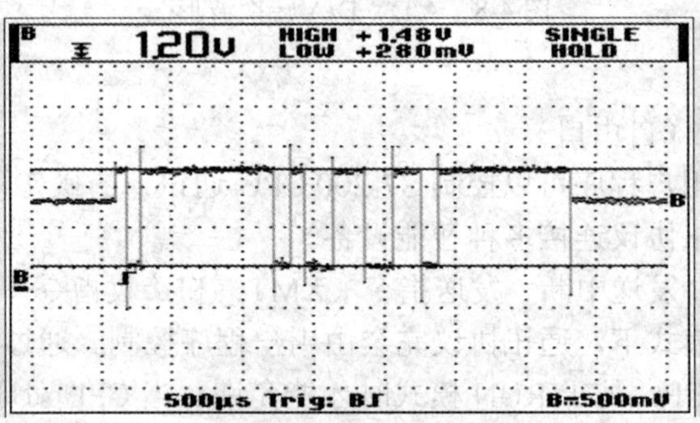

图 4-10　RS-485 口波形

由图可知，输出的数据每 8 位有一个起始位、一个停止位，而且每个输出数据的前后都有 8 位（11111111）的校验位。将这些数据通过 RS-485 转 RS-232 模块转化成标准信号（大多数设备上都有 RS-232 接口），即可与上位机进行数据传送串行通讯。

4.5 硬件与软件抗干扰处理

4.5.1 硬件措施

（1）在 PLC 控制系统中，电源占有极重要的地位。电网干扰串入 PLC 控制系统主要通过 PLC 系统的供电电源（如 CPU 电源、I/O 电源等）耦合进入的。对于 PLC 系统供电的电源，采用具有隔离功能的模块电源（开关电源）。

（2）接地是提高电子设备电磁兼容性（EMC）的有效手段之一。PLC 控制系统的地线包括系统地、屏蔽地、交流地和保护地等。正确设计接地点和接地装置，完善接地系统。PLC 控制系统采用直接接地方式；信号源接地；屏蔽层应在信号侧接地。

（3）考虑来自系统外部的几种抑制措施。主要内容包括：对 PLC 系统及外引线进行屏蔽以防空间辐射电磁干扰；对外引线进行隔离、滤波；在信号线与地间并接电容，以减少共模干扰；在信号两极间加装滤波器可减少差模干扰。

4.5.2　软件措施

由于电磁干扰的复杂性，硬件措施不能完全消除干扰的影响，还应在软件方面进行抗干扰处理，进一步提高系统的可靠性。在 PLC 控制系统中有大量的输入信号，输入信号分两种：开关量信号和模拟量信号，其中开关量信号在控制系统中大量存在。输入信号的输入过程是这样的：在采样瞬间，只要输入信号出现就将其读入输入锁存器供用户程序使用，这样存在干扰信号也被采用的可能，因此对这类信号需进行必要的滤波，即对信号进行再确认，如果确认信号是真实信号，控制程序就采纳，否则认为是干扰信号，将其舍弃。这样做可以保证对输入信号作出正确的判断，采用的软件措施如下：

（1）延时确认——对于开关量输入，可采用软件延时，对同一信号作两次或两次以上读入，结果一致才确认输入。

（2）封锁干扰——对于某些可预知的干扰，如 PLC 的输出命令使执行机构产生火花、电弧等干扰信号可能使 PLC 接收错误信息，可用软件封锁 PLC 的某些输入信号，在干扰易发期过去后，再取消封锁。

（3）故障的检测和诊断——PLC 利用本身完善的自诊断功能，借助其他工具找到故障的部位与部件，更换后即可恢复正常工作。

（4）软件滤波——当某一信号出现时将其记忆，经相应的时间延迟后，再对该信号进行检查，如果信号仍然存在，就认为该信号为真，否则认为是假信号，将其舍弃。可以实现小于一个扫描周期的干扰信号的滤波，也可以实现大于一个扫描周期的信号滤波。

5　结论

本文设计研究的励磁控制系统具有结构紧凑、硬件可靠、软件功能丰富等特点，表现在以下方面：

（1）本系统采用 S7-200 可编程序控制器（PLC）作为微控制器，并选用了 CPU226 主机。在硬件上由于 PLC 工作方式、工作原理的特点，使其具有高可靠性和强抗干扰能力。在软件编写上采用 STEP 7-Micro/Win 32 标准工具编程软件的梯形图语言，整个程序采用模块结构，具有完备的控制、保护、限制功能，且易于调试、修改及扩充。控制方法上，采用积分分离的 PID 算法，提高了系统的动态稳定性。

（2）系统具有可靠性。

本励磁控制系统采用双系统热备份控制策略，在关键技术方案、单元电路设计、主要元器件选择及编程思想等方面都充分借鉴了以往的成功经验。系统控制中针对可能出现的故障进行了相应的技术处理，对关键单元还另外采用冗余措施，保证系统可靠互锁和可靠切换。从而进一步提高整机运行的可靠性。

（3）系统具有先进性。

系统的先进性从技术方面可概括为以下几点：

1）系统在硬件和软件两方面共同采取措施，既保证两系统不会发生主备无序竞争，又使得两系统编程完全一致（不分主备机程序），具有互换性，更便于生产和管理。

2）系统针对可能出现的故障状态（包括 CPU 自身损坏）采取了多种技术措施，确保可靠锁定、可靠切换。

3）系统采取了相应技术措施，保证切换时不失磁，且尽量提高系统切换过程中励磁电流的平稳性，减小电流波动。

4）系统具有较为丰富的通讯功能。除双系统自身通讯外，还可以与上位机、变频器串行通讯。有自检测功能，能提前发现系统内部故障，并安全有序地对故障进行检测。

参考文献

[1] 辜承林，等．电机学．武汉：华中科技大学出版社，2001.

[2] 杨嗣彭等．同步电机运行方式的分析．成都：成都科技大学出版社，1989.

[3] 樊俊，陈忠，涂光瑜．同步发电机半导体励磁原理及应用．第二版．北京：水利电力出版社，1991.

[4] 刘忠源，等．同步电机可控硅励磁系统．北京：水利电力出版社，1992.

[5] 陶永华，尹怡欣，葛芦生．新型 PID 控制及其应用．北京：机械工业出版社，1998.

[6] 郭学田，曲海波．一种新型同步电动机励磁装置．大电机技术，1998，（5）．62-64.

[7] 三菱电机株式会社编．变频调速器方面使用手册．许振茂，等译．北京：兵器工业出版社，1992.

[8] 朱振青．励磁控制与电力系统稳定．北京：水利电力出版社，1994.

[9] 吴中俊，黄永红．可编程序控制器原理及应用．北京：机械工业出版社，2003.

[10] 王永华．现代电气及可编程控制技术．北京：北京航空航天大学出版社，2002.

[11] SIEMENS 公司．SIMATIC S7-200 可编程序控制器系统手册，2000.

[12] 临淄银河高技术开发有限公司．产品目录．2002.

[13] Xiuzhi Li, et al. Digitization of excitation control system for synchronous motor. Proceedings of International Symposium on Salient-Pole Machines with Particular Reference to Large Hydro-Electric Generators and synchronous Motors, 1993, 93-98.

[14] 王毅敏，马丽英．一种改进的数字 PID 控制算法及其在励磁系统中的应用．电网技术，1998（6）．46-48.

[15] Sun, Y.Z. Li. Novel decentralized robust excitation control for power system stability improvement. Electric Utility Deregulation and Restructuring and Power Technologies, 2000, 443-448.

[16] Yuzhen Wang, Huashu Qin. A new approach to excitation control of power systems. Intelligent control and Automation, 2000, 58-62.

[17] Wang Yongi, Zhang Lisheng, Tu Jian. A real time simulation system for synchronous generator

set. The 4th International Conference on Frontiers of Design and Manufacturing, 2000, 761-762.

[18] Z. S. Liang. Nonlinear excitation model predictive control for Electric Power System. The 14th World Congress of International Federation of Automatic control (IFAC). 1999, 273-277.

[19] Akashi Hiyama. Matlab/Simulink based transient stability simulation of electric power systems. IEEE Power Engineering Society, 1999, 249-253.

致谢

经过近几个月的不断努力，我终于顺利完成了此次毕业设计任务。

衷心感谢 XXX 老师的指导。老师的认真督导使我能够将理论与实践有效结合，设计出理想的毕业作品。毕业设计的完成过程是不断充实自己专业知识的过程，是进行动手实践的过程，这些都有利于我今后的就业与发展。

感谢 XXX 等同学的帮助。在做毕业设计的过程中与他们一起讨论，给了我很多有益的建议与帮助，使我的设计作品更完美。

最后也感谢学校的所有老师和领导，正是你们的辛勤耕耘，才有我们今天的学有所成。再次对所有老师及领导表示深深的感谢和敬意。

10.3　电力电子与电力传动方向的各类选题

本节将介绍一些电力电子与电力传动方向常见的、有代表性的毕业设计选题，并对其进行解析。电力电子与电力传动方向的选题大体涵盖以下子方向：

1. 电力传动控制系统

本研究方向主要解决电机驱动方面的关键、共性技术问题，研究不同电机或不同电机驱动对象所需的各种有效控制方法。该方向既包括对传统控制方法的应用及改进，还包括为了解决控制对象不确定性而引入的智能控制方法，如模糊控制、专家系统、神经元网络等。

2. 电力电子技术与应用

该方向重点研究电力电子器件在电能变换装置、智能化电源、电力传动等方面的应用，研究其中的关键技术，如利用变频技术实现节能、降噪，电力电子装置的数字化实现等问题。

此外，电力电子与电力传动方向的选题还包括电力电子与电力传动系统建模与仿真，电力电子装置可靠性监测、电磁干扰/电磁兼容性、故障诊断以及容错控制等相关问题的研究。

10.3.1　电力传动控制系统

选题研究领域：设计电力传动控制系统，解决电机驱动方面的关键、共性技术问题

选题类型：设计与实现

选题完成形式：设计作品（有条件的可以搭建实验平台）+论文

选题参加人数：个人独立完成或课题小组

选题知识准备：

电力传动控制系统设计内容较多，需要将多门课程的相关知识熟练融合运用，如自动控制原理、电路原理、微机原理、模拟电子技术、数字电子技术等等，还需掌握电力传动系统结

构设计和实验方法，熟练运用相关计算机仿真软件，如 MATLAB 进行仿真。以基金或企业项目为背景的课题，需要搭建实验平台的毕业设计还需掌握相关软硬件的调试方法。

毕业设计正文大纲举例——《基于双 PLC 的同步电动机励磁机构冗余控制系统设计》：

1 引言
1.1 同步电动机简介
1.2 同步电动机的励磁控制系统概述
1.2.1 励磁控制系统的分类和构成
1.2.2 励磁控制系统控制规律的发展
1.2.3 励磁供电装置的现状与发展
1.3 励磁系统与变频器调速同步电动机
1.4 论文主要工作
2 可编程逻辑控制器（PLC）
2.1 可编程控制器概述
2.1.1 PLC 的主要功能和特点
2.1.2 PLC 的应用和发展
2.2 S7-200 系列 PLC 介绍
2.2.1 S7-200 系列 PLC 系统的基本组成
2.2.2 S7-200 的内部结构
2.2.3 S7-200 的工作原理
3 励磁控制系统的硬件系统
3.1 励磁控制系统的参数及控制要求
3.1.1 励磁控制系统的励磁参数
3.1.2 励磁控制系统的控制要求
3.2 励磁控制系统的总控制策略
3.3 励磁控制系统的组成及工作原理
3.3.1 子系统控制策略及框图
3.3.2 励磁控制系统的组成
3.3.3 励磁控制系统的工作原理
3.4 励磁控制系统的各个功能单元设计
3.4.1 控制单元
3.4.2 主回路
3.4.3 检测变换单元
3.4.4 冗余处理单元
3.4.5 操作回路
3.4.6 隔离单元
3.4.7 电源
3.4.8 冷却单元
3.4.9 通讯与显示单元
4 励磁控制系统的软件结构

4.1 励磁控制系统的软件控制任务
4.2 软件系统总体设计
4.2.1 控制系统的 I/O 点及地址分配
4.2.2 PLC 外围接线图
4.2.3 系统程序设计
4.3 励磁控制系统 PID 控制分析
4.3.1 PID 回路指令
4.3.2 PID 调节的设计
4.4 软件相关实验
4.4.1 PID 调节
4.4.2 A/D、D/A 转换
4.4.3 串行通讯
4.5 硬件与软件抗干扰处理
4.5.1 硬件措施
4.5.2 软件措施
5 结论
参考文献
致谢

相似选题扩展：

- 轧钢机的电气控制系统设计
- 城市供水系统的供水泵控制
- 基于 PIC 单片机的无刷直流电机控制系统设计
- 永磁直线同步电动机的模糊滑模变结构控制
- 基于 PLC 变桨距控制技术研究

10.3.2 电力电子技术与应用

选题研究领域：基于电力电子器件的系统设计，解决其中的关键、共性技术问题
选题类型：设计与实现
选题完成形式：设计作品（有条件的可以搭建实验平台）+论文
选题参加人数：个人独立完成或课题小组
选题知识准备：

需要掌握电力电子技术、自动控制原理、电路原理、微机原理等课程的相关内容，还需要掌握电能变换装置、智能化电源等设备的结构设计，并能熟练运用相关计算机仿真软件，如 MATLAB 进行仿真。以基金或企业项目为背景的课题，需要搭建实验平台的毕业设计还需掌握相关软硬件的调试方法。

毕业设计正文大纲举例——《永磁同步电机低噪声脉宽调制策略的研究》：

1 绪论
1.1 课题背景与研究意义
1.2 脉宽调制技术的发展现状

1.3 周期频率调制技术的发展现状
1.4 随机调制技术的国内外发展动态
1.5 论文主要研究内容
2 随机调制技术
2.1 随机调制技术的原理
2.2 随机调制技术的分类及实现方法
2.2.1 随机开关 PWM
2.2.2 随机脉冲位置 PWM
2.2.3 随机开关频率 PWM
2.3 随机数的产生方法
2.4 随机开关函数
3 永磁同步电机固定开关频率调制技术的仿真研究
3.1 功率谱密度理论
3.2 永磁同步电机调速系统仿真模型
3.3 固定开关频率调制技术仿真结果及分析
4 永磁同步电机混合随机开关频率调制技术仿真研究
4.1 混合随机开关频率
4.2 混合随机开关频率变化范围的设计
4.3 混合随机开关频率调制技术仿真研究
4.3.1 周期频率调制技术仿真结果及分析
4.3.2 随机开关频率调制技术仿真结果及分析
4.3.3 混合随机开关频率调制技术仿真结果及分析
5 结论
参考文献
致谢

相似选题扩展：

- 潜油电泵的变频电源装置设计
- 基于 DSP 的车载电源控制系统
- 直流变频空调控制系统设计
- 永磁风力发电机控制器的设计
- 微电网 SPWM 单相并网逆变器控制技术研究
- 无刷双馈风力发电机变流器结构与矢量控制研究
- 基于虚拟仪器的电力电子整流装置的故障诊断系统研究

第 11 章　供用电技术方向毕业设计实例及选题

本章概要

- 供用电技术方向概述。
- 供用电技术方向毕业设计实例分析。
- 供用电技术方向的各类选题。

11.1 供用电技术方向概述

1. 供用电技术专业概述

供用电技术专业是培养电力系统、工矿企业供用电、城市供用电、工业自动化领域，适应电力生产、电能应用、电力管理、电力检查等服务于第一线需要的管理、运行、维护、技术改造等方面工作的应用型专门技术人才。通过本专业的学习使学生具有较扎实的基础理论和较宽的知识面、较强的实践能力和创新意识，以适应用人单位的需要。

2. 毕业生能力培养目标

本专业面向电力系统和用电企业，培养拥护党的基本路线，德、智、体、美全面发展，掌握本专业工作所必备的基础理论知识和专业技能，具有良好的职业素质和职业道德，较强的学习能力和创新意识，具有变配电所运行、设备维修、电力设备生产制造、装配、调试、销售等岗位的高素质技能型人才。

3. 毕业设计相关主干课程

供用电技术方向的毕业设计涉及学生在校期间必修和选修的一些专业课，这些课程内容支撑着毕业作品的整个开发过程。相关专业课一般包括：电工电子技术、电机与变压器、电气测量、变电所电气设备、电力网及电力系统、供配电系统保护、设备控制技术、高压工程等。

- 电工电子技术

主要讲授电路的基本概念和基本定律，正弦单相与三相交流电路的分析、磁路和铁芯线圈等电路。讲授基本放大电路、直流放大器与集成运算放大器，正弦波振荡器、直流稳压电源、基本逻辑门电路、触发器、组合逻辑电路、时序逻辑电路、模拟量与数字量之间的转换等。通过本课程的学习使学生掌握电子技术的基本理论、基本知识和基本技能，了解常用电子器件的基本工作原理、性能和功用。

- 电机与变压器

从应用的角度主要介绍直流电机、交流电机、控制电机、变压器的结构，工作原理、运行特性，选择，使用维修等。

- 电气测量技术

主要讲授常用电子仪器的结构、原理、典型电路分析及使用方法，校准与调整、常见故障的检查与修理等。使学生能够较熟练地使用各种常用电子仪器及常见故障排除。

- 变电所电气设备

本课程主要阐述电力系统的基本概念，中性点的运行方式，高低压电器设备的结构、原理、作用、特点，电气设备的选择及校验，短路电流计算，操作电源及接地装置的计算。

- 电力网及电力系统

本课程主要阐述电力网的基本概念，开式、闭式地方网的计算，电网工程的计算，各级电压电网导线截面的计算。

- 供配电系统保护

本课程主要阐述供配电系统继电保护装置的基本概念，变压器、母线、输电线路的各种保护方式，过电流保护、纵差保护、横差保护、功率方向保护等。

- 设备控制技术

本课程主要讲授动力控制线路，开关类控制电器、继电器与接触器、熔断器、控制电器的保护，使学生掌握控制线路的原理及特点，掌握 PLC 的原理及应用。具体包括可编程序控制器原理、可编程序控制器设计简例等。

- 高压工程

本课程主要阐述发电厂、变电所及电力网的内部过电压、外部过电压、防雷接地保护。

- 系统实训

（1）进行变电所运行、电气主结线方案的确定，高低压电气设备及导线截面的选择校验，短路电流计算，操作电源的选择等训练。

（2）进行电力网的潮流计算，电网工程的预算，各级电压电网导线截面的选择及校验等训练。

11.2 发电厂变电所电气设备设计实例

60kV 降压变电所电气部分设计

1．毕业设计任务书

毕业设计任务书如表 11-1 所示。

表 11-1 XXXX 大学毕业论文（设计）任务书

姓　　名	XXX	学　　号	XXX XXX	系　　别	电气工程类系
专　　业	供用电技术专业	年级班级	XX 级 X 班	指导教师	XXX
论文题目	60kV 降压变电所电气部分设计				
任务和目标	毕业设计（论文）的任务和目标： 本设计主要完成“60kV 降压变电所电气部分设计”，并撰写题目为《60kV 降压变电所电气部分设计》的论文。本次设计主要完成了主变选择、电气主接线、短路计算、电气设备选择、配电装置的规划、继电保护和自动装置的规划和防雷保护的规划等主要工作。本次设计最终以设计说明书、设计计算书、一套图纸（电气主接线图、总平面布置图、配电装置断面图）组成。 一、变电所概况介绍 （1）待建变电所电压等级为 60/10kV。				

续表

<table>
<tr><td>任务和目标</td><td colspan="3">（2）所址位于某城市北部，平均海拔 260m，交通方便，最高气温 35℃，最低气温-25℃，年平均气温 14℃。周围空气无污染。
（3）该变电所有两回电源进线，16 回出线。
二、主要设计内容
1．主变压器台数、容量的确定
（1）主变压器台数的确定
（2）主变压器型号的选择
2．电气主接线的设计
（1）主接线的设计原则及基本要求
（2）电气主接线方案确定
（3）10kV 侧主接线的确定
3．补偿方式
4．短路电流计算
5．电气设备的选择计算及校验
（1）高压断路器的选择
（2）隔离开关及校验
（3）母线和开关柜选择
6．继电保护原理图
7．防雷保护规划设计
（1）变电所的保护对象
（2）避雷器的选择
三、设计目标
1．变电所高压配电装置的规划设计
2．变电所继电保护和自动装置的规划设计
3．变电所过电压保护的规划设计</td></tr>
<tr><td>基本要求</td><td colspan="3">论文撰写应在指导教师的指导下独立完成，并以马克思主义理论为指导，符合党和国家的有关方针、政策；论文应做到中心突出，层次清楚，结构合理；必须观点正确，论据充分，条理清楚，文字通顺；并能进行深入分析，见解独到。同时论文字数不得少于 8000 字，还要有 300 字左右的论文摘要，关键词 3～5 个（按词条外延层次，由高至低顺序排列）。最后附上参考文献目录和致谢辞。</td></tr>
<tr><td>研究所需条件</td><td colspan="3">1．具备足够的专业基础知识
（1）电力系统知识
（2）继电保护知识
（3）一、二次系统设计知识
（4）AutoCAD 知识
2．具备搜集资料的网络、图书馆等资源和条件</td></tr>
<tr><td rowspan="4">任务进度安排</td><td>序号</td><td>主要任务</td><td>起止时间</td></tr>
<tr><td>1</td><td>查阅相关资料，收集与研究课题相关的资料，完成开题报告</td><td>2013.11.1－2013.11.12</td></tr>
<tr><td>2</td><td>负荷分析计算
变压器的选择、功率补偿
主接线设计</td><td>－2013.12.10</td></tr>
<tr><td>3</td><td>短路计算
电气设备的选择</td><td>－2013.12.24</td></tr>
</table>

续表

	4	继电保护设计 防雷接地设计 绘制主接线图	—2014.4.1
	5	毕业设计说明书的编写、打印、装订 准备答辩	—2014.4.20
指导教师签字		日期	年　月　日
系部领导签章		日期	年　月　日

2. 文献综述

文献综述如表 11-2 所示。

表 11-2　XXXX 大学毕业论文（设计）文献综述

姓　名	XXX	学　号	XXX XXX	系　别	电气工程类系
专　业	供用电技术专业	年级班级	XX 级 X 班	指导教师	XXX
论文题目	60kV 降压变电所电气部分设计				
查阅的 主要文献	[1] 贺家李，宋从矩．电力系统继电保护原理．中国电力出版社，2003，1． [2] 何仰赞，温增银．电力系统分析．华中科技大学出版社，2001． [3] 戈东方．电力工程电气设备手册（上、下册）．中国电力出版社，1989，2． [4] 东北电力设计院．电力工程设计手册．上海人民出版社，1993，2． [5] 孙成普．变电所及电力网设计与应用．中国电力出版社，2008，9． [6] 张明，毕鹏翔，刘健，等．辐射状配电网支路电流法潮流计算的收敛特性研究．中国电机学报，2003，23（6）． [7] 张顺新．配电网络规划中潮流计算方法的研究．河北农业大学硕士学位论文，2007． [8] 中华人民共和国水利电力部．变电所设计规程．水利电力出版社，1980． [9] 周文俊．电气设备实用手册（上、下册）．中国水利水电出版社，1999． [10] 周武仲，胡静．中低压配电设备选型与使用 200 例．中国电力出版社，2011． [11] 刘宝林．电气设备选择、施工安装、设计应用手册．中国水利水电出版社，2000． [12] 黄益庄．变电站综合自动化技术．中国电力出版社，1999． [13] 熊信银，朱永利．发电厂电气部分．中国电力出版社，2010． [14] 吴希再，熊信银，张国强．电力工程．华中科技大学出版社，2011． [15] 水利水电部西北电力设计院．电力工程电气设计手册．水利水电出版社，2010． [16] 黄纯华．工厂供电．天津大学出版社，2001，6． [17] 方向晖．中低压配电网规划与设计基础．中国水利水电出版社，2004，4． [18] 许建安，连晶晶．继电保护技术．中国水利水电出版社，2004．				
文献综述	**60kV 降压变电所电气部分设计** **一、前言** 电能是发展国民经济的基础，其特点是发变送配用几乎是在同一瞬间完成的，故要满足国民经济的发展，电力工业必须超前发展，这是电力工业发展的规律，因此做好电力规划，加强电网建设显得尤为重要。 变电所作为电力系统的重要组成部分，直接影响整个电力系统的安全与经济运行，是联系发电厂和用户的中间环节，起着变换和分配电能的作用，合理地设计变电所不仅能充分满足当地的供电需求，还能有效减少投资和资源浪费。				

续表

<table>
<tr><td>文献综述</td><td>二、背景
纵观 20 世纪的社会和经济发展，一个突出的特点是，电力的使用已经渗透到社会经济、生活各领域。发电厂、变电站分工完成整个电力系统的发电、变电和配电的任务，而变电站更是电力工业建设中不可缺少的一个项目。由于变电站的设计内容多，范围广，逻辑性强，不同电压等级、不同性质负荷的变电站设计时所侧重的方面不一样。
变电站是电力系统中变换电压等级、汇集电流和分配电能、控制电力的流向和调整电压的电力设施，它通过其变压器将各级电压的电网联系起来。我国电力建设经过多年的发展，系统容量越来越大，短路电流不断增大，对电气设备、系统内大量信息的实时性等要求越来越高，而随着科学技术的高速发展，制造、材料行业，尤其是计算机及网络技术的迅速发展，电力系统的变电技术也有了新的飞跃。对变电站的设计提出了更高的要求，更需要提高我们的知识应用水平。
结合我国现状，为国民经济各部门和人民提供充足、可靠、优质、廉价的电能，新建变电站应充分体现出安全性、可靠性、经济性和先进性。在此，为满足某地区重点需要，提高电能的质量，我拟建一座 60kV 变电站。
三、设计思路
依据变电所设计的步骤进行，包括主变选择、电气主接线的设计、短路计算、电气设备选择、配电装置的规划、继电保护和自动装置的规划及防雷保护的规划等主要工作，并依据相关规定和章程设计其中的内容，能够满足一般变电所的需求。
四、结束语
电网运行的基本要求是安全与稳定，电网安全稳定的核心问题是要建立一个与该供电网络相适应的，并且合理的电网结构。建设变电站时，在保证安全的前提下还要保证其经济性和灵活性。</td></tr>
<tr><td>备注</td><td></td></tr>
<tr><td>指导教师
意见</td><td>指导教师签字：
年　　月　　日</td></tr>
</table>

3. 论文开题报告

论文开题报告如表 11-3 所示。

表 11-3 XXXX 大学毕业论文（设计）开题报告

<table>
<tr><td>姓　　名</td><td>XXX</td><td>学　　号</td><td>XXX XXX</td><td>系　　别</td><td>电气工程类系</td></tr>
<tr><td>专　　业</td><td>供用电技术专业</td><td>年级班级</td><td>XX 级 X 班</td><td>指导教师</td><td>XXX</td></tr>
<tr><td>论文题目</td><td colspan="5">60kV 降压变电所电气部分设计</td></tr>
</table>

续表

<table>
<tr><td>选题依据与意义</td><td>一、学术价值、应用价值
电能是社会主义建设和人民生活中不可缺少的重要的能源，电力工业在国民经济中占有十分重要的地位，电能是由发电厂供给，因为考虑经济原因，发电厂大多建在动力资源比较丰富的地方，而这些地方又常远离大中型城市和工厂企业，这样需要远距离输送，经过升、降压变电所进行转接，再进一步地将电能分配到用户和生产企业。变电所是电力系统的重要组成部分，它直接影响整个电力系统的安全与经济运行，是联系发电厂和用户的中间环节，起着变换和分配电能的作用。
本毕业设计论文为某 60kV 降压变电所电气部分设计，要求所设计的变电所能长期可靠地为其负荷供电。设计过程中遵循国家的法律、法规，贯彻执行国家经济建设的方针、政策和基本建设程序，运用系统工程的方法从全局出发，正确处理生产与生活、安全与经济等方面的关系，实行资源的综合利用，节约能源和用地，对生产工艺、主要设备和主体工程要做到可靠、适用、先进。
在上述原则的基础上，明确设计的目的，逐步完成 10kV 出线的选择、无功补偿、主变的选择、电气主接线的拟定、短路电流的计算、电气设备选择、主变压器继电保护、防雷保护规划、绘制图纸等主要工作，形成较为完整的论文。设计工作是工程建设的关键环节。做好设计工作，对工程建设的工期、质量、投资费用和建成投产后的运行安全可靠性和生产的综合经济效益，起着决定性的作用。
二、现状分析
随着经济的飞速发展，迫切要求强烈的能源作为经济发展的坚强后盾，电力这种洁净的二次能源将对未来的国民经济发展起着举足轻重的作用。提高发电、输电、配电、供电效率和经济终端节电在我国能源效率和节能中占有特殊重要的地位。
纵观世界各国电力工业的发展，追求“可持续发展”已成为主流，目前世界上近半数的国家都在酝酿或实施电力体制改革，我国于 2002 年推出了以打破垄断，引入竞争为首的体制改革方案，预期将对发、输、供电效率的提升产生积极作用。中国电力体制改革标志着电力工业在建立社会主义市场经济体制，加快社会主义现代化建设的伟业中进入了一个新的发展时期，为了促进电力工业的持续稳定发展，保证西电东送工程的成功建设，满足各地区供电负荷要求，实现安全供电，保证供电可靠性，枢纽变电所的建设将具有十分重要的意义。另外，由于各地区区域环境的不同，并考虑到经济性和技术性的要求，以及各地区负荷的电压等级的不同要求，60kV 变电所的建设将具有不可忽视的作用。</td></tr>
<tr><td>研究内容</td><td>1 主变压器台数、容量的确定
1.1 变压器介绍
1.2 主变压器台数的确定
1.3 主变压器容量选择原则
1.4 主变压器选型
1.5 主变压器的选择计算部分
2 电气主接线的设计
2.1 主接线的设计原则及基本要求
2.2 电气主接线方案确定
2.2.1 电气主接线方案确定及基本要求
2.2.2 电气主接线方案确定
3 补偿方式
3.1 补偿
3.1.1 集中补偿
3.1.2 分组补偿
3.1.3 就地补偿
3.2 补偿装置</td></tr>
</table>

续表

研究内容	4 短路电流计算 4.1 短路故障产生的原因 4.2 短路故障的危害 4.3 短路电流计算的目的 4.4 短路电流计算 5 电气设备的选择计算及校验 5.1 高压断路器的选择 5.1.1 60kV 侧断路器的选择 5.1.2 10kV 侧断路器的选择 5.2 隔离开关的选择及校验 5.2.1 60kV 侧隔离开关的选择及校验 5.2.2 10kV 侧隔离开关的选择与校验 5.3 电流互感器的选择及校验 5.3.1 60kV 侧电流互感器的选择及校验 5.3.2 10kV 侧电流互感器的选择及校验 5.4 电压互感器的选择及校验 5.4.1 60kV 侧电压互感器的选择及校验 5.4.2 10kV 侧电压互感器的选择及校验 5.5 10kV 侧母线的选择 5.6 本章小结 6 继电保护的设计 6.1 变配电装置中各部分仪表的配置 6.2 绝缘监视装置的选择 6.3 变压器电流速断保护的设计 6.4 变压器差动保护的设计 6.5 变压器瓦斯保护的设计 7 防雷保护规划设计 7.1 变电所的保护对象 7.2 电工装置的防雷保护 7.3 防雷设计要求和所需资料 7.3.1 雷电过电压保护的主要情况 7.3.2 阵雷保护设计所需资料 7.4 防雷保护措施 8 总结
研究方案	**一、本课题研究的目标** 电力系统专业的毕业设计是一次比较综合的训练，它是我们将在校期间所学的专业知识进行理论与实践的很好结合，运用理论知识和所学到的专业技能进行工程设计和科学研究，提高分析问题和解决问题的能力。在此设计过程中我们可以通过学习电力工程设计、技术问题研究的程序和方法，获得搜集资料、查阅文献、调查研究、方案比较、设计制图等多方面训练，并进一步补充新知识和技能，最终完成 60/10kV 二次降压变电所毕业设计及论文的撰写。 **二、本课题研究的内容** 设计过程中主要完成主变压器的选择、电气主接线的设计、短路计算、电气设备选择、配电装置的规划、继电保护和自动装置的规划及防雷保护等主要工作。具体内容如下： （1）主变压器的选择：根据要求，采用两台变压器并列运行的方式，当一台停运时，仍能保证 70%的重压负荷供电。

续表

<table>
<tr><td>研究方案</td><td>（2）主接线设计：该变电所主要考虑 10kV 侧主接线的选择，通过考虑经济性、可靠性、技术性、灵活性等特点对两种方案进行比较最终选择合适的主接线方案。
（3）电气设备选择：根据系统的电压等级和最大工作电流进行选择，同时根据实际要求进行必要的动稳定性和热稳定性校验。
（4）电气布置：根据变电所所处的位置，综合该地区的地理环境特点，合理设计布局和建筑构造，以及变电所的继电保护和自动装置的规划设计。
（5）防雷保护的设计。
（6）编写毕业设计说明书，绘制相关图纸。
三、本课题研究中可能遇到的问题及解决方案
（1）资料的收集，可以通过网上检索，去图书馆查阅各种相关专业书籍和杂志。
（2）变电所主变压器的选择，可以通过查阅《电力工程技术手册》及《电力工程电气设备手册》，请教指导教师，开展小组讨论。
（3）电气主接线方案的选择，通过查阅《发电厂变电所电气接线和布置》及《变电所设计规程》进行方案的选择、比较、确定。
（4）继电保护、防雷保护的设计，通过查阅《电力系统继电保护原理》和《电力工程设计手册》，并向指导老师请教，开展小组讨论。
四、研究步骤
（1）2013 年 11 月 01 日－2013 年 11 月 12 日　查阅资料，收集资料，完成开题报告。
（2）2013 年 11 月 13 日－2013 年 12 月 10 日　负荷分析计算、变压器的选择、功率补偿、主接线设计。
（3）2013 年 12 月 11 日－2013 年 12 月 24 日　短路计算、电气设备的选择。
（4）2013 年 12 月 25 日－2013 年 04 月 01 日　继电保护设计、防雷接地设计、绘制主接线图。
（5）2014 年 04 月 02 日－2013 年 04 月 13 日　毕业设计说明书的编写、打印、装订，准备答辩。
五、可行性分析
近年来，电力在世界各国能源和经济发展中的作用日益增长，它已成为现代社会使用最广、需要最快的能源。变电所的合理设计与建设是一个极其重要的组成部分。本次设计是根据毕业设计任务书的要求，综合所学专业知识及《变电所设计》等书籍的有关内容，在指导老师的帮助下，通过本人的精心设计论证完成的。整个设计过程中，全面细致地考虑工程设计的可靠性、经济性、灵活性等诸多因素，最终完成本设计方案。通过完成此毕业设计论文，进一步领会我国电力工业建设的政策观念和经济观点，培养对工程技术、经济进行较全面的综合分析能力。
六、预期成果
通过查阅相关书籍，了解电力工业的有关政策、技术规程等方面的知识，理清自己的设计思路，清楚设计任务，完成如电气主接线、短路电流计算、设备的选择及防雷保护等内容，最终撰写完成毕业论文。</td></tr>
<tr><td>写作进度安排</td><td>（1）2013 年 11 月 22 日－2013 年 12 月 10 日　完成文献综述及开题报告。
（2）2013 年 12 月 11 日－2014 年 03 月 25 日　进行系统需求分析，完成论文初稿（或框架）。
（3）2014 年 03 月 28 日－2014 年 04 月 01 日　完成论文二稿或中期检查。
（4）2014 年 04 月 02 日－2014 年 04 月 11 日　上交论文成稿。
（5）2014 年 04 月 12 日－2014 年 04 月 13 日　设计类论文完成系统测试、验收。</td></tr>
<tr><td>指导教师意见</td><td>指导教师签字：
年　　月　　日</td></tr>
</table>

续表

<table>
<tr><td>学术委员会意见</td><td>主任签章：
年　　月　　日</td></tr>
</table>

4. 论文中期报告

论文中期报告如表 11-4 所示。

表 11-4　XXXX 毕业论文中期检查报告

<table>
<tr><td>姓　　名</td><td>XXX</td><td>学　　号</td><td>XXX XXX</td><td>指导老师</td><td>XXX</td></tr>
<tr><td>论文题目</td><td colspan="5">60kV 降压变电所电气部分设计</td></tr>
<tr><td>论文中期完成情况</td><td colspan="5">一、前期工作简述
论文的前期工作主要完成了任务书、文献综述和开题报告的撰写，并完成了变电所主变压器的选择、主接线的设计、短路计算及电气设备的选择等工作。
二、解决的问题及解决办法
由于对实际电气设备和变电所布置不够熟悉，在资料收集的过程中查阅了大量的资料并进行整理工作。在前期设计的过程中遇到了不少问题，主要有：
在变压器选择的过程中，对主变压器容量计算时，出现了没有恰好合适的变压器容量与计算的结果相对应的情况，应选择比计算值大的主变压器容量。通过查阅相关手册，并请教指导教师开展小组讨论，才将问题解决。
在主接线选择的过程中，既要考虑选择主接线的方案，还要满足供电的可靠性，保证电能的质量，满足灵活性和方便性，保证经济性。
短路计算的过程中，需要进一步掌握电流计算的方法，以便整定校验工作的顺利进行。
三、下一步的工作打算
接下来按照计划完成对变电所电气设备的选择、继电保护及防雷保护的设计，并绘制相关接线图，完成毕业设计说明书的撰写。
四、后期工作安排
2014 年 01 月 13 日—2014 年 03 月 15 日　继电保护设计、防雷接地设计、绘制主接线图。
2014 年 03 月 16 日—2014 年 04 月 11 日　上交论文初稿，并进行修改。
2014 年 04 月 12 日—2014 年 04 月 13 日　上交论文成稿。</td></tr>
<tr><td>完成情况评价</td><td colspan="5">1．按计划完成，完成情况优（ ）
2．按计划完成，完成情况良（ ）
3．基本按计划完成，完成情况合格（ ）
4．完成情况不合格（ ）
补充说明：

指导教师签名：　　　　　　　　年　　月　　日</td></tr>
</table>

5. 论文封皮

XXXX 大学

毕 业 论 文（设 计）

题　　目：60kV 降压变电所电气部分设计

系　　部：电气工程类学院

专　　业：供用电技术专业

班　　级：XX 级 X 班

学　　号：XXXXXXXX

姓　　名：XXX

指导教师：XXX

完成日期：XXXX 年 XX 月 XX 日

图 11-1　论文封皮示样图

6. 论文诚信声明和版权说明

论文诚信声明和版权说明如图 11-2 所示。

毕业论文（设计）诚信声明书

本人声明：我将提交的毕业论文（设计）《60kV 降压变电所电气部分设计》是我在指导教师指导下独立研究、写作的成果，论文中所引用他人的无论以何种方式发布的文字、研究成果，均在论文中加以说明；有关教师、同学和其他人员对本文的写作、修订提出过并为我在论文中加以采纳的意见、建议，均已在我的致谢辞中加以说明并深致谢意。

论文作者：XXX　　（签字）时间：　　年　月　日

指导教师已阅　　（签字）时间：　　年　月　日

毕业论文（设计）版权使用授权书

本毕业论文（设计）《60kV 降压变电所电气部分设计》是本人在校期间所完成学业的组成部分，是在 XXXX 大学教师的指导下完成的，因此，本人特授权对 XXXX 大学可将本毕业论文（设计）的全部或部分内容编入有关书籍、数据库保存，可采用复制、印刷、网页制作等方式将论文文本和经过编辑、批注等方式处理的论文文本提供给读者查阅、参考，可向有关学术部门和国家有关教育主管部门呈送复印件和电子文档。本毕业论文（设计）无论做何种处理，必须尊重本人的著作权，署明本人姓名。

论文作者：XXX　　（签字）时间：　　年　月　日

指导教师已阅　　（签字）时间：　　年　月　日

图 11-2　论文诚信声明和版权说明

7. 论文正文

60kV 降压变电所电气部分设计

中文摘要：电力系统专业的毕业设计是一次比较综合的训练，它是我们将在校期间所学的专业知识进行理论与实践的很好结合，运用理论知识和所学到的专业技能进行工程设计和科学研究，提高分析问题和解决问题的能力。在完成此设计的过程中，我们可以学习电力工程设计、技术问题研究的程序和方法，获得搜集资料、查阅文献、调查研究、方案比较、设计制图等多方面训练，并进一步补充新知识和技能。本毕业设计论文是 60/10kV 二次降压变电所的设计。

电气部分初步设计。为了保证供电的可靠性和一次性满足远期负荷的要求，按照远期负荷规划进行设计建设，从而保证变电所能够长期可靠地供电。

根据毕业设计任务书的要求，综合所学专业知识及《变电所设计》等书籍的有关内容，设计过程中完成了主变选择、电气主接线、短路计算、电气设备选择、配电装置的规划、继电保护和自动装置的规划和防雷保护的规划等主要工作。毕业设计论文由设计说明书、设计计算书、一套图纸（电气主接线图、总平面布置图、配电装置断面图）组成。内容较为详细，对今后扩建有一定的参考价值。

近年来，电力在世界各国能源和经济发展中的作用日益增长，它已成为现代社会实用最广、需要最快的能源。变电所的合理设计与建设是一个极其重要的组成部分。本次设计是根据毕业设计任务书的要求，综合所学专业知识及《变电所设计》等书籍的有关内容，在指导老师的帮助下，通过本人的精心设计论证完成的。整个设计过程中，全面细致地考虑工程设计的可靠性、经济性、灵活性等诸多因素，最终完成本设计方案。通过完成此毕业设计论文，进一步领会我国电力工业建设的政策观念和经济观点，培养对工程技术、经济进行较全面的综合分析的能力。

关键词： 变电所　短路计算　电气设备

Abstract: The power system of professional graduation design is a comprehensive training, it is we will be in school during the school's expertise in theory and in practice is very good with, use of theoretical knowledge and learn the skills in engineering design and scientific research, improve the ability to analyze and solve problems. Upon completion of the design process, we can learn the electric power engineering design, technology research procedures and methods, access to collect data, literature, investigation, comparison, design and other aspects of training, further adding new knowledge and skills. This graduation design thesis is 60/10kV substation electrical part design. In order to ensure the reliability of power supply and disposable meet long-term load requirements, in accordance with the long term load planning design and construction, so as to ensure long-term reliable power supply substation.

According to the graduation design task book requirements, comprehensive professional knowledge and "electric power engineering design manual" and other books about the content, design process was completed with the selection of main transformer, the main electrical wiring design, short-circuit calculation, equipment selection, distribution equipment planning, relay protection and automatic device of planning and lightning protection planning work. During this period, the various problems encountered through repeated comparison, checking, and ask the teacher to solve. Graduation thesis design by the design specification, design calculations, a set of drawings (electric main wiring diagram, outdoor distribution equipment layout, outdoor distribution equipment section). A more detailed content for future expansion, and has a certain reference.

In recent years, energy and power in all the countries of the world economic development in the growing, it has become a modern society the most extensive practical, need the fastest energy. Substation design and construction is an extremely important component. This design is based on graduation design task book requirements, comprehensive professional knowledge and" substation design" and other books about the content, in instructs under teacher's help, through my design demonstrated complete. Throughout the design process, the comprehensive consideration of engineering design reliability, economy, flexibility and other factors, the final completion of the design scheme. By completing this graduate design thesis, further analysis of China's electric power industry construction concept of policy and economic point of view, culture of engineering technology, economy relatively comprehensive analysis ability.

As time constraints and limited capacity, this paper will appear inevitable omissions and errors, hope the teacher give advice and correction.

Finally, thank you for the teacher to give me the help and support, it is because of your careful guidance, this paper can be done better, once again expressed deeply grateful.

Keywords: Substation　Calculation of a Short Circuit　Electrical Equipment

引言

本毕业设计论文为某 60kV 降压变电所电气部分设计，要求所设计的变电所能长期可靠地为其负荷供电。设计过程中遵循国家的法律、法规，贯彻执行国家经济建设的方针、政策和基本建设程序，运用系统工程的方法从全局出发，正确处理生产与生活、安全与经济等方面的关系，实行资源的综合利用，节约能源和用地，对生产工艺、主要设备和主体工程要做到可靠、适用、先进。

在上述原则的基础上，明确设计目的，逐步完成电气主接线的拟定、电气设备的选择、短路电流的计算、主变的选择、高压配电装置的规划、继电保护和自动装置的规划设计、防雷保护规划、绘制图纸等主要工作，形成某 60kV 降压变电所电气部分设计。

目前，电力技术已成为世界能源领域的主流技术，发电、输电、变电、配电技术的进步，提高了供电的能力、质量和可靠性，扩大了电力应用范围，因此，变电所的合理设计也变得尤为重要。设计工作是工程建设的关键环节。做好设计工作，对工程建设的工期、质量、投资费用和建成投产后的运行安全可靠性和生产的综合经济效益，起着决定性的作用。本论文即在遵循原则、合理规划、反复校验的基础上完成。

1　主变压器台数、容量的确定

1.1　变压器介绍

在各级电压等级的变电所中，变压器是主要电气设备之一，担负着变换网络电压、进行电力传输的重要任务，确定合理的变压器容量是变电所安全可靠供电和网络经济运行的保证。

1.2　主变压器台数的确定

（1）对于大城市郊区的一次变电所，在中、低压侧已构成环网的情况下，变电所以装设两台主变压器为宜。

（2）对于地区性孤立的一次变电所或大型工业专用变电所，在设计时应考虑装设三台主变压器的可能性。

（3）对于规划只装设两台主变压器的变电所，其变压器基础宜按大于变压器容量的 1～2 级设计，以便负荷发展时，更换变压器的容量。

1.3　主变压器容量选择原则

（1）只有一台主变压器的变电所，选择主变容量 S_{NT} 应大于总视在计算容量，即 $S_{NT} \geqslant S_{C\Sigma\,(\mathrm{I+II})}$。

（2）对装有两台主变压器的变电所，选择主变容量 S_{NT} 应大于总视在计算容量。

1）任一台主变压器单独运行时，应满足主部一、二级重要负荷的需要，即 $S_{NT} \geqslant S_{C\Sigma\,(\mathrm{I+II})}$。

2）任一台主变压器单独运行时，应满足各部总负荷的 70%，即 $S_{NT}=0.70\,S_{C\Sigma}$。

1.4　主变压器选型

（1）主变压器相数选择。

主变压器采用三相或是单相，主要考虑变压器的制造条件、可靠性要求及运输条件等因素。特别是大型变压器，尤其要考虑其运输可能性，保证运输尺寸不超过隧洞、涵洞、桥洞的允许通过限额，运输重量不超过桥梁、车辆、船舶等运输工具的允许承载能力。当不受运输条件限制时，330kV 及以下（待设变电所为 63/10kV）的变电所，均应选用三相变压器。

（2）主变压器绕组数量的选择。

对深入引进至负荷中心，待设变电所具有直接从高压降为低压供电条件的变电所，为简化电压等级或减少重复降压容量，可采用双绕组变压器。

（3）主变绕组连接方式的选择。

变压器绕组连接方式必须和系统电压相位一致，否则不能并列运行。我国 110kV 及以上电压，变压器绕组都采用 Y 连接，35kV 亦采用 Y 连接，其中性点多通过消弧线圈接地。35kV 以下电压，变压器绕组都采用△连接。

（4）主变调压的选择。

当系统有调压要求时应采用有载调压变压器。

（5）主变自耦选择。

与两个中性点直接接地系统连接的变压器，除低压负荷较大或与高、中压间潮流不定情况外，一般采用自耦变压器。

通过对原始资料的分析，根据负荷及经济发展的要求，同时考虑负荷的同时系数和线损率等因素，根据公式

$$S = 0.8\times(1+5\%)P/\cos\varphi \tag{1.1}$$

将原始资料中的数据 P=32500kW，$\cos\varphi$=0.8，线损率为 5%，负荷的同时系数为 0.8，代入公式（1.1），可得变压器的容量为 34125kVA。

由《规程》得 $S_{CT}=0.70\,S_{C\Sigma}$=23887.5kVA。

若选两台容量为 25000kVA 的变压器，当一台停运时，仍能保证 70%的重要负荷供电。查

《电力设备手册》确定两台主变压器为60kV级，双绕组变压器。其型号为SF7-25000/60。

正常运行时，两台变压器全部投入。当其中一台停运检修时，考虑变压器的过负荷能力，另一台仍能达到全部负荷的98%。

主要参数如表1-1所示。

表1-1 变压器主要参数表

型号	参数
额定容量（kVA）	25000
额定电压（kV）	高压 63±2×2.5% 低压 10.5
连接组标号	Y/△—11
短路损耗（kW）	117.0
空载损耗（kW）	32.5
空载电流（%）	0.9
阻抗电压（%）	9

本次设计的变电所采用2台主变并列运行的方式。

1.5 主变压器的选择计算部分

已知条件如表1-2所示，重要负荷占总负荷的70%，负荷同时率为0.8，线损取5%。

表1-2 10kV负荷用户表

序号	用户名称	最大负荷（kW）		$\cos\varphi$	回路数	附注	线路长度 L（km）	T_{max}
		近	远					
1	矿山机械厂	3000	5000	0.8	2	有重要负荷	6	5000
2	拖拉机厂	2000	4000	0.8	2	有重要负荷	8	5000
3	电视机厂	2000	3500	0.8	2	有重要负荷	10	5000
4	农电一号	1500	2500	0.8	1	有季节性重要负荷	13	5000
5	农电二号	1500	2500	0.8	1	有季节性重要负荷	12	5000
6	市区一号	1500	4000	0.8	2	有重要负荷	9	5000
7	市区二号	2000	4500	0.8	2	有重要负荷	10	5000
8	市区三号	2000	2500	0.8	1	III类负荷	12	5000
9	食品厂	1500	2000	0.8	1	III类负荷	14	5000
10	化工厂	1500	2000	0.8	2	有重要负荷	14	5000

则远处总最大负荷为：

$$\begin{aligned}\sum P &= 5000+4000+3500+2500+2500+4000+4500+2500+2000+2000\\ &= 32500\text{kW}\end{aligned}$$

$$\begin{aligned}\sum Q &= 5000\times 3/4+4000\times 3/4+3500\times 3/4+2500\times 3/4+2500\times 3/4\\ &\quad +4000\times 3/4+4500\times 3/4+2500\times 3/4+2000\times 3/4+2000\times 3/4\\ &= 24375\text{kVar}\end{aligned}$$

$$S^2=\sum P^2+\sum Q^2$$

$$S=40625\text{kVA}$$

$$S=70\%\times 0.8(1+5\%)\cdot S=23887.5\text{kVA}$$

查表可知选用两台 SZ7-25000/60 型号的变压器。其主要技术参数如表 1-3 所示。

表 1-3　变压器主要参数

型号	SZ7-25000/60
额定容量（kVA）	25000
额定电压（kV）	高压　63±2×2.5% 低压　10.5
连接组标号	Y/△—11
短路损耗（kW）	117.0
空载损耗（kW）	32.5
空载电流（%）	0.9
阻抗电压（%）	9

S——三相；Z——有载调压；7——序号

对于装设两台主变压器的变电站，当一台主变压器停运时，其余变压器容量应能保证70%～80%负荷的供电，因此采用 2 台 SZ7-25000/60 型号的变压器并列运行满足对本地区的供电需求。

2　电气主接线的设计

2.1　主接线的设计原则及基本要求

电气主接线是多种主要电气设备（如发电机、变压器、开关、互感器、线路、电抗器、避雷器等）按一定顺序要求连接而成的，是分配和传送电能的总电路。将电路中各种电气设备统一规定的图形符号和文字符号绘制成的电气连结图，称为电气主接线图。变电所的电气主接线是电力系统接线的主要部分。主接线的确定对变电所的安全、稳定、灵活、经济运行以及对电气设备选择、配电装置布置、继电保护拟定等都有着重要的影响。由于发电、变电、输配电和用电是同时完成的，所以主接线设计的好坏不仅影响电力系统和变电所本身，同时也影响到工农业生产和人民生活。因此，主接线设计是一个综合性问题。

（1）灵活性。

变电所电气主接线应根据该变电所在电力系统中的地位、电压等级、回路数、所选设备特点、负荷性质等因素确定，满足运行可靠、简单灵活、操作方便、节约投资等要求。

（2）可靠性。

研究主接线可靠性应注意的问题：

1）应重视国内外长期运行实践经验及其可靠性的定性分析。

2）主接线的可靠性包括一次侧部分和二次侧部分在运行中的可靠性的综合。

3）主接线的可靠性在很大程度上取决于设备的可靠性程度，采用可靠性能高的电气设备可以简化接线。

（3）经济性。

1）调度时，应尽可能灵活地投入和切除发电机、变压器和线路，调配电源和负荷，满足系统在事故运行方式以及特殊运行方式下的系统调度要求。

2）检修时可以方便地停运断路器、母线及其继电保护设备，进行安全检修而不致影响电力网的运行和对用户的供电。

3）扩建时，可以容易地从初期接线过渡到最终接线。在不影响连续供电或停电时间最短的情况下，投入新装机组、变压器或线路而不互相干扰，并且对一次和二次部分的改建工作量最少。

2.2 电气主接线方案确定

2.2.1 电气主接线方案确定及基本要求

设计电气主接线基本要求如下：

（1）满足对用户供电可靠性和电能质量的要求。

（2）主接线设计应力求简单明显、安全可靠、灵活方便。

（3）经济、投资少，运行费用低。

（4）操作正确时，保障证运行人员及设备的安全。

（5）考虑 5～10 年发展，留有扩展余地。

2.2.2 电气主接线方案确定

（1）电气主接线方案确定。

按供电协议书要求，该厂采用一个电源双回线路供电的方式。由于一、二级重要负荷占全厂总负荷的 65%，为保证供电的可靠性，应选择两台主变压器并列运行。电气主接线方式可采用桥式接线。桥式接线按照连接桥的位置，可分为内桥接线和外桥接线两种形式。下面对两种桥式接线方案进行技术、经济比较，确定出一个合理的选择方案。

方案一：单母线分段接线，如图 2-1 所示。

方案二：单母分段带旁路接线，如图 2-2 所示

（2）两种方案特点比较。

规程上讲，当变电所装有两台主变压器时，60－10kV 侧宜采用分段单母线，线路为 12 回及以上时亦可采用双母线，当不允许停电检修断路器时，可设置旁路设施。待设变电所 10kV 侧有 16 回出线，并带有重要负荷，可行的方案有单母线分段、单母分段带旁路、双母线。

单母线分段较单母线分段带旁路和双母线简单、经济性好，但供电可靠性和灵活性较差，但通过对待设变电所所带负荷进行分析，待设变电所所带重要负荷均为两回线，我们可以对重要负荷从不同段引出两个回路，有两个电源供电，提高了供电的可靠性，完全可以弥补单母线分段接线供电可靠性不高的缺陷。

最后，通过前面对一次侧（60kV 侧）和二次侧（10kV 侧）接线的经济性，可靠性，灵活性等各方面的综合比较，同时考虑本所的进线，出线的回数以及重要负荷的分布等因素，一次

侧（60kV 侧）采用内桥的接线形式，二次侧（10kV 侧）采用单母分段的接线形式。

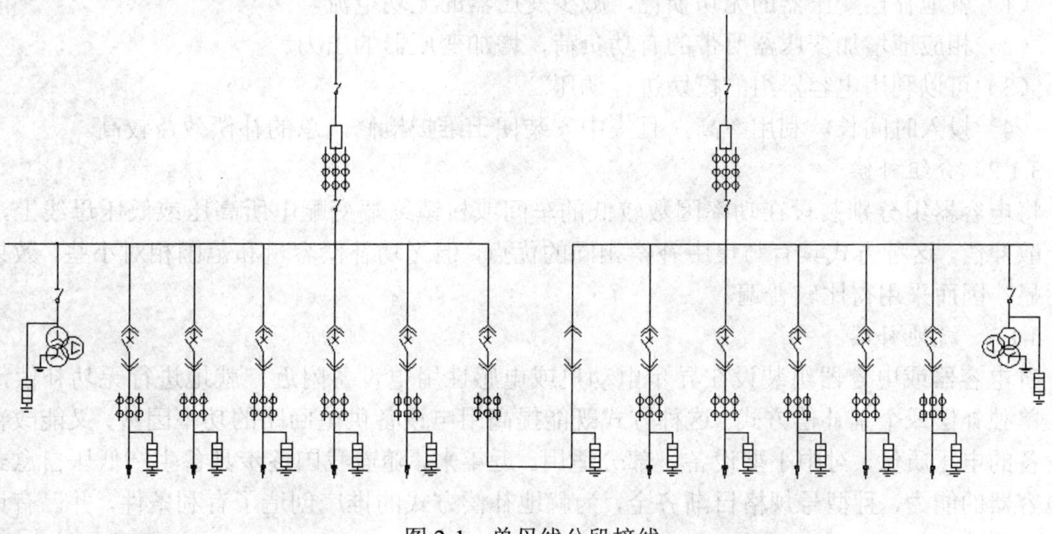

图 2-1　单母线分段接线

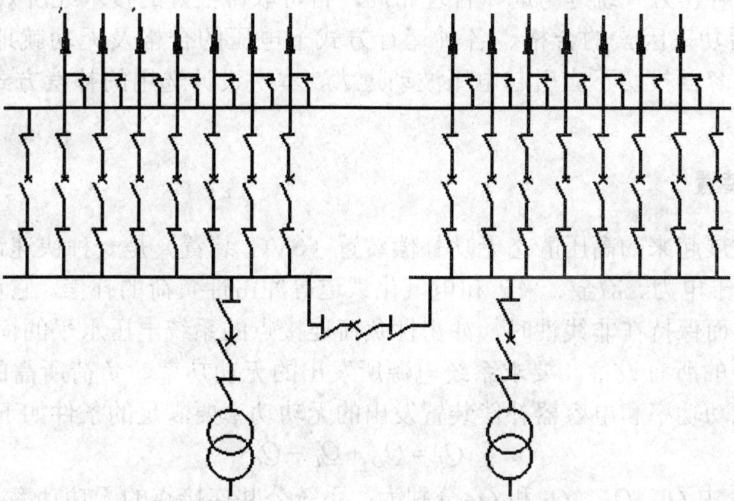

图 2-2　单母线分段带旁路接线

3　补偿方式

3.1　补偿

在实际工作中一般通过电容补偿对电网无功功率进行补偿，从而提高电网功率因素。变电所的补偿方式有多种，主要有变电所集中补偿、分组补偿、基地补偿等。

3.1.1　集中补偿

变电所集中补偿是将容量较大的电容器组安装在变电所的母线上，主要是补偿主变压器的无功损耗和 66kV 送电线路的无功损耗。

集中补偿的主要优点如下：

（1）就地补偿变压器的无功损耗，减少变压器的无功电流。

（2）相应地增加变压器所带的有功负荷，增加变压器的出力。

（3）可以利用电容器组的投切进行调压。

（4）投入时间长，利用率高，且集中安装便于维护检修，总的补偿效益较高。

3.1.2 分组补偿

将电容器组分别装设在功率因数较低的车间或村镇终端变配电所高压或低压母线上，也称分散补偿。这种方式具有与集中补偿相同的优点，但无功补偿容量和范围相对小些，效果比较明显，因而采用得比较普遍。

3.1.3 就地补偿

将电容器或电容器组装设在异步电动机或电感性用电设备附近，就地进行无功补偿，也称为单独补偿或个别补偿方式。这种方式既能提高用电设备供电回路的功率因数，又能改善用电设备的电压质量，对中小型设备一部分适用。近年来，随着我国逐步具备生产低压自愈式并联电容器的能力，且型号规格日渐齐全，为就地补偿方式的推广创造了有利条件，并已有许多成功应用的案例。

若能将三种补偿方式统筹考虑，合理布局，将可取得很好的技术经济效益。

考虑补偿后功率因素的合格、各种运行方式下电压的合格及无功就地平衡等方面的因素，同时考虑电容器投切不应引起电压波动过大，本次设计选用的补偿方式是变电站集中补偿方式。

3.2 补偿装置

近些年来发展起来的高压静态无功补偿装置（SVC 装置）是一种快速调节无功功率的装置。已成功地用于电力、冶金、采矿和电气化铁道等冲击性负荷的补偿，它可使所需无功功率作随机调整，从而保持在非线性时，冲击性负荷连接点的系统电压水平的恒定。

对于运行中的所有设备，要求系统电源所发出的无功功率、负荷所需的无功功率、可调电抗器吸收的无功功率和电容器补偿装置发出的无功功率要满足的条件如下

$$Q_I = Q_D + Q_L - Q_C \tag{3.1}$$

公式（3.1）中 Q_I、Q_D、Q_L 和 Q_C 分别为：系统公共连接点的无功功率、负荷所需的无功功率、可调（可控）电抗器吸收的无功功率、电容器补偿装置发出的无功功率。单位均为 kVar。

SVC 由可控支路和固定（或不变）电容器支路并联而成，主要有四种形式：

（1）可控硅阀控制空心电抗器型（TCR 型）。它用可控硅阀控制线性电抗器实现快速连续的无功功率调节，它具有反应时间快（5～20ms）、运行可靠、无级补偿、分相调节能平衡有功负荷，适用范围广、价格便宜等优点。TCR 装置还能实现分相控制，有较好的抑制不对称负荷的能力，因而在电弧炉系统中采用最广泛，但这种装置采用了先进的电子和光导纤维技术，对维护人员要专门培训以提高维护水平。

（2）可控硅阀控制高阻抗变压器型（TCT 型）。其优点与 TCR 型差不多，但高阻抗变压器制造复杂，谐波分量也稍大一些。由于有油，要求一级防火，只宜布置在一层平面或户外，容量在 30MVar 以上时价格较贵，不能得到广泛采用。

（3）可控硅开关控制电容器型（TSC 型）。分相调节，直接补偿装置本身不产生谐波，

损耗小，但是它是有级调节，综合价格比较高。

（4）自饱和电抗器型（SSR 型）。维护较简单，运行可靠，过载能力强，响应速度快，降低闪变效果好，但是噪音大，原材料消耗大，补偿不对称电炉负荷自身产生较大谐波电流，无平衡有功负荷的能力。

由于变电站是 60kV 电压等级，故采用集中补偿即可满足要求。

4　短路电流计算

4.1　短路故障产生的原因

短路是系统常见的严重故障。所谓短路，就是系统中各种类型不正常的相与相之间、相与地之间的短接。系统发生短路的原因很多，主要有：

（1）设备原因。电气设备、元件的损坏。如：设备绝缘部分自然老化或设备本身有缺陷，正常运行时被击穿短路；设计、安装、维护不当所造成的设备缺陷最终发展成短路的功能。

（2）自然原因。气候恶劣所引起的架空线倒杆、断线等。

（3）人为原因。工作人员违反操作规程，带负荷拉闸，造成短路；违反电业安全工作规程，带接地刀闸造成短路。

4.2　短路故障的危害

（1）短路电流的热效应。使导线与设备的载流部分产生高热，损坏绝缘，烧毁设备，甚至酿成火灾。

（2）短路电流的电动力效应。使导线与设备的载流部分发生扭曲变形，甚至崩裂破坏。

（3）短路弧光温度高达数千度，可能直接烧毁电器或造成人身伤害。

（4）短路电流产生较大线路压降，使短路点附近用户的电气设备因电压过低而不能正常工作，如电动机转速降低，白炽灯变暗，气体放电灯熄灭，甚至引发二次灾害。

4.3　短路电流计算的目的

计算短路电流的目的是为了限制短路的危害和缩小故障的影响范围。在变电所和供电系统的设计和运行中，基于如下用途必须进行短路电流的计算：

（1）选择电气设备和载流导体，必须用短路电流校验其热稳定性和动稳定性。

（2）选择和整定继电保护装置，使之能正确切除短路故障。

（3）确定合理的主接线方案、运行方式及限流措施。

（4）保护电力系统的电气设备在最严重的短路状态下不损坏，尽量减少因短路故障产生的危害。

4.4　短路电流计算

在电力系统工程设计中，短路电流计算方法有标幺值法和有名值两种计算方法。

标幺值（标么值）是电力系统分析和工程计算中常用的数值标记方法，表示各物理量及参数的相对值，单位为 pu（也可以认为其无量纲）。标幺值是相对于某一基准值而言的，同一有名值，当基准值选取不同时，其标幺值也不同。它们的关系如下：标幺值=有名值/基准值。

有名值是实际的电压、电流、功率和阻抗值。

短路电流的标幺值计算最为常用，目的是要简化计算，故本次设计采用标幺值计算法。如图 4-1 所示为系统等值主抗图。

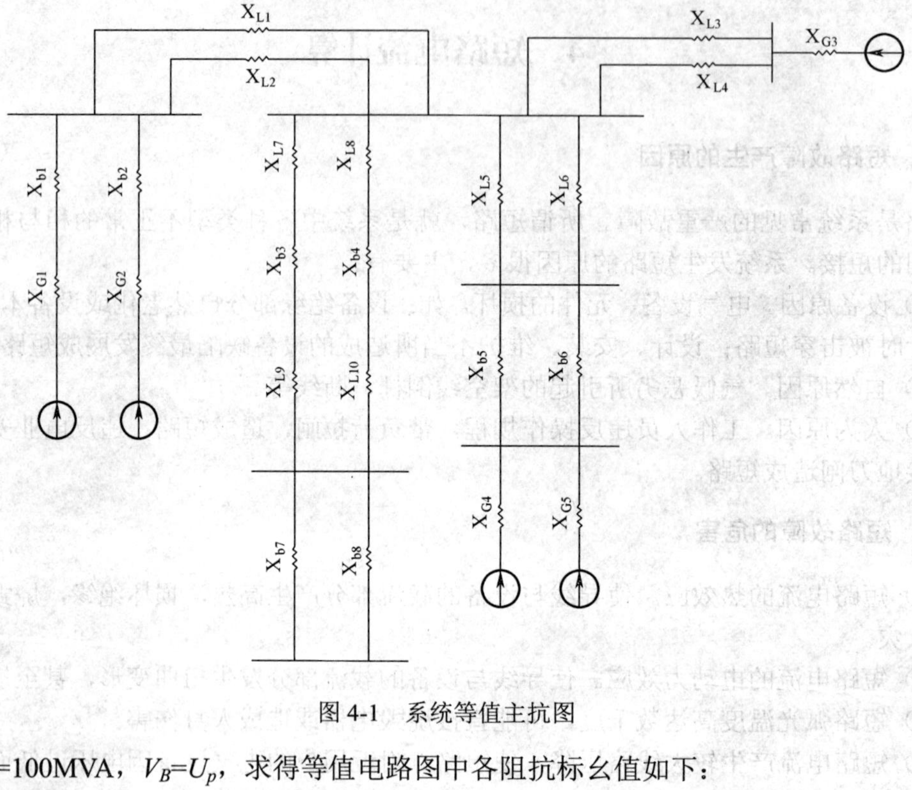

图 4-1 系统等值主抗图

取 S_B=100MVA，V_B=U_p，求得等值电路图中各阻抗标幺值如下：

1. 发电机电抗

（1）1#、2#发电机电抗为：

$$X_{1G}=X_{2G}=X_d\times S_B/S_e=0.124\times100/50=0.248$$

（2）3#发电机电抗为：

$$X_{3G}=X_d\times S_B/S_e=0.03$$

（3）4#、5#发电机电抗为：

$$X_{4G}=X_{5G}=X_d\times S_B/S_e=0.2\times100/85.5=0.234$$

2. 变压器电抗

（1）1#、2#变压器电抗为：

$$X_{b1}=X_{b2}=U_d\%/100\times S_B/S=10.5/100\times100/63=0.167$$

（2）3#、4#变压器电抗为：

$$X_{b3}=X_{b4}=U_d\%/100\times S_B/S=14.4/100\times100/63=0.229$$

（3）5#、6#变压器电抗为：

$$V_{s1}\%=X_d\%/100\times S_B/S=13.7\times100/100\times90=0.152$$

（4）$7^{\#}$、$8^{\#}$变压器电抗为：

$$X_7 = X_8 = U_d\%/100 \times S_B / S = 9/100 \times 100/25 = 0.36$$

3. 线路阻抗

（1）60KM 线路 1、2 的阻抗：

$$X_{L1} = X_{L2} = X_L \times L \times S_B / U_j^2 = 60 \times 0.4 \times 100 / 230^2 = 0.045$$

（2）90KM 线路 3、4 的阻抗：

$$X_{L3} = X_{L4} = X_L \times L \times S_B / U_j^2 = 90 \times 0.4 \times 100 / 230^2 = 0.038$$

（3）100KM 线路 5、6 的阻抗：

$$X_{L5} = X_{L6} = X_L \times L \times S_B / U_j^2 = 100 \times 0.4 \times 100 / 230^2 = 0.076$$

（4）60KM 线路 7、8 的阻抗：

$$X_{L7} = X_{L8} = X_L \times L \times S_B / U_j^2 = 60 \times 0.4 \times 100 / 230^2 = 0.045$$

（5）10KM 线路 9、10 的阻抗：

$$X_{L9} = X_{L10} = X_L \times L \times S_B / U_j^2 = 10 \times 0.4 \times 100 / 60^2 = 0.111$$

4. 相应等效电抗值

$$X_1 = [(X_{G1} + X_{b1}) // (X_{G2} + X_{b2}) + X_{L1} // X_{L2}](X_{L5} // X_{L6} + X_{b5} // X_{b6} + X_{G4} // X_{G5})$$
$$= 0.235 // 0.231$$
$$= 0.116$$

$$X_2 = X_{L3} + X_{G3} = 0.03 + 0.019 = 0.046$$
$$X_4 = (X_{L7} + X_{b4} + X_{L9}) / 2 = 0.189$$
$$X_5 = X_{b7} // X_{b8} = 0.18$$

进行网络化简，化简后的网络图如图 4-2 所示。

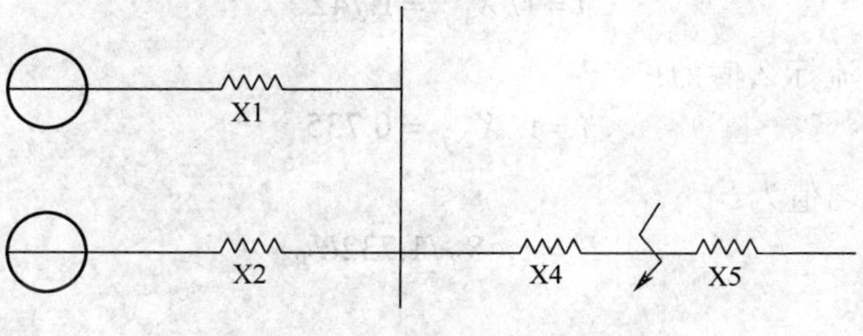

图 4-2　系统简化图

5. d1 短路点计算

$1^{\#}$计算电抗为：

$$X_{1\cdot js} = X_{1\cdot f} S_{N1} / S_B = 0.725 \times 271 / 100 = 2.188 < 3.45$$

$2^{\#}$计算电抗为：

$$X_{2\cdot js} = X_{2\cdot f} S_{N2} / S_B = 0.318 \times 3000 / 100 = 9.45 < 3.45$$

所以：

（1）$1^{\#}$的短路电流标么值为：

$$i_0 = 0.50 i_2 = i_4 = 0.52$$

（2）2#的短路电流标么值为：

$$i = 1/X_{2\cdot f} = 3.145$$

（3）短路电流有名值公式：

$$I'' = i \times S_B / 1.732U_B \tag{4.1}$$

分别带入可得：

1）短路电流有名值：

0s 短路电流 I''=3.34kA；

2s 短路电流 I''=3.359kA；

4s 短路电流 I''=3.359kA。

2）短路冲击电流的有效值为：

$$I_{sh} = 1.51I'' = 5.072\text{kA}$$

3）短路冲击电流为：

$$i_{sh} = 1.8 \times 1.414I'' = 8.549\text{kA}$$

4）短路功率为：

$$S_N = 1.732UI'' = 553.436\text{MVA}$$

6. d2 短路点计算

1#计算电抗为：

$$X_{1\cdot js} = X_{1\cdot f}S_{N1}/S_B = 1.359 \times 271/100 = 3.683 > 3.45$$

2#计算电抗为：

$$X_{2\cdot js} = X_{2\cdot f}S_{N2}/S_B = 0.574 \times 3000/100 = 17.22 > 3.45$$

所以：

（1）1#的短路电流标么值为：

$$i = 1/X_{1\cdot f} = 1.742$$

（2）2#的短路电流标么值为：

$$i = 1/X_{2\cdot f} = 0.735$$

（3）短路电流有名值为：

$$I'' = i \times S_B / 1.732U_B$$

分别带入可得：

1）短路电流有名值：

0s 短路电流 I''=13.621kA；

2s 短路电流 I''=13.621kA；

4s 短路电流 I''=13.621kA。

2）短路冲击电流的有效值为：

$$I_{sh} = 1.51I'' = 20.568\text{kA}$$

3）短路冲击电流为：

$$i_{sh} = 1.8 \times 10414I'' = 34.668\text{kA}$$

4）短路功率为：

$$S_N = 1.732UI'' = 247.712\text{MVA}$$

5　电气设备的选择计算及校验

电气设备的选择是发电厂和变电站电气设计的主要内容之一。正确选择电气设备是使电气主接线和高压配电装置达到安全、经济运行的重要条件之一。电气设备要能可靠地工作，必须按正常工作条件进行选择，并按短路状态来校验电气设备的热稳定性和动稳定性。

5.1　高压断路器的选择

5.1.1　60kV 侧断路器的选择

（1）根据安装地点的工作电压、最大长期工作电流选择。

安装地点的工作电压为 60kV，制造厂所保证断路器的最高工作电压应大于 60kV。其工作电流为：

$$I_{g\max}=1.05S/(\sqrt{3}U_e)=1.05\times 25000/(\sqrt{3}\times 63)=241\text{A}$$

由此根据工作电压和工作电流以及户外工作条件，根据 SW2-63II型断路器的相关数据如表 5-1 所示，可初步选定型号为 SW2-63II断路器。

表 5-1　SW2-63II型断路器有关技术数据表

型号	额定电压（kV）	最高工作电压（kV）	额定电流（kA 有效值）	额定短路关合电流（kA、峰值）	额定短路关合电流（kA、峰值）	3S 额定时耐受电流（kA、有效值）	额定峰值耐受电流（kA、峰值）	分闸时间（ms）
SW2-63II	63	72.5	1250	25	63	25	63	≤30

（2）热稳定校验。

在验算电器的短路热效应时，应采用后备保护的动作时间，通常取 4s。

由第 4 章“短路电流计算”中 d1 点短路稳态电流的计算可得：

$$I_{tK}=3.34,\ I''=3.359$$

$$Q_K=Q_P=(I''^2+10I_{tK/2}^2+I_{tK}^2)/t_K=41.703\text{kA}^2/\text{s}$$

断路器的额定周期分量热效应为：

$$Q=I_r^2\times t_r=20^2\times 4=1600\text{kA}^2\cdot\text{s}$$

$$Q>Q_K$$

因此，满足热稳定要求。

（3）动稳定校验：所选断路器极限动稳定电流 I_{dw} 为 63kV，其值大于冲击电流 I_{ch}（I_{ch}=8.549kA），即 $I_{dw}>I_{ch}$，满足动稳定要求。

（4）按额定开断电流校验。

所选断路器额定开断电流 I_{br} 为 25kA，其值大于次暂态短路电流 I''（I''=3.359kA），即 $I_{br}>I''$，满足开断电流的要求。

（5）按额定关合电流校验。

所选断路器额定关合电流 I_{egd} 为 63kA，而短路冲击电流 I_{ch}=8.549kA，即 $I_{edg}>I_{ch}$，满足关合电流的要求。

SW2-63II断路器的各额定值与上面计算的各数据进行比较，比较结果如表 5-2 所示。

表 5-2　60kV 断路器各项技术数据与各项计算数据比较表

计算数据	SW2-63II 断路器额定值
电网电压 U_{ew}=60kV	额定电压 U_e=63kV
长期最大工作电流 I_{gmax}=241kA	额定电流 I_e=1600A
次暂态短路电流 I″=3.359kA	额定开断电流 I_{br}=25kA
短路冲击电流 I_{ch} =8.549kA	额定关合电流 I_{egd}=63kA
短路冲击电流 I_{ch} =8.549kA	动稳定电流 I_{dw}=20kA
热效应 Q_K=41kA^2 · s	热稳定 Q=1600kA^2 · s

由表 5-2 可知，选择 SW2-63II型断路器满足本次设计的需求。

5.1.2　10kV 侧断路器的选择

（1）根据安装地点的工作电压、最大长期工作电流选择断路器。

安装地点的工作电压为 10kV，制造厂所保证断路器的最高工作电压应大于 10kV。10kV 侧的额定工作电流为：

$$I_{g\max} = 1.05S/(\sqrt{3}U_e) = 1.05\times 25000/(\sqrt{3}\times 10.5) = 1443\text{A}$$

由此根据工作电压、工作电流以及工作条件，根据 SN10-10III型断路器的相关数据（如表 5-3 所示），可初步选定型号为 SN10-10III的断路器。

表 5-3　SN10-10III型断路器有关技术数据表

型号	额定电压（kV）	最高工作电压（kV）	额定电流（kA）	额定短路开断电流（kA）
SN10-10III	10	11.5	1600	40
动稳定电流（峰值、kA）	**4s 热稳定电流（kA）**	**额定短路关合电流（kA、峰值）**	**分闸时间（ms）**	**合闸时间（ms）**
80	40	100	≤0.065	≤0.075

（2）热稳定校验。

在验算电器的短路热效应时，应采用后备保护的动作时间，通常取 4s。

由第 4 章“短路电流计算”中 d2 点短路稳态电流的计算可得：

$$I_{tK} = I'' = 13.621\text{kA}$$

$$Q_K = Q_P = (I''^2 + 10I_{tK/2}^2 + I_{tK}^2)/t_K$$
$$= 742\text{kA}^2/\text{s}$$

断路器的额定周期分量热效应为：

$$Q = I_r^2 \times t_r = 40^2 \times 4 = 6400\text{kA}^2 \cdot \text{s}$$

$$Q > Q_K$$

满足热稳定要求。

（3）动稳定校验。

如表 5-3 所示，所选断路器极限动稳定电流 I_{dw} 为 80kA，其值大于冲击电流 I_{ch}（I_{ch}=34.668kA），即 $I_{dw} > I_{ch}$，因此满足动稳定要求。

（4）按额定开断电流校验。

所选断路器额定开断电流 I_{br} 为 40kA，其值大于次暂态短路电流 I''（I''=13.621kA），即 $I_{br} > I''$，满足开断电流的要求。

（5）按额定关合电流校验。

所选断路器额定关合电流 I_{egd} 为 100kA，而短路冲击电流 I_{ch}=34.668kA，即 $I_{egd}>I_{ch}$，满足关合电流的要求。

SN10-10III 型断路器的各额定值与上面计算的各数据进行比较，比较结果如表 5-2 所示。

表 5-4　10kV 断路器各项技术数据与各项计算数据比较表

计算数据	SN10-10III断路器额定值
电网电压 U_{ew}=10kV	额定电压 U_e=10kV
长期最大工作电流 $I_{g\max}$=1443kA	额定电流 I_e=6400A
次暂态短路电流 I''=13.621kA	额定开断电流 I_{br}=40kA
短路冲击电流 I_{ch} =34.668kA	额定关合电流 I_{egd}=100kA
短路冲击电流 I_{ch} =34.668kA	动稳定电流 I_{dw}=80kA
热效应 Q_K=742kA$^2\cdot$s	热稳定 Q=6400kA$^2\cdot$s

由表 5-4 可知，所计算的各数值都在其额定值之内，因此选择 SN10-10III 型断路器满足本次设计的需求。

5.2　隔离开关的选择及校验

5.2.1　60kV 侧隔离开关的选择及校验

（1）根据安装地点的工作电压和最大长期工作电流选择隔离开关。

工作地点的工作电压为 63kV，制造厂所保证隔离开关的最高工作电压应大于 63kV。所选择的隔离开关的工作电流为：

$$I_{g\max} = 1.05S/(\sqrt{3}U_e) = 1.05 \times 25000/(\sqrt{3} \times 63) = 241\text{A}$$

根据如上工作电压、工作电流以及户外工作条件，以及 GW4-63DW 双柱隔离开关的相关数据（如表 5-5 所示），可初步选定型号为 GW4-63DW 双柱隔离开关。

表 5-5　60kV 隔离开关有关技术数据表

型号	额定电压（kV）	最高工作电压（kV）	额定电流（A）	动稳定电流（kA）	4s 热稳定电流（kA）
GW4-63DW	63	72.5	630	50	20

（2）热稳定校验。

在验算电器的短路热效应时，应采用后备保护的动作时间，通常取 4s。

由第 4 章“短路电流计算”中 d1 点短路稳态电流的计算，可得：

$$I_{tk}=3.34\text{kA}，I''=3.359\text{kA}$$

$$Q_K=Q_P=(I''^2+10I_{tK/2}^2+I_{tK}^2)/t_K=41.703\text{kA}^2/\text{s}$$

断路器的额定周期分量热效应为：

$$Q=I_r^2\times t_r=20^2\times 4=1600\text{kA}^2\cdot\text{s}$$

$$Q>Q_K$$

因此满足热稳定要求。

（3）动稳定校验。

所选隔离开关的动稳定电流 I_{dw}=50kA，其值大于 60kV 短路时的冲击电流 I_{ch}（I_{ch}=8.549kA），即 $I_{dw}\geqslant I_{ch}$，因此满足动稳定要求。

60kV 隔离开关的各项技术数据与上面计算的各数据进行比较，比较结果如表 5-6 所示。

表 5-6　60kV 隔离开关各项技术数据与各项计算数据比较表

计算数据	GW4-63DW 技术数据
电网电压 U_{ew}=60kV	额定电压 U_e=63kV
长期最大工作电流 $I_{g\max}$=240.563A	额定电流 I_e=630A
短路冲击电流 I_{ch} =8.549kA	动稳定电流 I_{dw}=50kA
热效应 Q_K=41.703kA$^2\cdot$s	热稳定 Q=1600kA$^2\cdot$s

由表 5-6 可知，所计算的各数值都在其各个额定值之内，因此选择 GW4-63DW 双柱隔离开关满足本次设计的需求。

5.2.2　10kV 侧隔离开关的选择与校验

（1）根据安装地点的工作电压和最大长期工作电流选择隔离开关。

工作地点的工作电压为 10.5kV，制造厂所保证隔离开关的最高工作电压应大于 10.5kV。所选择的隔离开关的工作电流为：

$$I_{g\max}=1.05S/(\sqrt{3}U_e)=1.05\times 25000/(\sqrt{3}\times 10)=1143\text{A}$$

由此根据工作电压和工作电流以及户外工作条件，根据 GN2-10/2000 隔离开关的相关数据（如表 5-7 所示），可初步选定型号为 GN2-10/2000 隔离开关。

（2）热稳定校验。

在验算电器的短路热效应时，应采用后备保护的动作时间，通常取 4s。

表 5-7　10kV 隔离开关有关技术数据表

型号	额定电压（kV）	最高工作电压（kV）	额定电流（A）	动稳定电流（kA）	热稳定电流（kA）
GN2-10/2000	10	11.5	2000	85	51

由第 4 章“短路电流计算”中 d2 点短路稳态电流的计算可得：

$$I_{tK}=I''=13.621\text{kA}$$

$$Q_K=Q_P=(I''^2+10I_{tK/2}^2+I_{tK}^2)/t_K=742\text{kA}^2/\text{s}$$

断路器的额定周期分量热效应为：

$$Q=I_r^2\times t_r=51^2\times 5=13005\text{kA}^2\cdot\text{s}$$

$$Q > Q_K$$

因此满足热稳定要求。

（3）动稳定校验。

所选隔离开关的动稳定电流 I_{dw}=85kA，其值大于 10kV 短路时的冲击电流 I_{ch}（I_{ch}=34.668kA），即 $I_{dw} \geqslant I_{ch}$，满足动稳定要求。

10kV 隔离开关的各项技术数据与上面计算的各数据进行比较，比较结果如表 5-8 所示。

表 5-8　10kV 隔离开关各项技术数据与各项计算数据比较表

计算数据	GN2-10/2000 技术数据
电网电压 U_{ew}=10kV	额定电压 U_e=10.5kV
长期最大工作电流 $I_{g\max}$=1443A	额定电流 I_e=2000A
短路冲击电流 I_{ch} =34.668kA	动稳定电流 I_{dw}=85kA
热效应 Q_K=742kA$^2\cdot$s	热稳定 Q=13005kA$^2\cdot$s

由表 5-8 可知，所计算的各数值都在其各个额定值之内，因此选择 GN2-10/2000 隔离开关满足本次设计的需求。

5.3　电流互感器的选择及校验

5.3.1　60kV 侧电流互感器的选择及校验

（1）根据电流互感器的工作电压和最大工作电流选择电流互感器。

工作地点的工作电压为 63kV，制造厂所保证电流互感器的最高工作电压应大于 63kV。其工作电流为：

$$I_{g\max} = 1.05S/(\sqrt{3}U_e) = 1.05 \times 25000/(\sqrt{3} \times 63) = 241\text{A}$$

60kV 侧的进出线上电流互感器均初步采用 LCWD-60 型电流互感器，该型号电流互感器有关技术数据如表 5-9 所示。

表 5-9　60kV 侧电流互感器有关技术数据表

型号	额定电压（kV）	最高工作电压（kV）	额定一次侧电流（A）	额定二次侧电流（A）	准确等级	绕组组合	额定 1s 短时热电流（kA）	额定动稳定电流（kA）
LCWD-60	60	69	750	5	0.5D	0.5/D/D	75	115

（2）热稳定检验：在验算电器的短路热效应时，应采用后备保护的动作时间，通常取 4s。

由第 4 章“短路电流计算”中 d1 点短路稳态电流的计算可得：

$$I_{tK} = 3.34\text{kA}$$

$$I'' = 3.359\text{kA}$$

$$Q_K = Q_P = (I''^2 + 10I_{tK/2}^2 + I_{tK}^2)/t_K = 41.703\text{kA}^2/\text{s}$$

断路器的额定周期分量热效应为：

$$Q - I_r^2 \times t_r = 75^2 \times 5 = 22500\text{kA}^2 \cdot \text{s}$$

$$Q \geqslant Q_K$$

因此满足热稳定要求。

（3）动稳定校验。

所选电流互感器动稳定电流 I_{dw}=60kA，其值大于 60kV 短路时的冲击电流 I_{ch}（I_{ch}=8.549kA），即 $I_{dw} \geqslant I_{ch}$，满足动稳定要求。60kV 电流互感器的各项技术数据与上面计算的各数据进行比较，比较结果如表 5-10 所示。

表 5-10　60kV 电流互感器各项技术数据与各项计算数据比较表

计算数据	LCWD-60 技术数据
电网电压 U_{ew}=60kV	额定电压 U_e=60kV
长期最大工作电流 $I_{g\max}$=241A	额定电流 I_e=750A
短路冲击电流 I_{ch} =8.549kA	动稳定电流 I_{dw}=75kA
热效应 Q_K=41.703kA^2·s	热稳定：Q=22500kA^2·s

由表 5-10 可知，所计算的各数值都在其额定值之内，因此选择 LCWD-60 电流互感器满足本次设计的需求。

5.3.2　10kV 侧电流互感器的选择及校验

（1）按工作电压和最大工作电流选择互感器。

工作电压 U_e=10kV，制造厂所保证电流互感器的最高工作电压应大于 10kV。流过电流互感器最大长期工作电流为：

$$I_{g\max} = 1.05S_e/(\sqrt{3}U_e) = 1.05 \times 25000/(\sqrt{3} \times 63) = 1443\text{A}$$

10kV 侧的出线侧电流互感器均采用 JAZ-10。有关技术数据如表 5-11 所示。

表 5-11　10kV 侧电流互感器有关技术数据表

<table>
<tr><td colspan="3">型号</td><td>额定电压（kV）</td><td>额定一次侧电流（A）</td><td>额定二次侧电流（A）</td><td>准确组合（或级数）</td></tr>
<tr><td colspan="3">JAZ-10</td><td>10</td><td>6000</td><td>5</td><td>0.5/3
1/3</td></tr>
<tr><td colspan="3">额定二次负荷（VA）</td><td rowspan="2">10P 级确限值系数</td><td rowspan="2">1s 短时热稳定电流（kA、有效值）</td><td rowspan="2">额定动稳定电流（kA、峰值）</td><td rowspan="2">绝缘水平（kV）</td></tr>
<tr><td>0.5 级</td><td>1 级</td><td>3 级</td></tr>
<tr><td>10</td><td>10</td><td>15</td><td>15</td><td>54</td><td>97.5</td><td>11.5/42/75</td></tr>
</table>

（2）热稳定检验。

在验算电器的短路热效应时，应采用后备保护的动作时间，通常取 4s。

由第 4 章“短路电流计算”中 d2 点短路稳态电流的计算可得：

$$I_{tK} = I'' = 13.62\,\text{kA}$$

$$Q_K = Q_P = (I''^2 + 10I_{tK/2}^2 + I_{tK}^2)/t_K = 742\text{kA}^2/\text{s}$$

断路器的额定周期分量热效应为：

$$Q = I_r^2 \times t_r = 54^2 \times 5 = 14380\text{kA}^2 \cdot \text{s}$$

$$Q > Q_K$$

因此满足热稳定要求。

（3）动稳定校验。

所选电流互感器动稳定电流 I_{dw}=97.5kA，其值大于 10kV 短路时的冲击电流 I_{ch}（I_{ch}=34.668kA），即 $I_{dw} \geqslant I_{ch}$，满足动稳定要求。10kV 电流互感器的各项技术数据与上面所计算的各数据进行比较，比较结果如表 5-12 所示。

表 5-12　10kV 电流互感器各项技术数据与各项计算数据比较表

计算数据	JAZ-10 技术数据
电网电压 U_{ew}=10kV	额定电压 U_e=10kV
长期最大工作电流 I_{gmax}=1443A	额定电流 I_e=1500A
短路冲击电流 I_{ch} =34.668kA	动稳定电流 I_{dw}=97.5kA
热效应 Q_K=742kA^2·s	热稳定 Q=14380kA^2·s

由表 5-12 可知，所计算的各数值都在其额定值之内，因此选择 JAZ-10 电流互感器满足本次设计的需求。

5.4　电压互感器的选择及校验

5.4.1　60kV 侧电压互感器的选择及校验

电压互感器的种类及型号应根据安装地点和使用条件进行选择。

按电压互感器安装位置的一次回路工作电压来选择，应满足：$1.1U_e>U_1>0.9U_e$。其中：U_1 为电网电压，U_e 为电压互感器一次绕组额定电压。

本设计 60kV 侧电压互感器采用 JCC-60 型电压互感器，其相关技术数据如表 5-13 所示。

表 5-13　60kV 侧电压互感器有关技术数据表

型号	额定一次电压（kV）			额定绝缘水平 U/AC/LI（kV）	二次绕组额定负荷	
JCC-60	一次	二次测量	二次保护	72.5/140/325	二次测量绕组	
	$66/\sqrt{3}$	$0.1/\sqrt{3}$	$0.1/\sqrt{3}$		0.2 级 50VA	0.5 级 100VA

故选择 JCC-60 型电压互感器满足本次设计的需求。

5.4.2　10kV 侧电压互感器的选择及校验

电压互感器的种类及型号应根据安装地点和使用条件进行选择。

按电压互感器安装位置的一次回路工作电压来选择，应满足：$1.1U_e>U_1>0.9U_e$。其中：U_1 为电网电压，U_e 为电压互感器一次绕组额定电压。

本设计 10kV 侧电压互感器采用 JDZJ-10 型电压互感器，其相关技术数据如表 5-14 所示。

表 5-14　10kV 侧电压互感器有关技术数据表

型号	额定电压比	连接组标号	准确级及相应额定二次负荷（VA）			二次绕组极限负荷（VA）	剩余电压绕组		最高工作电压（KV、有效值）
			0.5	1	3		准确级数	额定级数	
JDZJ-10	1000/100/100/3	Y、Y_N、d	120	200	400	960	6P	40	11.5

故选择 JDZJ-10 型电压互感器满足本次设计的需求。

5.5 10kV 侧母线的选择

按导体长期发热允许电流进行选择，即导体能在电路中最大持续工作电流不应大于导体长期发热的允许电流，选择导体截面后，还应校验其在短路条件下的热稳定和动稳定。

本设计选择 LGJ-240/300 单条矩形铝导线。

（1）热稳定校验。

根据 LGJ-240/300 单条矩形铝导线的相关参数：温度修正系数 K=0.81，平均允许通过电流为 1908A，肌肤效应系数为 K_S=1.2，可计算得：

$$I_{40℃} = 0.81 \times 1908 = 1545\text{A} > 1443\text{A}$$

$$Q_K = I_t^2 t = 4 \times 13.62^2 = 742.02\text{kA}^2 \cdot \text{s}$$

$$\theta = \theta_0 + (\theta_{a1} - \theta_0)(I_{\max} / I_{a1})^2 = 66\ ℃$$

查 LGJ-240/300 单条矩形铝导线的相关参数表可得：C=89.0，由此得：

$$S_{\min}^2 = Q_K K_S / C^2$$

$$S_{\min} = 91\text{mm}^2 < S(S = 63 \times 8 = 504\text{mm}^2)$$

即所需导体最小导体截面小于选择的导线截面，故满足热稳定性。

（2）动稳定校验。

选取 GFC-15P(F)系列开关柜，外形尺寸（宽×深×高）为：8000×1650×2200。

1）相间电动力为：

$$f_{ph} = 1.73 \times 10^{-7} \times \beta \times I_{sh}^2 / a$$

其中：L——跨距（m）；a——相间距（m）；I_{sh}——冲击电流。

$$f_{ph} = 1.73 \times 10^{-7} \times (34.668 \times 10^3)^2 \times 0.8 / 4 = 998.0328(\text{N/m})$$

2）导体所受的最大弯距为：

$$M = f_{ph} L / 8$$

其中：f_{ph}——单位长度导体上所受相间电动力（N/m）；L——导体支柱绝缘子间的跨距（m）。

$$M = f_{ph} L / 8 = 998.0328 \times 1.2 / 8 = 150\text{N} \cdot \text{m}$$

3）导体最大相间计算应力为：

$$\sigma_{ph} = m / w = f_{ph} L^2 / 10w$$

其中：w——导体对垂直于作用力方向轴的截面系数。

要求导体应力不应超过导体材料允许应力σ_{al}，即$\sigma_{ph} \leqslant \sigma_{al}$。

4）母线采用水平放置，其截面系数为：

$$w = 8 \times 10^{-3} \times (63 \times 10^{-3})^2 / 6 = 0.53 \times 10^{-5}$$

5）母线材料的最大计算应力为：

$$\sigma_{ph} = 150 / (0.53 \times 10^{-5}) = 28.3 \times 10^6 < \sigma_{al}(\sigma_{al} = 70 \times 10^6)$$

5.6　本章小结

由于电气设备和载流导体的用途和工作条件的不同，它们的选择校验项目和方法也是不相同的。在本章中，分别对高压断路器、隔离开关、电压互感器、电流互感器和母线作出了选择和校验。只有导体和电气设备的良好运行才能保证变电站的安全稳定运行。因此，在本章的选择计算中，要参照设备手册，并严格按照各选择条件来选择最合适的电气设备，以免产生不良后果。

6　继电保护的设计

6.1　变配电装置中各部分仪表的配置

（1）在工厂的电源进线上，或经供电部门同意的电能计量点，必须装设计费的有功电能表和无功电能表，而且宜采用全国统一标准的电能计量柜。为了解负荷电流，进线上还应装设一只电流表。

（2）变配电所的每段母线上，必须装设电压表测量电压。在中性点非有效接地的（即小接地电流的）电力系统中，各段母线上还应该装设绝缘监视装置。如果出线很少时，绝缘监视装置可不装设。

（3）35－110/6－10kV 的电力变压器，应装设电流表、有功功率表、无功功率表、有功电能表、无功电能表各一只，装在哪一侧视具体情况而定。6－10/3－6kV 的电力变压器，在其一侧装设电流表、有功和无功电能表各一只。6－10/0.4kV 的电力变压器，在高压侧装设电流表和有功电能表各一只；如为单独经济核算单位的变压器，还应装设一只无功电能表。

（4）3－10kV 的配电线路，应装设电流表，有功和无功电能表各一只。如果不是送往单独经济核算单位时，可不装无功电能表。当线路负荷在 5000kVA 及以上时，可再装设一只有功功率表。

（5）380V 的电源进线或变压器低压侧，各相应装一只电流表。如果变压器高压侧未装电能表时，则低压侧还应装设有功电能表一只。

（6）低压动力线路上，应装设一只电流表。低压照明线路及三相负荷不平衡度大于 15%的线路上，应装设 3 只电流表，分别测量三相电流。如需计量电能，一般应装设一只三相四线有功电能表。对负荷平衡的动力线路，可装设一只单相有功电能表，实际电能按其计度的三倍计。

（7）并联电力电容器组的总回路上，应装设三只电流表，分别测量各相电流，并应装设一只无功电能表。

6.2　绝缘监视装置的选择

绝缘监视装置用于小接地电流的电力系统中，以便及时发现单相接地故障，并设法处理，以免单相接地故障发展为两相接地短路，造成停电事故。

6－35kV 系统的绝缘监视装置，可采用三个单相双绕组电压互感器和三只电压表，也可以采用三个单相三绕组电压互感器或者一个三相五芯柱三绕组电压互感器。接成 Y0 的二次绕组，其中三只电压表均接各相的相电压。当一次电路某一相发生接地故障时，电压互感器二次侧对应相的电压表指 0，其他两相的电压表读数则升高到线电压。由指 0 电压表的所在相即可得知该相线发生了单相接地故障。但是这种绝缘监视装置不能判明是哪一条线路发生了故障，因此它是无选择性的，只适用于出线不多的系统及作为有选择性的单相接地保护的一种辅助装置。电压互感器接成开口三角的辅助二次绕组，构成零序电压过滤器，供电给一个过电压继电器。在系统正常运行时，开口三角的开口处电压接近于 0，继电器不动作。当一次电路发生单相接地故障时，开口三角的开口处将出现近 100V 的零序电压，使电压继电器动作，发出报警的灯光信号和音响信号。

三相三芯柱的电压互感器不能用来监视绝缘，因为在一次电路发生单相接地时，电压互感器各相的一次绕组都将出现零序电压从而在互感器铁心内产生零序磁通。如果互感器是三芯柱的，而三相零序磁通是同相的，则零序磁通不可能在铁心内闭合，只能经附近的气隙或铁壳闭合。由于这些零序磁通不可能与互感器的二次绕组及辅助二次绕组交链，因此不能在二次绕组和辅助二次绕组内感应出零序电压从而无法反应一次电路的单相接地故障。如果互感器采用五芯柱铁心，则零序磁通可经两个边柱闭合，这样零序磁通就能够与二次绕组及辅助二次绕组相交链，在二次绕组和普通二次绕组内感应出零序电压，从而可实现单相接地故障及对地绝缘的监视。如图 6-1 所示为 6－10kV 母线绝缘监视电路图。

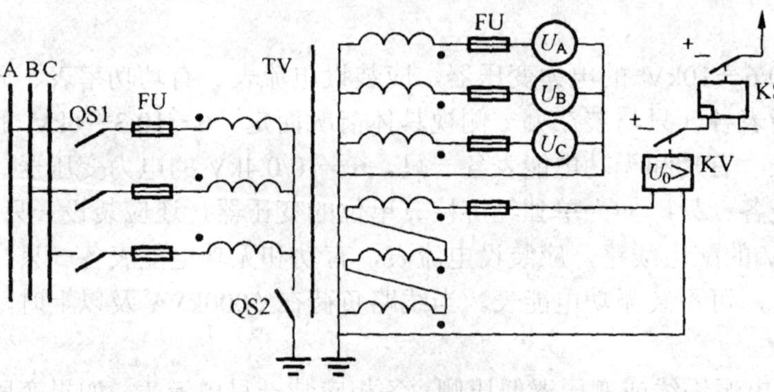

图 6-1　6－10kV 母线绝缘监视电路图

6.3　变压器电流速断保护的设计

变压器的电流速断保护是反应电流增大而瞬时动作的保护。装于变压器的电源侧，对变压器及其引出线上各种形式的短路进行保护。为保证选择性，速断保护只能保护变压器的部分，它适用于容量在 10MVA 以下较小容量的变压器，当过电流保护时限大于 0.5s 时，可在电源侧装设电流速断保护，其原理接线如图 6-2 所示。

如果采用 GL 系列电流继电器，则利用该继电器的电磁元件来实现电流速断保护，而其感应元件用来作反时限过电流保护，因此非常简单经济。

为了保证前后两级瞬动的电流速断保护的选择性，电流速断保护的动作电流（即速断电流 Quick-Break Current）I_{qb} 应按大于它所保护线路的末端的最大短路电流（即三相短路电流）$I_{k\max}$ 来整定。因为只有这样整定，才能避免在后一级速断保护所保护的线路首端发生三相短路时前一级速断保护误动作的可能性，以保证选择性。前一段线路 WL1 末端 k-1 点的三相短路电流，实际上与后一段线路 WL-2 首端 k-2 点的三相短路电流是近乎相等的（由于 k-1 点与 k-2 点之间距离很短）。因此可得电流速断保护动作电流（速断电流）的整定计算公式为：

$$I_{qb}=\frac{K_{rel}K_W}{K_i}I_{K\max} \tag{6.1}$$

式中，K_{rel} 为可靠系数，对 DL 型继电器，取 1.2～1.3；对 GL 型继电器，取 1.4～1.5；对过流脱扣器，取 1.8～2。

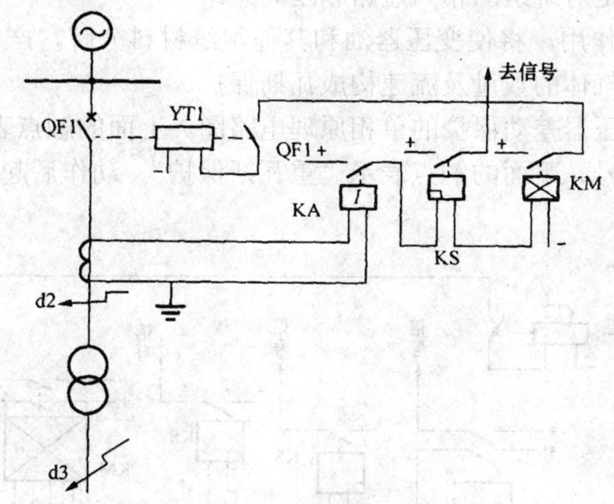

图 6-2　变压器的电流速断保护原理接线图

6.4　变压器差动保护的设计

变压器纵联差动保护是反应被保护变压器各端流入和流出电流的相量差。对双绕组变压器实现纵差动保护的原理接线图如图 6-3 所示。

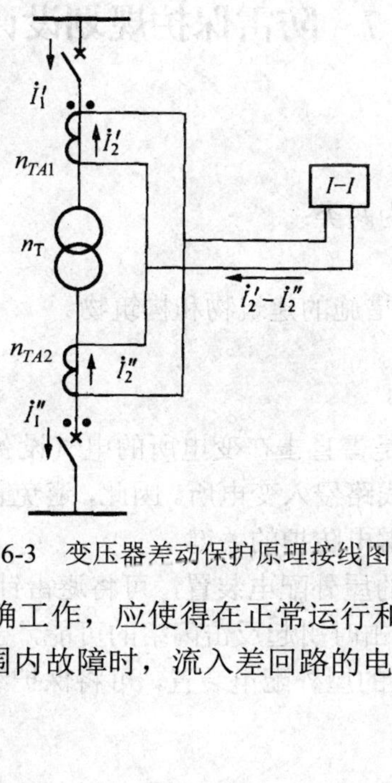

图 6-3　变压器差动保护原理接线图

为了保证纵联差动保护的正确工作，应使得在正常运行和外部故障时，两个二次电流相等，差回路电流为零。在保护范围内故障时，流入差回路的电流为短路点短路电流的二次值，保护动作。应满足：

$$I_2' = I_2'' = \frac{I_1'}{n_{TA1}} = \frac{I_2''}{n_{TA2}} \tag{6.2}$$

6.5 变压器瓦斯保护的设计

瓦斯保护是反应变压器油箱内部气体的数量和流动速度而动作的保护，保护变压器油箱内各种短路故障，特别是对绕组的相间短路和匝间短路。

由于短路点电弧的作用，将使变压器油和其他绝缘材料分解，产生气体。气体从油箱经连通管流向油枕，利用气体的数量及流速构成瓦斯保护。

如图 6-4 所示为变压器差动保护的单相原理电路图。上面的触点表示“轻瓦斯保护”，动作后经延时发出报警信号。下面的触点表示“重瓦斯保护”，动作后起动变压器保护的总出口继电器，使断路器跳闸。

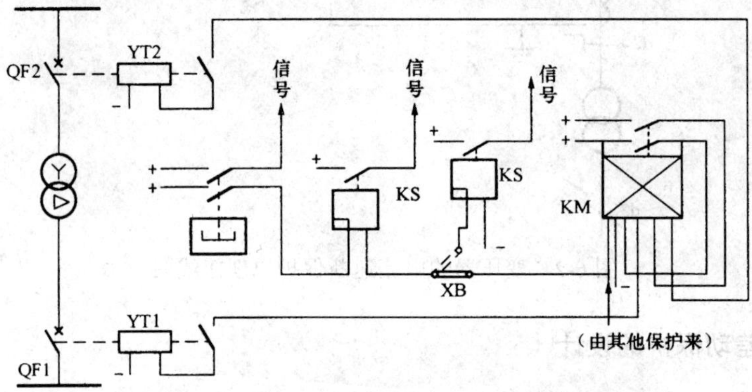

图 6-4　变压器差动保护的单相原理电路图

7　防雷保护规划设计

7.1 变电所的保护对象

变电所的保护对象主要分为两类：

（1）A 类：电工装置。

（2）B 类：需要采取防雷措施的建筑物和构筑物。

7.2 电工装置的防雷保护

变电所遭受的雷击，主要是雷直击在变电所的电气设备上，或架空线路的感应雷过电压和直雷过电压形成的雷电波沿线路侵入变电所。因此，避免直击雷和雷电波对变电所进线及变压器产生破坏，就成为变电所雷电防护的关键。

（1）电压为 110kV 以上的屋外配电装置，可将避雷针装在配电装置的构架上，对于 35－60kV 的配电装置，为防止雷击时引起反击闪络的可能，一般采用独立避雷针保护。

（2）电压为 110kV 及以上的屋外配电装置，可将保护线路的避雷线连接在配电装置的出线门型构架上。

（3）在选择独立避雷针的装设地点时，应尽量利用照明灯塔，在其上装设避雷针。

（4）主控室及屋内配电装置对直击雷的防雷措施如下：

①若有金属屋顶或屋顶上有金属结构时，将金属部分接地。

②若屋顶为钢筋混凝土结构，应将其钢筋焊接成网接地。

③若结构为非导体的屋顶时，采用避雷带保护，该避雷带的网格为 8～10m，每隔 10～20m 设引下线接地。

7.3　防雷设计要求和所需资料

7.3.1　雷电过电压保护的主要情况

一旦发生雷害事故，将造成大面积停电；并且站内变压器等主要电气设备的内绝缘大多没有恢复能力，万一雷害损坏，修复起来十分困难，势必造成严重的后果。

（1）防止雷电直击于电气设备上，一般采用避雷针、避雷线进行保护。

（2）对于 60kV 及以下的电气设备，应尽量减小感应过电压，一般电气设备应远离可能遭到直击雷的设备或物体，增大电气设备对地电容或采用阀型避雷器保护。

（3）防止从线路侵入的雷电波过电压对电器设备的危害，一般采用避雷器、间隙、电容器和相应的进线保护段进行保护。

7.3.2　防雷保护设计所需资料

在进行防雷保护设计过程中需要具有以下资料：

（1）变电所附近气象资料。

（2）变电所主接线图及电器设备布置图。

（3）其他需要保护的设备和设施资料。

（4）变压器入口电容资料。

7.4　防雷保护措施

如果变电所发生雷击事故，会给国家和人民造成巨大的损失，所以对变电所要采取可靠的防雷保护措施，具体如下：

（1）在变电所的四角分别安装一支 15 高的避雷针。

（2）在 60kV 连接跨条上安装一组避雷器。

（3）在 10kV 的 I、II 段母线分别安装一组避雷器。

（4）在主变中性点安装一台避雷器。

（5）在 60kV 电源进线采用避雷线保护。

8　总结

本次毕业设计论文中主要涉及：变电站的基础资料、主变压器的选择、电气主接线的设计、短路电流计算、主要电气设备的选择及主要变压器的保护，还涉及到一定内容的防雷措施。

随着我国国民经济的发展，各地区所需的变电站数量也在增加，因此在设计变电站时也需要综合多方面的因素以求得最佳的经济技术效益。在进行变电站设计时首先要根据变电站的相关数据来确定变电站的负荷容量，然后确定主变压器的容量和数量；在电气主接线方面也要着眼于未来的发展来选择适合本地区的主接线方案；电气设备和导体的选择要根据短路电流等各项技术值的计算来确定，选择后还需要对其进行相关校验，才能保证使设备和导体良好运行，从而才能保证变电站的安全稳定运行。

近年来，随着计算机技术、控制技术和通信技术的发展，变电站的设计出现了一系列新形势、新技术，各种软硬件环境的改善提高，综合自动化系统在变电站中应用的优越性必将进一步体现出来，高水平智能型变电站将成为坚强电网的重要支撑。

参考文献

[1] 贺家李，宋从矩．电力系统继电保护原理．中国电力出版社，2003，1．

[2] 何仰赞，温增银．电力系统分析．华中科技大学出版社，2001．

[3] 戈东方．电力工程电气设备手册（上、下册）．中国电力出版社，1989，2．

[4] 东北电力设计院．电力工程设计手册．上海人民出版社，1993，2．

[5] 孙成普．变电所及电力网设计与应用．中国电力出版社，2008，9．

[6] 张明，毕鹏翔，刘健，等．辐射状配电网支路电流法潮流计算的收敛特性研究．中国电机学报，2003．23（6）．

[7] 张顺新．配电网络规划中潮流计算方法的研究．河北农业大学硕士学位论文，2007．

[8] 中华人民共和国水利电力部．变电所设计规程．水利电力出版社，1980．

[9] 周文俊．电气设备实用手册（上、下册）．中国水利水电出版社，1999．

[10] 周武仲，胡静．中低压配电设备选型与使用 200 例．中国电力出版社，2011．

[11] 刘宝林．电气设备选择、施工安装、设计应用手册．中国水利水电出版社，2000．

[12] 黄益庄．变电站综合自动化技术．中国电力出版社，1999．

[13] 熊信银，朱永利．发电厂电气部分．中国电力出版社，2010．

[14] 吴希再，熊信银，张国强．电力工程．华中科技大学出版社，2011．

[15] 水利水电部西北电力设计院．电力工程电气设计手册．水利水电出版社，2010．

[16] 黄纯华．工厂供电．天津大学出版社，2001，6．

[17] 方向晖．中低压配电网规划与设计基础．中国水利水电出版社，2004，4．

[18] 许建安，连晶晶．继电保护技术．中国水利水电出版社，2004．

致谢

本学位论文是在导师 XXX 老师的悉心指导下完成的。XXX 老师广博的专业知识、严谨的治学态度和对科学事业孜孜不倦的追求精神，成为我们从事科学研究的楷模。值此论文完成之际，对 XXX 老师一年来在学业上的启发和指导、生活上的关心和帮助，谨致以最衷心的感谢！

同时，我还要感谢 XXX 老师在论文的修改过程中对我的帮助。

衷心感谢 XXX 师兄给予的学习上的指导，在 XXX 老师和 XXX 师兄的教导和帮助下，我全面、系统地学习了专业知识，为我的科研道路打下了牢固的专业基础。在此一并表示谢意！

感谢 XXX、XXX 两位同学在研究过程及论文写作时所给予的关心与帮助。

最后，我再次向所有帮助过我的老师和同学，在此一并表示真挚的感谢。

11.3　供用电技术方向的各类选题

本小节介绍了一些供用电技术方向常见的、有代表性的毕业设计选题，并对其一一进行解析。

11.3.1　变电所系统设计

选题研究领域：110kV 变电所一次系统设计

选题类型：设计

选题完成形式：设计作品+论文

选题参加人数：2 人或 3 人

选题知识准备：

本设计是针对变电站一次设计的要求，对电力系统及变电所的具体情况进行了分析与说明，对主变压器和主接线进行设计与选择，并进行短路电流的计算，根据所求的结果和已知的数据确定母线、母线引下线、断路器、隔离开关、绝缘子、避雷器等必需的电气设备，且对变电所进行了防雷设计。

选择此类题目，知识准备包括：负荷计算、主变压器的选择无功功率补偿、短路电流计算、电气设备选择等。

选题设计大纲举例——《某市 110kV 变电站一次设计》：

1 电力系统概述
1.1 电力系统分析
1.2 变电站总体分析
1.3 负荷分析
2 主变压器的选择
2.1 主变容量选择考虑事项
2.2 主变额定容量的选择计算
2.3 变压器相数形式的选择
3 电气主接线设计
3.1 电气主接线设计
3.2 主接线设计应考虑的基本问题
3.3 主接线的设计步骤
3.4 一期工程所选用的变压器
4 短路电流的计算
4.1 选择基准容量
4.2 计算各线路电抗
4.3 系统电抗
4.4 各电压侧的计算
5 无功补偿
5.1 无功补偿的意义

5.2 无功补偿容量的选择
6 电气设备的选择
6.1 电气选择的主要任务
6.2 电气设备的选择
6.3 电压互感器和电流互感器的选择
7 防雷保护
7.1 变电所的直击雷保护
7.2 雷电过压波的保护

相似选题扩展：

- 750kV 智能变电站设计
- 500kV 智能变电站设计
- 500kV 智能变电站设计
- 500kV 变电站二次系统智能化设计
- 220kV 智能变电站设计
- 110kV 无人值班变电站设计
- 110kV 数字化变电站设计
- 66kV 智能变电站电气设计
- 35kV 数字化变电站设计
- 智能变电站的规划与建设
- 智能变电站一二次设计

11.3.2 供配电系统设计

选题研究领域：供配电系统设计
选题类型：设计
选题完成形式：设计作品+论文
选题参加人数：2 人或 3 人
选题知识准备：

为 XX 纺织厂设计一座高压配电所，该纺织厂主要生产化纤产品，大部分车间为三班制，少数车间为两班或一班制。该厂属二级负荷。二级负荷也属于重要负荷，所以供电电源由两回路供电，供电变压器也应有两台。在其中一回路或一台变压器发生常见障碍时，二级负荷应不致中断供电，或中断后能迅速恢复供电。只有当负荷较小或者当地供电条件困难时，二级负荷可由一回路 6kV 及以上的专用架空线路供电。这是考虑架空线路发生故障时，较之电缆线路发生故障时易于发现且易于检查和修复。当采用电缆线路时，必须采用两根电缆并列供电，每根电缆应能承受全部二级负荷。

选择此类题目，知识准备包括：变电站的主接线、工厂配电线路、短路电流计算、高低压设备的选择等。

选题设计大纲举例——《纺织厂供配电系统设计》：

1 工厂供电概述
1.1 工厂供电的意义和要求

1.2 工厂供电设计的一般原则
1.3 供配电系统的主要电气设备
2 电力负荷及计算
2.1 电力负荷计算的内容和目的
2.2 电力负荷的表达式
2.3 负荷的确定
3 设计变电站的主接线
3.1 单母线主接线
3.2 单母线分段
4 选择并校验电源进线及工厂高压配电线路
4.1 电源进线
4.2 高压配电室至主变的电缆的选择
5 短路计算
5.1 短路电流计算的目的
5.2 短路电流计算的方法
6 设备选择
6.1 高、低压设备的选择
6.2 配电所高压开关柜的选择
7 变电站续电保护规划设计、作保护接线图
7.1 主变压器的继电保护装置
7.2 作为备用电源的高压联络线的继电保护装置
8 防雷与接地

相似选题扩展：

- 高层住宅楼电气设计与研究
- 10kV 及以下供配电 CAD 系统的设计研究
- 某医院康复楼电气照明系统的设计与研究
- 某市化肥厂供配电及综合自动化设计
- 钢铁厂供配电特点和综合自动化系统设计
- 铁路电力配电系统可靠性研究

参考文献

[1] 杜文洁．计算机专业毕业设计指导教程．清华大学出版社，2013．

[2] 刘涳．毕业设计指导及案例剖析．西安电子科技大学出版社，2008．

[3] 韩笑．电气工程专业毕业设计指南：继电保护分册．中国水利水电出版社，2008．

[4] 张桂香．机电类专业毕业设计指南：电气工程及自动化类专业．机械工业出版社，2005．

[5] 李梅兰．发电厂变电所毕业设计指导书．中国电力出版社，2008．

[6] 教育部高等教育司．高等学校毕业设计（论文）指导手册：电工卷．高等教育出版社，2007．

[7] 董锦凤．毕业设计指导（电类）．西安电子科技大学出版社，2005．

[8] 施新．毕业设计（论文）写作指导．重庆大学出版社，2011．

[9] 狄建雄．自动化类专业毕业设计指南．南京大学出版社，2007．

[10] 周志高．大学毕业设计（论文）写作指南．化学工业出版社，2007．

[11] 狄建雄．高职院校毕业设计（论文）指南：自动化类专业毕业设计指南．南京大学出版社，2013．

[12] 张俊茹．高职高专毕业设计与论文写作案例式教程．北京航空航天大学出版社，2012．

[13] 张富建．职业学校毕业设计指导与实例．清华大学出版社，2014．

[14] 张新科．高职院校毕业设计（论文）指导教程．化学工业出版社，2012．

[15] 张天桥．毕业论文（设计）信息检索与写作指南．国防工业出版社，2012．